WER
gsanleihe
zeichnet
erkürzt
en Krieg

Weitere Titel des Autors:

BERLIN IM KRIEG

MORD AN DER MAUER (mit Lars-Broder Keil)

Titel in der Regel auch als Hörbuch und E-Book erhältlich

Sven Felix Kellerhoff

HEIMATFRONT

Der Untergang der heilen Welt –
Deutschland im Ersten Weltkrieg

QUADRIGA

INHALT

HEIMATFRONT

»Wie viele Stimmen haben für diesen Herbst den Frieden prophezeit, wie oft hörte man sagen: Es ist ja unmöglich, einen vierten Kriegswinter zu überstehen – und nun denkt kein Mensch mehr an Frieden, und jeder macht sich auf den Kriegswinter gefasst.«

Aus dem Tagebuch von Charlotte Herder, Freiburg, 6. Oktober 1917

GENAU 1563 TAGE. Eine überschaubare Zeit, die doch unendlich lang sein kann. 1563 Tage dauerte der Erste Weltkrieg für Deutschland, von der Mobilmachung im kraftstrotzenden wilhelminischen Kaiserreich am 1. August 1914 bis zur Unterzeichnung des Waffenstillstandes durch Vertreter der eben erst ausgerufenen demokratischen Republik am 11. November 1918. In diesen gerade einmal viereinviertel Jahren veränderte sich das Antlitz Mitteleuropas total. Fast zehn Millionen Soldaten kostete der Konflikt das Leben, außerdem mindestens fünf Millionen Zivilisten. Wie hoch die Zahl der dauerhaft Versehrten war, wurde nie erhoben – die geläufige Angabe von 20 Millionen Verwundeten ist nur ein grober Anhaltspunkt, weil darunter sowohl leicht- wie schwerstverletzte Männer fielen, psychische Schäden aber oft nicht registriert wurden.

Die politischen Folgen dieses massenhaften Tötens und Sterbens sind bekannt. Oft wird der erste moderne Großkrieg in Europa nach einer Formulierung des US-Diplomaten George F. Kennan als »Urkatastrophe des 20. Jahrhunderts« bezeichnet. Das ist durchaus zutreffend, denn ohne den Konflikt von 1914 bis 1918 hätte das 20. Jahrhundert einen radikal anderen Verlauf genommen. Auch den Schrecken des Graben- und Stellungskampfes, des industrialisierten Maschinenkrieges, haben Bücher wie *Im Westen nichts Neues* oder *In Stahlgewittern* schon früh eindringlich im kulturellen Bewusstsein verankert; beide Titel sind Teil des kollektiven Gedächtnisses der Deutschen. Lange verdrängt waren die Ereignisse an der Ost- und der Südfront, an denen ebenfalls in vorher unvorstellbarem Maße getötet und gestorben wurde; inzwischen werden diese Aspekte des Ersten Weltkrieges etwas stärker wahrgenommen.

Dagegen wird bis heute kaum beschrieben, wie die Menschen daheim den Ersten Weltkrieg erlebten, in den Städten und Dörfern zwischen Schleswig und Oberbayern, zwischen Breisgau und Ostpreußen. Wie nahmen Frauen und Kinder, die Alten und die Millionen Männer zwischen 18 und 60 Jahren, die aus verschiedensten Gründen nicht an die Front einberufen worden waren, die Kämpfe wahr? Welche Rolle spielte der Krieg in ihrem Alltag? Wie veränderte sich ihr Leben?

Obwohl nur zwei kleine Randgebiete Deutschlands – zwischen Vogesen und Oberrhein im Westen sowie südlich und östlich von Königsberg im Osten – von den Kampfhandlungen überhaupt direkt betroffen waren und der Großteil der Gefechte französisches und belgisches, österreichisches und italienisches, am meisten aber polnisches und russisches Gebiet verwüstete, gab es eine Heimatfront. Der Krieg wurde hier ebenso geführt wie in den Schützengräben, nur mit anderen Methoden. Als Waffen dienten nicht Schrapnellgranaten und Maschinengewehre, sondern Kriegsanleihen und Propagandaplakate; das Leben wurde nicht bestimmt von monatelanger Langeweile in den Schützengräben und den kurzen, aber im wörtlichen Sinne lebensgefährlichen Angriffen der Gegner auf die eigenen Stellungen oder eigenen Attacken auf feindliche Befestigungen. In Deutschland bestand die größte Herausforderung spätestens ab dem Winter 1915/16 vielmehr im Kampf um das tägliche Brot. Um Positionen in den Schlangen vor Butterhandlungen oder Fleischereien rangen hungrige, oft verzweifelte Mütter und Kinder kaum weniger verbittert als ihre Männer, Brüder, Söhne oder Väter. Im Hungerwinter 1916/17 starben Hunderttausende Deutsche an Unterernährung; noch viel mehr entkamen diesem Schicksal nur um Haaresbreite.

Das Wort *Heimatfront* selbst etablierte sich erst in diesen viereinhalb Jahren. In der sechsten Auflage von Meyers Enzyklopädie, erschienen 1906 bis 1909, war es noch nicht gelistet; in der politischen Publizistik der frühen 1920er-Jahre dagegen taucht der Begriff häufig auf. Ähnliches gilt übrigens für das englische und das italienische Pendant. Obwohl diese Entente-Staaten anders als Deutschland nicht unter einer effizienten Seeblockade litten, sondern in großem Umfang Lebensmittel und Rohstoffe aus Übersee importieren konnten, setzten sich 1914 bis 1918 auch bei ihnen die Wortschöpfungen *home front* und *fronte interno* durch. Im Französischen dagegen gab es keine Entsprechung. Das überrascht nur auf den ersten Blick. Weil der zwar flächenmäßig relativ kleine, ökonomisch aber äußerst wichtige Nordosten des Landes rund vier Jahre lang von deutschen Truppen besetzt war, fand der Krieg aus französischer Perspektive wesentlich auf eigenem Territorium statt – also in der Heimat. Für eine Trennung zwischen Front und Heimatfront war entsprechend kein Raum.

Die grundsätzlichen sozialen Entwicklungen in Deutschland zwischen 1914 und 1918 sind schon vor Jahrzehnten substanziell beschrieben worden. Jürgen Kocka beleuchtete sie 1973 in seiner methodisch bahnbrechenden Arbeit *Klassengesellschaft im Krieg*, einem der Marksteine in der Differenzierung der klassischen Geschichts- zur historischen Sozialwissenschaft. Drei Jahrzehnte später bilanzierte Kockas langjähriger Bielefelder Kollege Hans-Ulrich Wehler die Ergebnisse dieser Unterdisziplin im vierten Band seiner gewaltigen *Deutschen Gesellschaftsgeschichte*. Doch beide Arbeiten, Standardwerke bis heute, berührten eine entscheidende Frage nur am Rande: Wie fühlte sich der Krieg in der Heimat an?

Für ganz Deutschland lässt sich eine solche Frage schlechterdings nicht in nur einem Buch beantworten – man muss zwangsläufig auswählen. In meinem 2011 erschienenen Band *Berlin im Krieg* über die Reichshauptstadt zwischen 1939 und 1945 habe ich mich regional bewusst stark konzentriert. Für den Ersten Weltkrieg kam eine solche regionale Beschränkung nie infrage. Studien zu einzelnen Orten, oft aktengestützt, gibt es durchaus. So wenig wie diese hätte auch eine lokale Untersuchung die leitende Fragestellung beantworten können, wie die Situation in Deutschland insgesamt war. Aber wie wählt man die Orte aus, die man genauer betrachtet? Und welche Quellen legt man einer solchen Arbeit zugrunde? Die scheinbar unterschiedlichen Probleme erwiesen sich als untrennbar miteinander verbunden. So viele Quellen inzwischen auch ediert oder in anderer Form zugänglich sind – repräsentativ sind nur wenige von ihnen. In der Konzeptionsphase dieses Buches wurde mir daher klar, dass ich außer auf Zeitungsartikel aus deutschen und internationalen Blättern vor allem auf ausgewählte Selbstzeugnisse zurückgreifen musste.

Zwei Orte standen von vornherein fest: Die Reichshauptstadt Berlin war unverzichtbar, ebenso die bayerische Residenzstadt München. Hier konzentrierte sich 1914 bis 1918 das politische Geschehen, erreichte die Revolution in den letzten Kriegstagen ihren ersten Höhepunkt. An Quellen herrscht für beide Städte kein Mangel: Hinsichtlich Berlins sind etwa das brillante Kriegstagebuch des zu Unrecht nur noch als Namensgeber eines Journalistenpreises in der Öffentlichkeit präsenten Chefredakteurs des *Berliner Tageblatts*, Theodor Wolff, sowie die Aufzeichnungen der expressionistischen Künstlerin Käthe Kollwitz zu nennen. Ergänzend kamen die Stimmungsberichte des Berliner Polizeipräsidenten hinzu, das Tagebuch der Fürstin Blücher, einer gebürtigen Britin, und weitere Zeugnisse. Für München stellen die bis 1917 überlieferten Tagebücher des Anarchisten und Bohemiens Erich Mühsam die wichtigste Quelle. Für die letzten Monate des Krieges sind die reflektierten Aufzeichnungen des Gymnasiallehrers Josef Hofmiller ausschlaggebend, außerdem die Memoiren der großbürgerlichen Frauenrechtlerin Constanze Hallgarten.

Welche Regionen jenseits Berlins und Münchens sollten und mussten einbezogen werden, um ein Bild von »Deutschland im Ersten Weltkrieg« zeichnen zu können? Ich entschied mich für Freiburg im Breisgau, das Hauptziel der im Ersten Weltkrieg noch recht seltenen und ineffizienten Luftangriffe. Charlotte Herder, die Ehefrau des Verlegers Hermann Herder, hat das Leben dort in ihrem weitgehend vergessenen *Kriegstagebuch* beschrieben. Außerdem wählte ich die Garnisonsstadt Hildesheim, zu der es nicht nur die detaillierte, zeitnah entstandene *Heimatchronik* von Adolf Vogeler gibt, sondern auch das aus gewissermaßen externer Perspektive geschriebene Tagebuch von Annie Dröege, der britischen Ehefrau eines Deutschbriten, der 1914 bis 1917 als »feindlicher Ausländer« interniert war, obwohl seine Familienverhältnisse nicht anders als bei Kaiser Wilhelm II. waren: deutscher Vater und britische Mutter mit Lebensmittelpunkt auf dem ererbten Besitz in Deutschland.

1914 lebte nur ein gutes Drittel aller Deutschen in Groß- und Mittelstädten, die Mehrheit aber in Kleinstädten und auf dem Land. Auch diese Regionen sollten vertreten sein. Ich entschied mich daher einerseits für das Dreistädtegebiet Viersen – Dülken – Süchteln am Niederrhein in Grenznähe zu den 1914 bis 1918 neutralen Niederlanden, und zwar aus zwei Gründen: Erstens hatte Peter Stern, Oberbürgermeister von Viersen, schon bald nach dem Krieg eine materialreiche, wenngleich sehr nüchterne Broschüre über *Kriegszeit und Kriegswirtschaft in Viersen* veröffentlicht. Zweitens hat das rührige Viersener Stadtarchiv vor Kurzem eine umfangreiche Ausarbeitung über das Dreistädtegebiet im Ersten Weltkrieg vorgelegt, in der in großem Umfang Archivmaterialien verarbeitet sind. Daneben musste auch Ostpreußen vertreten sein – 1914/15 als einzige Region von russischen Truppen besetzt. Über diese Erfahrung erschienen früh schon eine ganze Reihe von Broschüren, etwa vom durch den russischen Ortskommandanten zeitweilig eingesetzten deutschen Zivilgouverneur von Gumbinnen, einem Gymnasiallehrer. Vor allem aber existiert – ein absoluter Glücksfall – das Tagebuch der Haushaltshilfe Henriette Schneider, die im ostpreußischen Landkreis Lötzen und ab 1918 im noch weiter südöstlich gelegenen Lyck lebte. Private Aufzeichnungen von Menschen aus weniger gebildeten Schichten, wenn sie überhaupt überliefert sind, beschränken sich oft auf kaum aussagekräftige Beschreibungen oder die Wiedergabe der jeweils aktuellen Propaganda. Bei Henriette Schneider ist das anders: Ihr Tagebuch enthält auch viele für die politische und ökonomische Situation aussagekräftige Eintragungen.

Mit diesen sechs Orten von der Metropole bis zur Provinz lässt sich repräsentativ beschreiben, wie die Deutschen den Ersten Weltkrieg erlebten. Wie in fast allen meinen Büchern erzähle ich auch in *Heimatfront* Geschichte in Geschichten. Die große Politik kommt eher am Rande vor, ebenso Wirtschaftsstatistiken und Gesetze. Viel spannender als die offiziell vorgesehenen Kaloriensätze sind doch Empfehlungen von Behörden, Saatkrähen oder Sperlinge zu Geflügelsuppe zu verarbeiten. Wo haben Mülltrennung und Sommerzeit ihren Ursprung? Natürlich im Ersten Weltkrieg!

1914 ging nach 43 Jahren voller Frieden die heile Welt des langen 19. Jahrhunderts zu Ende; es folgte das kurze 20. Jahrhundert mit zuvor unvorstellbaren Verbrechen und Gewalttaten. Seit der Einheit Deutschlands 1990 findet dieses Land langsam wieder zurück zu der Rolle, die es seiner Geografie und Größe entsprechend zu spielen hat. Vor hundert Jahren haben die damaligen Deutschen wie auch die anderen Völker Europas beim Zusammenwachsen des Kontinents viele Fehler gemacht, die in eine doppelte Katastrophe mündeten. Wenn überhaupt, dann kann die Menschheit meiner festen Überzeugung nach nur aus Erfahrungen lernen, also aus der Vergangenheit. Dazu ist Geschichte unverzichtbar, also das Bild, das eine Gesellschaft sich von der eigenen vergangenen Wirklichkeit macht. Nie wieder sollte eine allen Schwächen und Mängeln zum Trotz eben insgesamt doch heile Welt zugunsten vager bis kategorisch abzulehnender Verheißungen aufgegeben werden.

SOMMERFRISCHE

ANTEILNAHME IST FLÜCHTIG. Sie kommt schlagartig, aber vergeht fast genauso rasch. Am frühen Nachmittag des 28. Juni 1914, eines warmen Frühsommersonntags, liefen in Deutschland die Telegrafendrähte heiß. Von Station zu Station gaben Beamte der Reichspost verwirrende, oft widersprüchliche Nachrichten weiter – und erzählten sie unmittelbar danach Bekannten und Verwandten. Fast genauso schnell wie Telegramme Hunderte Kilometer überwanden, verbreiteten sich in den größeren Städten des wilhelminischen Kaiserreichs Gerüchte. Von einem oder gleich mehreren Attentaten auf den Thronfolger der österreich-ungarischen Doppelmonarchie war die Rede; Franz Ferdinand sei in Sarajevo mit einer Bombe beworfen oder aber beschossen worden. Einigen Meldungen nach habe der 50-jährige Neffe Kaiser Franz Josephs den Angriff unverletzt überstanden, anderen zufolge sei er schwer verwundet worden. Manchmal hieß es, der Thronfolger habe den Besuch in der bosnischen Regionalhauptstadt fortgesetzt, sich sogar auf den Weg gemacht, um Verletzte des misslungenen Bombenanschlags aufzusuchen; dann wieder, er sei selbst tödlich getroffen ins örtliche Regierungsgebäude gebracht worden. Paradoxerweise trafen diese widersprüchlichen Nachrichten alle zu – zur jeweiligen Zeit ihrer Entstehung.

Erst kurz nach 15 Uhr gab der Hof in Wien eine offizielle Mitteilung heraus: Beim Besuch des Thronfolgers in Sarajevo hatte es tatsächlich zwei Angriffe auf Franz Ferdinand und seine Frau Sophie gegeben. Zuerst, kurz vor halb elf Uhr, war eine Bombe auf ihr Auto geschleudert worden. Aber der Chauffeur hatte instinktiv beschleunigt, weshalb die Granate hinter dem Wagen detoniert war und einige Männer des Begleitkommandos verwundet hatte. Den für 10:30 Uhr geplanten Empfang im Rathaus von Sarajevo brach Franz Ferdinand kurzerhand ab und befahl, ins Krankenhaus zu fahren, um den Verletzten der Explosion beizustehen. Der Weg seiner Fahrzeugkolonne dorthin führte an einem weiteren Attentäter vorbei, Gavrilo Princip, einem schmächtigen jungen Mann. Etwa 20 Minuten nach dem ersten Anschlag bog der offene Wagen des Thronfolgers zufällig keine zwei Meter entfernt von Princips Standort langsam ab. Das ließ sich der Attentäter, ein bosnisch-serbischer Nationalist, nicht entgehen: Er zog seine Pistole und drückte zweimal ab. Die eine Kugel durchschlug das Schlüsselbein Franz Ferdinands und blieb in seiner Wirbelsäule stecken, die andere traf Sophie in den Unterleib. Sofort gab der Chauffeur Gas und erreichte binnen weniger Minuten den Dienstsitz des habsburgischen Gouverneurs, wo schon mehrere Ärzte warteten. Doch Franz Ferdinand war bereits bewusstlos und starb kurz darauf.[1]

In Berlin war die Innenstadt wegen des warmen, schönen Wetters relativ ruhig; viele Bewohner vergnügten sich bei Freiluftkonzerten oder spazierten durch Parks und Wälder in der Nähe. Als die Gerüchte über die Ereignisse in Sarajevo sich am Nachmittag zur Gewissheit verdichteten, spielte manche Kapelle spontan und unter stürmischem Applaus die habsburgische Hymne »Gott erhalte Franz, den Kaiser«, um darauf ihren Auftritt zu beenden.[2] Kaum dass sie von den umlaufenden Gerüchten gehört hatten, machten sich Redakteure, Setzer und Drucker auf in ihre Verlagshäuser. Da die Zeitungen sonntags keine regulären Abendausgaben herausbrachten, waren die Redaktionen im Presseviertel beiderseits der Kochstraße weitgehend verwaist. Doch das Hörensagen über ein Attentat in Sarajevo, per Telefon und Mundpropaganda weiterverbreitet, sorgten dafür, dass bald genügend Personal für schnelle Sonderausgaben anwesend war. Mitunter waren es sogar die Verlagschefs selbst, die sich auf den Weg machten. Rudolf Ullstein, einer der fünf Teilhaber des größten Verlags Europas, reagierte am schnellsten. Wie seine vier Brüder war er aus der Nachrichtenzentrale des Verlagshauses telefonisch informiert worden und ließ sich umgehend ins Zeitungsviertel chauffieren. Vorher aber schickte er noch eine Depesche: »Bereitet ein Extrablatt vor. Einen Maschinenmeister, sechs Setzer, fünf Drucker und sechs Bleigießer organisieren, 30 Transporter im Hof bereitstellen.« Die Telefonzentrale des Verlags bekam zusätzlich den Auftrag, alle verfügbaren Redakteure der drei wichtigsten Ullstein-Blätter, der *Vossischen Zeitung*, der *Berliner Morgenpost* und der *B.Z. am Mittag*, in die Redaktion zu holen. »15 Minuten später war Rudolf selbst vor Ort und veranlasste alles Weitere«, erinnerte sich sein jüngster Bruder Hermann: »Er bediente vier oder fünf Telefone gleichzeitig. Seine ganze Mannschaft war im Nu versammelt, um seine Befehle entgegenzunehmen. Als ich eine Viertelstunde später eintraf, hatte Rudolf die Lage so weit unter Kontrolle, dass es wie ein ganz normaler Werktag aussah.«[3] Doch es war kein gewöhnlicher Werktag – Tempo zählte an diesem Sonntag noch mehr als im gewöhnlich schon sehr schnellen Zeitungsgeschäft. Um ihre Druckmaschinen möglichst rasch anwerfen zu können, gossen die Setzer in den meisten Verlagshäusern die einlaufenden Depeschen einfach hintereinander in Blei – sogar wenn sie einander direkt widersprachen. Am Nachmittag verteilten Zeitungsjungen erste Extrablätter. »Der österreichische Thronfolger ermordet!«, riefen sie und bestätigten so die umlaufenden Gerüchte.[4] Berlin vibrierte.

In den nächsten Tagen war der Anschlag in Sarajevo das beherrschende Thema in Deutschland; zunächst in den Städten, bald auch in der Provinz, schließlich auf dem Land. Doch die Reaktionen waren sehr unterschiedlich. In kaisertreuen, nationalen Kreisen schlug Empörung über den Anschlag und die Provokation des wichtigsten Verbündeten des Deutschen Reichs hoch. In der Garnisonsstadt Hildesheim etwa forderten Mitglieder von Kriegervereinen, Österreich solle wegen des Mordes von Sarajevo mit dem feindlich gesinnten Königreich Serbien »die Sprache der Bajonette und Kanonen« sprechen.[5] Der Rechtsreferendar Carl Schmitt notierte in sein Tagebuch: »Als ich nach Hause zurückgefahren war und im *Kaiserhof* zu Abend aß, kam der Referendar Capelle, der dort mit seinem Verhältnis ebenfalls zu Abend aß, auf mich zu und erzählte mir, dass der Thronfolger von Österreich mit seiner Frau von einem Serben erschossen worden sei. Ich war vernichtet.« Schmitt ging auf sein Zimmer, konnte »nichts arbeiten«, schrieb seiner Verlobten einen »ernsten, innigen Brief, rannte herum und war nur mit den letzten Dingen des Menschen beschäftigt«. Erst nach einiger Zeit fing sich der junge Jurist: »Allmählich kehrte meine Ruhe wieder. Ich las etwas, wurde beinahe frivol und erkannte, mit welcher schauerlichen Zähigkeit ich am Leben hänge.« Einen Tag später erfuhr Schmitt aus den Zeitungen den Namen des Attentäters und notierte zynisch: »Da soll einer nicht grimmig lachen: Der Thronfolger von Österreich und seine Gemahlin werden erschossen von einem 19-jährigen Gymnasiasten, der Princip heißt.«[6]

Unterschiedlich fiel die Reaktion im liberalen Bürgertum aus, zum Beispiel bei den Professoren der Albert-Ludwigs-Universität in Freiburg. Der Historiker Friedrich Meinecke hielt sich gerade im idyllischen Kurpark Badenweiler auf, als er von dem Attentat erfuhr: »Sofort wurde mir schwarz vor Augen. Das bedeutet Krieg, sagte ich mir.«[7] Dem Mathematiker Lothar Heffter zufolge »wusste jedermann: Das bedeutet Krieg«. Auch der Sozialdemokrat Wilhelm Engler, der im Freiburger Stadtrat saß, hatte »das bestimmte Gefühl: Jetzt kommt der Krieg«.[8] Anders reagierte der Zoologe Franz Doflein, der von dem Attentat während eines Ausflugs in die linksrheinischen Vogesen erfuhr, die seit 1871 zu Deutschland gehörten: »Noch dachten wir nicht an die Folgen des Attentates, wenn wir auch empfanden, dass in der geladenen Atmosphäre Europas eine kleine Ursache genügen konnte, um große Folgen auszulösen.«[9]

Gleichgültig zeigten sich sogar der Freiburger Philosophiestudent Ludwig Marcuse und seine Kommilitonen. Für diesen Sonntagabend hatte sich ein Kompagnon seines Vaters angesagt; er lud Ludwig zum Essen im feinsten Lokal der badischen Universitätsstadt ein. Doch Marcuse und einer seiner Freunde konnten die Verzweiflung des leichenblassen Besuchers über das Attentat nicht nachvollziehen. Die beiden jungen Studenten erschütterte die Meldung »mitnichten«. Vielmehr sahen sie sich verständnislos an und fragten sich wortlos, ob und wenn ja, was diese Neuigkeit für sie zu bedeuten habe. Am folgenden Tag erkundigte sich Marcuse bei gleichaltrigen

Freunden, ob denn die Nachricht aus Sarajevo wirklich wichtig sei. Er bekam zur Antwort: »Viele alte Leute interessieren sich eben für Politik.«[10]

Ebenfalls beinahe desinteressiert notierte der Oberschüler Otto Braun einen Tag nach seinem 17. Geburtstag in sein Tagebuch, er habe die Nachricht aus Sarajevo an diesem Sonntagabend »nach Hause gebracht«. Der Sohn der Frauenrechtlerin Lily und des sozialdemokratischen Publizisten Heinrich Braun hielt über das anschließende Gespräch mit seinen Eltern fest: »Eifrig diskutiert. Sehr interessant.«[11] Weiter beschäftigte sich der junge Mann allerdings mit den Vorgängen auf dem Balkan und ihren Folgen für die europäische Politik nicht.

In der Provinz, abseits der Städte, dauerte es etwas länger, bis die Neuigkeiten ankamen. Doch die Wirkung war ähnlich: »Wie ein Blitz aus heiterem Himmel« sei die Nachricht aus Sarajevo eingeschlagen, berichtete die *Volks-Zeitung* aus Viersen am Niederrhein.[12] Die Hiobsbotschaft überwand in wenigen Stunden, obwohl es noch kein Radio gab und kaum Telefonleitungen in ländlichen Regionen, Hunderte von Kilometern scheinbar mühelos. Schon am Morgen des 29. Juni 1914 erfuhr die Haushaltshilfe Henriette Schneider im ostpreußischen Landkreis Lötzen, gut hundert Kilometer südöstlich von Königsberg, von einer Bekannten von dem Attentat. In ihr Tagebuch notierte sie: »Erzherzog Franz Ferdinand, Thronfolger von Österreich, ist mit seiner Gemahlin ermordet worden. Der Täter, Serbe, schoss mit seiner Pistole und traf beide tödlich. Mein Gott, welch ein Abschaum von Verworfenheit!«[13]

Die Meldung bestimmte die Schlagzeilen praktisch aller deutschen Zeitungen. Das in der Reichshauptstadt redigierte SPD-Parteiblatt *Vorwärts* kommentierte die politischen Risiken: »Das Problem Österreich erhebt sich immer drohender zu einer Gefahr für den Frieden Europas. Soll diese Gefahr nicht zur fürchterlichen Wirklichkeit werden, so müssen wir mit aller Kraft trachten, mit Frankreich und England in freundschaftliches Einvernehmen zu gelangen. Auch für Deutschland bedeuten die Schüsse von Sarajevo eine ernste

Warnung.«[14] Das *Berliner Tageblatt*, eine der drei international angesehensten Zeitungen Deutschlands, benannte andere Verantwortliche für die Krise: »Europa hat über Nacht eine der ernstesten Gefahren entdeckt, von denen seine Ruhe, von denen der friedliche Fortbestand aller Verhältnisse dieses Erdteils bedroht ist: die großserbische Bewegung, die im Sinne ihrer Urheber nur durch einen Weltkrieg zu lösen ist.«[15]

Doch fast so rasch, wie das Attentat in Sarajevo die Gemüter erregt und Anteilnahme mit dem Schicksal des wichtigsten deutschen Verbündeten geweckt hatte, verflüchtigte sich das Thema wieder aus den alltäglichen Gesprächen. Der Mordanschlag hatte keine unmittelbar sichtbaren Folgen; der österreichische Hof stritt augenscheinlich mehr über Fragen des Zeremoniells bei der Trauerfeier für das Thronfolger-Paar als über politische Konsequenzen. Man ahnte nicht, dass in diplomatischen Kreisen längst vertraulich über einen möglichen Krieg gesprochen wurde, in den Europa »von heute zu morgen« verwickelt werden könnte.[16] Und weil die meisten Deutschen davon nichts erfuhren, verloren sie in der ersten Juliwoche das Interesse. Manche kluge Menschen fühlten sich sogar genervt, wenn die Rede doch noch einmal auf das Attentat zu kommen schien. So Ludwig Marcuse, der als Gasthörer ein anderes Kolleg besuchte: »Da war immerzu von serbischen Schweinen die Rede. Ich dachte: ›Schon wieder die Affäre Thronfolger.‹ Viel später erfuhr ich, es waren essbare Schweine gemeint.«[17]

Außenpolitische Ereignisse von sekundärer Bedeutung verdrängten den Mord von Sarajevo auf die hinteren Seiten der Zeitungen, vor allem der Prozess gegen die Sozialistin Henriette Caillaux, die den Chefredakteur der Pariser Zeitung *Figaro* erschossen hatte, weil er intime Brief von ihr veröffentlichen wollte, und einer von den zahlreichen kleineren Aufständen auf dem südlichen Balkan, diesmal in Albanien. Nur noch einige Zeitungskommentatoren interessierten sich für die Folgen des Attentats; die *Hildesheimer Allgemeine Zeitung* etwa stellte am 5. Juli 1914 fest: »In ernster Sorge wendet sich der

Blick nach dem Balkan. Die großserbischen Ideen können, wenn die Spannung auf die Spitze getrieben und Österreich herausgefordert werden sollte, der Anlass zum Weltbrand werden, vor dem ein gütiges Geschick uns bisher bewahrt hat.«[18] Grund für akute Sorgen sah das Blatt aber ebenfalls nicht.

Die deutsche Öffentlichkeit erfuhr freilich nicht, dass Kaiser Wilhelm II. inzwischen sehr erregt war und intern forderte: »Mit den Serben muss aufgeräumt werden, und zwar bald.«[19] Dem österreichisch-ungarischen Botschafter in Berlin sagte der impulsive Herrscher genau eine Woche nach dem Attentat kurzerhand die »volle Unterstützung Deutschlands« zu, obwohl er sich noch gar nicht mit seinem Reichskanzler beraten hatte.[20] Mit baldigen Konsequenzen aus diesem »Blankoscheck« rechnete Wilhelm II. aber offenbar nicht, denn er trat wie geplant seine übliche Sommerkreuzfahrt in norwegischen Gewässern an und verließ Berlin am 6. Juli 1914. Überall im Reich sah man das als Bestätigung der eigenen Einschätzung: Wenn der Kaiser in die Ferien fuhr, konnte die Krise wohl nicht besonders gefährlich sein.

Nach der zeitweiligen Aufregung über den Doppelmord in Sarajevo kehrten die meisten Deutschen zum Alltag zurück, und das hieß im Juli wie in jedem Jahr für viele: zum Urlaub. Der ausgezeichnet vernetzte Theodor Wolff, der als Chefredakteur des *Berliner Tageblatts* zu den einflussreichsten deutschen Journalisten gehörte, fand nichts dabei, Anfang Juli wie geplant mit seiner Familie an die holländische Nordseeküste abzureisen, in den Badeort Scheveningen. In der Umgebung der Reichshauptstadt strömte Jung und Alt bei Temperaturen jenseits von 30 Grad zum Wasser; die Strandbäder am Wannsee, Müggelsee und Tegeler See waren überfüllt. Der Zoologische Garten zog mehr Besucher an denn je. Stadtgespräch war ein deutscher Pilot, der vom Flugplatz Johannisthal aus drei Mal innerhalb weniger Tage neue Rekorde im Dauerflug aufgestellt hatte; bei seinem letzten Versuch hielt sich der tollkühne Flieger zwischen Start und Landung genau 24 Stunden und elf Minuten in der Luft.

Gleichzeitig machte der heiße Sommer der Metropole zu schaffen: »Auf den Asphalt in den Straßen hat die Hitze bereits derart nachteilig eingewirkt, dass ganze Stellen weich wurden und einfielen. Der Eisverbrauch ist in Markthallen, den Geschäften und im Haushalt jetzt so enorm, dass die Eisfabriken nur schwer imstande sind, alle Nachfragen zu erfüllen«, klagte der *Vorwärts*.[21] Auch führten die hohen Temperaturen in den Seen zu Sauerstoffmangel und damit zu einem verbreiteten Fischsterben. Doch daran störten sich nicht allzu viele Hauptstädter; sie hatten wichtigere Themen zu bereden. Vor allem modebewusste Damen diskutierten, dass immer mehr männliche Bürger bei der schweißtreibenden Wärme ihre Gehröcke daheim ließen und in Hemdsärmeln auf die Straßen gingen. Man konnte sich nicht einigen, ob das schicklich sei.

Für den Gymnasialprofessor Rudolf Müller aus Gumbinnen in Ostpreußen war es selbstverständlich, wie vorgesehen mit seiner Familie ins Rheingau in den Urlaub zu fahren. Am 18. Juli 1914 bestiegen sie von Aßmannshausen aus den Niederwald, zum dortigen Nationaldenkmal hoch über dem Rhein, um die Aussicht zu genießen. In fröhlicher Stimmung sangen die Müllers erst gemeinsam mit einigen jungen Leuten, dann mit einer Schulklasse und ihrem Lehrer. »Da blieb tatsächlich kein Auge tränenleer, und stumm in heiliger Andacht saßen alle ringsum hier, den Blick zum herrlichen Denkmal gerichtet.« Auf dem Rückweg kam man ins Gespräch, gedachte der »glorreichen Zeit, an die wir eben so lebhaft erinnert worden waren«, nämlich den kurzen Deutsch-Französischen Krieg 1870/71, und war »unwillig«, weil Deutschland sich seit Längerem Demütigungen gefallen ließ, »statt wie damals zum Schwerte zu greifen und die frechen Feinde niederzuschmettern«. Weitere Gedanken machte sich die Gruppe nicht. »Wir ahnten nicht, wie nahe uns der Krieg bevorstünde; wir ahnten nicht, welche furchtbaren Opfer er aus unserer Mitte fordern würde.«[22]

Derweil bereitete sich Hildesheim auf das traditionsreiche Schützenfest vor, das mit einem großen Umzug durch die Altstadt beginnen sollte. In diesem Jahr war es der Knochenhauer-Gilde gewidmet; eine heimische Künstlerin hatte dafür historische Kostüme in Anlehnung an die Zeit um 1550 entworfen, die nun genäht werden mussten. Die *Hildesheimer Allgemeine Zeitung* schrieb Mitte Juli 1914: »Wir sollten nicht vergessen, was wir unserem geeinten, starken Vaterlande zu danken haben. Wir können am Frieden uns erfreuen, und in dieser Beziehung sind wir wohl besser daran als unsere Väter.«[23] Außerdem fieberte die Bürgerschaft der Stadt mit großem Ernst dem Kongress der Deutschen Anthropologischen Gesellschaft Anfang August entgegen. Mehrere Hundert Teilnehmer hatten sich angemeldet; es sollte das wichtigste Ereignis des Jahres werden, zudem ein gutes Geschäft für die Hildesheimer Gasthäuser und Lokale, die weitgehend ausgebucht waren.

Der Wahlmünchner Thomas Mann brach zu einem Vortrag über Arthur Schopenhauer nach Freiburg auf, der als ein veritabler Erfolg vor vollem Auditorium und dankbar in den örtlichen Zeitungen registriert wurde.[24] Bald danach, in der zweiten Juliwoche, begannen für die fast 3200 Studenten der immerhin fünftgrößten Universität Deutschlands die Semesterferien. Bevor sie abreisten, feierten die Kommilitonen aber noch mit einer Fülle von Bällen, Kneipen und Stiftungsfesten das absolvierte Studienjahr. Ruhe kehrte in der Stadt dennoch nicht ein, denn Tausende Gäste aus fast allen Teilen Deutschlands kamen an. Freiburg und seine malerische Umgebung direkt am Rande des Schwarzwalds gehörten zu den liebsten Zielen für eine Städtereise. Derweil stritt sich der Bürgerausschuss um ganz praktische Fragen wie die Verlängerung einer Straßenbahnlinie. Von den Blättern der Universitätsstadt berichtete allein die nationalliberale *Breisgauer Zeitung* weiter bevorzugt über die internationale Krise und beschrieb, dass die Entwicklungen Auswirkungen für Freiburg haben könnten. Die übrigen Gazetten waren wie die öffentliche Verwaltung und das Militär geradezu »sorglos«.[25]

Auch in der Provinz kehrte das Leben nach der Aufregung um den Doppelmord in Bosniens Hauptstadt wieder in seine gewohnten Bahnen zurück. Die Berichterstattung über mögliche Hintergründe und Folgen in den Viersener Zeitungen ebbte ab; Themen wie die

Unruhen in Albanien rückten in den Vordergrund. Ein Gastbeitrag des prominenten Militärschriftstellers und Generalmajors a.D. Arthur von Loebell allerdings beschrieb die Bedeutung des Luftkampfes in kommenden Konflikten und lobte die deutschen Fortschritte im Festungskrieg; das war ein Beitrag in der *Viersener Zeitung* zur Stärkung des patriotischen Selbstbewusstseins der Leserschaft. Loebell zufolge würde der Angreifer dem Verteidiger dabei »auf die Dauer« überlegen sein.[26] Zwar beschrieb das amtliche Kreisblatt die internationalen Gefahren, sah die Lage aber »nicht so düster«. Konkrete Risiken vermeldete die Zeitung nicht, berichtete wohl aber über eine weitere »Hetzrede in Paris«.[27] Die innenpolitische Lage nahm die Redaktion der Zeitung als gefasst und ruhig wahr.

Trotz der unmittelbaren Nähe zur Grenze des Zarenreichs herrschte selbst in Ostpreußen längst wieder Normalität. Zwar wussten die Bewohner, dass durch das Attentat Österreich und Russland einander zunehmend angespannt gegenüberstanden. Doch als unmittelbar drohende Gefahr für sich selbst verstand das kaum jemand. Interessanter war die sommerliche Entenjagd, und Henriette Schneider vermerkte in ihrem Tagebuch verärgert, die Erdbeerernte werde »immer dürftiger«.[28] Zwar war in der zweiten Julihälfte gerüchteweise von Umgruppierungen der russischen Truppen jenseits der Grenze zu hören, doch in den *Dorfkrug* des Grenzortes Osznaggern kehrten weiterhin Offiziere und Mannschaften der zaristischen Armee ein, um sich zu betrinken.

Nicht ganz so ruhig war da der Industriebaron Hugo Stinnes. Er hatte sich mit seiner Frau Cläre zur Kur ins mondäne Karlsbad zurückgezogen. Am 16. Juli 1914 schrieb er an seinen Sohn zwar: »Uns geht es gut, sodass Aussicht besteht, dass wir jung und schön nach Hause kommen.« Jedoch litt er unter Schlafstörungen und wusste auch, warum: »Mich drängt es nach Hause bei der herrschenden Geschäftsunsicherheit.«[29] Es war aber nicht die außenpolitische Lage, die ihm Sorgen bereitete. Natürlich wusste er um die Spannungen auf dem Balkan; er las die Zeitungen der böhmischen Stadt und bekam von seinen Mitarbeitern aktuelle Informationen ebenso über die Krise in Albanien wie über die Gefahren, die durch Russlands ehrgeizige großslawische Politik entstehen könnten. Die Lage bei den westlichen Nachbarn Deutschlands beurteilte Stinnes als positiv, denn er hielt die innenpolitischen Streitigkeiten in Frankreich und Großbritannien für einen Vorteil, der den deutschen Interessen eher nutzte als schadete.

Ohnehin setzte er schon seit Längerem auf die Kraft der Wirtschaft, um die starke deutsche Stellung in Europa zur Hegemonie auszubauen: »Lassen Sie noch drei bis vier Jahre ruhiger Entwicklung vergehen, und Deutschland ist der unbestrittene wirtschaftliche Herr in Europa. Die Franzosen sind hinter uns zurückgeblieben; sie sind ein Volk der kleinen Rentner. Und die Engländer sind zu wenig arbeitslustig und ohne den Mut zu neuen Unternehmungen. Sonst gibt es in Europa niemanden, der uns den Rang streitig machen könnte. Also drei oder vier Jahre Frieden, und ich sichere die deutsche Vorherrschaft in Europa im Stillen.«[30] Im Vertrauen auf die ökonomische Stärke seiner Firmen wollte Stinnes langfristige Kooperationen mit französischen Unternehmen eingehen, doch die Verhandlungen mit den dafür nötigen deutschen Partnern gestalteten sich schwierig. Außerdem beschäftigte den Unternehmer der mörderische Wettbewerb zwischen den heimischen Kohlegruben, der seine Expansionsstrategie gefährden könnte. Größere Sorgen bereitete ihm zudem die Gefahr eines international organisierten Streiks der Bergarbeiter, der das fragile Konstrukt seiner Geschäfte zum Einsturz bringen könnte. Vor einem unmittelbar bevorstehenden europäischen Krieg jedoch fürchtete sich Hugo Stinnes Mitte Juli 1914 nicht: Er genoss seine Sommerfrische.

AUGUSTERLEBNIS

BEGEISTERUNG IST IRRATIONAL, GENAUSO WIE ANGST. Überschwang aber zeigt sich eher nach außen, Furcht wirkt stärker nach innen. In der dritten Juliwoche verbreitete sich in Deutschland, der allgemeinen Sommerstimmung zum Trotz, Unruhe. Es lag etwas in der Luft, aber was? Knapp ein Monat war seit dem Attentat auf Franz Ferdinand vergangen, ohne dass Nennenswertes passiert wäre – jedenfalls nichts, was der Öffentlichkeit bekannt geworden wäre: kein Ultimatum, keine Kriegserklärung, nicht einmal ein offizieller Protest der Wiener Regierung in Serbien. Dass aber eine Reaktion erfolgen würde und musste, war klar. Spätestens, wenn der Untersuchungsbericht über den Mordanschlag vorliegen würde, an dem österreichische Kriminalbeamte arbeiteten. Man redete wieder öfter über Sarajevo und die möglichen Folgen. Druck baute sich auf.

Hinter den Kulissen jagte eine diplomatische Demarche die vorhergehende. Reichskanzler Theobald von Bethmann Hollweg, wie die meisten Mitglieder der europäischen Regierungen im Urlaub, wurde in seinem Landsitz im brandenburgischen Hohenfinow von Mitarbeitern ständig auf dem Laufenden gehalten. Hohe Beamte ließ er wissen, Deutschland müsse den drohenden Konflikt zwischen Österreich und Serbien »isolieren«. Die »europäische Lage« sei »zurzeit nicht frei von Gefahren«.[31] Andererseits grübelte der Reichskanzler in der relativen Ruhe der Provinz »mit einer gewissenhaften Selbstzermarterung über die möglichen eigenen Fehler«, notierte Kurt Riezler, sein Sekretär und politischer Berater. Der Reichskanzler wollte unbedingt politischen Nutzen aus der Situation ziehen: »Kommt der Krieg aus dem Osten, sodass also wir für Österreich-Ungarn und nicht Österreich-Ungarn für uns zu Felde zieht, so haben wir Aussicht, ihn zu gewinnen. Kommt der Krieg nicht, will der Zar nicht oder rät das bestürzte Frankreich zu Frieden, so haben wir doch noch Aussicht, die Entente über diese Aktion auseinanderzumanövrieren.« Von Bethmann Hollweg hatte längst begonnen, über Vor- und Nachteile eines baldigen Krieges nachzudenken, und war bereit, ein »kalkuliertes Risiko« einzugehen. Riezler fasste ein Gespräch mit seinem Chef am 20. Juli 1914 zusammen: »Abermals über die ganze Lage. Russlands wachsende Ansprüche und ungeheure Sprengkraft. In wenigen Jahren nicht mehr abzuwehren, zumal wenn die jetzige europäische Konstellation bleibt.«[32] War es dann nicht besser, einen Krieg in Kauf zu nehmen, bevor sich das Kräfteverhältnis zu Deutschlands Ungunsten verschob?

Natürlich sickerte gerüchteweise durch, dass in den Außenministerien und Botschaften der europäischen Mächte in höchster Anspannung gearbeitet wurde. Am 22. Juli 1914, einem Mittwoch, spekulierten viele Zeitungen in Europa daher über eine Note, die der österreichisch-ungarische Hof in Kürze in Belgrad überreichen würde. Aber was würde darin stehen? Die *Münchner Neuesten Nachrichten* erwarteten eher moderate Forderungen, die »weder die Unabhängigkeit Serbiens noch seine nationale Würde bedrohen«.[33] Die *Vossische Zeitung* war weniger zuversichtlich und warnte vor den Gefahren eines zu strikt formulierten Ultimatums, das nicht nur Österreich und Serbien, sondern auch Russland in einen Krieg hineinziehen könnte – damit aber auch Deutschland und Frankreich.[34]

Zeitungen in Wien und Linz erwiesen sich als deutlich besser informiert: Sie berichteten korrekt sowohl über die bewusst kurz angesetzte Frist für die Antwort Serbiens auf die Note als auch über das eigentliche Ziel der Wiener Regierung. Es gehe darum, dass die Unruhe auf dem Balkan »endlich einmal unter allen Umständen aufhören« müsse.[35] Tatsächlich war die Demarche von vornherein so formuliert, dass sie unannehmbar sein sollte. Österreichs Außenminister hatte von Bethmann Hollweg das auch klar mitteilen lassen: »Graf Berchtold ließ die Hoffnung durchblicken, dass Serbien die Forderung Österreich-Ungarns nicht annehmen werde, da ein bloßer diplomatischer Erfolg hierzulande wieder eine flaue Stimmung auslösen werde, die man absolut nicht brauchen könne.«[36]

»Sehr ernst« sei die Lage, bekannte Großbritanniens Premierminister Herbert Henry Asquith am selben Morgen bei einem geselligen Frühstück in London, zu dem auch der deutsche Weltbürger Harry Graf Kessler gekommen war. Allerdings sorgte sich der britische Regierungschef stärker um den Streit über Irlands Zukunft als um die schon gewohnheitsmäßig gespannte Lage auf dem Balkan, dessentwegen das Empire vor einem Bürgerkrieg stehe.[37] Auch Hugo Stinnes junior, der Sohn des Großindustriellen und gerade als Praktikant bei der britischen Tochtergesellschaft des väterlichen Konzerns tätig, hatte ambivalente Gefühle: »Die politische Lage ist so schlecht, wie man sich eigentlich nur denken kann. Zwischen Österreich und Serbien stinkt es meiner Ansicht nach sehr.« Gleichzeitig berichtete der 17-Jährige seinem Vater allerdings auch positive Neuigkeiten, die ihn der erfahrene Geschäftsführer der britischen Stinnes-Niederlassung hatte wissen lassen: »Das Verhältnis von Deutschland und England würde von Tag zu Tag besser. Sowohl die Konservativen wie die Liberalen seien sehr deutschfreundlich. Bestimmt denkt man nicht mehr an einen Einfall von Deutschland.«[38]

In dieser Situation schickte August von Stumm, der Direktor der Politischen Abteilung im Auswärtigen Amt, den deutschen Gesandten in Den Haag mit einer vertraulichen Bitte in den Badeort Scheveningen; von Stumms Bekannter Theodor Wolff möge den Sommerurlaub an der holländischen Nordseeküste abbrechen und in die Reichshauptstadt zurückkehren: »Die serbisch-österreichische Auseinandersetzung, die allmählich anfängt, die öffentliche Meinung immer mehr zu beschäftigen und zu erregen, macht es doch sehr wünschenswert, dass wir in der Sache möglichst Fühlung behalten«, hieß es in einem eigenhändigen Schreiben des Diplomaten.[39] Der Chefredakteur des *Berliner Tageblatts* sagte zu, so rasch wie möglich heimzukommen, und machte sich auf den Weg.

Am Morgen des 23. Juli 1914 wunderte sich bei Hildesheim die Engländerin Annie Dröege, die seit 1911 in Deutschland lebte, über den aufgeregten Brief einer Bekannten. Diese mit einem Deutschen verheiratete Britin namens Gräfinghoff riet ihrer Schwester und deren zwei Kindern, den gerade begonnenen Sommerurlaub bei den Dröeges umgehend abzubrechen – obwohl die drei eigentlich bis Mitte September hatten bleiben wollen. Als die Nachmittagsausgaben der Hildesheimer Zeitungen im Wohnort der Dröeges ankamen, in Woltershausen, etwa 20 Kilometer südlich, begriff Annies Mann Arthur den Wunsch seiner Bekannten. Als Sohn eines deutschen Vaters und einer englischen Mutter war er in Großbritannien aufgewachsen, hatte dann aber das Erbe seiner Familie väterlicherseits in Niedersachsen angetreten: mehrere Häuser in Woltershausen, Hildesheim und am Rhein. Arthur Dröege befürchtete angesichts der Meldungen über einen möglichen Krieg zwischen Österreich und Russland, dass auch seine beiden Heimatländer in Konflikt geraten könnten. Doch Annie sorgte sich nicht und brachte ihren Mann rasch auf andere Gedanken: »Wir waren so fröhlich, dass wir all das nach wenigen Minuten wieder vergessen hatten«, notierte sie in ihr Tagebuch.[40]

Am nächsten Tag, dem 24. Juli 1914, verbreiteten die meisten deutschen Zeitungen den harschen, undiplomatischen Wortlaut der österreichischen Note und die eng gesetzte Frist für eine förmliche Unterwerfung Serbiens bis zum Nachmittag des 25. Juli. An diesem Nachmittag, genau drei Wochen und sechs Tage nach dem Attentat von Sarajevo, kam es in vielen Städten zu spontanen Versammlungen, die sich Theodor Wolff, nun wieder in Berlin, mit kollektiver Unsicherheit und dem verbreiteten Bedürfnis nach Selbstvergewisserung erklärte: »Offenbar strömten diese Menschen nur deshalb hier zusammen, weil sie zu aufgewühlt waren, um zu Hause bleiben zu können, und die Furcht, mit sich allein zu sein, sie auf die Straße trieb. Hier draußen war gemeinsames Schicksal, die Möglichkeit, in der allgemeinen Sorge dem eigenen Sorgengespenst und den ängstlich fragenden Blicken zu entrinnen.«[41] Kurt Riezler ging mitten hinein in die Massen und notierte später seine Eindrücke: »Bewegung auf den Straßen. Unter den Linden Menschenmengen vor den Depeschen des *Lokal-Anzeigers*, auf die Antwort Serbiens wartend.

Die Menschen aber noch nicht völlig erwacht aus dem Traum des Friedens, der ihnen noch eine Selbstverständlichkeit scheint, noch ungläubig erstaunt und neugierig.«[42]

Bald nach 19 Uhr kamen die ersten regulären Spätausgaben der Zeitungen aus den Druckereien. Ein Korrespondent beschrieb die Szene, die er an der Ecke Friedrichstraße und Unter den Linden erlebte: »Auf einmal kommt Bewegung in die Menge. In ein paar Autos flitzt das *Acht-Uhr-Abendblatt* heran. Alles stürzt den bepackten Wagen entgegen. Und dann hält auf einmal jeder ein Blatt in den Händen, andere schauen über die Schulter, die leeren Autos machen kehrt, neue kommen.« Die ersten Meldungen lauteten, dass Serbien sich dem Ultimatum wider Erwarten beugen werde. Also herrschte weiter Unklarheit, das diplomatische Tauziehen schien sich fortzusetzen. Die Nachrichten trafen auf größtes Interesse: »Noch nie ist so viel auf der Straße gelesen worden wie heute, noch nie haben die Zeitungsverkäufer ein so gutes Geschäft gemacht. Jeder liest, die Blumenfrau vor *Kranzler* genauso wie die elegante Dame im Café selbst«, berichtete der Journalist seinen Lesern.[43]

Als dann zwei Stunden später eilig nachgeschobene Extrablätter verkündeten, die Meldung über Serbiens Unterwerfung beruhe auf einem Missverständnis und in Wirklichkeit habe die Regierung in Belgrad das österreichische Ultimatum zurückgewiesen, entlud sich die aufgestaute Spannung – vorwiegend in Jubel und Geschrei. Denn wer schockiert war von den Neuigkeiten, zog sich rasch zurück; übrig blieben jene, die eine scheinbar einfache, gewaltsame Lösung herbeisehnten, ihr vielleicht schon direkt nach dem Attentat von Sarajevo das Wort geredet hatten. Eine »unerwartete, eigentümliche Stimmung« registrierte Theodor Wolff: »Züge von mehreren Tausend Personen ziehen zum Schloss, zu den Botschaften usw., singend und Hurra schreiend.«[44]

Mit patriotischen Liedern auf den Lippen formierten in vielen größeren Städten Hunderte bis Tausende Menschen spontane Umzüge. In der Reichshauptstadt waren die Vertretungen Österreich-Ungarns und Russlands die bevorzugten Ziele, aber auch die Wilhelmstraße, wo nebeneinander das Auswärtige Amt und die Reichskanzlei lagen. In München versammelten sich unzählige Männer in den Biergärten und schmetterten Lieder wie die habsburgische Hymne »Gott erhalte Franz, den Kaiser« oder »Deutschland, Deutschland über alles«. Die Kapellen der Lokale mussten immer wieder die gleichen Melodien spielen; die Stimmung schaukelte sich hoch. Im *Café Fahrig* am Stachus, dem Karlsplatz am Rande der Innenstadt, quittierten einige serbische Gäste die patriotischen Lieder mit Pfiffen, wurden verprügelt und aus dem Lokal geworfen. Der Sohn des Wirtes untersagte seinen Musikern deshalb am späten Abend, weiter aufputschende Melodien zu spielen. Doch damit erreichte er das Gegenteil: Empörte Gäste und Passanten demolierten die Einrichtung, und nachdem die Polizei das Lokal geräumt hatte, kamen Stunden später einige junge Männer zurück und warfen die letzten unbeschädigten Fenster des Lokals ein.[45]

Auch in kleineren Städten kam es zu spontanen Kundgebungen und Demonstrationen. In Freiburg verkündete am späten Abend ein Extrablatt unmissverständlich: »Krieg zwischen Österreich und Serbien! Eine ungenügende Antwort Serbiens. Abbruch der diplomatischen Beziehungen.«[46] Daraufhin zogen nach Angaben der moderaten, jedenfalls nicht nationalistisch gesinnten katholischen und liberalen Lokalblätter bis zu 4000 Menschen durch die Universitätsstadt, darunter viele Studenten, die noch nicht in die Semesterferien abgefahren waren – also immerhin ungefähr jeder zwanzigste Einwohner. Charlotte Herder, die 42-jährige Ehefrau des bedeutendsten Verlegers der Stadt, registrierte in ihrem Tagebuch eine »furchtbare Erregung über die politische Spannung, die alle Menschen in Atem hält und die sich in nächtlichen Umzügen und Kundgebungen Luft macht«.[47]

Noch ging es fast immer nicht um eine mögliche deutsche Teilnahme an einem eventuell herannahenden europäischen Krieg, sondern nur um die moralische Unterstützung Österreichs bei der bevorstehenden militärischen Auseinandersetzung mit Serbien und seiner Schutzmacht Russland. Doch manche Zeitungsredakteure konnten sich den Emotionen der Straße nicht mehr entziehen, gingen schon weiter und befeuerten die Erregung. »Wenn es sein muss, dann soll die Welt sehen, was Deutschlands Größe im Kampf leisten wird«, posaunte etwa das *Freiburger Tageblatt* patriotisch.[48] Und am Kriegerdenkmal schmetterte eine Gruppe von Studenten spätabends noch das martialische, gegen Frankreich gerichtete Lied »Die Wacht am Rhein«, wie Friedrich Meinecke erlebte.[49] Früh am folgenden Sonntag kam es zu unerwarteten Szenen: »Auf die Expedition der *Freiburger Zeitung* wurde am Morgen ein Sturmangriff unternommen, und um die Sonderblätter entbrannte ein erbitterter Kampf, der selbst das, was man sonst in Wahlzeiten erlebt, weit in den Schatten stellt.«[50]

Immerhin einige Hundert Menschen versammelten sich am Abend des 25. Juli 1914 in Ostpreußens Hauptstadt vor dem österreichischen Konsulat; die *Königsberger Zeitung* brachte ein Extrablatt mit den neuesten Meldungen heraus. Wesentlich mehr aber geschah in der zweiten offiziellen Residenz des deutschen Kaisers an diesem Wochenende nicht; lediglich Gerüchte wurden umgehend weiterverbreitet, Richtung Osten etwa in die Landkreise nahe der deutsch-russischen Grenze, darunter nach Lötzen: »Kriegsfurcht macht sich wieder bemerkbar«, schrieb Henriette Schneider am 26. Juli 1914 in ihrem Tagebuch nieder.[51] In Hildesheim dagegen blieb es zunächst ruhig, denn die Menschen hatten am Samstagabend und auch am folgenden Tag Besseres zu tun: Sie feierten »in aller Fröhlichkeit« die letzten Stunden des sommerlichen Volksfestes: »Trotz Regenwetters und serbischer Krise saß die Bürgerschaft in der Zeltstadt auf der Schützenwiese bis zum Morgengrauen zusammen.«[52]

Von den nächtlichen Kundgebungen in Berlin fühlte sich Theobald von Bethmann Hollweg abgestoßen. Zu Riezler sagte er, es handele sich nur um »halbwüchsige Burschen, die sich der Gelegenheit zu Radau und Aufregung freuen und ihre Neugierde spazieren tragen«.[53] Das war freilich ungenau beobachtet – tatsächlich handelte es sich bei den Jubelnden um Männer jedes Alters. Vor allem Bürger und Kleinbürger, Handwerker und Händler ließen sich mitreißen von der Aussicht auf eine radikale »Abrechnung« mit Serbien, seltener Arbeiter. Die SPD-Führung hatte ihre Berliner Anhänger aufgerufen, sich an patriotischen Ausbrüchen nicht zu beteiligen, sondern am 28. Juli zu einer großen Demonstration für den Erhalt des Friedens zusammenzukommen. Der *Vorwärts* verurteilte die »frivole Kriegsprovokation der österreich-ungarischen Regierung«.[54] In der preußischen Militärhierarchie, die vielfach noch von Bismarcks Sozialistengesetz geprägt war, führte dieser Aufruf zu instinktiven Reaktionen: »Natürlich gibt es wieder Generäle, die gleich eingreifen und schießen und ›es den Roten zeigen‹ wollen«, stellte Kurt Riezler fest: »Am ersten Tag der Mobilmachung sollen alle sozialdemokratischen Führer festgenommen werden.« Der Sekretär vermerkte erleichtert: »Gott sei Dank hat der Kanzler energisch eingegriffen.« Im Übrigen würden die Sozialdemokraten von »allen Seiten bearbeitet«: Von Bethmann Hollweg und sein Vize Clemens von Delbrück sprachen mit prominenten SPD-Abgeordneten, um die Antikriegspropaganda der seit der Wahl 1912 nach Stimmen wie Sitzen stärksten Partei im Reichstag abzumildern.[55]

Im Auswärtigen Amt hielt man die politische Situation an diesem letzten Juliwochenende schließlich für »sehr günstig«, wie Staatssekretär Gottlieb von Jagow dem eigens einbestellten Theodor Wolff erklärte: »Weder Russland noch Frankreich noch England wollten einen Krieg«, hielt der Chefredakteur die Ansicht des obersten deutschen Diplomaten fest. »Und wenn es sein müsste – einmal werde der Krieg ja doch kommen, wenn wir die Dinge gehen ließen, und in zwei Jahren sei Russland stärker als jetzt«, fügte der Staatssekretär lächelnd hinzu. Irritiert über diesen Gedanken suchte Wolff seinen Bekannten August von Stumm auf, den Chef der Politischen Abteilung des Amtes: »Wie Jagow sagt er, dass der Krieg in zwei Jahren unvermeidlich sei, wenn wir uns jetzt nicht aus dieser Situation befreiten.« Man dürfe nicht zurückweichen: »Die Russen würden laut herumschreien, und es könnten heiße Tage kommen. Vielleicht werde Russland mobilisieren, und dann würde es natürlich nötig sein, unsere Militärs zurückzuhalten. Aber Russland werde es sich zweimal überlegen, bevor es zuschlage.« Auch Frankreich sei nicht auf einen Krieg vorbereitet. Von Stumm war sich sicher: »Eine so gute Situation kommt nicht wieder. Nur durchhalten und Festigkeit.«[56] Von Jagow und von Stumm sprachen für die Reichsregierung: Von Bethmann Hollweg hatte sich inzwischen festgelegt, einen Machtpoker mit Russland und Frankreich zu wagen – selbst auf die klar erkannte Gefahr hin, damit einen Kontinentalkrieg auszulösen.

Die unnachgiebige Haltung der deutschen Politik sickerte durch auf die Straßen der Reichshauptstadt, denn Wolff war nicht der einzige Journalist, mit dem die Diplomaten so offen sprachen. Am 26. Juli 1914 begann die Stimmung zu sieden. Der Kaiser hatte seine Nordlandfahrt abgebrochen und war auf dem Weg zurück. Den ganzen Sonntag über gab es Kundgebungen in Berlins Mitte. Noch morgens um zwei Uhr marschierte ein Zug von meist jungen Männern durch die Friedrichstraße, teilweise begleitet von jungen Frauen. Einige schwenkten Fahnen, viele schrien: »Hoch Österreich, nieder Russland!« Theodor Wolff, der das Schauspiel auf dem Heimweg verfolgt hatte, fühlte sich abgestoßen: »Ich nehme einen sehr üblen Eindruck mit. Schreibe in einem Montagsartikel über die Verquickungen der auswärtigen Politik mit Straßenradau und über die Manifestanten, die aus der Studentenkneipe die Damenbedienung mitbrachten.«[57] Nötig sei nun »vor allen Dingen und vor allen politischen Diskussionen, die Jünglinge und die Männer, die in den letzten beiden Nächten so begeistert durch die Berliner Straßen lärmten, zum Schlafengehen zu bewegen«.[58] Für seine Kritik am nationalistischen Überschwang bekam Wolff umgehend einige grobe Leserzuschriften.

Zu den »Jünglingen«, die sich in Berlin am bevorstehenden Waffengang berauschten, gehörte der gerade 17-jährige Otto Braun. Er notierte in sein Tagebuch, dass der Krieg »mich natürlich aufs Höchste begeistert«. Mit gewisser Enttäuschung fügte er hinzu: »Er wird wohl lokalisiert bleiben.«[59] Hier schlug wohl mehr das Erbteil seiner Mutter Lily durch, der Tochter eines preußischen Generals, als das seines Vaters, des Reformsozialdemokraten und Publizisten Heinrich Braun. Obwohl seine Familie im klassischen Sinne linksliberal war, gab es zwischen der Begeisterung des Oberschülers keinen Unterschied zu seinen Altersgenossen aus konservativem Haus.

Auf Äußerungen wie diese zielte die beißende Ironie, die ein hoffnungsvoller Jungjournalist und Nachwuchsschriftsteller namens Kurt Tucholsky, nur sieben Jahre älter als Otto Braun, im *Vorwärts* verbreitete. Er gab seiner Glosse über die Begeisterung auf Berlins Straßen die Form eines Briefes: »Am Vorabend des Krieges! Er wird, er muss kommen! Dafür werden wir schon sorgen. Gestern Abend haben wir den Anfang gemacht – mit einer Demonstration! Es war glänzend! Entblößten Hauptes sind wir zwei und eine halbe Stunde in der Stadt herumgezogen und haben gelärmt wie Tollhäusler. Herrlich! Ich habe persönlich ein Hoch auf den Krieg ausgebracht, unmittelbar vor dem Kanzlerpalais. Ich hoffe, er hat es gehört. Er muss jetzt kommen, der Krieg. Du ahnst gar nicht, wie ich mich darauf freue. Ich höre schon den Donner der Kanonen von ferne in meinen Ohren; mein geistiges Auge sieht schon das Schlachtgewühl: Reiterattacke, die Säbel sausen, gespaltene Schädel, spritzendes Blut, quellende Eingeweide. ... Herrlich! Großartig!« Spitz karikierte der junge Schriftsteller die unbesorgte Haltung, die viele seiner bürgerlichen Landsleute erfasst hatte: »Ach, was gibt es Schöneres als den Krieg?! Faul und matt sind wir geworden durch den langen Frieden. Stickig und schwül ist die Luft. ... Nun aber soll es kommen, das erlösende Gewitter, reinigend, beglückend. Gewiss, es wird Opfer fordern. Aber – süß und ehrenvoll ist es, für das Vaterland zu sterben! ... Frisch auf, mein Volk, die Flammenzeichen rauchen! Vorwärts immer, rückwärts nimmer!« Die Glosse schloss wie ein Brief mit einem Abschied: »Leb wohl, ich kann nicht mehr. Dein begeisterter Emil.«[60]

Nicht nur im Feuilleton, auch auf ihren politischen Seiten fand die wichtigste SPD-Zeitung an diesem Montag klare Worte: »Nur unreife Burschen können sich für ein Kriegsabenteuer begeistern, das

Europa in ein mit Blut- und Verwesungsdunst erfülltes Menschenschlachthaus zu verwandeln droht.«[61] Das liberale *Tageblatt* und der sozialdemokratische *Vorwärts* waren nicht die einzigen Zeitungen, die zur Mäßigung aufriefen. Die kleinbürgerlich-liberale *Berliner Morgenpost* stellte fest: »In Berlin ist die Meldung vom Abbruch der diplomatischen Beziehungen mit Enthusiasmus aufgenommen worden. Wir fürchten, dass viele von denen, die gestern Hurra riefen, dann, wenn das Schreckliche eingetreten ist, wenn die Kriegsfurie Europa durchtobt, wenn Handel und Gewerbe darniederliegen und der Hunger seine Geißel schwingt, nach Arbeit und Brot schreiend durch die Straßen ziehen werden.«[62] Selbst der kleinbürgerlich-konservative *Berliner Lokalanzeiger* überschrieb einen Kommentar über die Aufzüge am Wochenende mit den Worten: »Ruhig Blut«.[63]

Jenseits der Reichshauptstadt gab es ähnlich kritische Stimmen. Die ebenfalls SPD-eigene *Volkswacht* in Freiburg stellte fest, »dass in den Kundgebungen einiger Hunderter junger Leute sich nicht der Wille des Volkes ausdrückt«. Auf der Kaiserstraße sei nicht »das Volk« marschiert: »Es waren meistens Studenten, junge Stehkragenproletarier aus kaufmännischen Kreisen und die Jugendwehrler.« Arbeiter habe man »nur spärlich darunter vertreten« gesehen.[64] Auch die katholische Großbürgerin Charlotte Herder fühlte sich miserabel: »Nach dem Abendessen ging ich allein im dunklen Musiksaal auf und ab, in einem Zustand dumpfer, würgender, erstickender Angst: Krieg – Krieg!« Die Freiburgerin ahnte, was ihr, ihrer Stadt und Deutschland bevorstehen könnte: »Über uns werden die Schrecken des Krieges kommen, über uns, die wir so nahe der Grenze sind, und wo werde ich die Kraft hernehmen, sie zu ertragen, wenn ich jetzt schon bei dem bloßen Gedanken daran vom Wahnsinn der Angst gewürgt werde?«[65]

Nach dem planmäßigen Ende des Sommerfestes kamen Kriegsgefahr und Kriegsbegeisterung auch in der Garnisonsstadt Hildesheim an. Unter der Überschrift »Am Vorabend des europäischen Krieges?« schrieb die *Hildesheimer Allgemeine Zeitung*: »Die Gewissheit ist unumstößlich, dass der Krieg eine vollendete Tatsache ist. In Wien und Berlin ist es zu stürmischen Auftritten gekommen.« Ohne etwas über die Gedankengänge der deutschen Diplomatie wissen zu können, kam der Artikel zu ähnlichen Schlussfolgerungen: »Ist der allgemeine Krieg unvermeidlich, dann ist es besser, wenn jetzt die Abrechnung erfolgt, als dass die Völker Europas noch weiter unter dieser atembeklemmenden Anspannung leiden.« Dennoch mahnte das Blatt zu »Ruhe und Kaltblütigkeit«, was allerdings vergebens war.[66] Auf dem Hildesheimer Marktplatz versammelte sich nun bei Tag wie bei Nacht eine unruhig wogende Menge. Die Lokale und Cafés waren überfüllt, überall wurden patriotische Lieder gesungen, Emotionen rissen viele Menschen mit.

Sogar unter Sozialdemokraten gab es Verfechter eines Krieges gegen das zaristische Russland. In München war Kurt Eisner, Journalist und Schriftsteller, mehr zufällig in die Rolle des Hauptredners einer großen Kundgebung am 27. Juli 1914 im *Kindl-Keller* geraten, in der es eigentlich um die bayerische Kulturpolitik gehen sollte, aber auch um das Ultimatum von Österreich-Ungarn an Serbien. Eisner vermied es, in seiner Rede »die gewohnten Floskeln aus dem Standardrepertoire des sozialdemokratischen Agitators« abzuspulen. Vielmehr lieferte er eine ganz persönliche Analyse der Lage, mit einem angesichts der Lage durchaus überraschenden Ergebnis: »Russland ist für den Westen die Kriegsgefahr.« Für den Fall, dass Österreich vom Zarenreich bedrängt werde, müsse Deutschland seinem Verbündeten zu Hilfe eilen. Daraus zog Eisner eine klare Konsequenz: Wenn der Krieg einmal ausgebrochen sei, »dann muss jeder seine Pflicht tun, nichts weiter!«. Der Grund für seine Haltung war unbedingte Gegnerschaft zum verhassten Zarismus, in dem die SPD reinen Despotismus sah. Natürlich sprach er sich auch für die »innere Demokratisierung Deutschlands« aus, aber vorrangig erschien ihm in der aktuellen Situation etwas anderes: »Der Zarismus muss gebändigt werden durch die Einmütigkeit der Kulturvölker Europas, dann ist der Friede Europas für immer gesichert.«[67] Obwohl Kurt Eisner damit klar gegen die Parteilinie verstieß, nahm sein Publikum im *Kindl-Keller* eine entsprechende Resolution mit nur einer Gegenstimme an, wie die *Münchner Post* vermeldete.

Ganz konkret spürbar wurde das Gefühl der Bedrohung am 27. Juli 1914 in der Nähe der deutsch-russischen Grenze, in Ostpreußen. In den *Dorfkrug* des Grenzortes Osznaggern kamen zwar immer noch zaristische Offiziere und Mannschaften, um zu trinken; doch diesmal machten die deutschen Dorfbewohner eine hässliche Erfahrung: Die Russen provozierten, wüteten in der Gaststube, zerschlugen Flaschen und Gläser. Als sie schließlich abzogen, deuteten sie an, auf die Zivilisten zu schießen, und grölten: »Prussak, morgen puff-puff!« Eine Osznaggerin fand dieses aggressive Verhalten »schon mehr als beunruhigend«.[68] Einige Kilometer weiter Richtung Königsberg machte sich Henriette Schneider düstere Gedanken: »Man erwartete heute die Mobilmachung, nichts kam. Gewissheit ist besser als warten.« Die Arbeitgeber der Haushaltshilfe, die Familie Homm, planten bereits die sofortige Abreise aus dem bedrohten Ostpreußen. Mit dem skeptischen Blick einer Grenzprovinzbewohnerin registrierte Henriette, wie ihre Landsleute im sicheren Hinterland offenbar dachten: »In Deutschland ist man für den Krieg, von dem Gedanken ausgehend, dass er für uns siegreich sein könnte.«[69]

Das allerdings traf längst nicht für alle Deutschen zu, sondern nur für eine – freilich lautstarke – Minderheit. Schon bei Sonnenaufgang begannen sich am Montag, dem 27. Juli 1914, vor Berliner Geldinstituten Tausende Menschen zu sammeln, um sofort nach Öffnung der Schalter einige Stunden später ihre Guthaben abzuheben. Die nationalliberale *Vossische Zeitung* vermeldete in ihrer Abendausgabe irritiert den »Andrang zu den Sparkassen«.[70] In vielen Städten Deutschlands gab es ähnliche Bilder, in Hamburg, Köln, Dortmund und Nürnberg etwa, aber auch in Hildesheim: »Viele suchten ihre ersparten Groschen vor dem möglichen Verlust zu retten, hauptsächlich jene Überängstlichen, die ihr Geld im Strumpfe sicherer wähnten als in der Obhut der Stadt.«[71] Auch in Freiburg registrierte der Stadtchronist einen »Sturm« auf Sparkassen und Banken. Das allerdings sahen nicht alle Beobachter so; der *Freiburger Bote* lobte im Gegenteil sogar, die Bewohner hätten »sich von dem Kriegslärm nur in geringem Maße beeinflussen lassen, die Ersparnisse von der städtischen Sparkasse oder den Banken abzuheben« – »sehr vernünftig« sei das gewesen.[72] Die *Freiburger Zeitung* versuchte hingegen, das verunsicherte Publikum mit Argumenten zu beruhigen: »Die Sparkassengelder sind Privateigentum; sie sind also unter Kulturstaaten im Krieg unantastbar. Ebenso können die Sparkassen nach den Grundsätzen des Völkerrechts nicht zu Zahlungen an das Reich, an den Bundesstaat oder gar an eine feindliche Macht angehalten werden. Die Annahme, dass zum Beispiel die Ersparnisse zur Deckung der Kriegsunkosten verwendet und unter Umständen verloren gehen könnten, trifft deshalb nicht zu.«[73]

Die meisten der verunsicherten Sparer wussten nicht, dass es kommunal festgelegte Höchstsummen für Abhebungen gab, in Berlin beispielsweise 150 Mark pro Tag. Die Sparkassenbeamten, meist städtische Angestellte, hielten sich an diese Regeln. Deshalb führte der »Bank Run« am letzten Julimontag 1914 nicht zum sofortigen Zusammenbruch der Institute; keine Bank musste am ersten Tag mehr als fünf Prozent der Einlagen auszahlen, wie die Wirtschaftszeitung *Berliner Börsen-Courier* berichtete.[74] Dennoch hielt der Andrang an, nahm nach Meinung mancher Beobachter sogar zu. Einige Kommunen sahen sich daher gezwungen, zusätzlich zu den geltenden Regeln für tägliche Abhebungen monatliche Höchstauszahlungsbeträge festzusetzen; in München etwa durften fortan maximal 500 Mark insgesamt abgehoben werden.[75] In Hildesheim steigerte sich der Ansturm noch, sodass der Magistrat sich gezwungen sah, eine »beruhigende Bekanntmachung« zu verbreiten, derzufolge die Sparkasse »auch in den schwersten Kriegszeiten in der Lage sein werde, die Einlagen zurückzuzahlen«. Doch der erwünschte Effekt blieb aus: »Allein die Kopflosigkeit wuchs trotz dieser Erklärung mit den sich überschlagenden Nachrichten von draußen, sodass bei dem Menschenandrang auf der Sparkasse in den nächsten Tagen sogar die Polizei eingreifen musste.«[76]

Schließlich erfasste das grassierende Misstrauen auch das Papiergeld. Viele Menschen sorgten sich, um ihren hart verdienten Lohn betrogen werden zu können. Zwar war Geldentwertung in den vorangegangenen Jahrzehnten kein nennenswertes Problem in Deutschland gewesen, weil stets ein Drittel der umlaufenden Geldmenge durch Goldreserven gedeckt gewesen war – doch auf einmal strömten nicht nur besorgte Kleinsparer zu Banken und Sparkassen, um sich ihre Guthaben in Noten auszahlen zu lassen, nun kamen auch deutlich wohlhabendere Bürger, die ihre Scheine in Silber- oder am liebsten Goldmünzen umtauschen wollten. Dazu trug bei, dass sich einzelne Geschäfte und Lokale auf einmal weigerten, Rechnungen in Papiergeld begleichen zu lassen. Im renommierten Restaurant *Rheingold* in der Berliner Potsdamer Straße wollten Kellner Hundertmarkscheine überhaupt nicht annehmen und erklärten sich erst nach Diskussionen bereit, sie mit einem Abschlag von 20 Prozent zu akzeptieren. Kleine Scheine lehnten die Ober rundheraus ab.[77]

Vor allem vor der Reichsbank in Berlin sowie vor großen Filialen der Reichspost in wichtigen Städten bildeten sich bald lange Schlangen. Daran änderten auch die in zahlreichen Zeitungen lancierten Artikel nichts, in denen die Gleichwertigkeit von Markmünzen in Gold oder Silber mit dem Papiergeld beschworen wurde.[78] Innerhalb weniger Tage der letzten Juliwoche musste die Notenbank des Kaiserreichs Scheine im Wert von mehr als 100 Millionen Mark zurücknehmen und Goldmünzen ausgeben, außerdem noch einmal so viel in Silbergeld. Bald wurden alle Arten von Münzen knapp. Schließlich stellten alle Reichsbank- und Postbeamten den Umtausch von Papiergeld in Münzen ein, gestützt auf eine Anweisung der Regierung: Die direkte Kopplung des deutschen Papiergeldes an die Goldreserven wurde aufgehoben und nie wieder eingeführt.

Am 28. Juli 1914 erklärte Österreich-Ungarn Serbien offiziell den Krieg, ohne allerdings die Mobilmachung seiner Armee auszurufen. Gewissheit stellte sich also nicht ein. Weiterhin blieb die deutsche Bevölkerung gespalten in eine lautstarke Minderheit von Jublern vor allem in den Städten, überwiegend Männer aus Bürgertum und Kleinbürgertum, und der Mehrheit, die entweder still auf den Straßen auf Neuigkeiten wartete, sich mit Arbeit ablenkte oder ganz einfach daheim blieb. Zufällig für den Tag der österreichischen Kriegserklärung hatte die SPD zu einer großen Antikriegsdemonstration im Zentrum Berlins aufgerufen. Doch Polizeipräsident Traugott von Jagow verbot sie – mit einer bemerkenswerten Begründung: »In Hinsicht auf die besondere Sachlage ist gegen die patriotischen Umzüge Unter den Linden, in der Wilhelmstraße usw. während der letzten drei Tage nichts veranlasst worden, obwohl mancherlei Verkehrsstörung damit verbunden war. Von heute Abend aber werden in Berücksichtigung der Bedürfnisse des Verkehrs Umzüge nicht mehr zugelassen werden.«[79]

Offiziell sollte sich dieses Verbot zwar auf jede Art von Demonstrationen beziehen, ob gegen einen Krieg oder dafür, aber in der Praxis hielt sich lediglich die SPD daran. Freilich auch nur zum Teil: Der vorgesehene zentral organisierte Marsch über den Boulevard und die angrenzenden Prachtstraßen wurde abgesagt. Stattdessen jedoch fanden in der Reichshauptstadt und ihren Vororten insgesamt 32 formal geschlossene Versammlungen für Parteimitglieder statt, mit insgesamt mindestens 30 000, wahrscheinlich aber mehr als 100 000 Teilnehmern. Parteifunktionäre hielten stets ähnliche Reden gegen den heraufziehenden Krieg, der nur in Österreichs Interesse sei, aber nicht im deutschen oder gar dem der Arbeiterschaft. Außerdem attackierten sie die bürgerliche Presse, die alles tue, um die Stimmung anzuheizen. Die Aufgabe der Regierung aber sei es, einen Krieg unbedingt zu vermeiden. Nach den Ansprachen verabschiedeten die Versammlungen per Akklamation eine vorbereitete Resolution, die am folgenden Morgen im *Vorwärts* veröffentlicht wurde. Schließlich riefen die Redner ihr Publikum auf, die Versammlungen aufzulösen und auf eigene Initiative in die Innenstadt zu ziehen – so konnte die Partei das offizielle Demonstrationsverbot umgehen. Bald waren mehrere Zehntausend Menschen auf dem Weg zu genau den Orten, an denen seit Samstagabend die lautesten patriotischen und kriegsbegeisterten Kundgebungen stattgefunden hatten.

Von Jagow hatte seine kompletten Einsatzkräfte an wichtige Kreuzungen beordert und Straßensperren errichten lassen, um das Demonstrationsverbot durchzusetzen. Berittene Polizisten sollten die heranströmenden SPD-Anhänger abschrecken. Im Zeitungsviertel an der Kochstraße kam es zu harten Rangeleien und sogar Verletzten, als Polizeioffiziere ihre Säbel blank zogen. Ein SPD-Anhänger zog sich einem Bericht des *Vorwärts* zufolge eine so schwere Wunde zu, dass seine Hand nicht mehr zu retten war.[80] Auch am Königstor im Nordosten der Stadt, direkt gegenüber dem Volkspark Friedrichshain, kam es zu Krawallen. Weil aber die Polizei Straßensperren nur an den Hauptrouten aufrichten konnte, sickerten über Nebenstraßen und Schleichwege Tausende Kriegsgegner in die Innenstadt ein.[81]

Am späteren Abend kam es Unter den Linden zu einer bemerkenswert friedlichen Konfrontation: Auf den Trottoirs des Boulevards hatten sich unzählige Bürger versammelt und schmetterten Lieder wie »Die Wacht am Rhein« oder »Deutschland, Deutschland über alles«, oft auch die inoffizielle Hohenzollernhymne »Heil Dir im Siegeskranz!« Auf dem Mittelstreifen und den beiden Fahrbahnen dagegen standen SPD-Anhänger, die mit der Arbeiter-Marseillaise und anderen Liedern der Arbeiterbewegung dagegenhielten. Obwohl die beiden Gruppen schon an ihrer Kleidung klar zu unterscheiden waren, erwies sich die Polizei zunächst als »vollkommen machtlos« gegen diesen Berliner »Sängerkrieg« – die Kriegsgegner waren einfach zu zahlreich.[82] Erst nach mehr als einer Stunde konnte von Jagow berittene Reserven heranführen und ließ seine Männer die Demonstranten auf den Fahrbahnen zerstreuen. In den eleganten und teuren Cafés an der Kreuzung Friedrichstraße, Unter den Linden beklatschen Bürger den rücksichtslosen Einsatz, wie der *Vorwärts* empört meldete.[83]

Ein Augenzeuge und Teilnehmer der Gefühlsaufwallungen im Zentrum der Reichshauptstadt war der Gymnasiallehrer Rudolf

Müller aus Gumbinnen, der seinen Urlaub im Rheingau abgebrochen hatte und sich mit seiner Familie auf dem Heimweg nach Ostpreußen befand: »Auf der Durchreise durch Berlin erlebten wir in der Nacht vom 28. zum 29. Juli die ungeheure Aufregung, die Österreichs Kriegserklärung an Serbien hervorrief. Scharen zu Tausenden zogen wohlgeordnet unter Absingen patriotischer Lieder durch die Straßen. Auch ich wurde von dem Taumel ergriffen.« Der national eingestellte Studienrat verkündete: »Ein Krieg ist für Deutschland unausbleiblich.« Daraufhin flog ihm begeisterte Zustimmung der Umstehenden entgegen. Müller fühlte sich glücklich und notierte: »Im Jahr 1870 kann die Begeisterung kaum größer gewesen sein.«[84]

Durch ganz Deutschland rauschten an den letzten Julitagen wahre Gefühlsstürme. Stets handelte es sich nur um einen kleinen Teil der Bevölkerung, der einem Krieg als Erlösung aus der angespannten Situation das Wort redete – aber dieser Teil dominierte das Bild in der Öffentlichkeit. Politischer Realismus war bei diesen überschwänglichen Menschen weitgehend ausgeschaltet, und nun gerieten auch kriegsskeptische Blätter unter Druck. Die Redaktion der *Berliner Morgenpost* sah am 30. Juli 1914 für die nächste Ausgabe einen Leitartikel ihres Mitarbeiters Arthur Bernstein vor. Unter der Überschrift »Letzte Warnung« schrieb der gelernte Arzt: »Wenn die Kriegshetzer so viel Verstand hätten, wie sie bösen Willen haben, dann würden sie wahrscheinlich weniger Getöse machen. Ihre Rechnung ist falsch, und das wollen wir in aller Kürze doch wenigstens festgestellt haben, ehe denn die Schlacht beginnt. Soll heißen, ehe der Belagerungszustand jede ausgesprochene Wahrheit mit Festung bedroht. In wenigen Tagen wird niemand mehr die Wahrheit sagen, noch weniger schreiben dürfen.« Bernstein führte konzentriert die Denkfehler der Kriegspartei vor. Erstens werde Italien nicht mitmachen, »jedenfalls nicht mit uns – wenn überhaupt, so stellt es sich auf die Seite der Briten«. Zweitens: »England bleibt nicht neutral, sondern steht Frankreich bei. Kämpft aber England gegen uns, so tritt die ganze englische Welt, insbesondere Amerika, gegen uns auf.« Drittens werde Japan Russland nicht angreifen, viertens würden die skandinavischen Länder neutral bleiben und sich darauf beschränken, Deutschland zu verkaufen, was sie entbehren könnten. Fünftens sei Österreich-Ungarn Serbien und seinen Verbündeten militärisch unterlegen, und sechstens werde der Zarismus in Russland erst stürzen, wenn eine militärische Niederlage unmittelbar bevorstehe. Bernstein warnte klar: »Ob wir am Ende dieses furchtbarsten Krieges, den die Welt je gesehen haben wird, Sieger sein werden, steht dahin. Aber selbst wenn wir den Krieg gewinnen, so werden wir nichts gewinnen.« Und er machte eine klare Rechnung auf: »Eine Million Leichen, zwei Millionen Krüppel und 50 Milliarden Schulden werden die Bilanz dieses frischen, fröhlichen Krieges sein. Weiter nichts.«[85] Bernstein vollendete seinen Kommentar erst kurz vor Redaktionsschluss; der Text wurde noch gesetzt und korrigiert, doch bevor der Bleisatz in der Druckerei in die Spalte für den Leitartikel eingerückt werden konnte, bekam es jemand in der Redaktion mit der Angst zu tun und verwarf Bernsteins Warnung. Vielleicht war vorauseilender Gehorsam im Hinblick auf die im Kriegsfalle sicher kommende Zensur der Grund; vielleicht aber auch, dass der zuständige Redakteur nicht Bernsteins Meinung war, sondern sich von der Stimmung vieler Berliner Bürger hatte anstecken lassen. Jedenfalls wurde der Text nicht gedruckt und bleib nur als Korrekturfahne im Redaktionsarchiv erhalten.

In Hildesheim erlebte Annie Dröege, wie ihre Nachbarn über den bevorstehenden Konflikt redeten: »Gegen Serbien und Russland zu kämpfen bedeutet für sie nichts. So sagen sie. Wenn nur England außen vor bleibt.« Das allerdings sei nicht sicher, denn Großbritanniens Verlautbarungen vertrauten viele Deutsche nicht, weil das Land so »durchtrieben« und immer nur auf den eigenen Vorteil bedacht sei.[86] Vor den Schaukästen der *Hildesheimer Allgemeinen Zeitung* in der schmalen Rathausstraße stauten sich ständig Hunderte wissbegierige Einwohner. In den umliegenden Lokalen herrschte Hochbetrieb, die Kapellen kamen beim Spielen der Hymnen und patriotischen Lieder kräftig ins Schwitzen. Die Stimmung brodelte.

Nicht anders war es in München. Wer den Krieg herbeisehnte, ohne zu verstehen, was bevorstand, lungerte auf Plätzen in der Innenstadt herum oder hockte mit Gleichgesinnten in Biergärten, schmetterte Lieder und steigerte sich in immer größere Begeisterung hinein. Wer dagegen mit dem bevorstehenden, inzwischen fast unausweichlichen Konflikt eher Sorgen oder Angst verband, ging missmutig seiner Arbeit nach, blieb daheim oder stellte sich bei Lebensmittelhändlern an, um haltbare Vorräte zu hamstern. In der bayerischen Residenz und im Umland erkannten am 30. Juli 1914 viele Ladenbesitzer die günstige Gelegenheit und setzten, getreu dem Prinzip von Angebot und Nachfrage, die Preise herauf. An manchen Marktständen kosteten Kartoffeln bald doppelt so viel wie noch wenige Tage zuvor. Dieser scharfe Preisanstieg steigerte die Verunsicherung vieler Frauen, zu deren Aufgaben seinerzeit der Einkauf gehörte. Vereinzelt kam es zu Rangeleien; gelegentlich schlossen Händler ihre Geschäfte, weil sie entweder Plünderungen erregter Kunden fürchteten oder ihre Vorräte zurückhalten wollten, bis die Preise noch höher stiegen.

Eine große Rolle bei den öffentlichen Aufwallungen spielten Gerüchte. Zwar wurde das Hörensagen nicht unbedingt für bare Münze genommen, aber es steigerte die Bereitschaft, den in Extrablättern verbreiteten, oft allerdings unbestätigten Nachrichten Glauben zu schenken. Einige Verlage witterten ein gutes Geschäft und boten ihre Extrablätter »gewissenloserweise«, wie der *Freiburger Bote* feststellte, gegen Bezahlung an. Durch das Wechselspiel von mündlich weitererzählten, dann scheinbar durch Veröffentlichungen in Sonderausgaben der Zeitungen bestätigten Gerüchten erreichte »die Aufregung unter der Bevölkerung eine geradezu unerträgliche Höhe«.[87] Manchmal kam es zu Handgreiflichkeiten zwischen Kriegsbefürwortern und Friedensanhängern.

Auch in der Provinz wirkte sich die Erregung aus; in Ostpreußen traf sie auf ganz konkrete Erfahrungen von Bedrohung: »Morgens bot sich uns ein sonderbarer Anblick«, schrieb Henriette Schneider in ihr Tagebuch: »Vor unserem Haus war ein Schlagbaum gezogen, alle Autos wurden visitiert. Die Kriegsfurcht in der Stadt ist groß, viele sind abgereist.« Ihre Arbeitgeberin, hielt die Hausangestellte fest, sei »ganz gefasst, wenn auch furchtbar elend und hilflos«.[88] Ähnlich fühlte sich der 26-jährige Walter von Sanden, der die elterlichen Landgüter nahe der deutsch-russischen Grenze leitete: »Wir sprachen nicht viel. Was soll man sagen, wenn Furchtbares ungewiss über einem droht?«[89] Direkt an der Grenze, in Osznaggern, sahen die Bewohner an diesem Donnerstag, dass die russischen Soldaten auf der andern Seite des Flüsschens Lepone ihre Blockhäuser in Brand setzten und sich vom Grenzübergang zurückzogen – ein klares Anzeichen für einen direkt bevorstehenden Kampf.

Rund 1200 Kilometer weiter westlich, nicht weit von der deutsch-holländischen Grenze, drohte keine unmittelbare Gefahr durch feindliche Soldaten. Hier wartete man sehnsüchtig auf Neuigkeiten, denn die Stimmung war aufgekratzt. Heinrich Franz Müller, Direktor der Südschule in Dülken am Niederrhein, vermerkte am Morgen des 30. Juli 1914 in sein gerade erst begonnenes Tagebuch: »Wir sind in fieberhafter Spannung. Wird es zum Krieg kommen?« Sicher war er sich keineswegs: »Wir glauben es immer noch nicht.« Umso mehr interessierte Müller am Nachmittag eine Nachricht, die per Extrablatt verbreitet wurde: »Deutschland will in Kürze mobilmachen. Wir können nicht mehr arbeiten, es wird mit Begeisterung gesungen.« Fast enttäuscht setzte er wenig später hinzu: »Das Gerücht bestätigt sich nicht.«[90]

Noch machte die deutsche Armee tatsächlich nicht mobil. Es handelte sich um eine Falschmeldung, offenbar ein Missverständnis in der Redaktion des kleinbürgerlich-konservativen *Berliner Lokal-Anzeigers*. Die zutreffende Meldung, der Zar habe die teilweise Mobilmachung seiner Truppen angeordnet, löste in der gespannten Stimmung im Zeitungsviertel die umgehende Produktion eines bereits vorbereiteten Extrablattes aus, denn die Journalisten rechneten fest mit einer entsprechenden Reaktion des Kaisers und wollten die Ersten sein, die diese Nachricht auf die Straße brachten. Gegen

14:30 Uhr wurde die einseitige Sonderausgabe verteilt, in der es hieß: »Die Entscheidung ist gefallen!« Kaiser Wilhelm habe soeben die sofortige Mobilmachung des deutschen Heeres und der deutschen Flotte verfügt. Der Schritt Deutschlands sei »die notgedrungene Antwort auf die kriegerischen Vorbereitungen Russlands, die nach Lage der Dinge gegen uns nicht minder wie gegen unseren Bundesgenossen Österreich-Ungarn gerichtet« seien.[91] Binnen Minuten ging die Nachricht über Telegrafen hinaus, zuerst in die großen deutschen Städte, dann auch nach London, Paris und St. Petersburg. Fast ebenso schnell rief der Chef des Auswärtigen Amtes, Staatssekretär Gottlieb von Jagow, die Botschafter der anderen europäischen Mächte an und versuchte, sie zu beruhigen. Doch das Vertrauen unter Europas Diplomaten war restlos aufgebraucht. Daran änderte sich auch nichts mehr, als die angesehenen Zeitungen *Berliner Tageblatt* und *Vossische Zeitung* das Gerücht in ihren nächsten Ausgaben vehement dementierten und sogar der *Lokal-Anzeiger* kleinlaut zurückzog: Das Extrablatt sei durch »einen groben Unfug verbreitet« worden.[92]

An diesem Nachmittag traf sich *Tageblatt*-Chef Theodor Wolff, wohl um nichts unversucht zu lassen, den Frieden zu bewahren, mit dem Sonderkorrespondenten Jules Hedemann von der Pariser Tageszeitung *Le Matin*. Sie sprachen über Wege aus der Konfrontation, in der Deutschland und Frankreich einander gegenüberstanden. Hedemann hatte zuletzt vom Staatsbesuch des französischen Präsidenten Raymond Poincaré in St. Petersburg berichtet und seinen Lesern dabei das hohe Lied auf die Kampfkraft der russischen Armee gesungen. Wie eine »Dampfwalze« würde sie auf dem Weg nach Berlin jeden Widerstand platt drücken. Nun, auf dem Rückweg nach Paris, hatte Hedemann Station in Berlin eingelegt – und seine Ansicht deutlich verändert, wie Wolff registrierte: »Er wollte den Krieg nicht, schickte nach Paris, solange es ging, beruhigende Telegramme, pries in der Not seines Herzens die friedliche Gesinnung des deutschen Volkes.« Der *Tageblatt*-Chef reagierte auf diesen Stimmungswechsel schroff: »Ich sagte ihm, was er gewünscht habe, sei nun ja da.« Große Hoffnung nämlich machte Wolff sich nicht mehr: »99 von 100 Chancen sind für den Krieg.« Später am Abend suchte er dann wieder einmal August von Stumm im Auswärtigen Amt auf, den er »abgespannt, aber merkwürdigerweise um ein Atom optimistischer« vorfand.[93] Vielleicht hoffte der Direktor der Politischen Abteilung, dass der deutsche Plan eines »kalkulierten Risikos« beim Spiel mit dem europäischen Krieg doch noch aufgehen könnte, gerade nach der Aufregung um die Falschmeldung des *Lokal-Anzeigers*.

Anders sah es Thomas Mann. Der Wahlmünchner weilte noch in der Sommerfrische in seinem Landhaus in Bad Tölz. Seinem Bruder Heinrich, der gerade seinen bereits in Fortsetzungen erscheinenden Roman *Der Untertan* fertiggestellt hatte, schrieb er: »Vor allem herzlichen Glückwunsch zur Vollendung Deines großen Werkes. Die Tatsache verfehlt nicht ihren Eindruck auf mich, trotz der Bedrohlichkeit der Weltlage. Wir erhielten die Nachricht vom Mobilmachungsbefehl heute Nachmittag. Ein Dementi ist ihr ja gefolgt, aber man hat doch den Eindruck, dass es nicht lange aufrechterhalten werden wird.« Während Mann diesen Brief schrieb, kamen weitere schlechte Nachrichten: »Wir hören eben, dass in einigen Stunden die telefonische und telegrafische Verbindung mit München inhibiert werden soll, da sie für militärischen Bedarf frei gehalten werden muss.« Der Schriftsteller war betroffen: »So weit ist es noch nicht gekommen, solange wir leben. Ich möchte wohl wissen, wie Du es empfindest. Ich muss sagen, dass ich mich erschüttert und beschämt fühlte durch den furchtbaren Druck der Realität.« Trotzdem klammerte sich Thomas Mann noch an die letzte Hoffnung, die er sah: »Auch neige ich noch immer zu dem Glauben, dass man die Sache nur bis zu einem gewissen Punkte treiben wird. Aber wer weiß, welcher Wahnsinn Europa greifen kann, wenn es einmal hingerissen ist!«[94]

Am letzten Julitag, einem Freitag, steigerte sich die Unruhe der Öffentlichkeit abermals. Die Morgenzeitungen hatten nun allgemein die Mobilmachung der russischen Armee verkündet, was zwangsläufig eine entsprechende Reaktion des Kaiserreichs auslösen musste, wie wenigstens alle »gedienten« deutschen Männer wussten. Das verlangte die militärische Logik. Die Gier nach Neuigkeiten stieg ins Unermessliche. Geschäftstüchtige Wirte verbanden das Notwendige mit dem Nützlichen und inserierten, bei ihnen würden die Gäste umgehend informiert. Der Inhaber eines Freiburger Lokals etwa versprach: »Die neuesten Telegramme der *Frankfurter Zeitung* über die kriegerischen Ereignisse zwischen Österreich und Serbien und die politische Lage erfahren Sie sofort im Café *Friedrichsbau* – direkte telegrafische Berichterstattung.«[95] Das Kalkül ging auf: Fast den ganzen 31. Juli über war sein Lokal bis auf den letzten Platz gefüllt, die Umsätze entwickelten sich prächtig. Hunderttausende Deutsche erschienen an diesem Tag nicht an ihren Arbeitsplätzen. Stattdessen zog es sie in die Innenstädte, zu den örtlichen Zeitungsredaktionen, auf große Plätze, in die Nähe der Postämter, wo neueste Nachrichten per Aushang bekannt gegeben, vor allem aber verlesen wurden. Unter den Versammelten war die Stimmung angespannt, fiel »fast kein lautes Wort«, man sprach lieber leiser von Nachbar zu Nachbar. Wann immer ein Lastwagen aus einer Druckerei heranrauschte, kam Bewegung in die wartende Menge: »Schon wird ein Extrablatt verteilt. Oder vielmehr, es soll unter die Masse gebracht werden. Jeder drängt nach vorne, um ein Blatt zu erhaschen. Junge Mädchen in weißen Kleidern dazwischen. Rücksichtslos und brutal arbeitet jeder mit den Ellenbogen, um dann den Fetzen eines Blattes aus dem Gewirr herauszubringen«, fasste der *Vorwärts* die Situation in Berlin zusammen.[96]

Am frühen Nachmittag verbreitete sich dann zuerst gerüchteweise eine entscheidende Neuigkeit: Die Reichsregierung werde den »Zustand drohender Kriegsgefahr« ausrufen, die letzte Stufe vor Mobilmachung und Kriegserklärung. Während die Botschafter der großen Mächte in Berlin noch hektisch, aber ohne Hoffnung miteinander sprachen, mit dem Auswärtigen Amt telefonierten oder ihren Regierungen telegrafierten, schwanden die letzten Aussichten auf eine mögliche politische Lösung der Krise. Als gegen 14:45 Uhr der Kaiser mit seiner Frau im offenen Auto, aus seiner Residenz Potsdam kommend, durch das Brandenburger Tor nach Berlin hineinfuhr, löste das Ovationen aus. Wilhelm II. saß im Fond, »sehr ernst und starr vor sich hinblickend«, während er zum Dank für die Jubelstürme immer wieder die Hand grüßend an den Rand seiner Pickelhaube legte. »Die Menge erhitzte sich zu stürmischer Begeisterung, sie überflutete, als wollte sie ihrem Kaiser durch körperliche Nähe zeigen, wie sie sich mit ihm verbunden fühlte, den Fahrdamm. Hüte und Taschentücher wurden geschwenkt.« Es war ein warmer Nachmittag; hell strahlte es vom stahlblauen Himmel herab: »In diese sonnige Luft mischte sich der schweißige Atem des Fiebers, drang schon ein Geruch von Blut«, dachte Theodor Wolff düster.[97]

Im Stadtschloss empfing der Monarch Reichskanzler Theobald von Bethmann Hollweg und Generalstabschef Helmuth von Moltke den Jüngeren; mit seinen beiden wichtigsten Amtsträgern, dem Chef der zivilen Verwaltung und dem obersten Soldaten, hielt Wilhelm II. eine halbstündige Besprechung ab. Von Moltke hatte mehrere Resolutionen entworfen, deren wichtigste, die Order über den drohenden Kriegszustand, der Kaiser gleich im Stehen auf der Hand des preußischen Kriegsministers Erich von Falkenhayn unterschrieb. Doch darüber verlautbarte Wilhelm zunächst nichts. Von den Zehntausenden Schaulustigen auf Schlossplatz und Schlossfreiheit, ohnehin jederzeit zu Begeisterungsstürmen für den Kaiser bereit, drangen die Melodien von »Heil Dir im Siegeskranz!« und »Deutschland, Deutschland über alles!« ins Schloss. Dennoch lag über der Innenstadt insgesamt eher »große, ernste Erregung« als Kriegstaumel, berichtete das *Berliner Tageblatt*.[98] Fast alle Kaufhäuser hatten ihre Lebensmittelabteilungen inzwischen geschlossen, weil sie dem Ansturm der Hamsterkäufer nicht mehr gewachsen waren. Einzelhändler in den großen Markthallen hatten ihre Läden an diesem Morgen vielfach gar nicht erst geöffnet. Sogar in den Vorstädten gab es keine Nahrung mehr zu kaufen.

Bald nach 16 Uhr endete die Spannung. Ein Trupp von knapp 30 Soldaten verließ das Schloss, an der Spitze Oberleutnant Max von Viebahn. Die Gardesoldaten des Alexanderregiments bahnten sich einen Weg durch das Menschengewühl und gingen über die Schlossbrücke zum Zeughaus, dem Kriegsmuseum des preußischen Königreiches. Traditionell wurden hier militärisch bedeutsame Neuigkeiten offiziell verkündet. Die Uniformierten räumten einen rechteckigen Raum um ihren Offizier frei, dann zog Viebahn ein Blatt heraus und deklamierte mit lauter Stimme: »Aus Petersburg ist heute die Nachricht des deutschen Botschafters eingetroffen, dass die allgemeine Mobilmachung der russischen Armee und Flotte befohlen worden ist. Darauf hat Seine Majestät der Kaiser den Zustand der drohenden Kriegsgefahr befohlen. Seine Majestät der Kaiser wird heute nach Berlin übersiedeln.« Mehrere Fotografen hielten diesen Moment fest. Nach einer kurzen Pause fuhr der 26-jährige Offizier fort: »Seine Majestät der Kaiser haben aufgrund des Artikels 68 der Reichsverfassung das Reichsgebiet ohne Bayern in Kriegszustand erklärt. Für Bayern ergeht die gleiche Anordnung.«[99] Damit war die Verlautbarung beendet. Nach wenigen Sekunden reagierten die Zuhörer mit stürmischen »Hoch!«- und »Hurra!«-Rufen, während Viebahn und seine Soldaten zurück zum Stadtschloss marschierten.

In der Masse stand Otto Braun. Der 17-Jährige war eigens vom weit im Südwesten gelegenen Kleinmachnow in die Stadt gefahren, um den großen Moment nicht zu verpassen. Ganz ergriffen hielt er fest: »Nach Berlin. Kriegszustand erklärt. Eine nicht zu beschreibende Begeisterung herrscht, die Haltung der Bevölkerung ist so vorzüglich, wie man es nicht für möglich gehalten hätte.«[100] Braun entschloss sich, auf keinen Fall seines Alters wegen beiseitestehen zu wollen: Er würde sich freiwillig melden. Als der Trupp um den Oberleutnant noch auf dem Rückweg ins Stadtschloss war, begannen im Zeitungsviertel schon die ersten Druckmaschinen zu rotieren, denn der Text der Proklamation war telefonisch aus dem Schloss in die Redaktionen übermittelt und mit höchster Dringlichkeit gesetzt worden. Gleichzeitig brachten Postbeamte die Telegrafendrähte zum Glühen, indem sie die Proklamation so schnell wie möglich im gesamten Reich verbreiteten. Innerhalb kurzer Zeit kam die Nachricht in allen größeren Städten an. Die Reaktionen fielen reichlich unterschiedlich aus.

Aufgrund der verfassungsrechtlichen Sonderstellung des Königreichs Bayern im Deutschen Kaiserreich konnte Wilhelm II. nicht auch für diesen, nach Preußen, zweitgrößten Teilstaat Deutschlands den Zustand drohender Kriegsgefahr anordnen. Das blieb offiziell König Ludwig III. überlassen. Knapp zwei Stunden nach Oberleutnant Max von Viebahns Auftritt in Berlin-Mitte machte sich aus der Münchner Residenz ein Tambourzug auf den Weg durch die Innenstadt, dessen Offiziere mehrfach die fast wortgleiche Ankündigung des bayerischen Monarchen verkündeten. Stürmische Begeisterung war die von Beobachtern registrierte vorwiegende Reaktion.[101] Tausende strömten zur Residenz, doch der fast 70-jährige König ließ sich nicht blicken. Ludwig III. stand der Kriegsbegeisterung vieler seiner Untertanen eher skeptisch gegenüber. Er hielt es damit genauso wie offenbar die Mehrheit der Münchner, die sich ebenfalls deutlich zurückhielt.

In Freiburg kam es an diesem drückend heißen Freitagnachmittag zunächst nicht zu Begeisterungsstürmen in der Innenstadt, wie die *Freiburger Zeitung* berichtete: »Während am Samstag sich die lohende Begeisterung in Jubelhymnen Luft machte, breitet sich jetzt ein tiefernstes Schweigen über die Tausende, die bald zusammenströmen. Ein Schweigen allerdings, unter dem ein Vulkan von Empfindungen gärt und brodelt. Finsterer Ernst, eiserne Entschlossenheit gräbt sich in die Züge der Männer, und selbst die Jugend ist gebannt von den gigantischen Schatten des drohenden Phantoms Weltkrieg! Frauen und Mädchen weinen und gedenken in heißer Sorge des Gatten, des Bruders, des Vaters, denen vielleicht bald der Ruf des Kriegsherrn gilt. Der Krieg der Worte, so fühlt jeder, ist zu Ende, und die scheinbar auseinanderstrebenden Völker lauschen erstarrt dem ehernen Schritt des Schicksals, das seine Verträge mit Blut schreibt.«[102]

In Hildesheim war die Botschaft aus Berlin gegen 17 Uhr eingegangen; der Magistrat hatte sie umgehend publik gemacht. Doch die Zuhörer konnten wenig mit der formelhaften Bekanntgabe des drohenden Kriegszustandes anfangen. Was bedeutete das nun genau? Doch offenbar weder Kriegserklärung noch Mobilmachung! Annie Dröege und ihr Mann Arthur waren in der Innenstadt und hörten »jeden über Krieg reden«, doch Genaueres erfuhren sie nicht.[103] Das Militär der Garnison war an diesem Nachmittag erstaunlich wenig präsent; die meisten Soldaten hielten sich in ihren Kasernen auf und warteten, was kommen würde. Die Spannung löste sich erst Stunden später. Unter Trommelwirbel erschien gegen 21 Uhr eine Patrouille des 79. Infanterieregiments auf dem Marktplatz. Ein Offizier trat vor und verkündete mit lauter Stimme eine Botschaft des Kommandierenden Generals: »Durch Kaiserliche Anordnung ist der Bezirk des Zehnten Armeekorps in Kriegszustand erklärt. Die vollziehende Gewalt innerhalb des Korpsbezirks geht infolgedessen an mich über. Die Zivilverwaltung und Gemeindebehörden verbleiben in ihrem Amte, haben aber meinen Anordnungen und Aufträgen Folge zu leisten.«[104] Schneller als der General in Hildesheim reagierte der örtliche militärische Kommandeur am Niederrhein. Schon gegen 17 Uhr brachte ein Unteroffizier mit einem Auto aus Rheydt ganz frisch gedruckte Plakate nach Viersen und Dülken, die umgehend ausgehängt wurden: »In der Stadt ist große Erregung«, hielt Schuldirektor Heinrich Franz Müller fest. Unmittelbar nach Bekanntwerden zogen abermals Menschen durch die Kleinstadt, doch nur »hier und da werden Vaterlandslieder gesungen«, zeichnete der patriotisch gesinnte Lehrer irritiert auf.[105] Offensichtlich hatte er mit mehr Überschwang seiner Nachbarn gerechnet.

Keine Zeit für Kundgebungen jeglicher Art hatten am 31. Juli 1914 die Menschen im östlichen Ostpreußen. Henriette Schneider bereitete den Haushalt ihrer Arbeitgeber auf das Schlimmste vor. Am Nachmittag erschienen Nachbarn, ein Ehepaar aus dem Landadel, »freundlich schmunzelnd und fragten, ob wir schon packten, dieses etwas ironisch«. Bald darauf erschien ein junger Hauptmann und berichtete, dass »eben eine Depesche eingetroffen wäre, dass

Deutschland im Kriegszustand sei«. Der Offizier sagte, er müsse umgehend nach Berlin, zu seinem Dienstposten beim Großen Generalstab. Henriette hielt in ihrem Tagebuch fest: »Mit dem ›Kriegszustand‹ ist zwar nicht ›mobil‹ gemeint, aber das kommt bestimmt.« Ihre Arbeitgeber wurden immer pessimistischer, die Gesichter immer länger. Gegen 17:30 Uhr kehrten sie aus der Kreisstadt Lötzen heim und sagten, »wir sollten sofort packen und gleich abfahren. Wird mobilgemacht, kommen wir nicht mehr nach Königsberg rein.« Henriette versorgte die Kinder und half beim Beladen des Autos, dann ging es zum Zug: »Wir hatten jeder in der 2. Klasse einen guten Platz und kamen auch glücklich in Königsberg an.«[106]

Sobald die Familien versorgt waren, traf man weitere Vorbereitungen. Walter von Sanden fuhr mit einer Kutsche zu seiner Mutter. Die Natur wirkte »friedlich und vertraut«. Auf vielen Feldern arbeiteten die Menschen. Er konnte eigentlich nicht glauben, dass Krieg, Zerstörung, Flucht und Schrecken offenbar unmittelbar bevorstanden. Aber dann fiel ihm etwas auf: »An den einsamen Waldstücken sah ich an einem versteckten Torfbruch einen Mann sich tief zu dem schwarzen Wasser herabbeugen. Er versenkte etwas Wertvolles vor den Russen.« Auch von Sanden selbst sinnierte, was man verstecken sollte und wie das am besten zu bewerkstelligen sei. Auf dem Gutshaus seiner Eltern kamen ihm einheimische Tagelöhner entgegen und fragten: »Wird Krieg? Die Russen werden wir doch nicht hereinlassen?« Am meisten Angst hatten die einfachen Ostpreußen vor einer Eroberung: »Mit dem Krieg werden wir schon fertigwerden, wenn nur die Russen nicht kommen.«[107] Walter von Sanden wusste nicht recht zu antworten und stellte sich bei der nächstgelegenen Garnison.

Noch hatte nur Russland mobilgemacht, Deutschland und Österreich-Ungarn dagegen nicht. Doch das war mehr ein formaler Unterschied, wie das Ultimatum zeigte, das die Reichsregierung am späten Nachmittag nach St. Petersburg schickte. Binnen zwölf Stunden sollte das Zarenreich alle Kriegsvorbereitungen einstellen; indirekt bedeutete das, sich den Forderungen Wiens an den russischen Verbündeten Serbien zu unterwerfen. Weil auch Wilhelm II. nicht mehr erwartete, dass ein Krieg zu vermeiden sein könnte, ergriff er nun selbst das Wort. Um 18:30 Uhr erschien der Kaiser auf dem Balkon über dem Portal zum Schlossplatz und hielt eine kurze Ansprache. Jetzt musste er den richtigen Ton treffen, denn noch war keineswegs gewiss, dass die Bevölkerung wirklich hinter dem kommenden Krieg stand. Zwar hatte seine Regierung den Krieg gegen Russland nach dem Prinzip des »kalkulierten Risikos« sehenden Auges in Kauf genommen, aber das konnte Wilhelm II. der Öffentlichkeit gegenüber natürlich nicht einräumen. Also beschwor er die Lage, wonach das Reich zum Krieg gezwungen würde: »Eine schwere Stunde ist heute über Deutschland hereingebrochen. Neider überall zwingen uns zu gerechter Verteidigung. Man drückt uns das Schwert in die Hand. Ich hoffe, dass, wenn es nicht in letzter Stunde meinen Bemühungen gelingt, die Gegner zum Einsehen zu bringen und den Frieden zu erhalten, wir das Schwert mit Gottes Hilfe so führen werden, dass wir es mit Ehren wieder in die Scheide stecken können. Enorme Opfer an Gut und Blut würde ein Krieg vom deutschen Volke erfordern, den Gegnern aber würden wir zeigen, was es heißt, Deutschland anzugreifen. Und nun empfehle ich Euch Gott. Jetzt geht in die Kirche, kniet nieder vor Gott und bittet ihn um Hilfe für unser braves Heer!«[108]

Diese Rede fand überaus unterschiedliche Aufnahme. Der preußische Kriegsminister Erich von Falkenhayn war enttäuscht und notierte, der Kaiser habe »sehr schwach« gesprochen. Dagegen hielt Admiral Georg Alexander von Müller, als Chef des kaiserlichen Marinekabinetts einer der einflussreichsten Militärs bei Hofe, die Rede für »vorzüglich«. Die Stimmung sei »glänzend«, das Volk auf dem Schlossplatz begeistert. Zufrieden stellte der Admiral fest: »Die Regierung hat eine glückliche Hand gehabt, uns als die Angegriffenen hinzustellen.«[109] Die erste Reaktion der Zuhörer war ernst, wie der *Berliner Lokal-Anzeiger* berichtete, der einen Krieg befürwortete: »Wildfremde Menschen drücken sich stumm die Hände, und es herrscht eine heilige Stimmung in der Menge, eine Stimmung des großen Augenblicks würdig.«[110] Als der Kaiser wenig später das Stadtschloss in seinem offenen Auto verließ, brach Jubel unter den Zehntausenden Menschen los, die ausgeharrt hatten. Die Entscheidung war gefallen, der Krieg unausweichlich – wer damit haderte, hatte sich längst von Berlins Straßen zurückgezogen.

Wo immer in Deutschland an diesem Freitagabend die eilends verbreitete Ansprache verlesen wurde, waren die Reaktionen ähnlich: Es gab keine Kritik mehr am Kaiser, jedenfalls keine vernehmbar geäußerte, aber auch keine so naiven Begeisterungsstürme wie noch sechs Tage zuvor bei Bekanntwerden des österreichischen Ultimatums an Serbien. In Hildesheim erlebte Adolf Vogeler, wie gleichzeitig »Erschütterung und Begeisterung die Zuhörer« ergriff: »Wohl nie ist hier ein Hoch auf den Kaiser in solcher Stimmung ausgebracht worden.«[111] Die ganze Nacht hindurch hielten sich viele Hundert Männer auf den Straßen auf, besonders auf dem Marktplatz, und erst im Morgengrauen gingen die letzten nach Hause. Die *Freiburger Zeitung* hob die Entschlossenheit der Zuhörer hervor: »Kein lautes Wort, kein Hoch, kein Lied, aber in diesem ehernen Schweigen lag drohend eine Welt von Gefühlen gegen die verruchten Störer unseres Friedens, und wehe, wenn diese Empfindungen Taten werden.«[112]

Am späten Abend erwartete Theodor Wolff am Bahnhof Zoologischer Garten in Berlins Vorstadt Charlottenburg seine Familie, die noch ein paar Tage länger in Scheveningen geblieben war. Der *Tageblatt*-Chefredakteur schrieb seine Eindrücke aus dem Zentrum der reichsten Gemeinde Preußens auf: »Ein fieberhaftes Gewühl, unzählige Züge mit Heimkehrenden und Soldaten, riesige Aufstauung von Gepäck. Die Fahrpläne gelten nichts mehr, alle Züge treffen mit großer Verspätung ein, gewissermaßen aufs Geratewohl.« Bis zwei Uhr morgens musste er warten, bis der Kurswagen aus Den Haag ankam. Seine Frau berichtete von ihren Eindrücken auf der langen, unter anderem mehrere Stunden im Ruhrgebiet unterbrochenen Fahrt: »In Essen war die Arbeiterbevölkerung wie betäubt gewesen, und es war dort nichts von der Sensationsstimmung zu verspüren, die sich in Berlin an den vorderen Rand der Szene drängte.«[113]

Auch der *Vorwärts* griff die Vordergründigkeit der Begeisterung auf: »Was vorauszusehen war, ist eingetreten. Der Hurra-Spiritus ist verflogen und das dumpfe Ahnen eines herannahenden und absehbaren namenlosen Unheils lastet auf der großen Menge derer, die da der neusten Ereignisse harren.« Zwar waren auch zu später Stunde immer noch Zehntausende Menschen Unter den Linden unterwegs, doch es handelte sich vor allem um Erwachsene, mit ernsten Gesichtern und gedrückter Stimmung. »Ein paar junge Leute versuchen, eine Ovation zu entfalten, die aber kläglich verpufft. An einer Ecke las, ehe die Extrablätter erschienen, ein Herr aus dem Stenogramm die Rede des Kaisers vor. Zwei schüchterne Bravos erklangen, dann ging man stumm auseinander. Wie Zentnerschwere drückt es auf die Gemüter.«[114] In den überwiegend von SPD-Wählern bewohnten einfachen Quartieren wie Wedding, Neukölln oder Friedrichshain dominierte erst recht »schwerer Ernst auf allen Mienen«, vermeldete der kleinbürgerlich-konservative *Lokal-Anzeiger*.[115]

Der folgende Tag, der 1. August 1914, fegte diese Skepsis allerdings beiseite, jedenfalls in der öffentlichen Wahrnehmung. Der Botschafter der USA, James W. Gerard, unternahm abgestimmt mit seinen Kollegen aus Frankreich und Großbritannien einen letzten Vermittlungsversuch und schickte ein persönliches Schreiben an den Reichskanzler: »Exzellenz! Kann mein Land nichts tun? Kann ich nichts tun, um diesen grauenvollen Krieg aufzuhalten? Ich bin gewiss, dass der Präsident jeden meiner Schritte im Sinne des Friedens billigen würde.«[116] Doch von Bethmann Hollweg würdigte diese Initiative in letzter Minute nicht einmal einer Antwort, denn längst war klar, dass der Krieg gegen Russland kommen würde. Die Reichsregierung wollte zudem die Gelegenheit nutzen, um den »Erbfeind« Frankreich unter Druck zu setzen und die Entente, das antideutsche Bündnis der beiden Großmächte mit der Weltmacht Großbritannien, zum Einsturz zu bringen. Besser jetzt als in zwei Jahren, wenn die deutsche Position durch Aufrüstung der beiden Kontinentalmächte schwächer sein würde – das war die Devise des Reichskanzlers.

Allerdings erkannte von Bethmann Hollweg nicht, dass er mit seinem Kalkül dem Großen Generalstab die Entscheidung über Art und Umfang des kommenden Krieges überließ – und dort gab es nur einen ausgearbeiteten Aufmarschplan: Gestützt auf Denkschriften des legendären Strategen Alfred Graf von Schlieffen sollte der drohende Zweifrontenkrieg in Europa gegen Frankreich und Russland in zwei nacheinander zu führende Einfrontenkriege aufgespalten werden. Um rasch genug vorzustoßen, wollte Generaloberst von Moltke den Hauptangriff durch Belgien führen – obwohl er wusste, dass die belgische Neutralität seit Jahrzehnten zu den zentralen Interessen Großbritanniens auf dem Kontinent gehörte. Sobald Frankreich in einer »wirklichen Entscheidungsschlacht« wie 1870 Napoleon III. bei Sedan besiegt worden sein würde, würden die deutschen Truppen mit Eilzügen nach Osten gebracht werden, um hier die zahlenmäßig weit überlegene zaristische Armee ebenso schnell zu schlagen. Das allerdings war trotz vielfach erfolgreicher Proben am grünen Tisch gerade kein Rezept für einen sicheren Sieg, sondern eher eine Notlösung, ein Vabanquespiel. Die Alternative wäre gewesen, der Große Generalstab hätte spätestens am 1. August 1914 die Reichsregierung über die Aussichtslosigkeit eines Zweifrontenkrieges unterrichtet und zur radikalen Änderung ihrer Außenpolitik gedrängt. Das aber entsprach nicht dem Denken von Moltkes und seiner Offiziere: Sie waren keinesfalls bereit, der politischen Leitung gegenüber einen solchen »militärischen Offenbarungseid« zu leisten.[117]

Deshalb konnten die hektischen diplomatischen Bemühungen an diesem Tag, die über Gerüchte immer wieder den Weg auf die Straßen fanden, nichts mehr am kommenden Krieg ändern. Am frühen Nachmittag fuhren von Bethmann Hollweg und sein Chefdiplomat Gottlieb von Jagow gemeinsam zum Kaiser – mit einem vergnügten Lächeln in den Gesichtern, wie Theodor Wolff auffiel, der sich wieder einmal in der Wilhelmstraße aufhielt. Der Chefredakteur wunderte sich, dass die beiden Politiker offenbar »sehr guter Stimmung« waren, und er fragte einen vorübereilenden Diplomaten, was denn los sei: »Haben Sie eine gute Nachricht bekommen?« Sein Gesprächspartner antwortete ihm: »Vielleicht – es scheint, dass die Engländer nicht mitgehen wollen.«[118] Statt fünf, so schien es, würden nur vier Großmächte gegeneinander kämpfen: Das gereichte der Reichsregierung inzwischen zur Freude.

Rund um das Stadtschloss gab es kein Durchkommen mehr – so viele Menschen hatten sich in Berlins Mitte versammelt, meistens Bürger, jedenfalls »ziemlich wohlhabend gekleidet«. Die Atmosphäre war gespannt, die Stimmung gedrückt. Geredet wurde betont leise, die regelmäßig gesungenen patriotischen Lieder hatten viel mehr von Selbstvergewisserung als von Triumph: »Über allem lag jenes nicht zu bezeichnende Etwas, das nicht anders auszudrücken ist als mit dem Wort: Schicksalsgefühl.«[119] Ähnlich empfand das der SPD-Reichstagsabgeordnete Eduard David, der in sein Tagebuch notierte: »Das Gros des Publikums ist wie all die Tage vorher äußerst ruhig.«[120] Ihm erschienen die patriotischen Demonstrationen eine Woche zuvor als vorsätzliche Inszenierungen der Kriegspartei, ebenso wie das irrtümlich verbreitete Extrablatt des *Lokal-Anzeigers*. Die Stimmung in der Bevölkerung sei gegen einen militärischen Konflikt.

Tatsächlich hatten sich viele vom bevorstehenden Krieg Begeisterte zeitweise von den Straßen zurückgezogen und waren in bestimmte große Lokale eingekehrt, wo sie sich volllaufen ließen. Der linke SPD-Funktionär Bruno Peters erlebte am Potsdamer Platz, wie sich Betrunkene zu Feldherren aufschwangen: »Wir gehen ran wie Blücher!«, brüllte einer quer über die Straße. Der größte Bierausschank der Innenstadt war fest in den Händen der Jubler, was für den erkundigungslustigen Peters beinahe lebensgefährlich geworden wäre: »Im *Pschorrbräu* herrschte eine an Delirium grenzende Stimmung. Wenn ein Offizier das Lokal betrat, brüllte die Meute ›Hoch‹ und sang stehend das Deutschlandlied. Da wir als internationale Sozialisten und Kriegsgegner nicht aufstanden, brüllten diese Idioten: ›Das ist ein Russe!‹ Nur mein deutscher Militärpass rettete mich vor Prügeln.«[121]

Währenddessen rangen Generalstab und Reichskanzlei um letzte Entscheidungen. Von Bethmann Hollweg bemühte sich immer noch, seine Strategie des »kalkulierten Risikos« zu retten. Nun spekulierte er darauf, nicht nur Großbritannien, sondern auch Frankreich aus dem Konflikt herauszuhalten, sofern Russland die Rolle des Aggressors zugewiesen werden könnte. Dazu musste er den Befehl zur Mobilmachung so lange wie möglich hinauszögern, selbst auf die Gefahr hin, dass der zaristischen Armee mehrere Tage Vorsprung zugutekamen. Doch seine Rechnung hatte der Kanzler ohne die Militärs gemacht. Als Generalstabschef Helmuth von Moltke nämlich von der Idee des obersten Politikers hörte, Frankreich neutral zu halten, wütete er: »Dann verlange ich das ganze Land bis zur Maas, einschließlich der ganzen befestigten Maas-Linie mit den Festungen.« Der General wusste, dass das stolze, schon durch die Abtretung von Elsass-Lothringen 1871 tief gedemütigte Land dazu niemals bereit sein würde: »Wenn Frankreich darauf eingeht, ist seine Macht gebrochen.«[122] Von Moltke hatte keine Alternative, denn falls der vorgesehene Angriff im Westen abgesagt werden sollte, stünde das deutsche Heer ohne ausgearbeiteten Aufmarschplan gegen Russland da. Jetzt rächte sich, dass der Generalstab nie eine ernsthafte Alternative zu Schlieffens Denkschrift konzipiert hatte.

Die letzte Entscheidung fiel im Stadtschloss, weder im Generalstab noch in der Reichskanzlei. Preußens Kriegsminister Erich von Falkenhayn war wieder einmal zum Kanzler gekommen, um dessen hinhaltenden Widerstand gegen eine baldige Mobilmachung zu überwinden, als das Telefon läutete. Der Kaiser persönlich bestellte seine höchsten Mitarbeiter ein – mit der ausdrücklichen Weisung, den Befehl zur Mobilisierung, den er umgehend unterschreiben wolle, mitzubringen. Gleichzeitig ging an den deutschen Botschafter in St. Petersburg die Weisung, die vorbereitete Kriegserklärung feierlich zu überreichen. Schon wenige Minuten nachdem diese beiden letzten Schritte auf dem formellen Weg in den Krieg gegen 17 Uhr vollzogen waren, erschienen die ersten Extrablätter, die sie verkündeten. Die quälenden Tage der Unsicherheit waren vorüber, und die Kriegsbefürworter fühlten sich erleichtert.

Theodor Wolff erinnerte sich: »Durch die ›Linden‹ fahren im offenen Auto Offiziere, schwenken Tücher und Degen und rufen der heranstürzenden Menge das Wort ›Mobilmachung‹ zu. Durch die ganze Stadt dringt, schnell sich fortpflanzend, der Ruf.« Der liberale Chefredakteur beschrieb, was er sah: »Die Angst in den Zügen der Mütter, Gattinnen und Bräute, die Sorge in den Herzen der Männer, die ihre Liebsten verlassen sollen, und die letzten eiligen Überlegungen zwischen Ehegatten, die letzten Liebkosungen, die Frage, was aus den Kindern wird, den Blick, der das Unfassbare noch nicht begreift.« Ihm war klar, was die treibenden Kräfte der Stimmung auf den Straßen waren: Bei vielen Offizieren spürte er die Sehnsucht, aus der »Beengtheit des Friedens« ausbrechen zu können, außerdem Gier nach Heldentaten und Auszeichnungen. In Beamtenkreisen und der »besseren Gesellschaft«, aber ebenso bei kleinbürgerlichen Handwerkern und im Handel war man ohnehin überzeugt von der »Unwiderstehlichkeit der deutschen Waffen« und erwartete deshalb einen raschen Sieg. Allerdings war dieses Gefühl keineswegs allein bei Kriegsbefürwortern verbreitet. Kopfschüttelnd hielt der Journalist fest: »Nicht nur die Militaristen, sondern auch die Antimilitaristen sagen, es könne gar nicht anders sein. Der Volksglaube kommt nicht los von der Vorstellung, dass die ›erste Armee der Welt‹ unüberwindlich sein muss.«[123]

Wieder einmal rasten Eilmeldungen durch ganz Deutschland, in die großen Städte ebenso wie in die Provinz. Fast überall nahm man die Nachricht ähnlich auf wie in Berlin; inzwischen dominierte das Gefühl, von anderen Mächten in den Krieg hineingezogen worden zu sein. Der scharf linke Münchner Publizist Erich Mühsam wunderte sich über seine eigene spontane Reaktion: »Ich, der Anarchist, der Antimilitarist, der Feind der nationalen Phrase, der Antipatriot und hassende Kritiker der Rüstungsfurie, ich ertappe mich irgendwie ergriffen von dem allgemeinen Taumel, entfacht von zorniger Leidenschaft, wenn auch nicht gegen irgendwelche ›Feinde‹, aber erfüllt von dem glühend heißen Wunsch, dass ›wir‹ uns vor ihnen retten! Nur: Wer sind sie – wer ist ›wir‹?«[124] Bayerns König Ludwig III., gewöhnlich ein bevorzugtes Ziel von Mühsams Spott, hatte dagegen seine Gefühle im Griff: Er stand weiter jedem Überschwang skeptisch gegenüber. Von seiner Residenz aus hielt er eine kurze Ansprache, in der er »den Segen Gottes für Deutschland und seine Verbündeten« erbat. Die Rede beendete er mit den Worten: »Gehen Sie nach Hause und tun Sie Ihre Pflicht wie unsere Soldaten, die wahrscheinlich bald vor dem Feinde stehen werden.«[125]

In der militärisch geprägten Garnisonsstadt Hildesheim traten »feste Entschlossenheit« und »eiserne Gefasstheit« an die Stelle der Furcht und »des Hin- und Herschwankens, man vertraute unbedingt dem erprobten Volksheer und versprach sich Wunder von der jungen Marine«.[126] Schon anderthalb Stunden nachdem Wilhelm II. die Mobilmachung formell befohlen hatte, traf die Nachricht darüber am Niederrhein ein. Die Order, so erinnerte sich Oberbürgermeister Peter Stern, »löste die atemlose Spannung, mit der die Bevölkerung seit einer Woche die Entwicklung der Dinge verfolgt hatte. Sie nahm den Befehl nicht niedergeschlagen und in dumpfem Hinbrüten über das unvermeidliche Schicksal auf, sondern in ruhiger, ernster Entschlossenheit, den uns aufgezwungenen Kampf für den Bestand des Reiches und zur Erhaltung des Vaterlandes siegreich durchzustehen.«[127] Eine knappe halbe Stunde länger brauchte die Meldung ins südliche Freiburg. Gegen 19 Uhr kam ein schon zuvor weitgehend gesetztes Extrablatt des örtlichen *Tageblatts* heraus und informierte die Einwohner: »Der erste Mobilmachungstag ist der 2. August 1914.« Die Reaktion der Freiburger beschrieb die SPD-eigene *Volkswacht*: »Die Stimmung war ernst und gedrückt.« Allenthalben werde »auf eine baldige Beendigung dieses furchtbar drohenden Krieges« gehofft. Die bürgerliche Presse nahm Ähnliches wahr, wertete aber anders: Ein »tiefes Aufatmen« ging der *Breisgauer*

Zeitung zufolge »durch die Volksmenge, als sei sie von einem Alp befreit. Der Zustand der Gewissheit nach langen Stunden unerträglichen Hangens und Bangens«. Analog sah es die Freiburgerin Hermine Paufler: »Mobilmachung. Die Spannung der letzten Tage, die ihr vorausging, war fürchterlich.«[128]

Die *Frankfurter Zeitung*, das führende demokratische Blatt Deutschlands neben dem eher linksliberalen *Berliner Tageblatt* und der nationalliberalen *Vossischen Zeitung*, bilanzierte die Entwicklung der vergangenen Tage in ihrem Leitartikel: »Der Kaiser hat die allgemeine Mobilmachung angeordnet. Das ist das Ergebnis einer achttägigen Spannung von heftigster Stärke, in der es wohl manche Momente der Hoffnung sogar bis in die letzten Stunden hinein gab, die aber doch mit beständig wachsender Heftigkeit dem Ende zu stürmte, das sie nun gehabt hat. Lange hätte man diese Erregung nicht mehr ertragen, es wäre zu viel für normale Nerven geworden, und man atmet förmlich auf, nachdem die Entscheidung gefallen.« Die Redakteure akzeptierten die Darstellung der Reichsregierung, wirklich alles gegen den Ausbruch des Krieges getan zu haben: »Mit einer bis zur äußersten Grenze gehenden Geduld hat Deutschland kein Mittel unversucht gelassen, um eine friedliche Lösung des Konflikts zu finden.« Schuld am bevorstehenden Kampf sei ausschließlich Russland, ein »nur oberflächlich gefirnisstes Tatarentum« voll »moskowitischer Niedertracht«. Noch freilich hoffte die *Frankfurter Zeitung*, dazu möglicherweise aus dem Auswärtigen Amt inspiriert, den Krieg auf den Osten beschränken zu können: »Es ist schwer denkbar, dass Frankreich und England sich an die Seite einer Macht stellen könnten, deren Staatsmänner mit einem solchen Übermaß von Zynismus ihre Ziele verfolgen. Es scheint, dass beide Westmächte ernstlich den Frieden wollen und auch jetzt noch versuchen, ihn zu retten.« In Unkenntnis der natürlich streng geheimen militärischen Planungen und von Moltkes annexionistischen Fantasien argumentierte der Leitartikel: »Man könnte sich aus Deutschlands fast naiven Bemühungen um den Frieden überzeugen, dass dieses keinerlei böse Absichten gegen Frankreich hegt und dass es ein Wahnsinn gegen das eigene Volk wäre, es in einen Kampf zu treiben, der nur die russischen Machtgelüste steigern müsste. Deutschland begehrt nichts, als in Frieden gelassen zu werden.«[129]

Trotz solcher Kommentare in traditionell eher regierungsskeptischen Blättern stand aber noch keineswegs fest, dass das deutsche Volk tatsächlich mehrheitlich dem Ruf des Reiches folgen und willig kämpfen würde. Seit Tagen schon versuchten Mitglieder des Kabinetts, führende Sozialdemokraten politisch einzubinden, um auf diese Weise die Fortsetzung der Friedensdemonstrationen zu verhindern. Ebenso wichtig war, für die anstehenden Entscheidungen eine Mehrheit im Reichstag zu organisieren, vor allem für die Bewilligung von Kriegskrediten. Doch das Vertrauen der SPD-Spitze in ihre Gesprächspartner war nicht allzu groß. Jedenfalls machten sich der Schatzmeister der Partei, Otto Braun, und der Schatzmeister der Reichstagsfraktion, Friedrich Ebert, ganz kurzfristig auf den Weg nach Zürich – um Parteigelder in Sicherheit zu bringen.[130] In der SPD-Führung wurde derweil den ganzen 1. August 1914 über offen gestritten, ob man bei der internationalistischen Antikriegslinie bleiben oder auf einen »patriotischen« Kurs umschwenken sollte. Sowohl unter Funktionären als auch bei Anhängern gab es Verfechter beider Richtungen.

In dieser Situation, das wusste Reichskanzler von Bethmann Hollweg, musste der Kaiser den Ausschlag geben. Allein Wilhelm II. persönlich konnte ein entschiedenes Signal der innenpolitischen Versöhnung für einen militärischen Konflikt geben – gerade weil seine Abneigung gegen die Sozialdemokratie allgemein bekannt war. Der Regierungschef selbst hatte es schon versucht, doch seine kurze Ansprache aus einem auf die Straße gehenden Fenster der Reichskanzlei rief zwar bei den bürgerlichen Kriegsbefürwortern auf der Wilhelmstraße Begeisterung hervor, erreichte aber die Arbeiterschaft nicht: »Ja, für unseren Kaiser stehen wir alle ein, wer und welcher Gesinnung und welchen Glaubens wir sein mögen, für ihn lassen wir Gut und Blut. Der Kaiser ist genötigt worden, die Söhne des Volkes zu den Waffen zu rufen. Wenn uns jetzt der Krieg beschieden sein sollte, so weiß ich, dass alle jungen Männer bereit sind, ihr Blut zu lassen für den Ruhm und die Größe Deutschlands. Aber wir können nur siegen in dem festen Vertrauen auf den Gott, der die Heerscharen lenkt und der uns bisher so oft den Sieg gegeben hat. Und sollte Gott in letzter Stunde uns diesen Krieg ersparen, so wollen wir ihm dafür danken. Wenn es aber anders wird, dann mit Gott für König und Vaterland!«[131]

Von Bethmann Hollweg gelang es, den Kaiser zu überzeugen, ungefähr das Gleiche zu wiederholen, allerdings mit der Autorität des Monarchen. Gegen 18:30 Uhr trat Wilhelm, wie schon einen Tag zuvor, erneut auf den Balkon über dem Schlossportal. Minutenlang musste er wortlos auf die Menge herabschauen, weil Hochrufe und patriotische Lieder so laut erschollen, dass jeder Satz verschluckt worden wäre. Erst als sich die Schaulustigen ausgeschrien hatten, ergriff der Kaiser das Wort und hielt eine knappe Ansprache: »Ich danke Euch für alle Liebe und Treue, die Ihr mir in diesen Tagen erwiesen habt. Sie waren ernst wie keine vorher!« Dann kam der Monarch zum Kern seiner Botschaft: »Wenn es zum Kriege kommen soll, hört jede Partei auf, wir sind nur noch deutsche Brüder. In Friedenszeiten hat mich zwar die eine oder andere Partei angegriffen, das verzeihe ich ihr aber jetzt von ganzem Herzen. Wenn uns unsere Nachbarn den Frieden nicht gönnen, dann hoffen und wünschen wir, dass unser gutes deutsches Schwert siegreich aus dem Kampf hervorgehen wird.«[132]

Auf dem Schlossplatz stand unter Zehntausenden anderen Zuhörern auch der SPD-Abgeordnete Eduard David. Er hielt seinen Eindruck im Tagebuch fest: »Vor dem Schloss hat sich eine große Volksmenge versammelt. Gesang und Ansprachen; der Kaiser erscheint auf dem Balkon und hält eine kurze Rede: keine Parteien mehr; er verzeiht die Angriffe auf ihn; alle nur Deutsche!«[133] Das Pathos der Worte Wilhelms beeindruckte David zwar nicht, wohl aber der Appell an das Pflichtgefühl und das Versprechen, die innenpolitischen Auseinandersetzungen nun ruhen zu lassen. Skeptisch

(1) *»Staunend erleben wir, dass Reich und Arm, Freund und Feind sich plötzlich in den Armen liegen«* Kundgebung auf dem Odeonsplatz in München am 1. August 1914

(2) *»Durch die ›Linden‹ fahren im offenen Auto Offiziere, schwenken Tücher und Degen und rufen der Menge das Wort ›Mobilmachung‹ zu«* Berlin, Anfang August 1914

(3) *»Vielleicht sind viele unter ihnen, die gar nicht oder als Krüppel wiederkehren«*
Abfahrt siegesgewisser Soldaten, München 1914

(4) *»Die Zahl der Verwundeten aus unserer Vaterstadt nimmt von Tag zu Tag zu«*
Patienten eines der vielen Lazarette auf einer Ausfahrt in Berlin 1914

(5) *»Soldatischer, kriegerischer Geist ergreift alle bis auf die Jüngsten herab«* Kinder beim Kriegsspiel auf Berliner Hinterhöfen

(6) *»Frau Kollwitz hat außer der seidenen Regenweste auch die zugehörigen Hosen besorgt, weil Peter doch viel in Schützengräben liegen muss«* Ausbildung in Berlin 1915

(7) »*So trage auch ich etwas dazu bei, dass das Vaterland widerstandsfähig bleibt*«
Verkauf von Kriegsanleihen in der Charlottenburger Sparkasse 1915

(8) »*Wir werden siegen. Aber die Opfer, die dieser Sieg noch fordern wird*«
Hindenburg-Statue an der Siegessäule für Kleinspender

(9) *»Ich habe gerade etwa tausend Mark fürs Rote Kreuz von unserem Frauenverein sammeln lassen«* Kriegsspende von Soldaten an eine Rot-Kreuz-Helferin, Berlin 1916

(10) *»Man trifft so viele Soldaten. Aber sie sind nicht mehr die gut aussehenden Männer wie zu Beginn. Viele von ihnen sind bis zu dreimal verwundet«* Ein Lazarett in Berlin 1915

(11) *»Viele helfende Hände sorgen dafür, dass die von der Firma Kaisers gespendeten Kartons bepackt werden«* Weihnachtspakete für die Front, Berlin 1914

(12) *»Zugleich ein Brief von Alexander hier. Der schreibt, dass Medizinstudenten nur noch in Kriegslazaretten Verwendung finden«* Rund 15 Millionen Feldpostsendungen jeden Tag

(13) *»Ein Pumpenhersteller rüstet auf Geschosshülsen um, Isolatorenwerke fertigen auf ihren Drehbänken auch Gummireifen«* Propeller-Produktion bei Berlin 1916

dagegen blieb Theodor Wolff, der die Reaktion der Zuhörer analysierte: »Hier, in der Öffentlichkeit, Tausende zusammen, reißen sie einander mit fort, übertönen sie die innere Unruhe durch Vereinigung in einem brausenden Lärm, reckt jeder sich empor, verschwindet die einzelne Physiognomie im Massengesicht.«[134]

So richtig Wolff damit lag – von Bethmann Hollwegs Kalkül ging dennoch auf. Der Kaiser hatte geschickt zwei Deutungsmuster auf einmal beschworen: Dem Reich sei der Krieg aufgezwungen worden, nun müsse im Inneren wie in einer belagerten Festung Ruhe und Einigkeit herrschen, weil alles andere nur den äußeren Feinden in die Hände spiele und damit den eigenen Interessen schade. Beides kam bei den noch schwankenden Untertanen gut an. Zwar stimmten längst nicht alle Deutschen ein in den Kriegsjubel, aber weil die SPD und ihre Anhänger keinesfalls als Verletzer des Burgfriedens dastehen wollten, als »vaterlandslose Gesellen«, konnte sie nun nicht mehr gegen den vermeintlich unausweichlichen Krieg protestieren. In den Berliner Arbeitervierteln kam es weiterhin nicht zu patriotischen Gefühlsausbrüchen; auch waren es, gemessen an ihrer Kleidung, nahezu ausschließlich Bürger, die am Abend des 1. August 1914 und am folgenden Tag singend über die Boulevards, Straßen und Plätze in Berlin und fast ganz Deutschland strömten.

Traditionell versammelten sich Münchner zu patriotischen Kundgebungen auf dem Odeonsplatz vor der Feldherrnhalle, am Rande der Innenstadt; am 2. August 1914 waren es einige Tausend Bürger, ganz überwiegend Männer. Unter ihnen war, so jedenfalls schilderte er es selbst, ein 25-jähriger ehemaliger Österreicher und nunmehr Staatenloser namens Adolf Hitler. Er beschrieb später, was er bei dieser Kundgebung empfunden habe: »Mir selber kamen die damaligen Stunden wie eine Erlösung aus den ärgerlichen Empfindungen der Jugend vor. Ich schäme mich auch heute nicht, es zu sagen, dass ich, überwältigt von stürmischer Begeisterung, in die Knie gesunken war und dem Himmel aus übervollem Herzen dankte, dass er mir das Glück geschenkt, in dieser Zeit leben zu dürfen.« Hitler hatte eigenen Angaben zufolge erkannt, dass »es sich dieses Mal nicht um Serbiens oder auch Österreichs Schicksal handelte, sondern um Sein oder Nichtsein der deutschen Nation«. Für ihn war »ein Freiheitskampf angebrochen, wie die Erde noch keinen gewaltigeren bisher gesehen« hatte. Trotz seiner eigenen Gefühle erinnerte sich Hitler aber auch daran, dass es keineswegs nur den Taumel der Kriegsvorfreude gab: »So kam denn auch gleich zu Beginn des ungeheuren Ringens in den Rausch einer überschwänglichen Begeisterung der nötige ernste Unterton.«[135] Das registrierten auch die *Münchner Neuesten Nachrichten*, deren Reporter die Stimmung an diesem Sonntag beschrieb: »Die eherne Feierlichkeit des historischen Augenblicks ergriff die Münchner Bevölkerung. Kein lärmender, dröhnender Ausdruck prahlsüchtiger Kraftmeierei, sondern ein Begreifen der furchtbaren Tragweite der Stunde, und darum überall ein tiefer, tiefer Ernst.«[136]

Noch hielt sich bei weitsichtigeren Menschen die Illusion, das Schlimmste, ein allgemeiner, langer Krieg könnte noch vermieden werden: »Überdies waren aus Paris wieder Friedensgerüchte gekommen«, notierte Charlotte Herder am Mittag des 3. August 1914: »In Folge dessen allgemeine Hochgefühle und die Hoffnung, nach ein paar tüchtigen Zusammenstößen ist der Krieg vielleicht schon bald zu Ende.«[137] Andere, emotionalere Deutsche hegten solche Wünsche nicht mehr: »Immer und immer hat mich der Gedanke an Krieg beschäftigt«, schrieb Erich Mühsam in sein Tagebuch: »Ich versuchte, mir ihn auszumalen mit seinen Schrecken, ich schrieb gegen ihn, weil ich seine Entsetzlichkeit zu fassen wähnte. Jetzt ist er da. Ich sehe starke schöne Menschen einzeln und in Trupps in Kriegsbereitschaft die Straßen durchziehen. Ich drücke Dutzenden täglich zum Abschied die Hand, ich weiß nahe Freunde und Bekannte auf der Reise ins Feld oder bereit auszuziehen.« Mühsam war sich sicher, »dass viele nicht zurückkehren werden«.[138]

Trotzdem gab es regelmäßig Jubel, wenn Soldatenkolonnen in Uniform ihre Kasernen verließen und sich auf den Weg zu den Bahnhöfen machten. Rund um solche oft stolzen Gruppen scharten sich zivile Kriegsbefürworter zusammen und sangen patriotische Hymnen. Diese Szenen beherrschten nun die öffentliche Wahrnehmung, selbst bei erklärten Kriegsgegnern. »Am Morgen, nachdem uns die Kriegserklärung bekannt geworden war, fuhren wir nach München«, notierte die Pazifistin Lida Gustava Heymann: »Alles schien wie verwandelt. Staunend erlebten wir, dass Reich und Arm, Freund und Feind sich plötzlich in den Armen lagen. Jede öffentliche Stellungnahme gegen den Krieg war unmöglich.«[139]

Überall in Deutschland war nun die Mobilmachung im Gange. Das bedeutete, dass zunächst Reservisten sich in den Kasernen ihrer Stammeinheiten zu melden hatten. »Ausgenommen hiervon ist nur, wer ausdrücklich von der Gestellung im Mobilmachungsfalle befreit ist.« Freiräume gab es nicht: »Wer dem obigen Befehl nicht Folge leistet, verfällt in strenge Bestrafung nach den Kriegsgesetzen.«[140] Gerade in Akademikerkreisen hatte in den vorangegangenen Jahrzehnten ein Patent als Reserveoffizier Ansehen bedeutet, sodass sich an diesem Sonntag viele gut ausgebildete Männer jüngeren und mittleren Alters auf den Weg in die Kasernen machten. Irritiert stellte Annie Dröege fest, dass in ihrem ländlichen Wohnort südlich von Hildesheim auf einmal sowohl der Arzt als auch der Tierarzt fehlten: »Dr. Foss war Marineoffizier und Dr. Kort Heeresoffizier. Das war sehr besorgniserregend für uns, denn sie hatten sich um sieben oder acht Dörfer zu kümmern. Nun mussten sie rasch gehen.« Zudem überraschte sie, dass ihre Nachbarn auf einmal Großbritannien für die Eskalation verantwortlich machten – für die gebürtige Engländerin und Ehefrau eines halb britischen, halb deutschen Mannes eine einigermaßen bedrohliche Situation.[141]

Die bei örtlichen Manövern oft geprobten Mobilisierungspläne, auf die das deutsche Heer stets so stolz gewesen war, funktionierten weitgehend problemlos. Vorbereitete Fahrpläne für Sonderzüge »nur für Einberufene« traten in Kraft, und natürlich gab es eine klare Regelung für die Abrechnung der Fahrten gen Norden nach Wilhelmshaven und Cuxhaven für die Marinesoldaten und für Heeressoldaten nach Hildesheim hinein: »Sämtliche Einberufenen haben, um ihren Gestellungsort zu erreichen, freie Eisenbahnfahrt ohne Lösung einer Fahrkarte und ohne vorherige Anfrage am Schalter, lediglich gegen Vorzeigen der Kriegsbeorderung oder anderer Militärpapiere an die Organe der Fahrkartenkontrolle.«[142]

Nicht vorhergesehen hatten die Behörden allerdings, dass sich viele Zehntausend oft noch Jugendliche und Männer jenseits des felddiensttauglichen Alters freiwillig zu den Waffen melden würden. Vor vielen Kasernen bildeten sich am ersten Augustwochenende rasch Schlangen, doch nur wenige reguläre Einheiten waren darauf vorbereitet und konnten einen nennenswerten Teil der Bewerber aufnehmen. Zu den zunächst Abgewiesen gehörte auch Otto Braun, der sich gegen den Willen seines Vaters gemeldet hatte: »Ich erkundigte mich bei verschiedenen Behörden.« Doch ihm sei abgeraten worden: »Ich würde schon eingezogen werden, ich würde aber als Freiwilliger kaum mehr angenommen.«[143] Trotzdem beantragte er, zum Notabitur zugelassen zu werden, der Voraussetzung für einen Einsatz als Fahnenjunker. Offiziersanwärter aber wollte Otto Braun schon unbedingt werden.

In den Städten war die Präsenz des Militärs schnell unübersehbar. Freiburg etwa »glich einem Heerlager«: Auf den Straßen wimmelte es nur so von Uniformierten, militärischen Fahrzeugen und Pferden, die aus der gesamten Umgebung zusammengezogen worden waren. An den Bahnhöfen wurden dauernd Züge be- und entladen. Der Stadtchronist hielt fest: »Seit gestern rasen ununterbrochen die Automobile hin und her, her und hin; ich zähle heute Nacht in einer Viertelstunde 32. Drüben am Hauptbahnhof pfeift alle fünf Minuten ein Zug. Dann trampelt wieder ein Pferdetransport vorbei oder über dem dumpfen Marschtritt einer Militärkolonne erklingt ein Soldatenlied.«[144] Auf ausdrücklichen Wunsch entließ die Universitätsklinik Freiburg sogar Patienten, sofern sie sich gesund genug für die freiwillige Meldung fühlten. Die Rekrutierungsbüros waren mit dem Ansturm hoffnungslos überfordert. Reihenweise meldeten sich meist bürgerliche Oberschüler als Kriegsfreiwillige; die Jüngsten waren erst 14 oder 15 Jahre alt. Gerade sie wurden aber, ebenso wie andernorts im Reich, meist unter Hinweis auf den Vorrang der regulären Mobilisierung vertröstet. Noch jedenfalls.

Fast überall in Deutschland hielten sich Kriegsbegeisterung und Skepsis die Waage. Verlobte Paare wollten einander so schnell wie möglich, jedenfalls vor dem Abmarsch der Männer Richtung Front, das Ja-Wort geben – in den ersten Augusttagen besiegelte allein das Freiburger Standesamt 133 neu geschlossene Ehen, in Berlin gab es 1 800 Nottrauungen. In Dülken am Niederrhein erlebte Schuldirektor Heinrich Franz Müller das folgendermaßen: »Es regnet am Morgen und ist gewitterschwül, die rechte Witterung für die Menschenmenge, die zur Messe zieht. Es werden viele Tränen geweint.« Die örtliche Kirche hatte einen Sondergottesdienst angesetzt: »Nachmittags um halb drei ist Andacht zur Erflehung eines guten Ausganges des Krieges. Die Andacht ist brechend voll.« Müller registrierte die Gefühle in seinem Heimatort: »Abends ist wieder viel Bewegung auf den Straßen. Die Leute stehen in Gruppen und sind aufgeregt.«[145] Um Gedränge am kleinen Bahnhof zu vermeiden, begleiteten die Angehörigen die gerade eingezogenen Männer meist nicht zu ihren Sonderzügen: »Ernst und feste Entschlossenheit drückten sich auf den Mienen der meisten aus. Daneben erklangen heller Jubel und begeisternde Zurufe beim Einsteigen in die Züge.«[146]

Am Abend des 2. August 1914 waren die Würfel gefallen. Noch hatten die Waffen nicht gesprochen, doch ganz Europa erwartete den Ausbruch von Feindseligkeiten zwischen Frankreich, Deutschland und Russland. Der Große Krieg stand unmittelbar bevor; das Augusterlebnis war vorüber.

ERNÜCHTERUNG

KRIEG IST SO LANGE LUSTIG, WIE NIEMAND ZURÜCKSCHIESST. Doch die Wirklichkeit ist kein Manöver, schon gar nicht eines bei »Kaiserwetter«. Nur einen Tag hielt die Illusion, allein die Drohung mit dem Einsatz des deutschen Heeres, der »ersten Armee der Welt«, könnte den Konflikt auf unbedeutende Scharmützel begrenzen. Denn lediglich ein Nachbarstaat ließ sich widerstandslos besetzen: Ins Großherzogtum Luxemburg, politisch unabhängig, aber wirtschaftlich eng verflochten mit Deutschland, marschierten in der Nacht zum Sonntag, dem 2. August 1914, Truppen des stehenden deutschen Heeres ein – offiziell zum »Schutze der dort befindlichen deutschen Eisenbahnen«.[147] Die wenigen Hundert Männer der luxemburgischen Miliz leisteten keinerlei Widerstand. Ähnlich, so stellte es sich der Große Generalstab vor, sollte auch die Besetzung Belgiens vonstatten gehen. Das am 1. August mobilisierte belgische Heer bestehe ohnehin nur aus »Praliné-Soldaten«, die zu mehr als symbolischen Schusswechseln nicht in der Lage seien, lautete die gängige Vorstellung im Offizierskorps und in den selbstbewussten Mannschaften der Kaiserlichen Armee. Natürlich werde es in Belgien kleinere Gefechte geben, aber ansonsten erwarteten die meisten deutschen Uniformierten einen problemlosen Vormarsch hinein nach Frankreich. Ganz so, wie sie es in unzähligen Artikeln, Broschüren und Büchern über die Eröffnung des kurzen Deutsch-Französischen Krieges von 1870/71 im Elsass gelesen hatten. Die Erwartung erwies sich freilich als trügerisch.

Nicht vorgesehen in den Plänen des Generalstabes war auch, dass in Ostpreußen schon wenige Stunden nach Überreichung der deutschen Kriegserklärung russische Patrouillen durch ostpreußische Grenzorte ritten. Der Lehrer Wilhelm Matull erlebte einen solchen Durchmarsch der gefürchteten Kosaken schon am Tag der Mobilisierung der deutschen Armee – und erste schwere Kämpfe: »Schaurig dröhnte der Kanonendonner aus den Gefechten von Göritten und Stallupönen zu uns herüber. Grell leuchteten des Nachts die ringsum brennenden Dörfer.«[148] Zwar gelangen deutschen Kavallerieeinheiten kurze Vorstöße auf russisches Gebiet, doch in Ostpreußen lösten entsprechende Meldungen nicht unbedingt Begeisterung aus: »›Großer Sieg bei Eydtkuhnen, Erstürmung von Kibarty‹, lauteten die ersten Kriegsnachrichten. Wir erhielten sie von Berlin her. Dort sollen sie unendlichen Jubel hervorgerufen haben«, notierte der Gumbiner Lehrer Rudolf Müller: »Hier war davon nicht viel zu bemerken. Im Gegenteil machte sich die Ansicht geltend, es könnte kleineren Vorteilen leicht übermäßige Bedeutung beigemessen werden.« Der Gymnasialprofessor wusste, wie ungünstig das Kräfteverhältnis zwischen preußischen und russischen Truppen jedenfalls unmittelbar beiderseits der Grenze war. Nach wenigen Stunden musste Kibarty, das überhaupt nicht befestigt war und deshalb schwerlich erstürmt, sondern höchstens besetzt werden konnte, wieder geräumt werden: »Alles wirkte deprimierend«, schrieb Müller: »Die Stimmung war sehr gedrückt.«[149]

Die tatsächlichen Ereignisse in Ostpreußen drangen nicht bis in die Reichshauptstadt – sie wären wohl auch auf wenig Interesse gestoßen. Denn hier sprach man längst über Konsequenzen aus angeblichen französischen Angriffen auf deutsche Grenzposten und, mittels der neuen Waffe Bombenflugzeug, auf Bahnanlagen weit im Hinterland nahe Karlsruhe und sogar bei Nürnberg. Das halbamtliche *Wolff'sche Telegraphen-Bureau* (WTB), nach Sperrung der meisten Telegramm-Annahmestellen für andere als militärische Zwecke die wichtigste Quelle für Nachrichten von den Randzonen des Reiches, berichtete: »Frankreich hat damit den Angriff gegen uns eröffnet und den Kriegszustand hergestellt. Die Reichssicherheit zwingt uns zu Gegenmaßnahmen. Seine Majestät der Kaiser hat die erforderlichen Befehle erteilt.«[150] Die diplomatischen Beziehungen zum »Erbfeind« wurden abgebrochen, und der Generalstabschef Helmuth von Moltke hatte nun den Anlass, den er gebraucht hatte, um den

Aufmarsch seiner Armeen zum schnellen Entscheidungskampf auf französischem Boden auszulösen. In den frühen Morgenstunden des folgenden Tages würden deutsche Truppen die Grenze zu Belgien überschreiten. Verzweifelt fragte sich der Kriegsgegner Theodor Wolff: »Warum erklären immer wir den Krieg? Warum sind wir es, die mit Russland und Frankreich die diplomatischen Beziehung abbrechen, und warum überlassen wir es nicht den Gegnern, warum nicht den Russen nach ihrer Mobilmachung, den entscheidenden Schritt zu tun?«[151]

In Wirklichkeit waren weder Karlsruhe noch Nürnberg bombardiert worden und auch nicht Frankfurt am Main, wie es später an diesem 3. August 1914 noch hieß. Hatte es sich bei diesen Nachrichten um bewusst gestreute Desinformation gehandelt? Oder einfach um Gerüchte, die in der aufgeheizten Stimmung der ersten Kriegstage eben kursierten? Jedenfalls drangen sie innerhalb weniger Stunden sogar bis weit in die Provinz vor – und wurden dabei immer aufregender. So mutierte der Angriff eines deutschen Kreuzers auf den russischen Kriegshafen Libau in Lettland durch häufiges Weitererzählen zur Eroberung der »ganzen russischen Flotte«, wie der Dülkener Lehrer Heinrich Franz Müller am 3. August 1914 niederschrieb: »Darüber großer Jubel.« Noch am selben Tag hielt er aber fest: »Die Siegesnachricht stellt sich später als aus der Luft gegriffen heraus.«[152]

In den Berliner Kasernen herrschte nicht unbedingt Jubelstimmung, wie Harry Graf Kessler feststellte. Der Weltbürger und Rittmeister der Reserve, der wenige Tage zuvor noch Frühstücksgast beim britischen Premierminister in London gewesen war, hatte sich umgehend nach Mobilmachung im Quartier des Garde-Füsilier-Regiments an der Chausseestraße zum Dienst gestellt. In der Nacht zuvor waren ihm auf dem Boulevard Unter den Linden noch »gewaltige Menschenmassen« aufgefallen, »deren Zuversicht ohne Aufregung einen großen Eindruck machte«. Jetzt registrierte er: »Die Stimmung hier beim Regiment ist dieselbe wie in Berlin; eine ruhige, heitere Zuversicht ohne Rausch; man weiß, dass der Krieg furchtbar sein wird, dass wir vielleicht zeitweise Rückschläge erleiden werden, vertraut aber auf die Charaktereigenschaften der Deutschen, auf Pflichterfüllung, Ernst und Beharrlichkeit, dass sie uns schließlich den Sieg erringen werden.« Etliche Bekannte des hervorragend vernetzten Adligen waren ebenfalls eingerückt, einige hatten ihre Verlobten in Nottrauungen geheiratet, andere Notexamina abgelegt, um ihr Studium vor dem Fronteinsatz abzuschließen. Über die Bedeutung der kommenden Ereignisse herrschte im Offizierskasino Einvernehmen: »Alles ist sich klar darüber, dass dieser Krieg Deutschland Weltherrschaft oder Untergang bringen muss.« Kessler notierte sich etwas unwohl: »Seit Napoleon ist kein so hohes Spiel gespielt worden.«[153]

In Berlin harrte man derweil einer wichtigen Entscheidung: Würde der Reichstag der Reichsregierung und dem Generalstab einstimmig umfangreiche Kredite zugestehen? Ohne Geld ließ sich kein Krieg führen. Die bürgerlichen Abgeordneten würden zustimmen, daran gab es keinen Zweifel, die Mehrheit stand also – doch was war mit der SPD? Der Kaiser hatte das Parlament, dessen einzige nennenswerte Kompetenz die Hoheit über das Budget war, für den 4. August 1914 einberufen. Als Zeichen der nationalen Einheit brauchten Hof und Regierung eine hohe Stimmenzahl zugunsten der Kredite, am besten sogar ein einstimmiges Ergebnis. In der Partei wurde heftig gerungen: Ein gutes Dutzend sozialdemokratischer Abgeordneter sprach sich in der geschlossenen Sitzung der Fraktion vehement gegen die Vorlage der Reichsregierung aus, darunter mit Hugo Haase der Erste Vorsitzende. Gleichzeitig votierten allerdings fast sechsmal so viele SPD-Reichstagsmitglieder entschieden dafür. Schließlich verständigten sich die Abgeordneten, geschlossen aufzutreten und in der öffentlichen Abstimmung für die Kriegskredite einzutreten. Ohnehin hatten sich die Befürworter insgeheim verabredet, die bis dahin heilige Fraktionsdisziplin im Falle einer ablehnenden Mehrheit in der SPD-Fraktion aufzukündigen. Das wäre einer Spaltung gleichgekommen.

Eduard David, in der Sozialdemokratie einer der entschiedensten Verfechter der Kredite, sann bei einem abendlichen Spaziergang auf dem Boulevard Unter den Linden über die Bedeutung dieser Abstimmung nach: »Die Partei läge zerschellt am Boden, wenn es nach dem Willen ihres Ersten Vorsitzenden gegangen wäre. Das deutsche Volk wäre innerlich zerrissen gewesen in der schwersten Stunde seines weltgeschichtlichen Daseins.« Der Sohn eines preußischen Beamten, der sich schon zu Bismarcks Zeiten aus innerer Überzeugung für die SPD engagiert und dafür sogar seinen Beruf als Lehrer geopfert hatte, war sich der möglichen Konsequenzen einer anderslautenden Entscheidung der Fraktion bewusst: »Die militärische Gewalt wäre unseres Widerstandes sicherlich rasch Herr geworden; aber die Stimmung in weiten Kreisen des Heeres und des Volkes wäre deprimiert und verbittert worden.« David hoffte, mit der wesentlich von ihm betriebenen Zustimmung zu den Kriegskrediten für die Zukunft vorgebaut zu haben: »Nun haben wir die gemeinsame Basis zu einflussreichem Wirken während und nach dem Krieg gewonnen, und wir wollen uns nicht wieder ausschalten lassen.«[154]

Auf den Straßen der Reichshauptstadt machte sich an diesem Abend kaum jemand solch weitreichende Gedanken, denn gegen 19 Uhr hatte, nach dem Einmarsch deutscher Truppen im neutralen Belgien und erstem heftigem Widerstand der vermeintlichen »Praliné-Soldaten« gegen die Invasoren, die Weltmacht Großbritannien dem Deutschen Reich den Krieg erklärt. US-Botschafter James W. Gerard erfuhr davon auf ungewöhnliche Weise: Als er sich nachmittags im Auswärtigen Amt einfand, um in einer diplomatischen Nebensächlichkeit beim Staatssekretär vorzusprechen, saß sein britischer Kollege im Wartezimmer. Sir Edward Goschen sagte, er sei gekommen, um die Pässe der Botschaftsangehörigen zu verlangen – das übliche Vorgehen unmittelbar vor einer Kriegserklärung. Weil auch irgendein Journalist gerade wartete und Goschens Auskunft mitbekam, erschienen schon wenig später erste Extrablätter, die den Abbruch der diplomatischen Beziehungen zwischen Großbritannien und Deutschland bekannt gaben. Gerard erlebte am Abend, was diese Information auslöste: »Ich ging aus zu einem Rundgang durch Berlin und wurde bald verwickelt in die große Menschenansammlung gegenüber der britischen Botschaft an der Wilhelmstraße. Die Menge warf Steine und war damit beschäftigt, sämtliche Fenster der Botschaft zu zertrümmern. Nachträglich klagten die Deutschen, Leute der Botschaft hätten die Menge wütend gemacht, indem sie Pfennige zuwarfen. Ich habe nichts Derartiges gesehen.«[155] Da sowohl die Linden als auch die Wilhelmstraße asphaltiert waren, vermutete der amerikanische Diplomat, dass die Menschenmenge die Wurfgeschosse mitgebracht hatte, es sich also nicht um einen spontanen Ausbruch von Volkszorn handelte, sondern um eine mehr oder minder organisierte Aktion.

Nur wenig förmlicher klang die Darstellung der halbamtlichen deutschen Nachrichtenagentur: »Allgemein war die Erregung über diesen Schritt des germanischen England zugunsten des russischen Despotismus. Die Erregung der Bevölkerung tat sich in lebhaften Demonstrationen kund.« Eingeräumt wurde auch, dass ein »großer Volkshaufen« zur britischen Botschaft gezogen sei und dort randaliert habe.[156] Auch vor dem *Hotel Adlon* unweit der britischen Botschaft standen erregte Berliner, die nach britisch aussehenden Personen Ausschau hielten. Für Gerard eine durchaus riskante Situation; trotzdem bot er seinen britischen Kollegen Hilfe an, nämlich Unterschlupf in der Botschaft der neutralen USA. Doch Goschen lehnte ab: Er wusste um die Gefahren, die seinen Mitarbeitern und ihm drohten, doch er wollte um keinen Preis den Eindruck vermitteln, Angst zu haben. Gerard nahm sich ein Beispiel: Für die Rückfahrt zu seiner Residenz am Wilhelmplatz ließ er das Verdeck seines Autos zurückschlagen und wies den Chauffeur an, die wenigen Hundert Meter in geringem Tempo zu fahren. »Ich fuhr langsam durch die Menge, nur bestürmt mit dem besonderen Zischwort, dessen sich die Deutschen bedienen, wenn sie besonders aufgebracht sind, und das äußerste Verachtung ausdrückt. Dieses Wort ist ›Pfui!‹ und hat eine seltsame Wirkung, wenn es aus Tausenden teutonischen Kehlen gezischt wird.«[157] Plötzlich sprang ein gut gekleideter Mann auf das Trittbrett des Wagens, spuckte den Botschafter an, schlug dessen Diener und flüchtete. Derlei wollte sich Gerard auf keinen Fall bieten lassen: Er ließ den Wagen stoppen, sprang heraus und verfolgte den Angreifer. Als er ihn erreicht hatte, stellte er sich als Botschafter der USA vor. Der Mann, ein Berliner Jurist, entschuldigte sich, gab dem Diplomaten seine Karte und kam sogar am folgenden Tag noch einmal in die US-Botschaft, um abermals seinen »Irrtum« zu bedauern.

Die Nachricht von der britischen Kriegserklärung sorgte nicht nur in Berlin für Aufsehen und heftige Reaktion; sie erreichte wie ein Lauffeuer rasch die letzten Winkel des Reiches. Als »entsetzliche Botschaft« empfand Erich Mühsam die Meldung und erregte sich über die Reaktion auf Münchens Straßen: »Aus der Ferne durchs offene Fenster, von der Ludwigstraße her, tönen lärmende Jubelrufe und Hurrageschrei – jetzt auch Gesang herüber. Der Zug nähert sich und wird gleich dicht bei mir am Siegestor sein. (...) Singen können vor solchen Nachrichten! Arme Menschen! Vielleicht sind viele unter ihnen, die selbst mit müssen in den Krieg, die gar nicht oder als Krüppel wiederkehren. Krieg mit England! Der ist der schlimmste!« Düstere Gedanken beschlichen Mühsam: »Was soll jetzt werden? Krieg! Tod! Nacht über die Welt! Es ist schaurig, es ist unausdenkbar.«[158] In der höchstens relativen Sicherheit Königsbergs notierte Henriette Schneider in ihr Tagebuch: »England hat nun auch an Deutschland den Krieg erklärt. Viele sahen dies kommen, viele hofften noch.« Aber eigentlich hatte sie andere, ganz konkrete Sorgen: »Bialla soll brennen, bis Arys sind die Kosaken-Patrouillen vorgedrungen.«[159] Der Historiker Friedrich Meinecke sagte in Freiburg zu einem älteren Kollegen nach Eintreffen der Nachricht, Deutschland könne durch diesen Krieg »arm wie eine Kirchenmaus« werden – und müsse dennoch kämpfen.[160] Betont unbeeindruckt zeigte sich dagegen Heinrich Franz Müller in Dülken: »Allenthalben sind die Leute entmutigt, dass England sich gegen uns erklärt hat. Unsinn – der Fall war vorgesehen«, schrieb er im Vertrauen auf die umsichtige Vorbereitung der Reichsregierung.[161]

Müller irrte sich: Genau diese Eskalation hatte Theobald von Bethmann Hollweg unbedingt vermeiden wollen, denn nun musste Deutschland nicht nur einen Zweifrontenkrieg auf dem Kontinent führen, gegen Frankreich und Russland, sondern zudem einen Seekrieg rund um den Globus, und das gegen die weitaus stärkste aller Marinemächte der Welt. Noch beim allerletzten Gespräch mit Sir Edward Goschen hatte der Reichskanzler versucht, Großbritannien von seinem Ultimatum abzubringen. Die Neutralitätsgarantie des britischen Hofes für Belgien sei doch nur »ein Fetzen Papier«, für das man keinen Krieg riskieren könne. Später räumte der Kanzler ein, dieses Wort sei eine »Entgleisung« gewesen, rechtfertigte sich zugleich aber: »Mein Blut kochte ob der wiederholten Betonung der belgischen Neutralität.« Schließlich stand von Bethmann Hollweg nun vor den Trümmern seines Konzepts eines »kalkulierten Risikos«, vor einem in jeder Hinsicht unkalkulierbaren Weltkrieg. »Meine ganze Politik bricht zusammen«, hatte er Goschen noch entrüstet entgegengeschleudert.[162]

Für derlei Auseinandersetzungen jedoch interessierte sich außer in der Wilhelmstraße kaum jemand mehr in Deutschland. Längst beherrschte ein anderes Thema die meisten Gespräche, in beinahe allen Teilen des Reiches: Spione! Man sichtete feindliche Agenten buchstäblich überall. Natürlich in der Hauptstadt, wo angeblich ein russischer Oberst in Zivil im D-Zug verhaftet worden sei. In der Festung Spandau seien vier Spione »erschossen« worden, in Kiel habe dasselbe Schicksal elf Verdächtige getroffen, und in der Grenzregion Elsass hätten tatkräftige Einheimische sogar 40 »Brunnenvergifter« aufgeknüpft, erfuhr Harry Graf Kessler von einem Major in seiner Kaserne. »Die ganze Bevölkerung von Berlin bis hier macht den Eindruck, als ob sie vollkommen den Kopf verloren hätte. Die wilde Mär von den russischen Autos, die mit 80 Millionen französischen Goldes nach Russland unterwegs sind und Bomben zur Zerstörung von Telegrafenleitungen und Bahnübergängen mitführen, hat ihre Fantasie und ihre Angst auf das Äußerste gereizt.«[163] Ähnliches erlebte Erich Mühsam in München: »Wilde Gerüchte laufen um, unkontrollierbar, da die Behörden über fast alles Schweigen bewahren. Danach sollen gestern und heute hier eine ganze Menge Serben und Russen standrechtlich erschossen worden sein. Sie sollen die Hauptpost, den Bahnhof, den Pulverturm bei Freimann haben in die Luft sprengen wollen.« Auch sollte das Leitungswasser vergiftet worden sein: »Offiziere riefen es warnend aus – ich selbst war Zeuge davon. Die Häuser wurden einzeln benachrichtigt.«[164]

Ihre schlimmsten Befürchtungen bestätigt fand Charlotte Herder. Sie wachte nachts von lauten Stimmen unter ihrem Schlafzimmerfenster auf: »›Hände hoch‹, kommandierte eine barsche Stimme, ›ich lasse Sie nicht durch!‹ Darauf stammelte eine von Todesangst heisere Stimme verworrene Worte, ein kurzes Geräusch folgte wie von einem Handgemenge, und schnelle Schritte entfernten sich zur Kaserne hin.« Die Verlegersgattin erlag genau wie sehr viele Deutsche einer scheinbar einleuchtenden Logik: »Wer war der Unglückliche? Sicher ein Spion. Denn wenn er, wie wir, unschuldig war, hätte er sich doch nicht so zu sträuben brauchen und solche Todesangst in der Stimme gehabt.« Trotzdem tat der Unbekannte ihr leid: »Ach Gott – vielleicht wurde er jetzt noch in derselben Stunde verurteilt, am Morgen erschossen zu werden. Das ist der Krieg, dachte ich, das ist der Krieg, was werden wir noch alles erleben!«[165]

Auf den Straßen der stolzen Universitätsstadt kam es zu unwürdigen Szenen. »Förmliche Hetzjagden« wurden auf vermeintliche Spione veranstaltet. Enorme Nervosität hatte die Passanten erfasst, sodass jeder, der irgendwie oder auch gerade gar nicht auffiel, in den Verdacht geraten konnte, ein verdeckter Feind zu sein. Ein Haufen Pöbel schleppte eine Frau unter Schlägen bis vor die Karlskaserne am Rande der Innenstadt; die Täter amüsierten sich sogar, bis Wachposten das Opfer aus ihren Händen retteten. »Die Behörden haben alle erdenklichen Sicherheitsmaßnahmen getroffen, dass alle Einrichtungen, die zur Sicherheit des Landes dienen, unversehrt bleiben«, versuchte die *Freiburger Zeitung* die erregte Stimmung zu beruhigen: »Das Publikum wird aufs Dringendste gewarnt, sich jeder

Ausschreitung gegen echte oder vermeintliche Spione zu enthalten, denn das macht dem deutschen Namen Unehre und kann überdies für die Beteiligten zu recht unliebsamen Folgen führen.«[166]

Unmittelbar bekamen Annie und Arthur Dröege die Folgen der Agentenpanik zu spüren. Überall standen auf einmal Posten, meist von selbst ernannten Bürgerwehren eingerichtet. Auf dem Weg zu einem Sondergottesdienst in einem Nachbardorf südlich von Hildesheim passierten sie mehrere solcher Kontrollen. Stets bat Arthur Dröege ausgesprochen höflich um die Erlaubnis zu passieren. Weil er, einer der wohlhabendsten Einwohner, aber überall als Halbbrite bekannt war, bekam er selten eine freundliche Antwort. Auf der Rückfahrt erwarteten noch mehr betont schweigsame Nachbarn das Ehepaar, und wenn sie vorbeikamen, wurde getuschelt. Einige hatten offenbar vor, Annie und Arthur zu steinigen, wurden aber zurückgehalten. Das Haus der Dröeges war in ihrer Abwesenheit durchsucht worden, und es gingen Gerüchte von angeblich bevorstehenden Sprengungen um – durch die vermeintlichen britischen Agenten oder durch Sozialisten. »Ich fürchtete mich, als ich erfuhr, dass man uns für Spione hielt«, notierte Annie mit britischem Understatement in ihr Tagebuch: »Unter solchen Leuten und im Krieg ist das nicht besonders angenehm.«[167] Eine »Kriegspsychose« diagnostizierte der Hildesheimer Chronist Arthur Vogeler. So wurden am Bahnhof angebliche »Russen« aufgegriffen und unter Bewachung zur örtlichen Polizeidirektion geführt: »Dabei stieg die Erregung der Volksmassen so sehr, dass die Gefangenen tätlich beleidigt wurden.«[168]

Während Magistrate, Militärdienststellen und Gendarmen fast überall im Reich schon versuchten zu besänftigen, heizte ausgerechnet das halbamtliche *Wolff'sche Telegraphen-Bureau* die Stimmung an, rief sogar zur Selbstjustiz auf: »Dem Publikum seinerseits aber erwächst jetzt eine außerordentlich bedeutsame Aufgabe«, vermeldete die Agentur – und viele Zeitungen in allen Teilen des Landes druckten die Verlautbarung nach: »Es hat sich ergeben, dass uns das Ausland mit Spionen und Personen, die zur Ausführung verbrecherischer Anschläge bestimmt sind, geradezu überschwemmt.« Es seien bereits zahlreiche Versuche unternommen worden, wichtige Kulturbauten, Brücken, Tunnels und Ähnliches zu sprengen. Damit verbreitete das *WTB* kursierende Gerüchte ungeprüft weiter. Jeder derartige Versuch werde unnachgiebig mit der Hinrichtung bestraft. Offenbar wussten die Agentur-Redakteure trotz der geltenden Nachrichtensperre der Behörden, dass nicht ein einziger der vermeintlich so zahlreichen Anschläge gelungen war: »Die bisherigen Versuche französischer und russischer Agenten in dieser Richtung sind glücklicherweise erfolglos geblieben.« Das allerdings ließ das *Wolff'sche Bureau* keineswegs vorsichtiger werden, man fabulierte im Gegenteil: »Täter sind sofort erschossen worden.« Die Mitarbeiter zogen daraus den Schluss: »Jedermann aus dem Volke hat die heilige Pflicht, was in seinen Kräften steht dazu beizutragen, dass derartige verbrecherische Anschläge auch weiterhin unwirksam gemacht werden.« In vielen Fällen hätten aufmerksame Deutsche bereits wertvolle Unterstützung geleistet, um Attentate zu verhindern und Agenten zu entlarven, ob durch Anzeigen oder indem sie »rücksichtslos und in schroffster Form persönlich« eingriffen. Derlei Einsatz sei ausdrücklich zu loben und müsse »zum Schutze des Vaterlandes« noch verstärkt werden: »Wir sind rings von Spionen umgeben. Trage jedermann dazu bei, ihre Umtriebe unschädlich zu machen, indem er die Polizei oder deutsche Offiziere auf Verdächtige, namentlich ausländisch Sprechende, hinweist und deren Feststellung veranlasst, und indem er von den etwa zu seiner Kenntnis gelangenden Anschlagsplänen Mitteilung macht. Auch das unwesentlich Erscheinende kann dabei von Bedeutung sein.« Vorsichtshalber dementierte das *WTB* die Warnungen örtlicher Behörden gleich: »Eine sogenannte Spionenfurcht kennen wir nicht, wohl aber muss sich jeder seiner Pflicht gegen das Vaterland auch in dieser Hinsicht bewusst sein. Wer diese Pflicht erfüllt, erwirbt sich ein Verdienst um Kaiser und Reich.«[169]

Aber längst nicht jedes Blatt bediente in der ersten Augustwoche 1914 die Agentenhysterie. An eine aufputschende Meldung mit der Überschrift »Achtet auf die Spione« über die angeblich »ungeheuer große Zahl« festgenommener Ausländer mit bösen Absichten fügten Journalisten der *Freiburger Zeitung* eine »Anmerkung der Redaktion« an: »Die Mitwirkung des Publikums bei der Entdeckung von Spionen und der Spionage dienenden Unternehmungen ist von amtlicher Stelle bekanntlich ausdrücklich gewünscht worden. Die dankenswerte Mitwirkung des Publikums soll sich aber darauf beschränken, die Sicherheitsorgane und das Militär auf verdächtige Personen aufmerksam zu machen, worauf das meiste Weitere schon veranlasst werden wird. Misshandlungen verdächtiger Personen sollen aber unter allen Umständen unterbleiben, auch dann, wenn die Festnahme der Verdächtigen durch Zivilpersonen nötig wird. Ruhe und Besonnenheit gilt auch hier in diesen ernsten Tagen.«[170]

Die grassierende Angst vor vermeintlichen Agenten war kein rein deutsches Phänomen, sondern ergriff fast ganz Europa. In Paris stürmten erregte Jugendliche mehrere Filialen der Firma Maggi und steckten ein Labor in Brand, in dem angeblich Gift zusammengemischt worden sei. Dass es sich bei dem Lebensmittelhersteller um ein Schweizer Unternehmen handelte, spielte keine Rolle – sein Name klang deutsch. In London lobte das Krawallblatt *Weekly News* die horrende Belohnung von zehn Pfund für Hinweise aus, die zur Festnahme und Verurteilung eines deutschen Spions führten. Nach Erscheinen des Artikels trafen körbeweise Denunziationen bei der Zeitung ein. In Brüssel und Antwerpen stürmten erregte Männer die Geschäfte deutscher Eigentümer; zwar wurde die belgische Polizei dieser Ausschreitungen rasch Herr, doch an ihre Stelle trat die »Jagd nach dem imaginären Deutschen«, wie eine Brüsseler Zeitung schrieb.[171] Oft wurden auch jüdische Einwanderer aus Galizien attackiert, sofern sie deutsch klingende Namen hatten. Erst als den wilden Gerüchten keinerlei amtliche Bestätigungen folgten und durchsickerte, dass alle festgenommenen vermeintlichen Agenten binnen Kurzem wieder auf freiem Fuß waren, milderte die Hysterie sich deutlich. Völlig verschwand die Angst vor feindlichen Spionen allerdings nicht – obwohl sie weitgehend unbegründet war: Der deutsche Nachrichtendienst, die Abteilung IIIb des Großen Generalstabes, verfügte 1914 zwar über ein kleines Agentennetz in Großbritannien, das allerdings zu Kriegsbeginn bereits im Wesentlichen zerschlagen war. Sein britisches Pendant dagegen sammelte Informationen über Deutschland im Wesentlichen nur im neutralen Ausland; eigene Agenten führte der MI6 vor Ort nicht. Der russische Geheimdienst, die gefürchtete »Ochrana«, war zwar wesentlich größer als die deutschen und britischen Nachrichtendienste, aber vorwiegend auf die Bekämpfung innenpolitischer Gegner der Zarenherrschaft ausgerichtet.

Konkretere Sorgen als vermeintliche russische Spione hatten die Menschen in Ostpreußen, denn hier ritten waschechte Kosaken durch deutsche Dörfer und lösten Panik aus. »Viele Flüchtlinge von der Grenze treffen in Lötzen ein und erzählen von brennenden Gütern und Dörfern«, erinnerte sich Henriette Schneider an das aktuelle Hörensagen: »Im Dorf Drygallen hat der Feind arg gehaust, die Kirche, sehr alt, und viele andere Gebäude verbrannt, bis er zurückgeworfen wurde.«[172] Sally Siegfried, Ehefrau eines Rittergutsbesitzers in Jäglack, beschrieb die Folgen: »Wer hätte hier in Ostpreußen nicht mit eigenen Augen jene Flüchtlingszüge gesehen, die vor dem Einbruch der Russen von der Grenze herkamen? Die Wagen mit Hausgerät beladen, oben thronend 20 Leute und mehr, alte Frauen, frierende Kinder, abgehärmte Mütter, oft selbst den Wagen lenkend, weil der Mann im Krieg, Kühe und Fohlen angebunden oder nebenher getrieben.« Tagelang kamen solche Wagenkolonnen durch Jäglack, auf dem Hof des Rittergutes standen zeitweise 21 voll beladene Wagen. Hunderte Stück Vieh weideten auf den Wiesen der Siegfrieds. Das Hauspersonal der Familie leistete uneigennützig Hilfe: »Für diejenigen ohne Lebensmittel wurde in großen Töpfen gekocht, viele kochten sich ihre mitgebrachten Sachen auch bei uns auf dem Herd.« Gräuelmeldungen machten die Runde: »Jeder erzählte Schreckliches, was sie alles an der Grenze gehört hatten von jenen plündernden, räubernden Banden, die sich russische Soldaten nannten.« Sally Siegfried hatte sich vorgenommen, mit ihrem greisen, gelähmten Schwiegervater in Jäglack zu bleiben. Ihre vier halbwüchsigen Töchter hatte sie eigentlich nach Westen schicken wollen. »Doch dann gingen keine Züge mehr. Zweimal hatten sie schon gepackt, aber schließlich war es mir zu unsicher, sie tagelang so allein in der Welt herumfahren zu lassen.« So blieben die Mädchen zwischen sieben und 16 Jahren bei ihrer Mutter. Den Angestellten und den Pächtern hatte die Hausherrin freigestellt zu flüchten, doch bis auf den Gärtner und noch ein, zwei weitere Familien entschieden sich alle zu bleiben. Ausschlaggebend dafür war das »Elend der Flüchtlinge«, notierte Siegfried.[173] Schlimmer als deren Schicksal könne es auch nicht kommen, wenn die Russen Jäglack doch besetzen sollten.

In den ersten Augusttagen stießen russische Truppen mal nach Westen vor, zogen sich dann wieder zurück und ließen deutsche Gegenstöße ins Leere laufen. Ganz an der Grenze jedoch erlebte Walter von Sanden, wie das Gut der Familie besetzt wurde: »Am folgenden Tage um die Mittagszeit trafen die ersten Russen ein, zuerst Kavallerie, dann Infanterie, Artillerie, viel Tross und Train.« Die Offiziere zeigten sich zufrieden, dass Vater und Sohn von Sanden mit ihren Knechten den Gutsbetrieb aufrechterhielten – obwohl das deutsche Heer die meisten Pferde schon Tage zuvor als Zugtiere requiriert hatte. Es solle weitergearbeitet werden, war die wichtigste Anordnung der Besatzungstruppen. Schon der erste russische Offizier hatte Vater von Sanden eine gefürchtete Frage gestellt: »Haben Sie einen Weinkeller?« Natürlich, lautete die wenig überraschende Antwort. Ob er ihn sehen wolle? Der Offizier jedoch wehrte ab und sagte: »Ich will einen Posten vor die Kellertür stellen. Das ist besser für Sie und für uns.«[174] Tatsächlich wurde während der gesamten russischen Besatzungszeit im Hause von Sanden keine einzige Flasche Wein gestohlen.

Obwohl es während der ersten beiden Kriegswochen in Ostpreußen immer wieder zu Übergriffen kam, Vorräte gestohlen, Frauen vergewaltigt und vereinzelt Männer erschossen wurden, waren die tatsächlichen Erlebnisse der daheim gebliebenen Deutschen doch viel weniger schlimm, als vorab durch die antirussische Stimmung suggeriert. Es handelte sich nicht um systematischen antideutschen Terror, sondern um die Taten von marodierenden Soldaten. »Um Plünderungen zu verhüten, wurden vor öffentliche Gebäude und Geschäfte Posten gestellt. Zur Unterbringung der Russen dienten die Kasernen, das Seminar und die Stadtschule. Was nicht Platz fand, lagerte auf freien Plätzen unter Zelten und auf den großen Höfen der Umgebung. Einige Offiziere waren in Gasthäusern oder bei Bürgern einquartiert.«[175] Das Leben in vielen besetzten Ortschaften an der Grenze ging scheinbar kaum verändert weiter, bis auf die regelmäßig durchziehenden Truppen des zaristischen Heeres. In den Schulen wurde weiter unterrichtet, sogar die Lokalzeitungen konnten weiter erscheinen.

In der ostpreußischen Verwaltung und beim Militär dagegen machten sich angesichts des russischen Vormarsches zunächst Verwirrung, bald Panik breit. Ganz offensichtlich war der Plan, mit massivem Truppenaufgebot zuerst im Westen den Sieg gegen Frankreich zu erzwingen und dann große Truppenkontingente in den Osten zu verlegen, um dort das Zarenreich zu besiegen, bereits nach wenigen Tagen vollkommen gescheitert. Die relativ schwachen Truppen in der Provinz, nicht einmal ein Achtel der Gesamtstärke des deutschen Heeres, hatten der Dynamik der Russen wenig entgegenzusetzen. In Königsberg begannen höhere Beamte, ihre Familien »heim ins Reich« zu schicken – so sagte man in der eigentlichen Keimzelle des einstigen Königreichs Preußen inzwischen –, vor allem nach Berlin. Hektisch erwog man allerlei Pläne, wie dem unerwartet eingedrungenen Feind zu begegnen sei. Ein Vorschlag sah sogar vor, die deutschen Truppen hinter die Weichsel zurückzuziehen und damit Ostpreußen preiszugeben.

Die deutsche Öffentlichkeit erfuhr davon wenig bis nichts, immerhin war zeitgleich zur Mobilmachung ein 63 Jahre altes preußisches Gesetz über den Belagerungszustand in Kraft getreten, das eine weitgehende Zensur der Zeitungen erlaubte; mit dem Ausbruch der Kampfhandlungen hatten zudem die örtlichen Militärkommandanten die Leitung der Verwaltung übernommen. Nun konnte bei tatsächlichen oder vermeintlichen Verstößen gegen Anweisungen der Militärbehörden Kriegsrecht angewandt werden. Ausprobieren wollten die meisten Redaktionen dies indes nicht. Das erste »Merkblatt der Militärbehörden für die Presse«, das in einem Exemplar an alle Zeitungsverlage ging, formulierte klare Erwartungen: »Durch selbstlosen Verzicht auf alle Mitteilungen militärischer Art wird die Presse es den Militär- und Marinebehörden ersparen, gesetzliche Maßregeln gegen sie zu ergreifen.« Unmöglich sei vorauszusehen, welche Tatsachen »im Interesse des Vaterlandes« nicht verbreitet werden dürften: »Der Umsicht und dem Takt der Vertreter der Presse wird es gelingen, sich ein Urteil zu bilden, über welche Dinge bis auf Weiteres Schweigen geboten ist.« Zusätzlich verlangten die Behörden, »alle Nachrichten aus Feindesland« umgehend und unter »Angabe der Quelle so schnell wie nur möglich weiterzutelegrafieren«, an den Großen Generalstab oder das Reichsmarineamt.[176] Erst nach Freigabe dort sollten Meldungen veröffentlicht werden.

Viele kleinere bürgerliche und auch die katholischen Blätter hatten sich für Berichte über die große Politik jenseits ihres Verbreitungsgebietes ohnehin meist schon auf das *Wolff'sche Telegraphen-Bureau* verlassen. Diese Selbstbeschränkung sorgte nun dafür, dass sie nur selten Probleme mit der Zensur bekamen, waren doch die Agenturmitteilungen, wenn sie auch nur entfernt militärisch relevant sein konnten, ausnahmslos zensiert, bevor sie verschickt wurden. Noch öfter als bisher leiteten die Journalisten fortan ihre Berichte mit Floskeln wie »amtlich wird mitgeteilt« oder »amtlich verlautet« ein; mindestens das Kürzel »W.B.« wurde vor die entsprechende Meldung gesetzt. Diese Form der Nachrichtenlenkung funktionierte zu Beginn des Krieges recht gut: Von Panik und Massenflucht in Ostpreußen war in den *Wolff*-Depeschen in den ersten Augusttagen nicht die Rede und entsprechend auch nicht in den Zeitungen, die vor allem jenseits der großen Städte neben dem Hörensagen die einzige Informationsquelle darstellten.

Die sozialdemokratischen Blätter befanden sich in einer schwierigeren Lage. In den vergangenen Jahren waren sie zunehmend regierungskritischer geworden, doch angesichts des von Kaiser Wilhelm II. ausgerufenen »Burgfriedens« und der Zustimmung der SPD-Reichstagsabgeordneten zur ersten Tranche der Kriegskredite am 4. August 1914 wollten sie keinesfalls als »vaterlandslose Gesellen« dastehen. Deshalb hielten sie sich stark zurück und brachten oft ebenfalls vor allem redigierte amtliche Mitteilungen. Viele ältere Journalisten hegten noch Erinnerungen an die Zeiten des Sozialistengesetzes. Seinerzeit hatte es in SPD-Blättern stets einen »Sitzredakteur« gegeben. So nannte man einen presserechtlich für das Blatt verantwortlichen Mitarbeiter, der tatsächlich jedoch lediglich pro forma im Impressum genannt wurde. Im Falle einer Intervention der Behörden gegen eine Zeitung musste im schlimmsten Fall dieser inhaltlich unbedeutende Angestellte anstelle der wirklich prägenden Kollegen die angeordnete Haftstrafe absitzen.

Auch für die großen Qualitätsblätter, in erster Linie für die auch international angesehenen *Vossische Zeitung*, *Berliner Tageblatt* und *Frankfurter Zeitung*, ergab sich eine komplizierte Situation. Sie bezogen einen Gutteil ihres Renommees aus den Berichten eigener Korrespondenten in aller Welt, die gewöhnlich als »Privattelegramm« gekennzeichnet wurden. *Tageblatt*-Chef Theodor Wolff versuchte, solche exklusiven Meldungen bei der nun angeordneten Vorzensur durchzubringen und so die Qualität der Berichterstattung trotz schlechter Rahmenbedingungen möglichst aufrechtzuerhalten. Doch das misslang gründlich: »Die Militärzensur wird immer unmöglicher. Nichts darf gebracht werden«, vertraute er am 13. August 1914 seinem Tagebuch an: »Von 50 Nachrichten und Ausschnitten aus fremdländischen Zeitungen, die man verlangt, kommen 45 mit dem Stempel: ›Veröffentlichung nicht gestattet‹ zurück.«[177]

Der Große Generalstab sah darin kein Problem; ohnehin war die regierungskritische Haltung des *Tageblatts* hier nicht allzu beliebt gewesen. Dagegen sah man sich gezwungen, eine »Warnung vor Gerüchten« auszusprechen: »Es ist natürlich, dass unser Volk in diesen

Tagen der Spannung auf jedes Gerücht achtet. Durch Weitertragen pflegen sich die Gerüchte zu vergrößern, mag es sich um Erfolge oder Misserfolge unserer Waffen handeln.« Doch sollten die Menschen nur Mitteilungen glauben, die vom Generalstab veröffentlicht worden seien: »Die meisten kennen den Krieg nur aus Erzählungen in Büchern. Die unendlichen Schwierigkeiten und Mühen, unter denen ein Erfolg in langer Zeit langsam heranreift und geerntet wird, kennen selbst nur wenige der Beteiligten.« Schon hielt es der Generalquartiermeister Hermann von Stein für nötig, die Deutschen auf schlechte Nachrichten vorzubereiten: »Auch einen etwaigen Misserfolg, mit dem unter den schwankenden Verhältnissen des Krieges immer gerechnet werden muss, wird unser starkes Volk ertragen.«[178]

Klugerweise verschwieg auch die Agentur *Wolff* schlechte Nachrichten aus dem Osten nicht völlig. In diesem Fall wären wohl noch stärker als ohnehin Gerüchte aufgekommen, angetrieben von Getuschel über private Briefe und Augenzeugenberichte, die faktisch nicht zu kontrollieren waren. Deshalb konnten die Leser den meisten Zeitungen im Reich entnehmen, dass es immer wieder Vorstöße russischer Kavallerie auf ostpreußisches Territorium gab, doch in der Regel stand in denselben Artikeln gleich, dass deutsche Einheiten die Feinde zurückgeschlagen oder ihnen wenigstens »schwere Verluste« zugefügt hätten.[179] Rund eine Woche lang war dies der Tenor der meisten Berichte über die Lage in Ostpreußen – bis die russischen Erfolge Mitte August 1914 eine solche Vertuschungstaktik nicht mehr geraten erschienen ließen. Da »der Feind im Land« stand, ordnete Wilhelm II. nun laut gültigem Wehrpflichtgesetz die Einberufung des Landsturms an, also der ehemaligen Wehrpflichtigen, die von der regulären Mobilisierung nicht erfasst worden waren. Auch Männer zwischen dem 28. und 45. Lebensjahr mussten nun in den »aktiven Dienst« zurückkehren und hatten sich so schnell wie möglich zu melden.[180]

Ungefähr zeitgleich publizierte die regierungsnahe *Norddeutsche Allgemeine Zeitung* eine »deutsche Warnung an Russland«, die von vielen Blättern nachgedruckt wurde: »Die Meldungen aus unserem östlichen Grenzgebiet berichten übereinstimmend, dass die russischen Truppen, wo sie preußisches Gebiet betreten haben, gegen Ortschaften und deren wehrlose Einwohner sengend und plündernd vorgegangen sind; besonders schwere Ausschreitungen sind aus den Gegenden von Schirwindt, Lyck und Soldau gemeldet worden.« Deutschland habe mit Vermittlung einer neutralen Macht »vor der Öffentlichkeit Einspruch gegen eine solche, dem Völkerrecht zuwiderlaufende Art der Kriegführung« erhoben. Die Mitteilung schloss mit einer klaren Drohung: »Wenn durch sie die Kampfesweise einen besonders schroffen Charakter annehmen sollte, so trifft Russland allein dafür die Verantwortung.«[181] Dass alle drei genannten Orte an der Außengrenze von Ostpreußen lagen, war wohl kein Zufall: Auf diese Weise bestätigten die deutschen Behörden, dass tatsächlich feindliche Truppen auf eigenem Territorium standen, dass also Grund für die Einberufung des Landsturms bestand. Zugleich aber sollte die Angabe vermitteln, dass nur Randgebiete betroffen seien. Die Einheimischen sahen das nicht ganz so: »Mein Gott, welch ein namenloses Unglück ist über unser Vaterland gekommen!«, reagierte Henriette Schneider im längst gefährdeten Königsberg.[182] Sie hatte erfahren, dass in ihrer Heimatstadt Lötzen die Häuser rund um die alte, reaktivierte Sperrfestung Boyen niedergebrannt würden, um freies Schussfeld für die Kanonen des Forts zu schaffen. Die Lage an der Ostfront spitzte sich viel schneller zu als erwartet.

Auch im Westen lief der Feldzug von Beginn an nicht so glatt wie in den vielen vorangegangenen Manövern, denn die belgische Armee, die noch nie in einem Krieg gekämpft hatte und in deutschen Generalstäben gern verspottet worden war, leistete den vorrückenden kaiserlichen Soldaten heftigen Widerstand. Da der Großteil der deutschen Truppen im Westen eingesetzt war und zudem der Postweg in die dicht bevölkerten Teile der Heimat viel kürzer war, sickerten weit mehr Nachrichten über die Gegenwehr der Verteidiger in den Forts um Lüttich nach Deutschland durch als aus der ostpreußischen Provinz. Vermutlich um die Gerüchte unter Kontrolle zu bringen, berichtete das *Wolff'sche Bureau* mit großer Empörung: »Die von den Kämpfen um Lüttich vorliegenden Meldungen lassen erkennen, dass die Landesbewohner sich an dem Kampfe beteiligt haben. Truppen sind aus dem Hinterhalt, Ärzte bei der Ausübung ihrer Tätigkeit beschossen worden. Gegen Verwundete wurden Grausamkeiten von der Bevölkerung verübt.«[183]

An dieser Darstellung war nichts Wahres. Vielmehr handelte es sich bei den Erzählungen über angebliche Angriffe aus dem Hinterhalt um Folgen der Erschütterung deutscher Soldaten, die erstmals mit den grausamen Wirkungen neuer Waffen wie Maschinengewehren und Splittergranaten konfrontiert worden waren. Zudem schossen die vermeintlichen »Praliné-Soldaten« der belgischen Armee entgegen allen Erwartungen eben doch auf die Angreifer und verteidigten ihr Land taktisch durchaus geschickt gegen die vielfache Übermacht. Doch das drang nicht durch bis nach Deutschland, im Gegensatz zum Irrglauben an kriegsrechtswidrige Partisanenattacken belgischer »Franktireure«, also Freischärler, bewaffneter Zivilisten. Nur so ließ sich scheinbar erklären, warum der Vormarsch der Invasionstruppen so viel schwerer fiel als erwartet und im Vorhinein oft zuversichtlich diskutiert.

Auch wenn alles für den »normalen« Tod eines deutschen Soldaten an der Front sprach, machte das Hörensagen daraus oft den hinterhältigen Angriff angeblicher Franktireure. Der erste Tote aus Viersen war ein 22-jähriger Reserveoffiziersanwärter. Karl Eigelshoven fiel in der Nacht vom 5. auf den 6. August 1914 bei der Belagerung von Lüttich. Als die Nachricht wenige Tage später am Niederrhein eintraf, zeigte sich Lehrer Heinrich Franz Müller überzeugt: »Allgemein ist man über die Gemeinheit der Belgier empört. (...) Der Einjährige Eigelshoven aus Viersen ist von einem 17-jährigen belgischen Mädchen erschossen worden. Das Mädchen wurde aufgespießt.«[184]

Während in Belgien vermeintliche »Freikämpfer« massakriert wurden und willkürliche Massenerschießungen von völlig unbeteiligten Dorfbewohnern begannen, ließ der Große Generalstab über die gezähmten Zeitungen eine klare Drohung verbreiten: »Man wird es den deutschen Truppen, welche gewohnt sind, Disziplin zu halten und den Krieg nur gegen die bewaffnete Macht des feindlichen Staates zu führen, nicht verdenken können, wenn sie in gerechter Selbstverteidigung kein Pardon geben! Die Hoffnung, durch die Entfesselung der Leidenschaften des Volkes auf den Krieg einzuwirken, wird an der unerschütterlichen Energie unserer Führer und Truppen zuschanden werden. Vor dem neutralen Ausland sei aber schon zu Beginn des Krieges festgestellt, dass es nicht die deutschen Truppen waren, die eine solche Form des Krieges hervorriefen.«[185]

Nicht einmal ein überzeugter Pazifist wie der Münchner Erich Mühsam konnte sich solchen Argumenten ganz verschließen: »Ich werfe es den Deutschen nicht besonders vor, dass sie Leute, die sie aus dem Hinterhalt umbringen, beseitigen.« Allerdings nahm er zugleich die vermeintlichen Freischärler in Schutz: »Aber von verbrecherischen Instinkten getriebene Mörder sind die ›Franktireurs‹ nicht. Sie sind geleitet von der naiven Wut der Bauern, denen fremde Horden das Eigentum zertrampelten, und gleichzeitig von dem gleichen nationalen Furor, der auch die deutschen Soldaten begeistert und verrückt macht. Die bestialischen Scheußlichkeiten, die an Verwundeten verübt wurden, gehören in ein besonderes Kapitel. Das sind Wahnsinnserscheinungen, Symptome einer Verrohung, die ihre Ursache doch auch wieder im Kriege hat.«[186]

Vielleicht sollten Mitteilungen über angebliche belgische Kriegsverbrechen auch das Hörensagen von deutschen Verlusten abfedern. Über manche Einheiten erzählte man sich bereits, sie seien vollkommen aufgerieben worden, etwa das Charlottenburger Kavallerieregiment Gardes du Corps. Das war falsch, denn noch hielt sich die Zahl der Toten und Verwundeten im Rahmen des Erwarteten. Die *Vossische Zeitung* brachte eine amtliche Stellungnahme, um dem angstgetriebenen Gerede zu begegnen: »Mit dem Einsetzen der Kampfhandlungen wird natürlich im ganzen Volke der Wunsch laut, schleunigst Kenntnis von unseren Verlusten zu erhalten. Dieser Wunsch ist durchaus begreiflich.« Man werde ihm dennoch nur begrenzt nachkommen können: »Jeder, der mit den militärischen Verhältnissen vertraut ist, wird aber verstehen, dass es einer gewissen Zeit bedarf, bis man nach dem Gefecht die Zahl der Verluste übersehen kann.«[187] Unruhe machte sich breit, in Berlin ebenso wie in anderen Teilen des Reiches. Die ersten Trauernden waren auf den Straßen zu sehen, meist Angehörige von gefallenen Offizieren, die vom Tod ihrer Lieben bevorzugt informiert wurden. Zwar hob die groß verkündete Einnahme Lüttichs die Stimmung wieder, doch bald erfuhr man, dass die Stadt praktisch ohne Verteidigung gewesen war, hatten sich die belgischen Soldaten doch in den Kranz aus modernen Sperrfestungen zurückgezogen. Hier wurden sie nun mit modernen Geschützen bombardiert und sollten so zur Aufgabe gezwungen werden.

Schon nach wenigen Tagen war klar, dass dieser Krieg wider Erwarten doch kein Spaziergang werden würde. Fahles Morgenrot stand über Freiburg, als bei feinem Nieselregen das örtliche 113. Regiment in Richtung Front auszog. Charlotte Herder schaute trotz der frühen Stunde aus dem Fenster zu, freilich nur durch Jalousien spähend. »War da wohl einer in dem langen Zuge, der nicht gedacht hätte: ›Morgenrot, Morgenrot, leuchtest zu mir zum frühen Tod?‹«, dachte sie. Die Soldaten waren mit Blumen geschmückt, aber sie zogen schweigend, ohne Gesang; die Offiziere ritten ebenso stumm und ernst vor ihnen her. Die Verlegersgattin berichtete unmittelbar nach dem Auszug von einer Begebenheit, die ihr Angst machte: »Hinter einer Kompanie führte ein Soldat ein lediges Pferd, das plötzlich heftig scheute und eine Stockung hervorbrachte. Es drängte gegen einen Rad fahrenden Soldaten, dass er abspringen musste, und traf einen anderen, dass ihm der Helm abfiel. Dieser Mann war so fassungslos erschrocken, als hielte er das für ein böses Omen, und daher wird mir der kleine Zwischenfall immer in Erinnerung bleiben, wenn ich auch wohl nie den Ausgang erfahren werde.«[188]

An die Stelle der Begeisterung vor allem bürgerlicher Kriegsfreiwilliger wie noch Ende Juli und Anfang August war schon jetzt Entschlossenheit getreten, nun bei den meisten Deutschen. Das Berliner Polizeipräsidium meldete in seinem ersten »Stimmungsbericht« vom 22. August 1914, die Haltung der Bevölkerung sei »ernst, aber würdig«. Polizeipräsident Traugott von Jagow fügte befriedigt hinzu: »Die Klassengegensätze scheinen fast geschwunden, die bekannte Berliner Kritiksucht ist kaum noch zu spüren und der Hang zu Vergnügungen ganz zurückgedrängt.«[189] Man jubelte ins Felde ziehenden Soldaten immer noch zu, vielleicht sogar stärker als zwei Wochen zuvor – doch ausgelassen war die Freude vielfach nicht mehr.

Allerdings setzte sich eine derartige Einsicht in den Ernst der Situation nicht überall durch. Zusammen mit der Einberufung des Landsturms durften nun auch viele Kriegsfreiwillige, die in den ersten Augusttagen noch abgewiesen worden waren, in die inzwischen weitgehend von aktiven Truppen geleerten Kasernen einziehen. Otto Braun hatte die Zeit seit seinem Notabitur in der zweiten Augustwoche mit Ausflügen im Freundeskreis verbracht. Viele seiner Altersgenossen warteten wie er auf die Einberufung als Freiwillige. Man freute sich über die vermeldeten deutschen Siege, ob in Belgien, Ostpreußen oder Ostfrankreich, steigerte sich in Wut-, manchmal Hasstiraden vor allem gegen Großbritannien und sehnte im Übrigen den erlösenden Gestellungsbefehl der Militärbehörden herbei. Das »furchtbare Warten« möge bald ein Ende haben, meinte der 17-Jährige. Wenig später schrieb er: »Manche gehen jetzt in den Krieg wie in ein Spiel, es sind das Menschen, die das Glück haben, sterben zu dürfen, denn im Tode vor dem Feind liegt noch immer die schönste Erfüllung ihres Lebens.« Für sich selbst sah Otto freilich selbstbewusst ein anderes Ziel: »Ich aber darf nicht sterben, denn ich weiß, die Zukunft bedarf meiner.«[190]

In Freiburg dominierten längst die Sorgen. In die Stadt, nur rund 60 Kilometer von der deutsch-französischen Grenze in den Vogesen entfernt, strömten zahlreiche Flüchtlinge aus dem 1871 annektierten

Elsass: »Täglich werden Scharen abtransportiert und kommen neue Scharen an«, hielt der Ortschronist Oskar Haffner fest.[191] Gleichzeitig brach der zivile Verkehr durch Requirierungen von Zugtieren und den wenigen privaten Autos sowie die Umstellung der Bahnfahrpläne auf Kriegsbereitschaft weitgehend zusammen. Wer trotzdem ins Umland wollte, musste seinen Pass mitnehmen und mit Kontrollposten an allen Ortseingängen rechnen. Mancher Spaziergang in Richtung Rhein endete auf dem nächstgelegenen Revier der Gendarmerie, wenn man sich nicht ausweisen konnte.

Da französische Truppen im August 1914 über die Vogesen in Richtung Colmar vorstießen, fürchteten viele Freiburger, auch ihre Stadt könnte bald vom Feind erobert werden: »Die Gerüchte, dass die Franzosen schon über die Grenze seien, tauchen immer wieder auf«, stellte die Professorengattin Hermine Paufler in ihrem Tagebuch fest: »Man ist in steter Aufregung.«[192] Angesichts der wieder auflebenden Angst vor Spionen beschloss der Stadtrat jetzt auch formal die Aufstellung einer Bürgerwehr, die vermutete Sabotageakte wie die Vergiftung von Brunnen und das Kappen von Telegrafenmasten verhindern sollte. Etwa 200 Männer jenseits des wehrfähigen Alters stellten sich freiwillig zur Verfügung, doch bald stand fest, dass es keine Saboteure gab, die sie hätten abschrecken können.

Bedrückend wirkten die ersten Transporte mit Schwerverwundeten, die aus den harten Grenzschlachten in den Vogesen in die Stadt gebracht wurden. Schon am 9. August 1914 lagen in improvisierten Lazaretten knapp 150 Soldaten, zwei Wochen später schon beinahe 2000 und Ende des Monats mehr als 3000 Mann.[193] Sämtliche Turn- und Festhallen waren nun mit Deutschen und einigen Franzosen belegt; der Schulunterricht musste deshalb weiter reduziert werden, fast alle öffentlichen Freizeitveranstaltungen wurden abgesagt. Häufig handelte es sich um Verstümmelte, deren Körper von den Schrapnellgranaten und Maschinengewehren schwer versehrt waren. Weil sich gleichzeitig die medizinischen Möglichkeiten der Truppensanitäter gegenüber früheren Konflikten stark verbessert hatten, konnten selbst Verletzte am Leben erhalten werden, die noch im Krieg

1870/71 nach kurzer Zeit an Infektionen ihrer Wunden gestorben wären. Da viele Freiburgerinnen als Hilfsschwestern und ältere Angehörige vaterländischer Vereine als Helfer dienstverpflichtet wurden, verbreitete sich in der Stadt das Wissen um den Zustand vieler Lazarettpatienten rasch. Das führte zu zusätzlicher Erbitterung; dass deutsche Waffen französischen Soldaten ähnliche Schäden zufügten und es in den Hospitälern auf der anderen Seite der Front genauso aussah, spielte keine Rolle. Zwar transportierte das deutsche Sanitätswesen viele Verwundete bald weiter ins Landesinnere, aber weil Freiburg der Front so nahe lag, folgten immer neue verletzte Soldaten nach. Am Bahnhof fanden sich auf die vage Möglichkeit hin, ihre Männer und Söhne zu Gesicht zu bekommen, Ehefrauen und Eltern ein.

Charlotte Herder und ihr Mann Hermann hatten sich entschlossen, dem Roten Kreuz einen der wenig genutzten Säle im großen Neubau ihres Verlagshauses als Behelfslazarett anzubieten. Tagelang hatte sie Betten und die medizinische Grundausstattung organisiert, auch qualifiziertes Personal ausgeliehen. Als dann am frühen Morgen des 27. August 1914 tatsächlich der erste Verwundetentransport eintraf, war Charlotte zunächst freudig erregt: »Beschwingten Fußes« eilte sie gleich nach dem Frühstück hinüber in »ihr« Lazarett: »Mir war zumute wie einem Kind am Weihnachtsabend.« Dann sah sie die ersten 23 Patienten. »Ganz langsam ging ich näher. Nie werde ich diesen ersten Eindruck vergessen: Da lagen sie, Mann an Mann, in den Betten, vor Ermattung und Blutverlust schwer schlafend, zusammengekrümmt in Stellungen, als wären sie gerade so hingeschlagen worden, wie sie lagen – ein erschütternder Anblick.« Die Verlegersgattin stürzte sich mit aller Kraft in die Arbeit; sie versorgte Verwundete, schnitt vom Wundbrand stinkende Verbände auf, wusch klaffende Verletzungen aus, sah Männer, deren Körper von Splittern »wie ein Sieb durchlöchert« und trotzdem nicht lebensgefährlich verletzt waren: »Ich wusste kaum mehr, wo mir der Kopf stand.« Abends auf dem Heimweg machte sie eine Beobachtung: »Den ganzen Tag hatte ich nichts als Blut gesehen; jetzt, als ich nach Hause ging, flammte auch der Himmel im Westen blutrot, als wollte er mir zeigen, wo all das Blutvergießen herkommt.«[194]

Nicht direkt von den Kämpfen betroffen war Hildesheim. Trotzdem änderte sich das Leben auf den Straßen fast schlagartig, denn das örtliche 79. Regiment war mit 85 Offizieren und 3 306 Soldaten Richtung Westfront abgerückt – etwa jeder sechste männliche Erwachsene der Garnisonsstadt und der näheren Umgebung. Auf einen Schlag gab es deshalb kaum mehr Männer zwischen 20 und 35 Jahren. Die Kasernen waren dennoch keineswegs verwaist; hier bildeten nun ältere Unteroffiziere junge Kriegsfreiwillige aus, die den Ersatz für die erwarteten Verluste des Regiments bilden sollten. Sie ahnten nicht, was ihnen bevorstand. Auch Heranwachsende sollten schon vorbereitet werden auf den Dienst, den sie ihrem Vaterland bald leisten sollten. Am Rathaus hing Mitte August 1914 ein Plakat, auf dem die Überschrift »Aufruf an die deutsche Jugend« prangte: »Wir wollen und müssen siegen, dazu brauchen wir unsere ganze Kraft. Deshalb soll auch Eurer Vaterlandsliebe, Eurer Hingabe für Kaiser und Reich Gelegenheit gegeben werden, sich zu betätigen.«[195] Alle männlichen Jugendlichen ab 16 Jahren sollten fortan zweimal wöchentlich als »Jugendwehr« gemeinsam den »Felddienst« üben. Auf dem Programm standen Bewegung im Gelände, Schätzen von Entfernungen, Marschieren in Reih und Glied sowie allgemein körperliches Training. Der Zuspruch unter Hildesheims Schülern und Lehrlingen war groß.

Zum ersten handfesten Konflikt kam es schon, als die Nachrichten über vermeintliche Angriffe von »Franktireuren« in der gemischt-konfessionellen Stadt eintrafen. Auf einmal stand der im Rat der Stadt per Akklamation beschlossene »Burgfriede« vor dem Ende. Weil belgische Priester angeblich die Anführer der frei erfundenen Freischärler seien, riss der nur mühsam kaschierte Graben zwischen Katholiken und Protestanten in der Stadt wieder auf. In Hildesheim gab es nicht nur einen evangelischen Stadtsuperintendenten, sondern auch ein fast elfhundert Jahre altes Bistum. Manche

Protestanten reagierten ihre Wut über die behaupteten belgischen Kriegsverbrechen unter Beteiligung von Geistlichen an katholischen Einrichtungen in der Stadt ab. Bischof Adolf Bertram, der kurz vor dem Umzug nach Breslau stand, wo er neuer Erzbischof werden sollte, musste mäßigend eingreifen. Er mahnte, man solle die Taten Einzelner nicht verallgemeinern. Grundsätzlich stellte aber auch der Kirchenfürst die Berichte über angeblich mordende belgische Priester nicht infrage.[196]

Drei Wochen nach Kriegsbeginn geriet das Hildesheimer Regiment zum ersten Mal in schwere Kampfhandlungen. Es sollte eine Höhe hinter dem wallonischen Dorf Aiseau erstürmen, die von starken belgischen und französischen Truppen gehalten wurde. Am Ende des Tages standen die Einnahme der Höhe, eine lobende Erwähnung im Bericht des Armeekorps – und der Verlust von 985 Toten oder Verwundeten. Das Regiment hatte auf einen Schlag fast ein Drittel seiner Stärke verloren. Als die Verlustliste einige Tage später am heimatlichen Rathaus ausgehängt wurde, »drängte alles in tiefster Erregung hinzu und las schweigend mit verhaltenem Schmerz die teuren Namen«.[197] Das Sterben war angekommen in Hildesheim.

Viele Angehörige wollten wissen, wie ihr Sohn, Bruder oder Vater ums Leben gekommen war. Doch das interessierte weder die Offiziere an der Front noch die Regimentsverwaltung in Hildesheim; »gefallen« war als Eintrag in der Personalrolle ausreichend. Weil sich aber die Anfragen häuften, hieß es in Todesmeldungen immer häufiger, ein »Kopfschuss« habe das Leben des Mannes ohne Leiden beendet. Von abgerissenen Beinen, langsamem Verbluten und zerfetzten Eingeweiden war dagegen so gut nie die Rede. Vielleicht noch schlimmer als die Gewissheit um den Tod eines Verwandten war die Unsicherheit über sein Schicksal. Wenn auf einmal die ansonsten recht regelmäßige Feldpost ausblieb, dann war große Angst die unmittelbare Folge. Da Offiziere den »Heldentod« eines Soldaten aus eigener Initiative meldeten, nicht aber den Verbleib eines verschollenen Soldaten, schrieben in Hildesheim wie überall im Reich besorgte Eltern flehende Briefe an die Militärbehörden vor

Ort. In vielen Fällen wurden sie knapp beantwortet; die formalisierten Schreiben enthielten nur ein Wort von Gewicht: »vermisst«. Es konnte bedeuten, dass der Soldat in Gefangenschaft geraten war, doch viel häufiger hieß es, seine Leiche sei einfach nicht gefunden worden, vielleicht weil sie bis zur Unkenntlichkeit zerfetzt war oder der Körper eilends und anonym zusammen mit anderen Toten in einem Granattrichter verscharrt werden musste.

In Ostpreußen schien der Vormarsch der feindlichen Truppen unaufhaltsam. »Trübe Nachrichten laufen von der Ostfront ein«, notierte Evelyn Fürstin Blücher: »Die Russen sitzen in Ostpreußen. Man hört haarsträubende Geschichten über ihre Grausamkeit gegen die dortige Bevölkerung.« Wegen seiner »Missgriffe« war der deutsche Befehlshaber vor Ort abgelöst worden: »Ihn ersetzt ein General von Hindenburg, ein ganz alter Mann. Er soll jeden Zollbreit in Ostpreußen kennen.«[198] Tatsächlich hatte der Große Generalstab schon eine neue Führung für die 8. Armee in Marsch gesetzt, den pensionierten General Paul von Hindenburg und den dynamischen, noch nicht 50-jährigen Stabsoffizier Erich Ludendorff, der sich gerade in Belgien ausgezeichnet hatte. Allerdings hatten die Menschen in den gefährdeten Gebieten der Provinz vorerst andere, ganz praktische Sorgen.

»Wir packten unser Silber, die Töchter vergruben es, auf den Knien liegend, unter unserem Balkon, pflasterten nachher die Stelle wieder wie vorher, gossen mit Gießkannen noch die frischen Spuren fort, und es war nichts zu merken«, berichtete eine Gutsfrau über den 23. August 1914; demselben Sonntag, an dem Hindenburg und Ludendorff südöstlich von Danzig in Marienburg eintrafen: »Ich hatte gerade etwa tausend Mark fürs Rote Kreuz von unserem Frauenverein sammeln lassen, dies Geld mit einigen Sparkassenbüchern und dergleichen tat ich in ein dicht schließendes Einmachglas. Mitten im Rasen wurde ein Viereck ausgehoben, ein Loch für das Glas gegraben, die Erde vorsichtig in einen Korb gefüllt, das Glas hineingesetzt. Erde und Rasen wurden wieder daraufgelegt, und hätte ich mir nicht mit Schritten die Entfernung ganz genau abgezählt: Ich selbst hätte die Stelle nicht mehr wiederfinden können.« Doch vergraben ließen sich nur kleinere Wertgegenstände. Für Ahnenbilder, Möbel, das gute Kutschgeschirr und Körbe mit teurer Kleidung wie Pelzen musste die Ostpreußin ein anderes Versteck finden: »Sehr gut kamen uns beim Verbergen der Sachen auch unsere Keller zustatten. Kein Mensch weiß, aus welcher Zeit sie eigentlich stammen.« Sie ließ ihre Knechte alles in den hintersten der drei Räume bringen und aufstapeln. »Am Montagvormittag musste ein alter Mann mir die Tür zu den beiden hinteren Räumen zumauern und in den vorderen Raum fuhr ich vor dem vermauerten Loch alles mit Torf voll. Nun waren wir für die Russen gewappnet, die Gewehre waren im Komposthaufen vergraben.«[199]

Diese Vorbereitungen erwiesen sich als sinnvoll, denn Hindenburg und Ludendorff entschieden sich, ihre ganze Kraft auf eine der beiden russischen Armeen in Ostpreußen zu konzentrieren, auf die 2. Armee südlich von Allenstein. Daher wurden die Gebiete östlich von Königsberg von deutschen Truppen fast völlig entblößt und so der Besetzung durch die russische 1. Armee preisgegeben. Das Vabanquespiel ging auf, weil die vorrückenden Feinde erschöpft waren: Innerhalb von vier Tagen errang die deutsche 8. Armee einen deutlichen Erfolg, der vom Generalstab allerdings zum entscheidenden Triumph aufgebauscht wurde.

Fast überall im Reich wurde die Meldung vom Sieg bei Tannenberg, wie die Schlacht aus propagandistischen Gründen mit Bezug auf eine Niederlage des Deutschen Ordens gegen polnisch-litauische Truppen im Jahr 1410 genannt wurde, gefeiert. »Unglaublicher Enthusiasmus, als unsere Extraausgabe erscheint mit der Nachricht, dass bei Tannenberg 30 000 Russen gefangen genommen worden sind«, vermerkte Theodor Wolff in seinem Tagebuch: »Ich komme gerade über den Potsdamer Platz. Es ist Sonntag. Viele Tausend Menschen. Der erste Händler mit dem Extrablatt wird fast zerrissen. Dann ein Durcheinanderrufen, ein Jubel. Über alle ragen Leute aus der Masse, die irgendwie hochgeklettert sind oder gehoben werden und das Blatt verlesen.«[200] Endlich schien, nach mehr als drei Wochen Krieg, der allgemein erwartete Siegeszug der deutschen Armee zu beginnen. In der Reichshauptstadt sei »die Haltung der Massen (...) noch patriotischer geworden als bisher«, meldete Polizeipräsident von Jagow.[201] Im Strandbad Wannsee herrschten, bei strahlendem Sonnenschein und warmen Temperaturen, »großer Trubel und fröhliches Treiben«, wie der SPD-Politiker Eduard David feststellte. Erstaunt registrierte er zudem: »Hier nichts von Männermangel zu merken.«[202] Auch in Hildesheim waren die Menschen begeistert ob der guten Meldungen aus dem Osten; der Stolz steigerte sich sogar noch durch einen freilich aufgesetzten Regionalpatriotismus, hatte doch der von den Zeitungen so hervorgehobene Befehlshaber und »Held von Tannenberg« Paul von Hindenburg nur eine Woche zuvor noch im nicht weit entfernten Hannover ein beschauliches Leben als Pensionär geführt: »Viele kannten ihn vom Ansehen, andere wohl auch persönlich oder hatten sonst irgendwelche Beziehungen zu ihm«, berichtete der Stadtchronist Adolf Vogeler.[203]

Doch nicht alle waren sich so sicher, was die Folgen von Tannenberg anging. Henriette Schneider, die inzwischen in Westdorf bei Aschersleben zwischen Saale und Harz eine vorübergehende Bleibe gefunden hatte, registrierte zwar die positiven Meldungen: »Aus Ostpreußen die Nachricht, dass fünf russische Armeekorps bei Ortelsburg zurückgeschlagen worden sind.« Doch sicher war sie sich nicht, was das bedeutete: »Vielleicht ein günstiges Zeichen für die Folge des Krieges zu unseren Gunsten auch im Osten.« Kurz danach kommentierte die Haushaltshilfe skeptisch: »Heute melden die Zeitungen, dass Ostpreußen von Russen frei ist. Ich glaube es nicht, wir würden sonst Nachricht von Homm haben. Neidenburg und Hohenstein sind dem Erdboden gleichgemacht. Oh Gott, welch ein Elend überall!«[204]

Dennoch passte die Siegesmeldung, denn am 2. September beging das Deutsche Reich alljährlich seinen – neben Kaisers Geburtstag am 27. Januar – höchsten Feiertag: den »Sedantag«, zur Erinnerung an die entscheidende Schlacht im Deutsch-Französischen Krieg 1870/71. Die zentrale offizielle Feier war zwar abgesagt worden; der Kaiser weilte im Großen Hauptquartier, das sich seit dem 30. August 1914 in Luxemburg befand, doch die Tradition war stark, und so kam es an vielen Orten zu mal mehr, mal weniger gut vorbereiteten Festlichkeiten. »Ganz Berlin ist in Erregung, unübersehbare Menschenmassen umdrängen die Linden, die Siegesallee etc. Die ersten eroberten Geschütze werden zur Sedan-Feier in feierlichem Zuge eingebracht«, schrieb Theodor Wolff. Seiner Familie wollte er etwas gönnen: »Habe Aenne und die Kinder auf dem Balkon des Liebermann'schen Hauses am Pariser Platz untergebracht, mich dann empfohlen.« Etwas verwundert fuhr der *Tageblatt*-Chef fort: »Es sieht so aus, als seien nie so viele Menschen, auch nie so viele Männer, in Berlin gewesen wie jetzt.«[205] Ebenfalls privilegiert war der Blick, den Evelyn Fürstin Blücher genoss: »Von den Fenstern der Baronin Roeder sahen wir einige der siegreichen Regimenter mit ihren erbeuteten Kanonen vorüberziehen. Die Kapelle spielte, eroberte russische, französische und englische Fahnen wurden vorübergetragen; arme, müde Kosakenpferdchen schleppten die Geschütze.« Zuvor bereits war die gebürtige Britin in den Südwesten außerhalb der Reichshauptstadt gefahren, zum Bahnhof Grunewald; dort sollten, so hatte sie gehört, Züge mit Verwundeten ankommen. In Wirklichkeit jedoch waren es Transporte, die zwei komplette Armeekorps von der West- an die Ostfront brachten: »Die Eisenbahnwaggons waren alle mit Blumen geschmückt; meinen äußersten Unwillen erregten ausgestopfte Soldaten in der Uniform der englischen Leibgrenadiere. Man hatte sie an einigen Geschützwagen befestigt. Der Gedanke verfolgt mich, wer wohl gerade diese Uniformen getragen haben mag.«[206]

Derlei interessierte die Einheimischen überhaupt nicht. Zwei Tage nach dem Sieg bei Tannenberg war die Kriegsbegeisterung größer denn je. Nun, nach dem Triumph über das verhasste Zarenreich, sogar in den einfacheren Quartieren der Stadt: »Ganz Berlin ist, am meisten die Arbeiterviertel im Norden und Osten, wie ich mich persönlich überzeugt habe, mit Unmengen vaterländischer Fahnen geschmückt«, berichtete Polizeipräsident Traugott von Jagow. Ganz überwiegend, zu »97 Prozent«, wie er sich zu schätzen traute, handele es sich um die Farben des Kaisers – Schwarz-Weiß-Rot. Das preußische Schwarz-Weiß und das österreichisch-ungarische Schwarz-Gelb waren nur marginal vertreten. »Die Ausschmückung würde eine noch viel größere sein, wenn nicht in Fahnen ein völliger Ausverkauf stattgefunden hätte.« Besonders wichtig erschien dem für Ruhe und Ordnung in der Hauptstadt verantwortlichen Spitzenbeamten die »Vermischung der Parteiunterschiede«. Das zeige sich etwa daran, dass kirchliche Sozialvereine Veranstaltungen in Gewerkschaftshäusern angekündigt hätten. Doch ganz zufrieden war von Jagow noch nicht: »Die gesamte bürgerliche Presse ist eindeutig auf denselben vaterländischen Ton gestimmt. Bei dem sozialdemokratischen *Vorwärts* jedoch ist nach den hiesigen Beobachtungen ein von Nummer zu Nummer zunehmendes Bestreben bemerkbar, den Parteistandpunkt bei Beurteilung der Tagesereignisse stärker zur Geltung zu bringen.«[207]

Ganz ähnlich sah es in Hildesheim aus. An fast allen Häusern hingen Fahnen im Hinblick auf die als sicher erwartete baldige Nachricht vom Sieg über die Gegner sowohl im Westen wie im Osten. Die Feier am 2. September gestaltete sich nach Meinung des Stadtchronisten Adolf Vogeler glänzend: »Der Marktplatz war überfüllt, in die Freudenrufe von patriotischen Gesängen mischten sich bald die weit über das Land fallenden Töne der schönen Glocken unserer sämtlichen Kirchen.« Weil die Schüler wie immer am Sedantag frei hatten, bevölkerten mehrere Tausend Kinder und Jugendliche die Straßen und Gassen der Hildesheimer Innenstadt. Ihre Begeisterungsfähigkeit war ungeheuer: »Soldatischer, kriegerischer Geist ergriff alle bis auf die Jüngsten herab, die kaum laufen konnten – auch die Mädchen. Überall auf den Wällen der Stadt, auf dem Galgenberg, in den Straßen und auf den freien Plätzen sah man kleine Heldenscharen mit Holzschwertern und anderen lebensgefährlichen Instrumenten in Reih und Glied unter dem Befehl irgendeines Knirpses mit furchtbarem Ernst und in strengster Zucht ihre Übungen machen, um sich auf das kriegerische Spiel vorzubereiten, zu dem das Vaterland gewiss auch sie bald heranziehen würde.«[208]

Die Münchner waren so froh gestimmt über den vermeintlich bevorstehenden Sieg, dass sie ihrem König sogar die Absage des Oktoberfestes nachsahen; stattdessen paradierten fortlaufend kleinere Trupps von Reservisten auf der Theresienwiese vor der stolzen Statue der »Bavaria«. In Freiburg gingen die Bürger mit großer Freude in den Feiertag; die allgemeine Stimmung fasste die *Freiburger Zeitung* zusammen: »Dürfen wir uns aber des überlieferten nationalen Gedenktages heute völlig ungetrübt freuen, so danken wir das den entscheidenden Siegen, über die wir in den letzten Tagen berichten konnten. Wie im Westen, so geht auch im Osten die Heeresleitung den Weg, der sicher zum endgültigen Siege führt.« Dass diese Erkenntnis am Sedantag vom ganzen deutschen Volk geteilt werden könne, sei eine »Schicksalsfügung, die der diesjährigen Feier des nationalen Gedenktages noch eine Weihe besonderer Art verleiht«.[209]

Der 2. September 1914 war der letzte Tag, an dem fast ganz Deutschland ungetrübt an einen Sieg glauben konnte. Denn die erste Wende des Krieges bahnte sich an. Zwar standen die Truppen des kaiserlichen Heeres weit in Frankreich, sogar kurz vor Paris; die französische Regierung verlegte an genau diesem symbolischen Tag ihren Sitz nach Bordeaux. Doch praktisch zugleich brach los, was jede Aussicht auf einen raschen Sieg endgültig zunichte machen sollte: Die deutschen Truppen im Tal der Marne, einem Zufluss der Seine, waren durch die Verlagerung von zwei Korps nach Ostpreußen geschwächt. Das nutzten die britischen und französischen Truppen zu einem verzweifelten Befreiungsschlag. Buchstäblich mit den allerletzten Reserven, die teilweise mit Pariser Taxis bis an die Front gebracht wurden, stießen Briten und Franzosen ab dem 4. September zwischen zwei deutschen Armeen hindurch und waren im Begriff, sie zu umfassen. Nach vier Tagen sahen sich ihre Kommandeure gezwungen, den Rückzug anzuordnen. Als Generalstabschef Helmuth von Moltke davon erfuhr, verdüsterte sich seine Stimmung radikal: »Der so hoffnungsvoll begonnene Anfang des Krieges wird in das Gegenteil umschlagen.« Der stets zwischen Begeisterung und Depressionen schwankende oberste Militär schrieb hellsichtig an seine Frau: »Ich fürchte, unser Volk in seinem Siegestaumel wird das Unglück kaum ertragen können.«[210]

Um eine Überreaktion der Deutschen zu vermeiden, einen Absturz aus ihrer Zuversicht mit möglicherweise katastrophalen Folgen, schwächte der Generalstab die schlechten Neuigkeiten so weit wie möglich ab. Ausdrücklich mit dem Vermerk »nichtamtlich« meldete das *Wolff'sche Bureau* am 7. September unter der Überschrift »Nichts Neues vor Paris«, dass es zwar einen Zusammenstoß gegeben habe, der »größere Ausmaße annahm«; trotzdem sei »keinerlei Veränderung« zu melden.[211] Zur selben Zeit standen die deutschen Truppen an der Marne schon derartig unter Druck, dass einzelne Divisionen sich bereits 30 bis 40 Kilometer weit hatten zurückziehen müssen. Informationen darüber fanden nur über Umwege ihren Weg nach Deutschland: Internationale Zeitungen berichteten groß über die Schlacht, und über seine Auslandskorrespondenten in Amsterdam, Zürich und Stockholm erfuhr auch das *Berliner Tageblatt* davon. Jedoch war die Meldung, die Theodor Wolff in sein Blatt rücken ließ, äußerst zurückhaltend formuliert; sie sollte nicht der Zensur zum Opfer fallen. Also war nur von einer »allgemeinen Schlacht bei Paris« die Rede; einige Regionalzeitungen übernahmen diese Darstellung, etwa die *Freiburger Zeitung*.[212] Andere Blätter wie die *Hildesheimer Zeitung* gaben die skeptischen Nachrichten nicht weiter, sondern berichteten immer noch vom angeblich bevorstehenden totalen Sieg. »Vor dem völligen Zusammenbruch Frankreichs« titelte die Zeitung am selben Tag, an dem von Moltke seinen Brief nach Berlin schrieb.[213] Die Zuversicht führte dazu, dass in Hildesheim Pläne von Paris und Umgebung auf einmal Bestseller wurden: Jeder wollte so eine Karte haben, um den erwarteten Marsch in die Vororte der französischen Hauptstadt hinein verfolgen zu können.

Aus dem Generalstab, wo man inzwischen realisiert hatte, dass der eigene Kriegsplan auch in Frankreich gescheitert war, drangen vor allem Desinformationen. Offiziell hieß es, die deutschen Truppen seien »zurückgenommen« worden. Weil sich dennoch gerüchteweise verbreitete, dass britische und französische Zeitungen von einem großen Sieg berichteten, schob der Heeresbericht nach: »Die vom Feind mit allen Mitteln noch verbreiteten, für uns ungünstigen Nachrichten sind falsch.«[214] Theodor Wolff, der in diesen aufregenden Septemberwochen die Arbeit an seinem Tagebuch hatte schleifen lassen, trug Ende des Monats über den Rückzug nach: »Das Große Hauptquartier teilte uns sehr wenig darüber mit. Es begnügte sich zu sagen, dass der rechte Flügel zurückgenommen worden sei. Auch wenn das tolle Siegesgejubel der französischen und englischen Presse sinnlos sein mag, sieht die Wahrheit doch anders aus. Wir haben gehörig zurückgehen müssen, auf der ganzen Linie.« Wolff sorgte sich, die Leser könnten das Vertrauen in die Meldungen der Presse im Allgemeinen und sogar seines *Tageblatts* im Besonderen verlieren: »Dass das alles verschwiegen wird, nur hier und da durchsickert, macht keinen guten Eindruck.« Einen beginnenden Stimmungsumschwung spürte er bereits: »Das Publikum ist hoffnungsvoll, wie vorher, aber nicht mehr siegeslaut.« Hinzu kämen »die Endlosigkeit der Verlustlisten und die zum Teil schaurigen Erzählungen der heimkehrenden Verwundeten«.[215]

Je ungewisser die Lage wurde, desto harscher gingen besonders Überzeugte gegen Zweifler an offiziellen Nachrichten über die Kämpfe vor, wie Erich Mühsam in München erlebte: »Wenn man es wagt, am Ausgang eine Sekunde zu zweifeln, dann hat man den Namen eines Deutschen verwirkt (...). Eine Verrohung und Beschränktheit äußert sich überall ganz ungeniert, dass einen helles Entsetzen packt.«[216] Dennoch begann sich die Erkenntnis durchzusetzen, dass der Krieg keineswegs schnell und siegreich beendet werde. Zum Beispiel bei Thomas Mann, der einen Beileidsbrief an den Arzt Hugo Eggel schrieb, dessen Bruder gefallen war. Der gerade 39-jährige Schriftsteller, der theoretisch im Rahmen der Landsturm-Mobilisierung bereits hätte eingezogen werden können, war zerrissen zwischen dem Wunsch, selbst fürs Vaterland in die Schlacht zu ziehen, und der Einsicht in seine körperlichen Schwächen: »Mir ist oft miserabel zumute, dass ich zu Hause bin, während alles da draußen für Deutschland blutet. Ich habe hart gekämpft, aber es wäre ein Unsinn: Mein Kopf, mein Magen, meine Nerven hielten es nicht länger als ein paar Tage aus, und ich würde nur zur Last fallen.« Gleichzeitig kokettierte er damit, dass dies nicht notwendigerweise das letzte Wort sein müsse: »Übrigens werde ich später doch wohl noch irgendwie drankommen, denn der Krieg wird ja offenbar lange dauern.«[217]

Die Verluste stiegen weiter rapide, doch auch diese Tatsache versuchten die Militärbehörden gegenüber der Öffentlichkeit zu verschleiern. Als immer mehr Verwundete in die improvisierten Lazarette eingeliefert wurden, auch in Viersen, unternahm die *Viersener Volks-Zeitung* einen patriotischen Erklärungsversuch: »Die Zahl der Verwundeten aus unserer Vaterstadt nimmt von Tag zu Tag zu, wie aus Briefen, die aus dem Felde an die Angehörigen gesandt werden, hervorgeht.« Allerdings, so versuchte das Blatt seinen Lesern weiszumachen, dürfe man das nicht überbewerten: »Der kommandierende General des siebten Armeekorps, Freiherr von Bissing, macht darauf aufmerksam, dass die Bevölkerung sich durch Verlustlisten nicht leicht in Schrecken jagen lassen möge. Die Angabe ›schwer verwundet‹ bedeutet keineswegs immer eine lebensgefährliche Verwundung, und der weitaus größte Teil der so Verwundeten wurde wiederhergestellt.« Eine Verwundung gelte dann als schwer, wenn der Soldat dadurch für längere Zeit dienstunfähig sei – etwa ein Schuss ins Bein. Andererseits werde auch schon die geringste körperliche Beschädigung im Kampfe, etwa eine unbedeutende Prellung, als ›leicht verwundet‹ verbucht. Seine Erklärung, die dem Augenschein in den Viersener wie allen anderen Lazaretten Hohn sprach, schloss der General mit Ausführungen über die dritte Art von Verlusten: »›Vermisste‹ schließlich pflegen endlich zu einem erheblichen Teil bei ihrer Truppe sich später wieder einzufinden.« In

Wirklichkeit bedeutete »schwer verwundet« meist einen bleibenden körperlichen Schaden oder mindestens eine monatelange Rekonvaleszenz. Blessuren wie Prellungen dagegen waren längst kein Grund mehr für eine offizielle Verlustmeldung, sondern höchstens für eine kurze informelle Erholungspause im Hinterland; oft nicht einmal das. Ausdrücklich warnte das Viersener Blatt vor Spekulationen über Gefallene: »Umlaufende Gerüchte von Todesfällen hiesiger Soldaten entbehren jeglicher Begründung, und man sollte mit der Verbreitung derartiger Nachrichten vorsichtig sein – schon im Interesse der Familien.« Auch hier sah die Realität anders aus: Allein aus der Kleinstadt Süchteln bei Viersen fielen in den ersten zwei Wochen der Kämpfe schon zehn meist junge Männer.[218]

Die Verluste führten zu steigendem Bedarf an Ersatz. Als Mitte September die ersten Kriegsfreiwilligen, die sich unmittelbar Anfang August gemeldet hatten, nach einer kurzen Grundausbildung an die Fronten verlegt wurden, gingen die Gestellungsschreiben für die nächste Welle heraus. Am 7. September 1914 erhielt Otto Braun den ersehnten Brief. Ein Generalskamerad seines verstorbenen Großvaters hatte nachgeholfen und die Einziehung des 17-Jährigen als Fahnenjunker zum 4. Jäger-Regiment in Graudenz arrangiert. »Unbeschreiblich froh und glücklich«, schrieb er in sein Tagebuch: »Endlich hat das furchtbare Warten ein Ende.« Zehn Tage später bestieg er den Zug Richtung Pommern. Seine Mutter Lily Braun war stolz auf ihren einzigen Sohn und gab ihm seelische Unterstützung, als er brieflich schon nach wenigen Tage erste Ermüdungserscheinungen erkennen ließ. Körperlich anstrengend war der Dienst, besonders als Offiziersanwärter; hinzu kamen die besonderen Bedingungen als beinahe noch Jugendlicher in einer reinen Männergesellschaft wie dem Offizierskorps eines Regiments. Lily Braun versuchte, Otto mit praktischen Ratschlägen abzulenken. Vor allem solle er sich ausreichend kleiden: »Du ziehst doch unter dem Drillichanzug stets etwas Warmes an? Besonders die Leibbinde!« Eigentlich, so fügte sie unausgesprochen hinzu, gehe es ihm doch recht gut: »Gestern klingelte Frau Kollwitz mich an, um auch die Frage der Ausrüstung zu besprechen. Sie hat außer der seidenen Regenweste auch die zugehörigen Hosen besorgt, besonders weil Peter als Infanterist doch viel in Schützengräben liegen muss. Ich will es auch tun.« Genau wie die Frauenrechtlerin Lily Braun hatte auch die expressionistische Bildhauerin Käthe Kollwitz ihren Sohn für den Kriegsdienst auszurüsten, denn Offiziersanwärter waren für ihre Uniform und die Verpflegung in den Garnisonen selbst verantwortlich.[219]

Während in der dritten Septemberwoche die nächsten Kriegsfreiwilligen einrückten und ausgebildet wurden, war der Fehlschlag der deutschen Strategie vor der Öffentlichkeit nicht mehr zu verheimlichen. Im Osten waren die russischen Armeen zwar geschlagen und aus dem größten Teil Ostpreußens vertrieben worden, doch blieben einige Gemeinden nahe der Grenze weiter besetzt; ein kriegsentscheidender Sieg war auch den neuen Helden Hindenburg und Ludendorff nicht gelungen. Aus Lötzen erfuhr Henriette Schneider, dass die Russen nicht so schlimm gehaust hatten, wie allgemein erwartet worden war: »Nur Gutes schreibt Herr Homm, die Stadt ist unversehrt! Beschütze Gott auch weiter alles!« Schlechter sah es hingegen auf einigen Gutshöfen außerhalb aus, wo die Kosaken »alles Ess- und Trinkbare fortgetragen« hatten, ebenso »alle Pferde und alles Vieh, bis auf wenige Stück«. Manche Anwesen waren auch niedergebrannt worden, andere geplündert. Doch insgesamt hatten viele Orte die Besatzungszeit erstaunlich gut überstanden. Die Haushaltshilfe machte sich selbst Mut, konnte aber ihre Sorgen nicht beiseitedrängen: »Wir werden siegen – aber die Opfer, die dieser Sieg noch fordern wird!«[220]

Im Westen hatte die Niederlage an der Marne den seelisch zerrütteten Generalstabschef Helmuth von Moltke das Amt gekostet und seinen Konkurrenten, den bisherigen preußischen Kriegsminister Erich von Falkenhayn, in die höchste Position des deutschen Heeres avancieren lassen. Gleichzeitig änderte sich die Stoßrichtung der Kämpfe total: Nicht mehr Paris, sondern der Ärmelkanal war das neue Ziel, wie jeder Zeitungsleser anhand der Schlachtorte in den dürren Heeresberichten schließen konnte. Tatsächlich versuchten sowohl Deutsche wie Briten und Franzosen, den Gegner an dessen nördlicher Flanke zu umfassen. Das Ergebnis war ein schneller Vormarsch Richtung Nordsee, der bald als »Wettlauf zum Meer« bekannt wurde. Beweglich war die Front im Westen nur noch nach Norden hin; überall sonst gruben sich die Soldaten wie schon zuvor im Elsass und den Vogesen ein, um wenigstens etwas Schutz vor den mörderischen Waffen zu haben.

In einem Brief an Theodor Wolff räumte der Chef der Politischen Abteilung des Auswärtigen Amtes, August von Stumm, indirekt das Scheitern des deutschen Kriegsplans an beiden Fronten ein. Man sei noch nicht so weit, über eine förmliche Verwaltung besetzter Gebiete in Nordfrankreich und die von Wolff vorgeschlagene Herausgabe einer Zeitung in französischer Sprache nachdenken zu können: »Ob das gelingen würde, ist auch sehr fraglich«, hieß es in von Stumms Schreiben vom 15. September 1914. Auch an Russland komme man bis auf Weiteres nicht heran. Wolff, der ein gutes Gedächtnis und zudem seine eigenen Gesprächsnotizen hatte, fühlte sich versucht, den Diplomaten an dessen Ausführungen eine Woche vor der Kriegserklärung zu erinnern: »Ich hatte Lust, ihm zu antworten: ›Aber die Russen haben doch gar kein Pulver und keine Gewehre, wie es Ende Juli noch hieß?‹«[221] Diese allzu demütigende Pointe verkniff sich der erfahrene Journalist dann doch; er wollte auch weiterhin mit von Stumm in Kontakt stehen.

Ganz vorsichtig deutete Berlins Polizeipräsident den sich anbahnenden Wechsel in der öffentlichen Meinung an: »Bei dem langsamen Gang der kriegerischen Operationen in Ost und West, an deren für uns siegreicher Beendigung nur wenige zu zweifeln wagen, ist die Stimmung gelassener geworden.«[222] Das Interesse wende sich zurzeit immer mehr dem Schicksal einzelner Soldaten zu, während der Gang der Kriegsoperationen insgesamt nun weniger interessiere. Allerdings sah sich die Polizei gezwungen, den *Vorwärts* »bis auf Weiteres« zu verbieten, dessen kriegsskeptische Berichterstattung auch durch die Zensur nicht völlig unter Kontrolle zu bekommen war. Käthe Kollwitz, die sich in diesen Tagen vor allem mit dem bevorstehenden Einsatz ihres Sohnes Peter als Kriegsfreiwilligem beschäftigte, schrieb in ihr Tagebuch: »So hat man also schon wieder genug von der Einigkeit.« Sie selbst sah den Versuch des sozialdemokratischen Blattes, den engen Rahmen der vorgegebenen Berichterstattung zu erweitern, allerdings kritisch: »Meiner Meinung nach tut der *Vorwärts* nicht gut daran, in dieser Zeit die prinzipiellen Gegensätze zu betonen. Was hat das für Sinn? Hinterher soll alles wieder vorkommen, aber jetzt beunruhigt es die Genossen nur.« Die Künstlerin wertete ganz im Lichte der Situation ihrer eigenen Familie: »Die Soldaten stehen im Felde und geben ihr Leben. Dann wollen sie nicht angezweifelt haben, ob es auch lohnt, für diese Sache ihr Leben zu lassen.«[223] Nach drei Tagen durfte die SPD-Zeitung wieder erscheinen.

Der Wechsel hin zu einer abgeklärten Sicht der Lage zeigte sich auch unter Intellektuellen, etwa in München. »Was bedeuten gewonnene Schlachten? Sieg und Niederlage sind Begriffe. Wie kann ein Volk siegen, das in der ganzen Welt gehasst wird?«, äußerte Heinrich Mann Erich Mühsam gegenüber am 19. September 1914.[224] Doch der Schriftsteller traute sich nicht, diese Position offen in seinem Bekanntenkreis zu vertreten, denn hier gab es stets einige, die sofort »hochgingen«, wenn Zweifel am Kriegsausgang laut wurden. Und auch Mühsam selbst spürte, seiner erklärten Ablehnung des Krieges zum Trotz, wohl noch einen Rest jenes »Taumels«, der ihn Ende Juli mit erfasst hatte. Jedenfalls nahm er sich vor, einen Bekannten, den österreichischen Schriftsteller Karl von Levetzow, von dessen Meinung »abzubringen«, der ihm in einem Brief aus Italien geschrieben hatte: »Da Ihre deutschen Zeitungen nicht die Wahrheit sagen dürfen und sie auch nicht erfahren, so will ich Ihnen sagen, dass die Sache Deutschlands und Österreichs ganz miserabel steht und miserabel bleiben wird, selbst wenn partielle Erfolge kommen sollten. Der Krieg endet nur mit der vollständigen Niederwerfung des preußischen Zarismus und Militarismus und mit der Zersplitterung der habsburgischen Monarchie.« Mühsam führte einige Gedanken als Grundlage für seine »sorgfältig« zu formulierende Antwort an: »Zeit zum Niederwerfen des preußischen Zarismus wird es sein, wenn einmal aus der eigenen Fäulnis der revolutionäre Wille des Volks erwacht ist, nicht, wenn es streberischen Diplomaten des Auslands einfällt, über die deutschen Diplomatentrottel zu triumphieren. Momentan brennt's bei uns im Haus. Da heißt es löschen, auch wenn uns die Fassade missfällt.«[225]

Der laufende Stimmungsumschwung erschien so gefährlich, dass im September 1914 eine neue Art von Freizeitangeboten stark zunahm: Die zahlreichen patriotischen Vereine wandten sich nicht mehr wie bisher vor allem an ihre Mitglieder, sondern luden nun zu offenen »vaterländischen Volksabenden«. Hier wurde Zuversicht verbreitet, trotz der allgemein spürbaren Rückschläge. In Freiburg und Hildesheim etwa stießen solche Veranstaltungen, deren Ziel die Stärkung des Selbstbewusstseins war, auf regen Zuspruch – eine Folge der allgemeinen Verunsicherung, die um sich griff. In Berlin berichtete Kriminalwachtmeister Arthur Loeber, zuständig für die Überwachung der SPD: »Je länger der Krieg dauert, umso niedergeschlagener werden die Genossen, die ihre jahrelange Arbeit zertrümmert sehen, wie sie selbst zugeben.«[226] Der Gefühlstaumel der ersten acht Kriegswochen war endgültig vorüber, Ernüchterung trat überall in Deutschland an seine Stelle.

»Auf dem westlichen Kriegsschauplatz sind heute im Allgemeinen keine wesentlichen Ereignisse eingetreten«, hieß es im amtlichen Heeresbericht vom 24. September 1914 aus dem Großen Hauptquartier, das nun nach Charleville-Mézières in den französischen Ardennen verlegt worden war: »Einzelne Teilkämpfe waren den deutschen Waffen günstig. Aus Belgien und vom östlichen Kriegsschauplatz ist nichts Neues zu melden.« Die meisten deutschen Blätter brachten die kurze Nachricht unter sachlichen Überschriften wie »Die Kriegslage im Westen« oder »Die Kämpfe im Westen«.[227] Das Freiburger *Tageblatt* dagegen spitzte zu und titelte wohl als erste deutsche Zeitung mit den Worten: »Im Westen nichts Neues.«[228]

KRIEGSWIRTSCHAFT

WENN MILLIONEN IHRE ARBEIT AUFGEBEN MÜSSEN, HAT DAS FOLGEN. Allerdings nicht unbedingt einen Mangel an Arbeitskräften; im Gegenteil kann rapide steigende Arbeitslosigkeit eintreten. Unzählige Details hatten die deutschen Militärbehörden für den Fall der Mobilmachung vorausgeplant – immerhin musste das stehende Heer des Kaiserreichs für diesen Fall innerhalb weniger Wochen von rund 800000 Mann auf etwa 3,8 Millionen Mann fast verfünffacht werden. Im August 1914 lagen deshalb genaue, jederzeit umsetzbare Fahrpläne für Mobilisierungszüge vor; die Reihenfolge der mit Reservisten und Rekruten aufzufüllenden Einheiten war ebenso festgelegt wie exakte Regeln für die umfassende Beschlagnahme von Reit- und Zugpferden. Neben genügend Uniformen standen massenhaft Gewehre bereit, wenn auch oft nicht vom neuesten Typ. So gut wie jeder militärische Aspekt der Einziehung war berücksichtigt worden. Allerdings hatte das Kriegsministerium übersehen, dass derart tief greifende Maßnahmen die Wirtschaft ganz unmittelbar beeinflussen würden.

Zwar musste statistisch gesehen nur ungefähr jeder siebte deutsche Mann im erwerbsfähigen Alter einrücken – und wohl aufgrund dieses auf den ersten Blick günstigen Verhältnisses erwartete die Militärverwaltung keine allzu große Schwächung der deutschen Unternehmen –, doch lag hier eine doppelte Fehlkalkulation zugrunde. Einerseits waren weit überdurchschnittlich häufig junge Männer zwischen 20 und 35 Jahren betroffen, außerdem besonders viele Leistungsträger aus dem Bürgertum, in dem das Patent als Reserveoffizier schon seit Jahrzehnten hohe gesellschaftliche Anerkennung mit sich brachte. Gemessen an der Gesamtzahl der Mobilisierten fielen die insgesamt etwa 180000 Kriegsfreiwilligen zwar kaum ins Gewicht, allerdings rekrutierten sie sich ebenfalls überwiegend aus bürgerlichen Schichten. Unter ihnen befanden sich oft Oberschüler und Studenten, aber auch viele bereits in ihren Firmen etablierte Angestellte; Erwerbslose wie ein Exil-Österreicher namens Adolf Hitler in München gehörten eher zu den Ausnahmen. Weil die Eingezogenen, die Reserveoffiziere und die Freiwilligen ganz kurzfristig aus dem Wirtschaftsleben ausschieden, ergaben sich schnell unerwartete Folgen.

»Mit einem Schlag wird das Geschäft still«, registrierte der Freiburger Verleger Hermann Herder am 1. August 1914.[229] Über hundert seiner Beschäftigten, darunter besonders viele qualifizierte Drucker, mussten den Verlag wegen Gestellungsbefehlen verlassen und einrücken. Ähnliches erlebte der Bauunternehmer Heinrich Brenzinger, der zunächst zwei Fünftel und in den folgenden Monaten insgesamt 154 seiner 231 Arbeiter ans Militär abzugeben hatte; die Möbelfabrik Dietler verlor immerhin noch jeden dritten Mitarbeiter. Wenig besser erging es den meisten anderen Firmen im Breisgau: In den ersten drei Augustwochen sank die Zahl der Beitragszahler der Allgemeinen Ortskrankenkasse von 27700 auf 20700, denn Soldaten waren natürlich von der Beitragspflicht befreit.

In München konstatierte der Verleger Reinhard Piper einen besonders radikalen Aderlass: »Bald nach Kriegsbeginn war ich neben 14 weiblichen Angestellten im Alter von 15 bis zu 50 Jahren der einzige Mann im Verlag.«[230] Von seinen beiden Teilhabern war einer Reserveoffizier, der andere, eigentlich dienstuntauglich, hatte sich freiwillig gemeldet; die übrigen männlichen Mitarbeiter mussten regulär einrücken. Ganz handfeste Sorgen um das Dach über dem Kopf machte sich wegen der Folgen der Mobilisierung Erich Mühsam: »Wie mir das Zimmermädel heute erzählte, denkt Frau Kaderschafka daran – der Mann ist ebenfalls eingerückt –, eventuell die Pension aufzulösen, in der ich nun vier Jahre hause.« Der linke Schriftsteller, wiewohl aus betuchtem Hause, war stets klamm gewesen und hatte nach Inkrafttreten der strengen Zensurbestimmungen für Zeitungen zusätzliche Sorgen: »Mein Geld ist ganz am Ende.

Gestern half mir Lotte Pritzel noch mal mit zwei Mark auf die Beine. Was weiter wird, übersehe ich noch nicht. Aber ich habe wenigstens mein Mittagessen in der Pension. Bei vielen Künstlern und Schriftstellern ist ein Elend eingekehrt, das aller Beschreibung spottet und, da keine Hand sich helfend öffnet, die Not der Arbeitslosen in Friedenszeit weit in den Schatten stellt.«[231]

Als vergleichsweise gut vorbereitet erwies sich die Stadtverwaltung Viersens: »Obgleich schon in den ersten Tagen der Mobilmachung zahlreiche Beamte und Angestellte der Stadt sich stellen mussten, gelang es doch unter Heranziehung der schon vorher bestimmten Hilfskräfte, sowohl die Verwaltungstätigkeit wie auch die städtischen Betriebe aufrechtzuerhalten.« Eine Ausnahme gab es allerdings: die städtische Badeanstalt, der erst 1906 eröffnete ganze Stolz der Gemeinde. »Da bei dieser das gesamte männliche Personal mit einer einzigen Ausnahme einberufen war, musste sie für die erste Zeit geschlossen werden«, hielt Oberbürgermeister Peter Stern fest.[232] Erst nach zehn Tagen konnte das elegante Jugendstilbad, das für viele Menschen mangels fließenden Wassers in ihren Mietwohnungen große Bedeutung für die Körperhygiene hatte, wieder geöffnet werden.

Auch auf den Straßen der Reichshauptstadt sah man die Folgen der Mobilisierung. Zwei Drittel der erst seit 1905 eingesetzten Kraftomnibusse waren für frontnahe Transportdienste »eingezogen« worden, immerhin 228 von insgesamt nur 336 einsatztauglichen Fahrzeugen. Freilich gab es auch weniger Fahrgäste: »Berlin erscheint, besonders vormittags, doch weit leerer als sonst. Weniger Straßenbahnen, und nicht einmal alle wie sonst besetzt«, bemerkte Theodor Wolff.[233] Nachmittags allerdings, wenn viele Menschen neugierig aus den Vororten in die Innenstadt kamen, sei der Unterschied zum geschäftigen Leben der Vorkriegszeit geringer, befand der Chefredakteur. Am Abend änderte sich das Bild wiederum total: Der distinguierte Großbürger und AEG-Aufsichtsratschef Walther Rathenau beschwerte sich sogar über das »üble Straßenvergnügungsleben«. Denn die Flaniermeilen des mondänen Westens, der

Kurfürstendamm und die Tauentzienstraße, wurden bei Dunkelheit zur Bühne der noch daheimgebliebenen, lebenslustigen Jugend aus mehr oder minder besseren Kreisen. »Die Tauentziengirls sind, weil sie sich weniger beobachtet fühlen, noch kühner geworden, und die jungen Helden des Asphalts, mit allen Finessen der modernsten Jünglingsmode gekleidet und so bewusst und verwegen, dass man sich wundert, sie nicht bei der Fahne zu wissen, scheinen ihre Wichtigkeit noch mehr als sonst zu betonen«, kommentierte Wolff am 17. August 1914 im *Tageblatt* pikiert: »Auf dem Kurfürstendamm ist nach wie vor große Modenschau. Trippeln auf hochhackigen Schuhen, Hochheben der Röcke, damit man nur ja die seidenen Strümpfe und noch etwas mehr sehe. Die Blicke fliegen, die Lippen lächeln andeutungsvoll. Es ist, um den eigenen Ausdruck dieses Kreises zu gebrauchen, ›großer Betrieb‹.«[234] Vermutlich als Reaktion auf diesen Leitartikel ordnete Polizeipräsident Traugott von Jagow drei Tage später die Entlassung aller Kellnerinnen in den sogenannten Animierkneipen an – nun saßen etwa 700 meist jüngere Frauen auf der Straße. An interessiertem Publikum hatte es ihnen bis dahin offensichtlich nicht gefehlt.

Die Garnisonsstadt Hildesheim profitierte in den ersten Tagen der Mobilmachung vom Zustrom an Reservisten und Rekruten aus der näheren und weiteren Umgebung, die sich hier zu melden hatten, sodann eingekleidet und ihren Einheiten zugeteilt wurden. Mangels ausreichender Schlafstätten in den örtlichen Kasernen wurden viele von ihnen bei Hildesheimer Bürgern einquartiert. »Es kamen viel mehr Leute an, als erwartet waren. Durch diese Ansammlung der Soldaten veränderte sich das sonst so friedliche Straßenbild vollständig, überall erschienen die feldgrauen Uniformen.« In den Kneipen und auf den Straßen »entfaltete sich ein buntes Treiben«. Vielfach wurden ganz fremde Reservisten sogar als Tischgäste aufgenommen, denn die meisten Hildesheimer hatten eigene Verwandte beim Militär und daher Verständnis für die Situation der eingezogenen Männer. Auch die örtliche Wirtschaft profitierte: »Die Kaufleute hatten goldene Tage; die fremden Soldaten brachten Geld in die Stadt, und die Einheimischen kauften für ihre Lieben, die hinauszogen, alles, was eben brauchbar war, ohne Ansehen des Preises, denn das Geld verliert in solchen Zeiten seinen Wert.«[235] Doch als immer mehr Einheiten Richtung Front abrückten, zeigte sich, dass der vermeintliche Aufschwung nur eine kurze Scheinkonjunktur gewesen war.

Da Lehrer überall in Deutschland zu den Bürgern gehörten, die sich am stärksten für den Krieg begeistern konnten, war der Anteil von Reservisten und Freiwilligen unter ihnen besonders groß. Allein aus Berlins Volksschulen wechselten im August 1914 rund 600 Lehrer zum Militär, bis Ende des Jahres noch einmal so viele. Vielfach wurden somit empfindliche Lücken in die Lehrkörper gerissen, die durch unbezahlte Mehrarbeit der Kollegen gefüllt werden sollten. Zudem brauchte man die Schulgebäude und Turnhallen vielerorts zur kurzfristigen Unterbringung von Reservisten auf ihrem Weg Richtung Front. Obwohl sich in manchen Oberschulen ganze Klassen von Primanern geschlossen freiwillig zum Kriegsdienst meldeten, musste der Unterricht eingeschränkt werden. Entweder blieben die Schulen ganz geschlossen, wurden bis zu 65 Schüler auf einmal von einem Lehrer unterrichtet oder die Herbstferien in den August vorgezogen – damit »die körperlich mehr Erstarkten in der Landwirtschaft bei der Bergung der Ernte mithelfen konnten«.[236] Kinder und Jugendliche sollten die Aufgaben der eingezogenen Männer übernehmen.

In Wirklichkeit hingegen mangelte es nicht an Arbeitskräften, sondern an Arbeit. Fast alle Kommunalverwaltungen in Deutschland überraschte, dass trotz der Einziehung von Millionen von Männern die Arbeitslosigkeit deutlich zunahm. Damit hatte niemand gerechnet. Nachvollziehbar erschien noch, dass kleine Handwerksbetriebe, deren Meister einrückten, schließen und ihre Gesellen und Handlanger entlassen mussten – falls nicht beispielsweise der Vater des gegenwärtigen Meisters aus dem Ruhestand zurückgeholt werden konnte. Im Kammerbezirk Freiburg stellten mehr als drei Viertel der

Handwerksbetriebe ihre Tätigkeit im Herbst 1914 infolge der Mobilmachung vollständig ein; Tausende Mitarbeiter jedes Alters verloren die Arbeit.

Warum aber schwächelten auch größere Firmen umgehend und entließen massenhaft Beschäftigte? Was auf den ersten Blick unlogisch erschien, war faktisch leicht nachvollziehbar: Die Unternehmen brauchten für ihre effiziente Produktion eine ausgefeilte Logistik, die ohne funktionierendes Verkehrswesen zwangsläufig zusammenbrach. Doch die Mobilmachung, die Militärzügen absoluten Vorrang einräumte, ließ alle normalen Fahrpläne Makulatur werden und damit auch die darauf angewiesenen Abläufe. Schlagartig wurde sowohl der Abtransport fertiger Produkte als auch die Lieferung neuer Rohmaterialien praktisch unterbrochen. Deutschlands Unternehmen importierten große Teile des verarbeiteten Eisenerzes, sogar neun Zehntel des für die Elektroindustrie wichtigen Kupfers und praktisch die gesamte Baumwolle, außerdem viel Wolle und Leder. Solche Nachschublieferungen brachen mit der britischen Kriegserklärung fast völlig zusammen, denn umgehend blockierte die Royal Navy weiträumig die Seewege in deutsche Häfen. Obendrein war nun auch kein Import oder Export mit Ausnahme aus oder nach Österreich-Ungarn sowie einigen unbedeutenden Märkten wie den Niederlanden, Dänemark und der Schweiz mehr möglich. Für zahlreiche auf Bestellung aus dem Ausland hin produzierte, aber noch nicht gelieferte Güter gab es keine Kunden mehr; entsprechend wurden sie auch nicht bezahlt.

Gleichzeitig mangelte es an neuen Aufträgen mit den dazugehörigen Anzahlungen und ergo an flüssigem Kapital; Überbrückungskredite aber gewährten in dieser Situation weder Banken noch Sparkassen. Das verschärfte die durch den Weggang vieler eingezogener Leistungsträger sowieso schon angespannte Lage, ohne die ganze Abteilungen nicht mehr produzieren konnten: Die Unternehmen trudelten in eine schwere Krise. Ganze Fabriken fuhren die Produktion schlagartig herunter. »Unsicherheit und Kopflosigkeit schienen im gesamten Wirtschaftsleben die Oberhand zu gewinnen«, beschrieb der Berliner Stadtarchivar Ernst Kaeber diese ersten Auswirkungen des Krieges auf die Wirtschaft.[237] Viele Arbeitgeber reagierten auf die auch sie überraschende Konsequenz der Mobilmachung binnen weniger Tage und oft radikal: Es kam zu Massenentlassungen, wegen der besonderen Umstände oft ohne Rücksicht auf verabredete Kündigungsfristen; niemand, nicht einmal Gewerkschaftsmitglieder, rechneten damit, dass in der besonderen Situation des Krieges die ohnehin nicht sehr arbeitnehmerfreundlichen Gerichte deshalb Strafen verhängen oder Schadensersatz anordnen würden. Die Entlassungen betrafen sowohl Tagelöhner und angelernte Arbeiter als auch besser bezahltes, ausgebildetes Personal. Das Wirtschaftsblatt *Berliner Börsen-Courier* konstatierte Mitte August 1914 einen »vollständigen industriellen und kaufmännischen Stillstand« und warnte, dadurch werde die Arbeitslosenzahl »verdoppelt, wenn nicht verdreifacht«.[238] Das war noch zurückhaltend geschätzt, wie sich am Ende des Monats zeigte: Bezogen auf ganz Deutschland stieg die Arbeitslosenquote von 2,9 Prozent im Juli auf 22,4 Prozent im August – auf mehr als das Siebenfache.

In Berlin, zusammen mit dem Ruhrgebiet wichtigstes Zentrum der produzierenden Industrie, lagen die Werte zwar nicht ganz so hoch, wirkten aber dennoch bedrohlich. Die preußische Polizei jedenfalls sah eine Gefahr für die öffentliche Ordnung: »Nach der anliegenden Liste sind von den 300000 Berliner Gewerkschaftsmitgliedern 57188 ohne Arbeit. Im Ganzen dürften zurzeit etwa 15 Prozent der Berliner Angestellten arbeitslos sein. Mit einem weiteren Anwachsen dieser Zahl wird gerechnet«, meldete Polizeipräsident Traugott von Jagow am 22. August 1914. Für Verbitterung sorge, kritisierte der Spitzenbeamte, dass auch staatliche und sogar Militärbetriebe lieber ihre festen Mitarbeiter Überstunden machen ließen, als Arbeitsuchende einzustellen. Auch seien die zur Unterstützung der Arbeitslosen getroffenen Maßnahmen anscheinend unzulänglich: »In dieser Beziehung muss Durchgreifendes geschehen, und zwar mit aller Schnelligkeit, ehe die Arbeitslosigkeit und der damit verbundene wirtschaftliche Notstand zu einer Gefahr werden können.« Im nächsten Bericht hieß es vier Tage später: »Die Arbeitslosigkeit nimmt noch zu. Meist sind die jüngeren Arbeiter und Angestellten entlassen worden, vor allem viele weibliche Arbeiter.« Mit Bezug auf ein virulentes Gerücht in Berlin ergänzte von Jagow warnend: »Auch wird es mit Recht als unzulässig empfunden, dass Deutsche in großer Zahl arbeitslos sind und in vielen Betrieben, selbst bei der AEG, noch immer Angehörige feindlicher Staaten in Lohn und Arbeit gehalten werden.«[239] Zwar gab es tatsächlich einige Beschäftigte aus Großbritannien und Frankreich in Berlin, meist in technischen Berufen oder in den Verwaltungen von Konzernen, doch hatte ihre Tätigkeit mit dem Anstieg der Arbeitslosigkeit nichts zu tun.

Nicht nur Berlin, auch die Provinz war betroffen. Viersens Oberbürgermeister Peter Stern erinnerte sich: »In den ersten Wochen nach Eintritt der Mobilmachung machte sich in Fabriken Arbeitsmangel geltend. Die meisten Aufträge waren zurückgenommen worden, Lieferung an das Ausland unmöglich, der Bedarf im Inland gedeckt, neue Bestellungen unterblieben, da jedermann vorerst sich einschränkte und seine Mittel für die notwendigsten Lebensbedürfnisse zusammenhielt.«[240] Fast alle Textilfabriken in Süchteln und Viersen halbierten die wöchentliche Arbeitszeit von 48 auf 24 Stunden – gerade noch drei Achtstundenschichten also bei entsprechenden Lohnkürzungen. Um der Geldklemme bei den Firmen abzuhelfen, druckten die örtlichen Zeitungen Aufrufe, alle noch ausstehenden Rechnungen möglichst umgehend zu begleichen. Glück hatten nur die Betriebe, die bereits Aufträge des Heeres abarbeiteten: Sie konnten die Auslastung ihrer Maschinen sogar steigern, bis auf 14 Stunden und mehr pro Tag. Uniformteile, aber auch Zeltplanen und Brotbeutel wurden massenhaft gebraucht. Immerhin: Manche Unternehmer, etwa die Inhaber der Spinnerei und Weberei Pongs & Zahn, spendeten aus ihrem Privatvermögen Geld, um ihren durch Entlassung oder Lohnkürzung betroffenen Mitarbeitern zu helfen.[241]

Wenngleich die Konjunktur durch die mobilisierten Reservisten auf die Wirtschaft in Hildesheim kurzfristig belebend gewirkt hatte, schlug auch hier der Abschwung durch: »Mit Ausbruch des Krieges sind im hiesigen Bezirke mehrere umfangreiche Betriebe vollkommen stillgelegt worden«, berichtete die örtliche Gewerbeinspektion an den Regierungspräsidenten, »einerseits weil eine Anzahl ihrer Arbeiter zu den Waffen gerufen wurde, und andererseits weil erhaltene Aufträge von den Bestellern rückgängig gemacht und die kommenden wirtschaftlichen Verhältnisse von Unternehmern als sehr trübe angesehen werden«. Betroffen waren alle Branchen: Zuckerfabriken ebenso wie Schuhproduzenten, Maschinen- und Parfümhersteller, auch größere Konfektionsschneidereien und eine Glashütte. »Die hierdurch hervorgerufene Arbeitslosigkeit war im Monat August sehr erheblich.«[242]

Wer in seinem Betrieb weiterarbeiten durfte, musste nicht selten große »freiwillige« Lohneinbußen hinnehmen, die Unternehmer von ihren Mitarbeitern verlangten. Dabei sanken gleichzeitig sowohl die Zahl der bezahlten Arbeitsstunden insgesamt als auch die Stundensätze. Für die kommunalen Verwaltungen bedeutete dies, schnell Hilfe leisten zu müssen, denn von den nun ausgezahlten Löhnen hätte schon bei stabilen Preisen kaum ein Arbeiter sich selbst, geschweige denn seine Familie ernähren können. Real jedoch stiegen die Preise, gerade für Lebensmittel. Der freie Markt ließ sich nicht so leicht kontrollieren wie die Mieten, die schon wenige Tage nach Kriegsbeginn per Verordnung eingefroren wurden und fortan nicht mehr erhöht werden durften.

Besonders schlimm waren die Lohneinbußen in der Reichshauptstadt. Hier sank das Einkommen so rapide, dass viele Familien mit einer Fürsorgeleistung von einem Viertel auskommen mussten. Einem ausgebildeten Arbeiter, der arbeitslos geworden war, und seiner Frau mit einem Kind stand statt wie bisher durchschnittlich 128 Mark Monatslohn nur noch eine Kriegsunterstützung von 30 Mark zur Verfügung. Nur Familien mit ausgesprochen viel Nachwuchs konnten mit der pauschalierten Unterstützung leicht über dem Vorkriegslohn der Männer liegen – bei neun Kindern etwa um ein Fünftel höher. Jeweils zur Hälfte kamen die Mittel aus der Staatskasse und aus kommunalen Mitteln Berlins.[243] Viele Familien mussten das zum Überleben notwendige Geld von verschiedenen Stellen zusammenkratzen: Die Mitglieder vieler Gewerkschaften hatten zwar Anspruch auf Arbeitslosenhilfe, doch alle anderen Arbeiter waren nicht abgesichert. Sie konnten nur auf Fürsorgeleistungen der Kommunen hoffen, in denen sie lebten, außerdem auf rein freiwillige Zuschüsse von Arbeitgebern.

In München begannen angesichts der steigenden Arbeitslosigkeit noch im August Vorbereitungen für die Zahlung von Nothilfen. Nach den »Bestimmungen über die Kriegsarbeitslosenunterstützung« konnten Arbeiter und Angestellte Hilfe beantragen, die durch den Krieg hilfsbedürftig geworden waren – allerdings nur unter scharfen Bedingungen: Sie mussten spätestens am 1. Januar 1914 in München gewohnt haben und bis zu ihrer Entlassung einer regelmäßigen entlohnungspflichtigen Beschäftigung nachgegangen sein. Zudem waren Bedürftige, die bereits andere staatliche oder private Leistungen wie Renten, Pensionen oder Krankengeld bezogen, von der kommunalen Arbeitslosenunterstützung ausgeschlossen. Das Mindestalter war auf 16 Jahre festgelegt, wodurch entlassenen Lehrburschen keine Unterstützung zuteil wurde. Da »sporadisch Erwerbstätige« ausgeschlossen blieben, konnte sich etwa Erich Mühsam, der »›Edelanarchist‹, der die Caféhäuser unsicher macht«, keine Hoffnung auf regelmäßige Unterstützung machen. Er musste hoffen, dass die wenigen Redaktionen, die ihm noch Texte gegen gutes Honorar abnahmen, »beschleunigt« zahlten. Was das *Berliner Tageblatt* anging, wurde diese Hoffnung jedenfalls enttäuscht: Vor Veröffentlichung seines Gedenkartikels für den ersten gefallenen Reichstagsabgeordneten, Ludwig Frank, floss trotz wiederholter Bitten kein Honorar.[244]

Die Nothilfe der Stadt München umfasste Lebensmittel, einen Zuschuss zu den Mietkosten und etwas Bargeld. Für Alleinstehende gab es täglich einen halben Liter Milch, ein halbes Pfund Brot sowie ab Dezember 1914 eine Essensportion in der städtischen Volksspeisung, außerdem wöchentlich eine Mark. Ein kinderloses Ehepaar erhielt neben der gleichen Leistung pro Person drei Mark. Familien mit Kindern bekamen zusätzliche Lebensmittel und eine etwas höhere finanzielle Unterstützung. Da eine Maß Bier beispielsweise 28 Pfennige kostete, konnte die Nothilfe lediglich einen Teil der Lebenshaltungskosten decken. Trotzdem betrugen die Kosten allein in den ersten drei Monaten mehr als 200 000 Mark – die knappen Reserven schmolzen schnell dahin.

Weil schlagartig in nahezu allen Gebieten Deutschlands die Arbeitslosigkeit stieg, kam es zu einem Ansturm auf die meist kommunal organisierten »Arbeitsnachweise«, die Vorläufer der Arbeitsämter. Im Großraum Berlin gab es zwischen 300 und 400 verschiedene Büros, die allerdings »in buntem Durcheinander oder gelegentlichem Gegeneinander« wirkten. Zwar existierte ein »Zentralarbeitsnachweis«, doch der vermittelte satzungsgemäß lediglich Arbeitskräfte in einem Dutzend Berufe, von Malern über Tapezierer bis hin zu Dachdeckern und Fahrstuhlführern. Mit seinen gerade einmal 54 Angestellten war dieses Büro von der Welle der Arbeitsuchenden völlig überfordert. Freie Stellen, die vermittelt werden konnten, gab es im August 1914 praktisch nicht.

Für eine erste Entspannung sorgten dann ausgerechnet die militärischen Rückschläge in Ostpreußen, denn die Heeresverwaltung brauchte dringend Helfer für einfache Festungsbauarbeiten. In kurzer Zeit konnten mehr als 38 000 Berliner verpflichtet werden, oft Männer aus dem Baugewerbe, das nahezu vollkommen zum Erliegen gekommen war. Zuerst kamen Maurer, Zimmerer, Schlosser und Betonarbeiter zum Zuge, doch bald drängten sich, durch die Arbeitslosigkeit gezwungen, zahlreiche Facharbeiter anderer Branchen in die reinen Erdarbeiten. Bei Löhnen von vier bis acht Mark pro Tag, die von der Heeresverwaltung gezahlt wurden, und freier Logis konnten sie ihre in Berlin zurückgebliebenen Familien unterstützen. »Die Beschäftigung bei den Schanzarbeiten wurde wegen der günstigen Arbeitsbedingungen sehr gern angenommen und trug zu einer Erleichterung des Berliner Arbeitsmarktes bei.«[245]

Besonders heftig traf die Entlassungswelle das Hauspersonal. Weibliche Angestellte genossen ohnehin kaum Rechte, waren vielmehr der Willkür der Hausherren und ihrer Gattinnen ausgeliefert. Während die vermögende Oberklasse an ihrem bewährten und vertrauenswürdigen Personal überwiegend festhielt und höchstens die Hilfskräfte reduzierte, traf es in den viel zahlreicheren bürgerlichen und kleinbürgerlichen Haushalten Zehntausende Dienstmädchen, Zugehfrauen, Köchinnen und Wäscherinnen. In Berlin überstieg im August 1914 die Zahl der arbeitsuchenden Hausangestellten das Angebot an freien Stellen um das »Drei- bis Vierfache«, nachdem noch wenige Wochen zuvor die Zahl der Arbeitsuchenden und die der freien Stellen beinahe ausgeglichen gewesen war.[246]

Zudem brach der Absatz von nicht lebenswichtigen Waren weitgehend ein: Die Kunden hatte andere Sorgen als mittel- und langfristig in Wohlbefinden zu investieren. Bücher gehörten, neben Möbeln und weit vor den für die meisten Menschen unerreichbaren privaten Automobilen, zu den wichtigsten Luxusgütern. Doch dafür gab es plötzlich keinen Markt mehr, wie Reinhard Piper feststellen musste. Die ambitionierte Werkausgabe des russischen Schriftstellers Fjodor Dostojewski, die sein Münchner Verlag aufgelegt hatte, traf es schwer, als im antirussischen Überschwang in einigen Feuilletons Artikel erschienen, die den 1881 verstorbenen Autor als »Deutschland-Hasser« darstellten. Als unverkäuflich erwies sich eine teure Sammlung von Stichen des Schweizer Künstlers Ferdinand Hodler, nachdem er sich öffentlich gegen den deutschen Vormarsch und die Beschießung der Kathedrale von Reims ausgesprochen hatte. Und nicht einmal ein Bildband mit Zeichnungen Albrecht Dürers fand genügend Interessenten: »Von diesem reich illustrierten, schön gedruckten Buche wurden auf die Voranzeigen hin vom gesamten Buchhandel kaum 200 Exemplare bestellt. Dabei war es das einzig vorhandene Werk über den größten deutschen Zeichner.« Doch Piper gab nicht auf: »Zu Kriegsbeginn waren wir Deutsche besonders um das Schicksal Ostpreußens und Elsass-Lothringens besorgt.« Deshalb plante der Verleger Bildbände über diese beiden Regionen, die von feindlichen Streitkräften im August 1914 teilweise besetzt worden waren. Obwohl sein Teilhaber in einem Brief von der Front dringend abriet, lenkte Piper nur teilweise ein: »Den Plan des Elsass-Buches verfolgte ich nicht weiter, aber das Ostpreußen-Buch ließ ich mir doch nicht mehr ausreden.« Geschickt schlug er General Paul von Hindenburg vor, ihm das Buch zu widmen, was dem als »Befreier Ostpreußens« gefeierten Militär schmeichelte. Das Kalkül ging auf: »Bald waren 20000 Exemplare verkauft – einer der schönsten Erfolge, die der Verlag seit Langem gehabt hatte.« Am grundsätzlichen Problem der Wirtschaft im zweiten Halbjahr 1914 änderte das aber auch nichts: »Das Publikum kaufte nur das Notwendigste, und zum Notwendigsten gehörten eben anscheinend Bücher nicht. Auch glaubte man an ein baldiges Kriegsende, wo man dann das Bücherkaufen nachholen könne.«[247] Hatte nicht der Kaiser selbst versprochen, bis Weihnachten würden die Truppen wieder daheim sein?

Genau darauf, auf einen schnellen Sieg gegen überlegene Feinde, hatten sich auch die Militärbehörden eingerichtet. Spätestens mit der Niederlage an der Marne war diese Illusion aber geplatzt; klarsichtige Wirtschaftsplaner wie Walther Rathenau hatten das Risiko der allzu optimistischen Planungen schon Wochen zuvor durchschaut und intern gewarnt. Bereits am 9. August 1914, acht Tage nach der Kriegserklärung und nur 120 Stunden nach dem deutschen Einfall in Belgien, suchte der AEG-Lenker den preußischen Kriegsminister Erich von Falkenhayn auf. Erregt fragte er den General, immerhin einen der mächtigsten Männer des Kaiserreichs: »Exzellenz, Sie haben die militärische Mobilmachung auf das Genaueste und Sorgsamste vorbereitet. Sie haben Listen über jeden Mann, jedes Pferd, jede Kanone und ihren Bestimmungsort. Haben Sie entsprechend auch die wirtschaftliche Mobilmachung vorbereitet?« Rathenau, der wohl vom schlagartigen Einbruch der Produktion auch bei der AEG erschüttert war, fuhr ganz entgegen der nach außen vertretenen Meinung fort: »Der Krieg kann lange dauern. Was machen

Sie, wenn die Rohstoffe, die zur Kriegsführung unentbehrlich sind, wie Zink, Kupfer, Aluminium und so weiter, zu Ende gehen? Haben Sie dafür auch Listen?«[248]

Falkenhayn musste verneinen. Man verfüge über ausreichend Vorräte dieser Rohstoffe im Inland. Ob der Krieg so lange dauere, dass sie eines Tages zur Neige gehen würden, könne man nicht mit Sicherheit vorhersehen. Der Kriegsminister selbst legte sich ziemlich fest: Er glaube das nicht. Zunächst seien der Fortgang der Mobilmachung und der Verlauf der militärischen Operationen wichtiger als die Rohstoffe. Rathenau war von dieser wenig befriedigenden Auskunft betroffen, denn er erkannte die große Bedeutung des Nachschubs in einem Krieg zwischen Industrienationen. Doch er hatte Falkenhayn auf ein bis dahin unbeachtetes Problem aufmerksam gemacht, und der Kriegsminister reagierte: Fünf Tage später wurde Rathenau, der sich im nationalen Übermut Anfang August 1914 noch als Reserveunteroffizier hatte reaktivieren lassen wollen, zum Leiter der neu gegründeten Kriegsrohstoffabteilung im Ministerium ernannt. Seine Aufgabe war es, die in Deutschland vorhandenen Rohstoffe, vor allem die in den Lagern privater Unternehmen, zu erfassen und zentral im Sinne der Bedürfnisse des militärischen Nachschubs zu bewirtschaften. Der AEG-Aufsichtsratschef forderte umgehend Wirtschaftsexperten aus verschiedenen Unternehmen an, außerdem viele, die aus ihren Verwendungen an der Front abgezogen wurden. Zum ersten Mal entstand im Kriegsministerium eine Abteilung, die weitgehend aus Zivilisten oder höchstens Reserveoffizieren statt aus Berufssoldaten bestand. Das allerdings erleichterte ihre Aufgabe gerade nicht: Sowohl vonseiten der traditionellen Abteilungen des Ministeriums als auch bei der Wirtschaft wurde Rathenaus rasch wachsende Mannschaft mit Skepsis betrachtet. Er setzte zunächst zwar auf Überzeugung, um die vorgehaltenen Lagerbestände an Rohstoffen bei Unternehmen verfügbar zu machen, doch wo das nicht gelang, ordneten seine Leute bald schon Beschlagnahmen an und führten eine zentral gesteuerte Verteilung an kriegswichtige Fabriken ein.

Im September 1914 kam die Arbeit der Kriegsrohstoffabteilung in Gang; die deutsche Öffentlichkeit erfuhr davon allerdings nichts. Einzige Hinweise auf die bereits zu knappe Versorgungslage auch der Truppen waren die Aufrufe von kommunalen Verwaltungen und vaterländischen Vereinen, »Liebesgaben« für die Front zu sammeln. Besonders willkommen waren Schinken, Dauerwurst, alle Arten von Tabak, aber auch Unterwäsche, Briefpapier, Besteckteile und Hygieneartikel, neben Geldspenden natürlich. Als Grund für diese Sammlungen gab etwa die *Viersener Volks-Zeitung* an, auf diese Weise könne die Heimat wenigstens einen kleinen Teil der Dankesschuld abtragen dafür, dass die Soldaten den Feind von den deutschen Grenzen fernhielten und so »das hiesige Gebiet vor Verwüstungen des Krieges« bewahrten.[249]

Von einer wirklich bedrohlichen Seite der Nachschublage freilich sickerte nichts in die Heimat durch. Dennoch gab es sie: Im Verlauf des Septembers 1914 kam es an allen Fronten zu ersten Engpässen beim Munitionsbestand der deutschen Truppen. Das hatte mehrere Gründe: Da in den ersten zwei Monaten des Krieges aus beinahe allen Geschützen fortwährend geschossen worden war, viel häufiger als von den Planern im Kriegsministerium nach den Erfahrungen früherer Kriege veranschlagt, lag einerseits der Monatsverbrauch vor allem an Artilleriegranaten bis zu sechsfach höher als erwartet. Da vor dem Krieg zudem ein Vorrat für ein halbes bis ein Jahr Kampf als ausreichend angesehen worden war, wurden die Lagerbestände an bestimmten Munitionsarten schon im Oktober äußerst knapp. Andererseits mangelte es sowohl an genügend Metall für den Guss neuer Geschosse als auch an den Chemikalien, aus denen man Treib- und Sprengladungen zusammenmischen konnte. Nach der Niederlage an der Marne ergriff, so erlebte es der Chemiker Alwin Mittasch, »Bestürzung und Beklemmung die eingeweihten Kreise« angesichts der Erkenntnis, »dass die weitere Versorgung des Heeres mit Munition in Folge der unvermuteten Verlängerung des Krieges und der Sperrung der Salpeterzufuhr durch Deutschlands Gegner infrage gestellt wurde«. Die »erzwungene Ergebung aus Munitionsmangel« wurde zur realen Gefahr. »Fieberhafte Erregung« breitete sich in allen Behörden und Unternehmen aus, die mit der Salpeterbeschaffung befasst waren.[250] Mitte November 1914 schließlich musste Erich von Falkenhayn, inzwischen zum Generalstabschef befördert, dem Kaiser gestehen, die Artilleriegeschosse seien schon aufgebraucht; auch sonst gebe es nur noch genügend Nachschub für sechs weitere Gefechtstage. Würde das deutsche Heer die Kämpfe dann schlichtweg wegen fehlender Munition einstellen müssen? Daraufhin war Wilhelm II. »sehr gedrückter Stimmung«.[251] Man wusste im deutschen Hauptquartier nicht, dass es allen anderen Kriegsparteien ähnlich ging.

Immerhin: Zum Zeitpunkt dieser extremen Zuspitzung griffen die ersten Maßnahmen zur Behebung des Engpasses bereits. Die Kriegsrohstoffabteilung unter Walther Rathenau hatte das Defizit an Salpeter für die Produktion von Pulver und Sprengstoff durch Beschlagnahme aller Vorräte einschließlich des Kunstdüngers jedenfalls vorerst gelindert; zusätzlich begann gerade die industrielle Produktion von synthetischem Ammoniumnitrat. Auch hatten die meisten traditionellen Munitionsfabriken im Verlauf des Septembers auf Dreischichtproduktion umgestellt, woraus auf einmal statt des bisherigen Mangels an Arbeit jedenfalls in einigen Regionen ein Mangel an Arbeitskräften resultierte. Hinzu kam, dass die Ernte bevorstand, die mangels Nutztieren weitgehend von Hand erfolgte. Ausländische Tagelöhner, etwa aus Russisch-Polen in Ostpreußen oder aus den Niederlanden in Viersen, würden dieses Jahr nicht zur Verfügung stehen, das war klar. Zusätzlich rückten im Zuge einer weiteren, der nun schon dritten Mobilisierungswelle nach der regulären Mobilmachung Anfang August und der Einberufung des Landsturms zwei Wochen später, Soldaten für zehn weitere Armeekorps ein, also rund eine halbe Million Mann. Ungefähr so hoch waren in den ersten zwölf Wochen die Verluste an Gefallenen, Verwundeten und Vermissten – mehr als fünfmal so viele wie während des gleichen Zeitraums im Deutsch-Französischen Krieg 1870/71.

Die Entspannung auf dem Arbeitsmarkt galt aber nicht für alle Regionen gleichermaßen – je größer die Kommune, desto größer blieben die Probleme. Das galt besonders für die mit Abstand einwohnerstärkste Metropole, die Reichshauptstadt. Schon Ende September berichtete der Polizeipräsident über die Diskrepanz zwischen Berlin und dem weiteren Umland: »Arbeitslosigkeit in nennenswertem Umfang besteht zurzeit nur in Berlin und Vororten.« Zu klären sei, ob das eventuell auf andere Gründe zurückzuführen sei als »auf den Mangel an Arbeitsgelegenheit, z. B. auf die Abneigung der großstädtischen ungelernten Arbeiter, außerhalb Berlins und insbesondere bei ländlichen Arbeiten tätig zu werden, auf damit zusammenhängende Übertreibungen in den Lohnansprüchen, auf die Sicherung der notwendigen Existenzbedingungen durch die von den Kommunen und Gewerkschaften gewährte Arbeitslosenunterstützung und dergleichen«. Indirekt schlug Traugott von Jagow also vor, die Bereitschaft zur Annahme von Arbeit durch Kürzung von Unterstützungsleistungen zu erhöhen. Darauf ging das preußische Innenministerium nicht ein. Zwei Wochen später hielt der Stimmungsbericht des Polizeipräsidiums abermals fest: »Die Zahl der Arbeitslosen würde sich noch weiter vermindern, wenn nicht gerade der Berliner Arbeiter bei der Annahme von Arbeit sehr wählerisch wäre. Es dürfte sich also nicht durchweg um den Mangel an Arbeit überhaupt, sondern zu einem guten Teil nur um einen Mangel an zusagender Arbeit handeln.« Immerhin ging nach Auffassung der Polizei von der weiterhin großen Zahl der Erwerblosen keine politische Gefahr aus: »Die Stimmung unter der Arbeit suchenden Bevölkerung gibt zurzeit zu irgendwelchen Bedenken keinen Anlass.«[252]

Ganz ähnlich war die Lage auf dem Münchner Arbeitsmarkt. Zwar suchte im September 1914 durchschnittlich jeder vierte Erwerbsfähige eine Arbeit, in manchen Branchen wie dem grafischen Gewerbe sogar jeder Dritte. Die Quoten sanken wie in Berlin langsamer als im Umland; doch obwohl die kommunale Unterstützung schmal war und viele Arbeitslose ausschloss, blieb auch in München die Stimmung ruhig. Das zeigte sich etwa an den Ergebnissen der regulären Gemeindewahlen, die trotz des Krieges abgehalten wurden und zwar Veränderungen, aber keinen Erdrutsch brachten. Die SPD wurde bei leichten Gewinnen erstmals stärkste Fraktion, war aber nur wenig stärker als die bürgerlichen Liberalen oder das katholische Zentrum, die gemeinsam weiter eine komfortable absolute Mehrheit im Stadtrat stellten.[253]

Auf den steigenden Bedarf des Heeres an Gütern fast jeder Art vermochten sich kleinere Firmen oft rascher einzustellen als Großbetriebe. Das galt etwa für Freiburg, wo durch die Nähe zur Front in den Vogesen die Brisanz der militärischen Lage viel direkter als in Oberbayern oder der Mark Brandenburg zu spüren war. Bei westlicher Windrichtung konnte man den Donner unzähliger Kanonen hören. Bis zum Beginn des Krieges hatte es an der Dreisam keine nennenswerte Rüstungsindustrie gegeben, auch wenn beispielsweise das Heer von Wagners Wagenfabrik mit Pferdegeschirren und Sätteln oder von der Gießerei Beierle mit Beschlagteilen aller Art beliefert wurde. Angesichts des hohen Bedarfs der Truppe und des gleichzeitigen Einbruchs des privaten Konsums versuchte nun jeder Unternehmer, entsprechend den Möglichkeiten seines Betriebes an militärische Aufträge zu kommen. Ein Pumpenhersteller rüstete die Maschinen auf die Produktion von Geschosshülsen um, die Süddeutschen Isolatorenwerke fertigten auf ihren Drehbänken neben Munition auch Reifen aus Gummi. Statt Registrierkassen montierte der Betrieb von Theodor Kromer Zünder für Granaten, die Nadeln dazu stammten aus der Mechanikerwerkstatt des Pharmakologischen Instituts der Universität, und die berühmten Schwarzwälder Uhrmacher lieferten die Präzisionsmechanik für Zeitzünder zu. Rüstungsgüter nicht im eigentlichen Sinne stellten verschiedene Freiburger Möbelfabriken her – aber ohne ihre Proviant- und Munitionswagen hätte der Nachschub sein Ziel nicht erreichen können. Die Textilbetriebe der Stadt verlegten sich weitgehend auf Uniformen, während viele Heimarbeiterinnen zerfetzte Soldatenkleidung flickten, die oft aus nahe gelegenen Lazaretten angeliefert wurde. Eine »Hochflut von Kriegsaufträgen« überschwemmte die Stadt im

Herbst 1914.[254] Ganz bewusst versuchten die Heeresbeschaffungsämter, einen möglicherweise ruinösen Preiswettbewerb zwischen verschiedenen Produzenten zu verhindern und stattdessen die Aufträge möglichst gleichmäßig unter die Anbieter zu verteilen: So konnte die Wirtschaft viel schneller auf Kriegsproduktion umgestellt werden. Viele größere Betriebe wurden zudem indirekt tätig, etwa die Freiburger Draht- und Kabelwerke, die Zulieferaufträge für große Elektrokonzerne wie die AEG übernahmen. Innerhalb kurzer Zeit überstieg die Zahl ihrer Mitarbeiter die Werte vom Juli 1914. Weil die Militärbehörden pünktlich und ohne Abzug zahlten und der Bedarf nicht etwa irgendwann gedeckt war, sondern im gleichen Maße anstieg, wie Nachschub an den Fronten verbraucht oder vernichtet wurde, schien es sich um ein sicheres Geschäft zu handeln.

Nicht jeder Betrieb aber profitierte gleichermaßen von der Vielzahl der Aufträge und ihrer freigebigen Verteilung. Die Eisengießerei und Maschinenfabrik Carl Kattentidt in Hildesheim etwa, die unter anderem Waagen und Transportanlagen für Schüttgut wie Kohlen produzierte, wurde »mit Kriegslieferungen nur insofern bedacht, als sie Maschinen und Apparate anderer Fabriken, die für den Kriegsbedarf arbeiteten, erneuerte oder instand setzte«. Zunächst blieb die Belegschaft daher bei knapp der Hälfte der Friedensstärke. Deutliche Probleme hatte die Glasfabrik Wilhelmshütte: Ihre Flaschen und Trinkgläser waren weitgehend ungeeignet für den Einsatz im Krieg, und Präzisionsgläser wie etwa Linsen für Ferngläser oder Periskope gehörten nicht zum Angebot des Unternehmens. Auch der große Hildesheimer Verlag Gerstenberg musste starke Umsatzeinbußen hinnehmen, zeitweise bis auf ein Fünftel des Vorkriegsstandes. Hinzu kam, dass Papier rasch knapp wurde, ohne das jedoch weder Bücher noch Zeitungen gedruckt werden konnten. »Ausgesprochene Kriegsleistung« erbrachte der Verlag nicht, aber die *Hildesheimer Allgemeine Zeitung*, sein wichtigstes Produkt, »konnte als wichtiges Kriegsinstrument zur Aufrechterhaltung der Stimmung in der Bevölkerung gelten«.[255]

Viel konkreter waren da die Sorgen der Menschen in Ostpreußen. In den Wochen nach dem Sieg des deutschen Heeres bei Tannenberg hatten die Russen den größten Teil des Anfang August eroberten Gebietes wieder geräumt. Die Freude war daher groß, zumal auch die Schäden geringer ausfielen als zunächst befürchtet. Ein am 11. September 1914 in Insterburg angeschlagenes Plakat dokumentierte das eher unfreiwillig: »Hinter uns liegen gut zweieinhalb Wochen der Knechtschaft; nicht so grausam, wie viele anfangs fürchteten (wir wollen gerecht sein auch dem Feinde gegenüber, der seine Manneszucht hielt), aber doch lastend wie Blei auf unserer Seele.«[256] Die Stadt Lötzen, die Heimat von Henriette Schneider, bot nach dem Rückzug der Russen und dem Einzug deutscher Truppen sogar »ein recht buntes Bild. Der lang gestreckte Marktplatz glich einem Lager, die Bagagewagen waren in langen Reihen aufgefahren, Zelte waren aufgeschlagen, der Vaterländische Frauenverein hatte Kaffeebuden errichtet und gab für billiges Geld den Soldaten Kaffee und Brötchen ab«, berichtete Robert Franke, der im Auftrag der Heeresverwaltung »russische Verwüstungen und Gräuel« dokumentieren sollte.[257] Doch sah er hier und in anderen wochenlang russisch besetzten Orten viel weniger Zerstörungen, als er das offensichtlich erwartet, vielleicht sogar erhofft hatte. Zwar hatten die zaristischen Soldaten vielfach geplündert, allerdings waren mit den erbeuteten Gütern oft nur ihre Quartiere halbwegs wohnlich gemacht worden. Die meisten größeren Schäden, die es gab, rührten mehr oder weniger direkt von Kampfhandlungen her, etwa zerstörte Häuser entlang den Marschrouten der feindlichen Armeen. Dabei freilich hatten auch einige kulturell bedeutsame Gebäude erhebliche Schäden davongetragen. Den Grund für die relative Zurückhaltung der zeitweiligen Eroberer kannte Walter von Sanden, der den Betrieb des elterlichen Landgutes während der ersten »Russenzeit« fortgeführt hatte: »Es war offensichtlich, dass das russische Militär das besetzte ostpreußische Land als zu Russland gehörig betrachtete. Deshalb hütete man sich vor unnützen Verwüstungen.«[258]

Gymnasiallehrer Rudolf Müller hatte sich beim Einmarsch der

Russen zum Verbleib in Gumbinnen entschlossen – aus einem klaren Kalkül heraus: »Der Krieg 1870/71 hat gelehrt, dass Plünderungen und Zerstörungen hauptsächlich nur dort erfolgten, wo die Einwohner ihr Heim verlassen hatten, dass dagegen alles unversehrt blieb, wenn die Besitzer zurückblieben und den Soldaten, Freund oder Feind, mit der notwendigen Gefälligkeit entgegenkamen.« Er wurde vom zaristischen Stadtkommandanten zum zeitweiligen Zivilgouverneur der Stadt ernannt und erlebte, dass die russischen Offiziere Ostpreußen bereits als »ihre Provinz« betrachteten. »Deshalb gaben sie uns den Auftrag, wir sollten nach Möglichkeit für die Rückkehr der Flüchtlinge sorgen und sie versichern, dass ihnen nichts Böses geschehen« werde.[259] Tatsächlich machten einige Einwohner von dem Angebot Gebrauch; Zehntausende weitere Flüchtlinge aber lagerten fortwährend auf deutscher Seite der Front in Städten und Dörfern um Königsberg, Danzig oder in Westpreußen. Sie wollten erst nach dem Rückzug der Russen zurückkehren, was in der zweiten Septemberhälfte 1914 möglich wurde. Ihr Elend war offenkundig, denn oft hatten sie mangels ausreichender Vorbereitung durch die völlig überraschten Kommunalverwaltungen lange damit gewartet, sich auf den Weg zu machen, oder waren sogar erst aus ihren Dörfern und Kleinstädten aufgebrochen, als die Kämpfe schon in unmittelbare Nähe gerückt waren.

Verglichen damit erging es Henriette Schneider an ihrem Zufluchtsort am Rand des Harzes gut, weil sich ihre Arbeitgeber frühzeitig zum Verlassen Ostpreußens entschlossen hatten. Jedoch nagte Ungewissheit über die Zustände in der Heimat an ihr, denn sie bekam Briefe mit oft entgegengesetzten Neuigkeiten an ihren neuen Aufenthaltsort geschickt. Am 25. September 1914 etwa notierte die Haushaltshilfe, gestützt auf die Nachricht eines Bekannten: »Die Russen scheinen in Pammern nichts verwüstet zu haben.« Zwei Tage später löste das Schreiben eines anderen Lötzener Nachbarn dagegen Angstzustände aus: »Herr Kemke berichtet: Unser Geschäft ist vom Feuer verschont, in den Zimmern herrscht aber das Grauen. Alle Möbel sind durcheinandergeworfen, alle Schränke und

Schubladen geöffnet, ihr Inhalt auf dem Fußboden verstreut. In allen Stuben einzelne Bettstücke auf der Erde. Solche Nachrichten … Wer weiß, was sie uns in Pammern ganz gelassen haben. Mit am meisten würde es mir um mein Tagebuch leid sein.« Am 3. Oktober dann sorgte noch ein Brief für vorläufige Entspannung: »Von Anna die frohe Nachricht, dass unser Heim unversehrt. Die Russen haben drinnen zwar gehaust, aber nur eine Tür und einen Tisch zerbrochen.«[260]

Doch dabei blieb es nicht. Weitaus schlimmer nämlich als die Besetzung im August waren die Folgen des zweiten Einfalls der russischen Armee im Herbst. Nun ging es den zaristischen Truppen nicht mehr darum, Land für den eigenen Herrscher zu erobern – nun wurde der östliche Teil Ostpreußens insgesamt zum Schlachtfeld. Mehrere zuvor noch fast unversehrte Städte, etwa Lyck, brannten weitgehend nieder. Die deutschen Militärbehörden hatten zwar die Räumung auch diesmal nicht ausdrücklich angeordnet, aber doch gut organisiert. Mehr als eine Drittelmillion Ostpreußen flüchteten; viele von ihnen waren erst wenige Wochen zuvor zurückgekehrt in ihre Häuser. Walter von Sanden, inzwischen als Reserveoffizier in Ostpreußen im Einsatz, erhielt von seiner Mutter einen Brief: »Wieder die allgemeine heiße Todesangst vor dem vorrückenden Russen. Wieder wie im August dasselbe trostlose Bild auf allen Landstraßen. Flüchtlinge mit verängstigten Gesichtern.« Sie wollte ihre Heimat nicht ein zweites Mal verlassen: »Vater und ich haben uns fest entschlossen, hierzubleiben. Wir haben nicht mehr Pferde genug, um mit unseren Leuten flüchten zu können.«[261] Eine Woche später befahlen deutsche Soldaten auf dem Rückmarsch vor zaristischen Truppen ihnen doch, das Landgut zu verlassen; sie fügten sich.

Nun waren die von den Russen eingenommenen Landstriche menschenleer. »Herr Homm berichtet, wie traurig es in unserer Heimat aussieht, viel trauriger als beim ersten Russeneinfall im August. Die Kälte setzt den armen Flüchtlingen hart zu, es ist ein herzzerbrechendes Elend überall. Die Russen stehen bei Przykopp und Staßwinnen, ein Durchbruch nach Lötzen hin wird ihnen hoffentlich nicht gelingen«, grübelte Henriette Schneider düster.[262] Wo deutsche Soldaten sich eingegraben hatten, kam es im harten ostpreußischen Winter zu Stellungskämpfen – vor Lötzen wie auch in der Nähe des Landgutes der Familie von Sanden. Sie hatten aber Glück, wie Walter von Sanden einige Wochen später feststellen konnte, nachdem die zaristischen Truppen zum zweiten und letzten Mal aus Ostpreußen vertrieben worden waren: »Unser Hauptgut stand. Über Haus, Hof und Garten waren die russischen Granaten geflogen. Keines unserer Gebäude war getroffen worden, obwohl es ein Leichtes gewesen wäre, alles in Grund und Boden zu schießen.«[263]

Doch das blieb eine Ausnahme. Die Provinz insgesamt hatte beim zweiten Einfall der Russen schweren Schaden genommen: 39 Städte und fast 1 900 Dörfer waren zerstört oder stark beschädigt, 40 000 Gebäude ausgebrannt, noch einmal so viele nur noch teilweise benutzbar. Die Verwüstungen, nach denen Robert Franke im September 1914 noch meist vergeblich gesucht hatte, waren nun im ganzen östlichen Ostpreußen unübersehbar. Der Umfang der Schäden wurde auf mindestens 1,5 Milliarden Mark geschätzt, eine gewaltige Summe – umfassten doch die vom Reichstag Anfang August beschlossenen Kriegskredite insgesamt fünf Milliarden Mark, die bereits am 2. Dezember 1914 aufgebraucht waren und verdoppelt werden mussten. Öffentliche Mittel standen für den Wiederaufbau Ostpreußens wegen der ständig steigenden Kosten der Kriegsführung kaum zu Verfügung, sodass Privatleute zahlreiche Hilfsvereine für die Provinz gründeten. Manche sammelten Geld, andere gebrauchte Möbel oder Kleidung. In München organisierten Bürger eine Ausstellung, in der Musterzimmer präsentiert wurden. Die darin gezeigten Einrichtungsgegenstände konnten einzeln oder als ganze Ensembles gespendet werden – Münchner Handwerksbetriebe, die noch nicht vom Aufschwung der Rüstungswirtschaft profitierten, bekamen die Aufträge und stellten die Möbel her, die dann nach Ostpreußen transportiert wurden. Mehr als 800 Zimmereinrichtungen kamen zusammen, im Wert von immerhin knapp einer halben Million Mark. Viele örtliche Hilfsvereine ließen bei der Königlichen Porzellan-Manufaktur Berlin Patenschafts-Teller herstellen; als Luxuswarenproduzent hatte auch dieses Traditionsunternehmen unter der extrem zurückgegangenen Nachfrage zu leiden. Die Teller, oft mit königlichen Symbolen und den Wappen ostpreußischer Landkreise versehen, wurden deutlich über dem Einkaufspreis abgegeben, um Spendengelder einzunehmen. Die Ostpreußenhilfe wurde rasch die bedeutendste private Kriegswohlfahrtsorganisation.

Näher als einer weit entfernten Provinz zu helfen, die man meist gar nicht kannte, lag die private Unterstützung der Soldaten aus der eigenen Region. Nachdem die ersten Bitten um »Liebesgaben« für die Front Sorgen in der Heimat zum Trotz ausgesprochen erfolgreich gewesen waren, wiederholten die kommunalen Behörden solche Aufrufe, und vor allem patriotisch geprägte Vereine fühlten sich angesprochen. In Viersen packten sie in der dritten Oktoberwoche 1914 fast 700 Pakete mit Spenden, die die Bevölkerung, aber auch Firmen wie Kaisers Kaffee zur Verfügung gestellt hatten. »Viele helfende Hände sagten dafür, dass die von der Firma Kaisers gespendeten Kartons mit folgenden Dingen bepackt wurden: ein warmes Hemd, eine Unterhose, eine Leibbinde, ein Paar Pulswärmer, ein Paar Strümpfe, ein Brustwärmer, ein Schal, ein Paar Ohrenschützer, Taschentücher, Kekse, Schokolade, Bonbons, Zigarren, Zigaretten, Tabak, Seife, Briefpapier, Bleistifte, eine Kerze, Nähzeug, Drucksachen und Zeitungen.« Da viele Pakete an einzelne Empfänger adressiert waren, konnten Angehörige auch individuelle Spenden hinzufügen. In jede Sendung zuoberst kam ein schwarz-weiß-rot umrandetes Blatt mit folgendem Gruß: »Was Sorge und Liebe haben erdacht / in der Heimat der tapferen Helden / was fleißige Hände bei Tag und bei Nacht / für Euch geschaffen, es möge melden / dass wir niemals vergessen, was Ihr getan / Der Dank folgt Euren Werken / Nehmt dies nun als Gruß aus der Heimat an / Gott möge Euch schützen und stärken.«[264]

Allerdings sah die Postordnung des Kaiserlichen Heeres nicht vor, dass Massenlieferungen wie diese mit der üblichen Feldpost verschickt werden konnten, die täglich durchschnittlich rund 15 Millionen Sendungen zwischen Front und Heimat transportierte. Also mussten sich die Verantwortlichen in den Kommunen etwas einfallen lassen. Sie suchten und fanden Unternehmer, die noch über nicht requirierte Lastwagen verfügten, und organisierten Passierscheine für die Fahrt zu Paketsammeldepots des Heeres, manchmal sogar bis in frontnahe Stationierungsorte im besetzten Frankreich. Auf diese Weise erreichten viele der »Liebesgaben« aus der Heimat tatsächlich ihre Empfänger.

Da angesichts der schieren Menge von Feldpost eine Überwachung oder gar wirksame Zensur unmöglich war, wussten die Soldaten an der Front und ihre Angehörigen in der Heimat recht viel von den jeweiligen Zuständen – trotz der kontrollierten Nachrichten in den Zeitungen. Briefe und Karten konnten per Feldpost prinzipiell portofrei verschickt werden, weshalb niemand aus Geldsorgen auf den Kontakt mit den Verwandten verzichten musste. Zusammen mit den Schilderungen von Verwundeten in den überall in Deutschland eingerichteten Lazaretten entstand in der Heimat ziemlich schnell ein dichter Eindruck von der Lage an der Front; umgekehrt erfuhren die Söhne, Brüder und Väter in Frankreich, Belgien und im Osten, wie sich das Leben daheim verändert hatte. Die wirtschaftlichen Folgen des Krieges spielten in den Briefen der ersten Monaten eine große Rolle, insbesondere die finanzielle Not daheim; für bedenklich hielten die Behörden das aber noch nicht. Registriert wurde lediglich, dass bei immer vorkommenden Stockungen der Post Unwillen aufkam.

In den letzten Monaten des Jahres 1914 begann sich in allen Regionen Deutschlands das Problem der Arbeitslosigkeit zu entspannen. In der Provinz zeigten sich viele Bauernfamilien glücklich, dass die Militärbehörden ihnen für einfache Arbeiten erstmals Kriegsgefangene in nennenswerter Zahl zuweisen konnten. Mehr als 200 000 Russen waren dem deutschen Militär allein bei den Schlachten um Ostpreußen in die Hände gefallen; im Westen war die Zahl der festgesetzten feindlichen Soldaten viel geringer. Ungefähr jeder zehnte

Kriegsgefangene kam schon in der Erntezeit des ersten Kriegsjahres zum Einsatz, insgesamt etwa 27000 Männer in Preußen. Währenddessen sank in den größeren Städten die Zahl der arbeitslosen Facharbeiter deutlich, wie der Berliner Polizeipräsident regelmäßig und mit zunehmender Erleichterung vermeldete. In 15 gewerkschaftlich gut organisierten Berufen hatte sich zwischen Ende August und Anfang November die Zahl der gemeldeten Erwerbslosen um fast zwei Drittel reduziert – von mehr als 43000 auf knapp 16000. Zwar war das Bild nicht einheitlich: »Zugenommen hat die Arbeitslosigkeit bei den Büroangestellten, Gemeindearbeitern, an Handlungsgehilfen, an Hutmachern und Zimmerern«, aber, wie Traugott von Jagow feststellte, »auch bei diesen nicht in bedenklichem Umfang«. Als Grund für die grundsätzliche Besserung führte er an: »Der Zwang der Verhältnisse und die unbequeme Tatsache, dass die Unterstützungen der Gewerkschaften bei der allmählichen Erschöpfung der Kassen immer kleiner werden, haben nun doch die Berliner Arbeitslosen von ihrer Gepflogenheit, nur ihnen vertraute Arbeit anzunehmen, nach und nach abgebracht. In beträchtlicher Menge haben sie jetzt in anderen als den bisherigen Arbeitszweigen Beschäftigung gesucht und zum Teil gefunden.« In manchen Branchen war die Arbeitslosigkeit Anfang Dezember gegenüber Ende August 1914 um neun Zehntel gesunken. »Ob und inwieweit die Fortführung und Inangriffnahme staatlicher und kommunaler Arbeiten eine Verminderung der Arbeitslosigkeit bewirkt haben, lässt sich im Einzelnen nicht nachweisen. Es wird aber angenommen werden können, dass auch diese Arbeiten ein Gutteil zur Herabsetzung der Arbeitslosigkeit beigetragen haben werden. Der Hauptanteil fällt jedoch den Arbeiten für die Militärbehörden zu.«[265]

Auch wenn die Rüstungsproduktion den Großteil der Beschäftigungslosen aufnahm, hatten doch manche dafür eher ungeeignete Personen das Glück, in kommunalen Aufgabenbereichen unterzukommen: »Ich bin erstaunlicherweise seit heute Münchner Magistrats-Aushilfsbeamter und muss im Rathaus Adressen schreiben für die bevorstehende Gemeindewahl. Heute früh um neun bekam ich die Aufforderung, mich heute früh um acht Uhr dort zu melden. Ich tat es um elf Uhr mit der Behauptung, den Brief um zehn bekommen zu haben«, notierte Erich Mühsam in sein Tagebuch. Der linke Literat war, seiner schwierigen Finanzlage zum Trotz, in der Tat wählerisch gewesen: »Eigentlich hatte ich mich ja nur für Arbeiten im humanitären Kommunaldienst zur Verfügung gestellt, aber da sich die Gelegenheit bot, wollte ich die paar Mark (bis jetzt weiß ich nicht, wie viel die Arbeit einbringt) mitnehmen und auch Einblick nehmen in das Getriebe.« Mühsam saß in einem überfüllten Saal voller schreibender Menschen, »lauter gut gekleidete Leuten von denen mehrere mich grüßten«. Er wurde sehr respektvoll behandelt und bekam einen Karton mit Einwohnermeldekarten sowie einen Stoß gelber Karteikarten, auf die er Adressen zu schreiben hatte. Besonders achtgeben sollte er, ob jemand Armenunterstützung bekam oder »Ehrverlust« vermerkt war – beides Grund für die Suspendierung des aktiven Wahlrechts: »Bis jetzt bin ich aber noch auf keinen gestoßen.« Schon nach einer Stunde merkte Mühsam in der Mittagspause an: »Vier Stunden stehen mir heut noch bevor, denn die Arbeitsstunden sind von acht bis zwölf und von drei bis sieben Uhr. Ob ich länger als bis morgen Mittag dabeibleiben werde, glaube ich schwerlich. Diese Beschäftigung ist denn doch zu stumpfsinnig, strengt dabei die Augen sehr an und wird wahrscheinlich nicht mal anständig bezahlt.« Tatsächlich gab der Pazifist noch früher auf: »Meine gestern ruhmreich begonnene Laufbahn als Münchner Gemeindebeamter nahm noch am selben Nachmittag ein ruhmloses Ende.« Er schob Schwierigkeiten mit den Augen bei der Schreibtätigkeit vor, was ihm die Beamten angesichts seiner stadtweit bekannten Tätigkeit als Autor kaum abgenommen haben dürften. Mühsam vermerkte zu seinem Ausflug in den Staatsdienst lakonisch: »Morgen soll ich mir das Geld für einen halben Tag Arbeit holen. Zwei Mark wird's wohl bringen.«[266] In Wirklichkeit waren es dann 1,75 Mark – für Mühsam enttäuschend wenig, doch viele Arbeiterfamilien hatten weniger Geld, um über den Tag zu kommen.

Mit dem einsetzenden Mangel an Arbeitskräften nahm die Beschäftigung von Frauen in typischen Männerberufen zu. Im Herbst 1914 berichteten Zeitungen von den ersten Schaffnerinnen in Berlin. Als ungefähr gleichzeitig auch Fensterputzerinnen eingestellt wurden, entstand bald ein absehbares Problem: Die üblichen Röcke und Unterröcke erwiesen sich als ungeeignet für die Tätigkeit auf Leitern. Also schneiderten sich die Frauen Pumphosen – was zu einer Diskussion darüber führte, ob diese eine angemessene Kleidung in der Öffentlichkeit darstellten. Findige Fotografen machten Aufnahmen und ließen Postkarten drucken, die sich offensichtlich gut verkauften.[267] Doch auch wenn die Frauenarbeit im öffentlichen Raum sichtbar zunahm, so war doch der absolute Zuwachs eher gering. Viele der nun auf Männerarbeitsplätzen beschäftigten Frauen hatten zuvor ebenfalls für Lohn gearbeitet, in der Regel als Hausangestellte, waren aber im Sommer 1914 entlassen worden. Jedenfalls stieg die Zahl der krankenpflichtversicherten Frauen gegenüber der Vorkriegszeit nur um ein Fünftel an.[268] Nicht erfasst in der Statistik waren allerdings die vielen Heimarbeiterinnen, die als Zulieferinnen für Betriebe arbeiteten.

Selbst wenn Frauen Arbeitsplätze von Männern in vollem oder sogar kriegsbedingt in noch größerem Umfang übernahmen, erhielten sie fast immer weniger Geld ausgezahlt. Das hatte mehrere Ursachen. Tatsächlich litten viele Firmen noch immer unter zu wenig flüssigen Mitteln, konnten also gar keine vollen Löhne zahlen. Wichtiger aber war, dass Vorurteile wirkten, wonach Frauen nur über einen Bruchteil der Arbeitskraft männlicher Kollegen verfügten. Schließlich nutzten viele Unternehmer die besonderen Umstände des Krieges, um ihre Lohnkosten weiter zu drücken. Das erzeugte zwar Unzufriedenheit, doch Verbesserungen folgten selten. »Häufig hört man Heimarbeiterinnen über die schlechten Löhne klagen, die von denjenigen Zwischenmeistern gezahlt werden, die für Heereslieferungen arbeiten«, meldete das Polizeipräsidium Berlin Ende November 1914: »Ebenso klagen die weiblichen Handlungsgehilfen, insbesondere die kaufmännischen Angestellten, darüber, dass viele Kaufhäuser trotz des guten Weihnachtsgeschäftes Personal entlassen und die Gehälter herabsetzen.«[269]

Typisch für die vorurteilsbeladene Wahrnehmung arbeitender Frauen in der höheren preußischen Verwaltung war ein Bericht aus der ersten Dezemberwoche 1914: »Leider wissen viele Frauen mit dem Gelde nicht umzugehen. So wird gerade jetzt in den Arbeiterkreisen unverhältnismäßig viel Geld für Schleckereien, Putz und andere Luxuszwecke ausgegeben.« Hinzu kam der Vorwurf, Frauen würden, während ihre Männer an der Front dienten, ihre familiären Pflichten aus dem Auge verlieren: »Viele Frauen vernachlässigen in Abwesenheit des Ehemannes Haushalt und Kinder und ernähren diese und sich selbst mit Butterböden und Fleisch.« Mit der Wirklichkeit, den rapide gesunkenen verfügbaren Mitteln bei gleichzeitig mit Ausnahme der Mieten steigenden Lebenshaltungskosten, hatte diese Wahrnehmung nichts gemein, sondern war rein vorurteilsgetrieben. Das zeigte sich in der angeführten »Begründung« für die »schweren Übelstände in Arbeiterkolonien«, die der Bericht monierte: »Die Ursache liegt wohl darin, dass das Geld zu leicht erworben, nicht regelrecht verdient wird, und dass viele Frauen mit ihrem Ehemanne den festen Halt verloren haben, der ihnen nun nicht durch die Not ersetzt wird.«[270]

Nicht zuletzt wegen solcher fragwürdiger Behauptungen engagierten sich viele Frauen aus den städtischen Mittel- und Oberschichten lieber gemeinnützig und ohne Lohn als in regulären Arbeitsverhältnissen. Schon kurz nach Kriegsbeginn hatten überall im Land Frauen begonnen, unbürokratisch Hilfsdienste zu übernehmen. Gertrud Bäumer, die Vorsitzende des Bundes Deutscher Frauenvereine, ergriff die Initiative, »um eine große, ganz Deutschland umfassende Organisation ins Leben zu rufen«. Bald schlossen sich dem »Nationalen Frauendienst« beinahe alle Vereine von Bürgerinnen sowie Teile der weiblichen SPD-Mitglieder an. Ziel war es, während des Krieges freiwillige Hilfsdienste zu organisieren, die Frauen jenseits des Zwanges zum Erwerb des Lebensunterhaltes eine Möglichkeit gab, sich im Sinne des allgemeinen Patriotismus einzusetzen. Gertrud Bäumer erhoffte sich von solchem Einsatz positive Wirkungen auf das langfristige Ziel der Frauenbewegung nach Gleichberechtigung und verlieh dieser Erwartung die Form eines Reimes: »›Wir halten durch‹, spricht, von Feinden umstellt, der Krieger im Feld / ›Wir halten durch‹, spricht, von Sorgen beschwert, die Mutter am Herd.«[271]

In Freiburg übernahm der Nationale Frauendienst wie in vielen anderen Städten Aufgaben, die erst durch den Krieg neu entstanden waren: Frauen arbeiteten in der Fürsorge für Familien, deren Ehemänner eingezogen worden waren, kümmerten sich in Horten um Kinder, halfen bei der Abfertigung von Zügen in den Bahnhöfen, boten in Sprechstunden Beratung in sozialen Fragen an oder pflegten Verletzte in Lazaretten. Eine Gruppe des Nationalen Frauendienstes Freiburg übernahm das Einkochen von Gemüse und Obst zu Marmeladen und Säften für Soldaten, ob sie nun verletzt waren oder gerade an der Front kämpften. Eine andere Abteilung verkaufte Trockenobst, Honig und ähnliche Güter an Familien, die mit den offiziell gezahlten Fürsorgeleistungen nicht auskommen konnten, meistens zu eher symbolischen Preisen. In den Händen weiblicher Freiwilliger lag die Organisation von »Liebesgaben«, aber auch die Sammlung von Kleidungsstücken, Wäsche und Schuhen.

Man organisierte sich je nach den individuellen Fähigkeiten: »Mutter meldete sich sofort mit mir zu einem Hilfsschwestern-Kurs im städtischen Krankenhaus«, zeichnete die Freiburger Wirtschaftsstudentin Margarethe Sallis auf: »Sie war wunderbar geeignet für diesen Beruf, sie war so tüchtig, praktisch, zuverlässig und mutig, sie war 44 Jahre alt und sah so schön aus in ihrem weißen Kittel – die Begeisterung aller Ärzte, die für sie immer die schwierigen Fälle bereithalten.« Ihre eigenen Stärken aber sah Margarethe Sallis auf anderen Gebieten: »Spritzen zu geben oder einen Arm einzurichten war mir ein Gräuel; ich war nicht sachlich oder unbeteiligt genug vor dem lebendigen Menschen und dem lebendigen Fleisch. Ich erhielt zwar mein Diplom als Hilfsschwester, aber bald nach Kriegsbeginn bot sich eine andere Arbeit, für die ich besser geeignet war. Am Hauptgüterbahnhof wurde eine Kantine für die zur Front durchfahrenden Züge eingerichtet.« Bei der Versorgung der eingezogenen jungen Männer fand Margarethe Sallis eine passende Aufgabe: »Unsere Station war die letzte vor der Grenze, wir konnten ihnen das letzte bisschen Glück und Freude geben, und zwischen heißem Kaffee und Sandwich schrieben sie uns ihren Namen und ihre Feldadressen auf, es hagelte Küsse, und wenn die Züge abfuhren, war unsere Erregung so groß, dass uns die zurückgehaltenen Tränen aus den Augen stürzten.« Sehr bald erlebten Margarethe Sallis und ihre Kommilitoninnen aber auch die Kehrseite: »Wieder durften wir nicht weinen, als einige Wochen später, an derselben Station, die Züge von der Front und die Lazarettzüge eintrafen und auf ein besonderes Gleis direkt zum städtischen Krankenhaus geschoben wurden. Nun mussten wir unseren Mut zusammennehmen und mit der heißen Suppe ein wenig Trost übermitteln. Die meisten sprachen nicht, das Grauen stand noch in ihren Augen, und der Geruch der Wunden vermischte sich mit dem der wochenlang nicht gewechselten Uniformen.«[272]

Allerdings schuf der unbezahlte Arbeitseinsatz vieler Frauen neben den Schwierigkeiten, die er löste, neue Probleme: »So erfreulich und dankenswert es ist, dass sich beim Ausbruch des Krieges so zahlreiche Hilfskräfte aus den begüterten Kreisen zur unentgeltlichen Übernahme von Diensten der verschiedensten Art bereit erklärt haben, so ist es im Interesse der minderbemittelten Bevölkerungsschichten, die jetzt einen schweren Existenzkampf zu kämpfen haben, doch geboten, allmählich zur Einstellung von bezahlten Kräften dort überzugehen, wo sie auch sonst, nämlich in den gewöhnlichen Hausarbeiten, zu finden sind.« Es sei wünschenswert, dass in den Familien mehr als seit Kriegsbeginn weibliche Hilfskräfte zum Nähen, Waschen, Kochen, Bedienen und so weiter angestellt würden, damit die beschäftigungslosen Frauen und Mädchen ihren Unterhalt selbst verdienen könnten. Für Ärger sorgte insbesondere die soziale Kontrolle, die sich aus der Familienfürsorge zwangsläufig ergab: Frauen aus mittleren und oberen Schichten kontrollierten im Gegenzug für Hilfsleistungen die Lebensverhältnisse von Frauen aus der Unterschicht und bewerteten sie: Nur wer den Erwartungen entsprach oder sie sich wenigstens zum Vorbild nahm, konnte mit weiterer Unterstützung rechnen. Die Auswirkungen wurden rasch deutlich. »Das soziale Gefälle trat verstärkt hervor. Hier die Frauen, die sich aufgrund ihrer Situation und Stellung den Luxus freiwilliger Tätigkeit leisten wollten und konnten – dort die Frauen, die gezwungen waren, alle Energien für die Bewältigung des Alltags aufzuwenden.«[273]

Als das Jahr 1914 seinem Ende zuging, hatte sich die deutsche Wirtschaft weitgehend ungeplant und ohne übergreifende Steuerung an die völlig neuen Bedingungen des Krieges angepasst. Die Mobilmachungskrise mit der sprunghaft zunehmenden Arbeitslosigkeit war außerhalb der Großstädte überwunden. Viele Unternehmen hatten die Produktion wieder aufgenommen, überwiegend nunmehr für das Militär als Auftraggeber. Damit hatten sich die Prioritäten grundlegend verändert: Es kam jetzt auf die massenhafte Herstellung von meist genormten Gütern an, nicht mehr auf Weiterentwicklung von marktfähigen Produkten und damit auf Investitionen. Allerdings hatte der neue Hauptabnehmer den Vorteil, dass es mit der Bezahlung der bestellten Waren keine Probleme gab. Für den zivilen Konsum wurde dagegen kaum mehr hergestellt, und wenn, dann nur gegen Vorkasse oder Nachnahme. Firmen, die zur Umstellung ihres Angebotes nicht in der Lage waren, mussten ihre Geschäftstätigkeit weiter reduzieren oder sogar ganz geschlossen werden. Die Stimmung im Land war zwar belastet, weil sich die Versprechungen eines baldigen Sieges als falsch herausgestellt hatten und immer mehr schwarz gekleidete Frauen auf den Straßen zu sehen waren, aber dennoch versuchten die Menschen in der Heimat, das Beste aus der Situation zu machen und ihr Leben den vielfältigen Einschränkungen der Kriegswirtschaft zum Trotz so gewohnt wie möglich fortzusetzen. Sie ahnten nicht, was ihnen noch bevorstand.

TOTALER KRIEG

WENN ES UM LEBEN UND TOD GEHT, FALLEN DIE LETZTEN RÜCKSICHTEN. An der Front lautet die Alternative im Krieg seit jeher Sterben oder Nicht-Sterben; in der Heimat dagegen sind ähnliche Herausforderungen eher Ausnahmen. Wenn es aber so weit ist, müssen besondere Maßnahmen ergriffen werden. Zum Beispiel die Weiterverwertung von Abfällen – und, als Voraussetzung dafür, die Mülltrennung. Ende 1914 war klar, dass der europäische Krieg nicht nur nicht wie versprochen zu Weihnachten vorüber sein, sondern dass er unabsehbar lange andauern und damit den Menschen aller kämpfenden Nationen weitere ungeahnte Lasten auferlegen würde. Die deutsche Industrie hatte nach dem schlagartigen Wegbrechen der meisten Rohstoffimporte und Warenexporte im August größtenteils umstellen können auf Rüstungsproduktion, gestützt von gesicherter Bezahlung durch die Militärbehörden. Doch die deutsche Landwirtschaft konnte nur rund zwei Drittel der notwendigen Futtermittel selbst bereitstellen; der Rest hatte ungeachtet der auf das Ziel Selbstversorgung ausgerichteten Politik aus dem Ausland eingeführt werden müssen. Das war jetzt nicht mehr möglich. Im Spätherbst 1914 gingen die deutschen Futtermittelreserven zur Neige. Da gleichzeitig erstmals Preisobergrenzen für die Abgabe von Nahrungsmitteln erlassen wurden, begannen viele Bauern, wertvolles Brotgetreide an ihre Tiere zu verfüttern – Fleisch durfte noch zu frei ausgehandelten Preisen auf dem Markt abgesetzt werden. Um gegenzusteuern, empfahlen die zuständigen Behörden bis dahin Unvorstellbares: die Verfütterung und sonstige Weiterverwertung von Abfällen. Im Zeichen des verheerenden Krieges erfanden Preußens Landwirtschaftsminister Clemens von Schorlemer und sein für Inneres zuständiger Kabinettskollege Friedrich Wilhelm von Loebell das Recycling.

In einem umfangreichen Rundschreiben an die Verwaltung aller preußischen Städte wiesen die beiden Minister darauf hin, »dass die weitere Verwertung der Küchenabfälle nur dann erfolgen kann, wenn in den einzelnen Haushaltungen von vornherein eine Teilung der Abfälle vorgenommen« werde. »Die Abfälle, die zur Futterbereitung dienen können, müssen geschieden werden von Metall, Leder und Papierresten, ebenso von Kehricht und Schlacken.« Der volkswirtschaftlich wichtigste Teil der Verwertung von Küchenabfällen sei die Gewinnung von Trockenfutter. Bis zu eine Viertelmillion Tonnen Tiernahrung könne in Preußen aus den gegenwärtig noch entsorgten oder auf Komposthaufen geworfenen Essensresten hergestellt werden. Abgesehen von der Unwirtschaftlichkeit dieses bisherigen Verfahrens sei es in Kriegszeiten besonders unverantwortlich, davon keinen Gebrauch zu machen.

Viele Zeitungen griffen die Empfehlungen dieses Rundschreibens auf und ergänzten praktische Ratschläge für ihre Leser: »Jedermann weiß, dass es in allen Familien Abfälle gibt, die in den meisten Fällen im Kehrichteimer verschwinden, weil man nicht weiß, wem man sie geben soll. Dabei gehen natürlich viele Werte verloren, die allerdings erst in einer Zeit der Teuerung zu solchen werden. Dabei ist die merkwürdige Erscheinung zu beobachten, dass gerade in den ärmeren Familien die verwendbaren Abfälle viel reichlicher sind. Wir erinnern nur an die Kartoffelschalen. Die Kartoffel bildet die Hauptnahrung der ärmeren Bevölkerung, und es ist ganz naturgemäß, dass nach einer Mahlzeit dort auch größere Mengen von Schalen übrig sind, die gesammelt ein ganz gutes Schweinefutter abgeben.« Ein Problem sei allerdings die Sammlung solcher Abfälle, denn dafür könne man nicht viel Geld ausgeben. Deshalb empfahl man eine unbürokratische Selbstorganisation: »Die Sache würde sich ganz gut bezahlt machen, wenn man in verschiedensten Stadtteilen Sammelstellen errichtete, wo die Abfälle abgeliefert und von den Produzenten abgeholt werden könnten.« Einfacher wäre es noch, wenn eine eigene Sammellogistik aufgebaut würde, also »in jedem Hause ein eigens für diesen Zweck bestimmter Behälter aufgestellt würde, dessen Inhalt nur von bestimmten Fuhrwerken abgeholt werden« dürfte. »Wohl stehen dieser Anregung auch Schwierigkeiten gegenüber, doch käme es auf einen Versuch an, der unseres Erachtens einmal gewagt werden sollte.«[274]

Der Vorschlag der beiden Minister sorgte nur für wenig öffentliches Aufsehen: Die Bevölkerung hatte akzeptiert, dass solche und weitere Einschränkungen ihr Leben im Krieg bestimmen würden. Am wenigsten noch setzte sich diese Erkenntnis in den Großstädten durch. In wichtigen Berliner Zulieferbetrieben für das Heer etwa weigerten sich die Beschäftigten, über die Weihnachtsfeiertage und den Jahreswechsel Schichtdienst zu leisten, und legten zeitweise sogar die Arbeit ganz nieder: »In der Eisengießerei von Bergmann (Werk Rosenthal) haben die Arbeiter sogar mit Streik gedroht, wenn ihnen nicht statt 1,10 Mark für die Stunde 1,15 Mark gezahlt wird«, meldete Polizeipräsident Traugott von Jagow: »Die Firma hat die Zulage bewilligt, dafür aber die Unterstützungen, die sie bisher Kriegerfrauen freiwillig zahlt, zurückgezogen.« Das Verhalten der Facharbeiter sorgte für Unwillen bei anderen Beschäftigten: »Es ist vielfach die Meinung verbreitet, dass die Arbeiter, die in den Betrieben für Heereslieferungen oder in Militärwerkstätten beschäftigt sind, zu gut bezahlt werden. Dadurch halten sie sich für unentbehrlich und beginnen, die Konjunktur für sich auszunutzen.«[275]

Entgegen vielen öffentlichen Beschwörungen hatte die gemeinsame Herausforderung eines unabsehbar langen Krieges kaum für Solidarität in der deutschen Bevölkerung gesorgt. Das betraf nicht nur die Lohnforderungen von Facharbeitern, die sich zu Recht für unverzichtbar hielten, auch Bauern suchten und fanden ihren Vorteil ebenso wie Zwischenhändler, die Lebensmittel mit kräftigen Aufschlägen weiterverkauften. Leidtragende waren in erster Linie Frauen, deren Männer mobilisiert worden waren und denen nur schmale Unterstützung von den Kommunen oder vom früheren Arbeitgeber zuteil wurde: Sie mussten auf ihre oft nicht großen Rücklagen zugreifen, um die Familie und sich durchzubringen. Ähnlich erging es vielen Angestellten, vorwiegend im Handel. Ihre Gehälter wurden aus Geldmangel pauschal gekürzt, manchmal bei gleicher Arbeitszeit um die Hälfte. Doch weil ihre Tätigkeit kaum als kriegswichtig gelten konnte, hatten sie anders als Facharbeiter in der Rüstungsindustrie oder bei wichtigen Zulieferern kaum Druckmittel, bessere Bezahlung durchzusetzen.

Zwar waren die Mieten per Verordnung auf dem Stand von Juli 1914 eingefroren worden, doch sinkende Löhne, die knappen Kriegsunterstützungen und die steigenden Preise für Nahrungsmittel ließen das Geld in der Mittel- und Unterschicht knapp werden. In den meisten Städten beklagten kleine wie große Haus- und Grundbesitzer, dass immer mehr Mietausfälle aufliefen und die kommunalen Schlichtungsstellen in Streitfällen einseitig die Mieter bevorzugten. Längst nicht alle Vermieter verließen sich auf die Vermittlung der Behörden oder beschränkten sich auf Proteste, wie Erich Mühsam in München an den Schwierigkeiten seiner Geliebten erlebte: »Zenzl ist in einer wahrhaft entsetzlichen Lage. Am 21. Januar wird sie aller Voraussicht nach mit ihrem Gatten aus der Wohnung exmittiert, und ich habe für vier Monate Miete (140 Mark) garantiert. Kürzlich war der Hauswirt schon mal bei mir, mit Menschfressermiene und höchst kriegerisch auf seinen Vorteil bedacht. Er wird mich also wohl erfolglos pfänden lassen – und dann kommt die Vorladung zum Offenbarungseid, den ich (der Häuser wegen) nicht leisten kann, und dann kommt die Mitteilung an die Familie und Krach, Ärger, Vorwürfe und womöglich Kürzungen der Einnahmen oder gar der väterlichen Erbschaft.«[276] Mühsam, der auf seinen Anteil an neun ererbten Berliner Mietshäusern monatlich 100 Mark Rente ausgezahlt bekam, fürchtete um die wirtschaftliche Grundlage seines Bohemien-Lebens.

Viel größere Sorgen plagten die Einwohner Freiburgs. Die Front in den Vogesen hatte sich nur rund 60 Kilometer westlich der Stadt stabilisiert, und bei entsprechendem Wind war das Feuer auf dem hart umkämpften Mittelgebirgsgipfel Hartmannswillerkopf zu hören.

Nun begann zusätzlich der Luftkrieg gegen die Zivilbevölkerung im Hinterland. Bereits Anfang August 1914 hatte es mehrfach Gerüchte über Bombenabwürfe auf deutsche Städte gegeben, mutmaßlich durch feindliche Flugzeuge, meist französische Maschinen. Angeblich seien strategisch wichtige Bahnanlagen bei Karlsruhe und Wesel angegriffen worden, doch raunte man auch über Angriffe auf die südbadische Kleinstadt Neuenburg am Rhein – und über ein Bombardement zweier Bahnlinien bei Nürnberg. Letzteres war sogar per Eiltelegramm weiterberichtet worden: »Soeben läuft eine militärische Meldung ein, dass heute Vormittag französische Flieger in der Umgebung von Nürnberg Bomben abgeworfen haben«, hatte das Wiener *Neuigkeits-Welt-Blatt* in seiner Ausgabe vom 4. August 1914 gemeldet: »Da eine Kriegserklärung zwischen Deutschland und Frankreich nicht erfolgt ist, liegt ein Bruch des Völkerrechts vor.«[277] Auch das *Wolff'sche Bureau* verbreitete ähnliche Berichte. Unter anderem sei bei Wesel ein französisches Flugzeug abgeschossen worden. In allen Fällen erfolgten kurz nach den ersten Berichten Dementis, von denen es aber in der Regel kaum eines in die Zeitungen schaffte. Die Berichte waren allesamt falsch, entsprangen der Agentenhysterie der letzten Friedens- und der ersten Kriegstage. Manchmal gab es möglicherweise einen kleinen wahren Kern – so könnten französische Aufklärungsflugzeuge tatsächlich über Neuenburg am Rhein gekreist sein, und am 6. August 1914 waren zwei Flugzeuge über Freiburg geflogen, woraufhin unzählige Einwohner mit Jagdgewehren, Revolvern und anderen Waffen in den Himmel gefeuert hatten; natürlich ohne jeglichen Effekt.

Die folgenden Monate war der Himmel über Freiburg, vom öfter zu vernehmenden Trommelfeuer der Artillerie abgesehen, ruhig geblieben. Das änderte sich am 4. Dezember 1914: Die erste strategische Bomberoffensive gegen eine deutsche Stadt hatte begonnen, doch die wenigen Doppeldecker, deren Beobachter von Hand Bomben von fünf bis 15 Kilogramm Gewicht abwarfen, richteten kaum militärisch relevante Schäden an. Die *Freiburger Zeitung* meldete am Tag danach in einer vierzeiligen Meldung auf der zweiten Seite abwiegelnd: »Feindliche Flieger warfen gestern Mittag in der Nähe von Freiburg Bomben ab, anscheinend vier. Es scheint auf den Bahnübergang abgesehen gewesen zu sein.«[278] Dennoch zeitigten die Angriffe Wirkung – auf psychologische Weise. Weil die Flugzeuge in einer Höhe von zwei bis drei Kilometern flogen, waren sie vom Boden bei klarem Himmel deutlich zu erkennen. Die Sprengsätze, modifizierte Artilleriegranaten, deren senkrechter Fall durch einen Propeller stabilisiert wurde, bargen einen Verzögerungszünder. Schlug eine solche Bombe auf Pflastersteinen auf, detonierte sie nicht sofort, sondern prallte ab und konnte mit ihrer Sprengkraft umstehende Bäume umreißen. Schlimmer noch waren die Folgen, wenn sie ein Haus traf: Bevor sie detonierte, durchschlug sie in der Regel das Dach und ein oder zwei Stockwerke darunter. So konnte auch ein relativ kleiner Sprengkörper ein Haus komplett zerreißen. Die ersten Luftkriegstoten in Deutschland gab es am 13. Dezember 1914. »Das war ein Sonntag, ein milder, sonniger Tag wie im Frühling, niemand ahnte etwas Böses, alle Welt ging friedlich spazieren«, berichtete die Verlegersgattin Charlotte Herder. Doch als mehrere französische Flugzeuge angriffen, änderte sich die Situation schlagartig: »Diesmal war die Aufregung sehr groß, denn eine Bombe war in das Vinzenzlazarett und die andere in den dicht besuchten Colombipark gefallen, wo sie zwei Personen getötet und mehrere verwundet hatte. Von da an kamen Vorschriften heraus für das Verhalten der Einwohner, und auf dem Schlossberg wurden die ersten Kanonen aufgefahren.«[279] Der elfjährige Franz Eggs erinnerte sich an einen weiteren Bombenangriff auf seine Heimatstadt wenig später: »Als ich bei einem Blick nach oben die kleinen, silberglänzenden Flugzeuge schon fast über mir erkannt hatte, wurde ich noch im Vorhof von einer unbegreiflichen Gewalt nach vorwärts und auf den Boden geschleudert. Zugleich erreichte mich der Donner einer schweren Explosion.«[280] Die Fassade des ehrwürdigen, in der Renaissance errichteten Alten Rathauses mit seiner Fassadenmalerei war von Splittereinschlägen übersät.

Da die feindlichen Bomber meist den kürzesten Weg nahmen,

von Fliegerhorsten auf der französischen Seite der Vogesenfront direkt nach Osten Richtung Freiburg, funktionierte die Vorwarnung recht gut: Überflogen ab Mitte Dezember 1914 große, schwerfällige französische Doppeldecker die deutschen Stellungen Richtung Osten, so erhielt das örtliche Kommando in der Stadt einen Anruf. Daraufhin traten Luftschutzbestimmungen in Kraft: Bei Fliegergefahr, die durch sechs Böllerschüsse bekannt gegeben wurde, galt Ausgangssperre. Die Bewohner der Erdgeschosse in der Innenstadt waren verpflichtet, ihre Haustüren zu öffnen und Passanten in ihren stabilsten Kellerräumen unterzubringen. Auf massiv gebaute oder wenigstens abgestützte Räume unter öffentlichen Gebäuden machten Plakate aufmerksam, und an Gaststätten und Versammlungsräume wurden Schilder mit der maximalen Zahl der Besucher angebracht, die in den nächstgelegenen Schutzräumen unterkommen konnten. Das Rote Kreuz und die Feuerwehr stellten besondere Dienstpläne für den Fall von Luftangriffen auf; Freiburg war damit Vorreiter in Deutschland, aber andere Städte in Rheinnähe und westlich davon folgten bald. Da die Angriffe zunächst ausschließlich bei Tageslicht und gutem Wetter erfolgten, erließ die Stadtverwaltung noch keine Verdunkelungsvorschriften. Allerdings änderte sich auch das Mitte April 1915: »Gestern Abend waren feindliche Flieger angemeldet, und die Stadt war zum ersten Mal im Dunkeln«, berichtete Charlotte Herder: »So altväterlich gemütlich sah die Kaiserstraße aus, der Mond warf ein schwaches Licht auf die alten, hohen Dächer, man konnte Hinz und Kunz oben spazieren gehen sehen, aber glücklicherweise kamen bald dunkle Wolken gezogen und hüllten alles in die vorschriftsmäßige Dunkelheit. Gegen zehn Uhr, als wir schon zu Bett lagen, ertönten die Alarmschüsse, ich war aber so müde, dass mir alles gleich war.« Obwohl bei einigen Bombenangriffen schon ein halbes Dutzend Menschen auf einmal umgekommen waren, ließ Charlotte Herder die Bedrohung aus der Luft erstaunlich kalt: »Und doch geht das Leben ganz ruhig seinen Gang weiter. Wenn die Alarmschüsse ertönen, tritt man in ein Haus, wartet ein Weilchen, und meist ist es auch nur blinder Lärm gewesen.«

Angst hatte sie nur um ihre Tochter, und sie machte sich Mut: »Wenn Mädele in der Schule ist, bin ich über sie ziemlich beruhigt, denn erstens sitzen die Kinder dann im Keller, wenn's losgeht, und zweitens ist das katholische Institut schon zwei Mal von Bomben getroffen worden, die übrigens nicht viel Schaden angerichtet haben. Es hat also seinen Teil schon bekommen und wird voraussichtlich nicht so bald wieder an die Reihe kommen.«[281]

Für die Bevölkerung waren die gelegentlichen Bombardements eine Herausforderung, vor allem aber ein Spektakel. Man strebte direkt nach der Entwarnung, in der Regel durch drei längere Sirenentöne mit deutlichen Pausen, zu beschädigten Häusern und diskutierte über die Folgen der Attacken. Sorgsam achtete man auf abgeworfene Flugblätter, in denen etwa weitere Angriffe angekündigt wurden, gelegentlich auch die vollständige Zerstörung Freiburgs. Doch rasch gewöhnte man sich an die überschaubaren Gefahren solcher Attacken, wie die Behörden verärgert feststellten: »Durch vielfache, durch die Lage von Freiburg begründete Alarme ist die Bevölkerung aber gleichgültig geworden.«[282] Tatsächlich gab es auch zunehmend Freiburger, die während der Luftalarme nicht in Kellern verschwanden, sondern im Gegenteil auf die Dächer ihrer Häuser kletterten oder zu anderen Aussichtspunkten, um möglichst viel von den Angriffen mitzubekommen. Auch Charlotte Herder konnte sich dem nicht entziehen: »Da aber alle Leute vorwärtsstürzten, um vom Schlossberg aus etwas zu sehen, hasteten wir auch hinauf.«[283] Die Behörden zeigten sich mit ihren Gegenmaßnahmen zufrieden: »Alle Maßregeln, welche nach Lage der Sache einen Erfolg versprechen, sind getroffen worden«, berichtete die Stadtverwaltung über den Stand der Luftverteidigung nach den ersten Todesopfern Mitte Dezember 1914. Genaueres blieb den Bewohnern der Stadt aber versagt: »Aus naheliegenden Gründen müssen nähere Angaben unterbleiben.«[284] Auch die *Freiburger Zeitung* beschränkte sich in der Berichterstattung über die Bombardements: »Im Zusammenhang mit den Fliegerangriffen der letzten Zeit sind uns aus dem Leserkreise einige Anregungen über die Ankündigung und die

Abwehr feindlicher Flieger zugegangen. Die Veröffentlichung derselben erübrigt sich, da sich die zuständigen Stellen bereits mit der Angelegenheit beschäftigen. Soweit die Öffentlichkeit über etwaige Maßnahmen unterrichtet werden kann, wird dies wohl durch amtliche Bekanntgabe geschehen.«[285]

Einer existenziellen Herausforderung anderer, aber ähnlich grundsätzlicher Natur wie die bombardierten Freiburger sah sich um den Jahreswechsel 1914/15 Annie Dröege in Hildesheim ausgesetzt: Sie war auf einmal allein in Feindesland. Ihr Mann Arthur, Sohn einer Britin und eines Deutschen, war als feindlicher Ausländer interniert worden, zunächst in Hannover und wenig später im zentralen preußischen Internierungslager für Zivilisten in Ruhleben bei Berlin. Schon seit der britischen Kriegserklärung hatte Dröege erniedrigende Meldepflichten befolgen müssen und war Ende Oktober mit seiner Frau vom Dorf nach Hildesheim gezogen, wo er weniger Anfeindungen erwartete. Als aber in Frankreich verbliebene Deutsche interniert wurden, zog die Regierung in Berlin nach und ließ alle Männer aus Feindstaaten in potenziell wehrfähigem Alter festsetzen. Als ein Deutscher Annie Dröege nach Arthurs Festnahme fragte: »Aber Ihr Ehemann ist doch Engländer, oder etwa nicht?«, antwortete sie völlig zu Recht: »Er ist genau wie Euer Kaiser – deutscher Vater und englische Mutter.« Natürlich nützte das nichts: Arthur Dröege blieb inhaftiert, und Annie, gebürtige Britin ohne eigene deutsche Verwandte, musste sich fortan auf sich allein gestellt in der feindlich gesinnten Umgebung durchschlagen.

Weiter als drei Kilometer durfte sie sich nicht von ihrem Hildesheimer Heim entfernen, jedenfalls nicht ohne Genehmigung; nicht einmal zu ihrem Haus in Woltershausen etwa 20 Kilometer südlich. Ihre Post war der Briefzensur unterworfen, und täglich zweimal musste sie sich, zu festgelegten Zeiten, bei der Polizei melden – reine Schikane. Auf ihren häufigen Wegen durch Hildesheim fiel ihr auf, wie stark sich die Stadt im Zeichen des Krieges verwandelt hatte. Die Biergärten und Konzerthallen, die das Leben so schön gemacht hatten, waren ausnahmslos zu Behelfslazaretten umgestaltet worden, und sie alle waren »brechend voll«. Annie fragte sich: »Ob wohl die Frauen in England ebenso wie die deutschen Frauen für ihre Soldaten arbeiten? Jede Frau hier strickt irgendetwas und jedes Kind ebenso. Die Zahl von Strümpfen, Schals, Jacken, Leibbinden, Kniewärmern und Ohrenschützern, die jede Woche hier in Hildesheim gestrickt werden, ist gewaltig.« In vielen Geschäften wurde graue Wolle angeboten und »wo immer man jemanden sah, wurde für die Soldaten an der Front gearbeitet.«

Für Annie stellte jede Meldung über einen Erfolg gegen britische Truppen eine besondere Herausforderung dar, denn dann gerieten bei den Menschen, in deren Mitte sie lebte, die Gefühle in Aufruhr, während ihr selbst eher nach Trauern zumute war. Kurz vor Weihnachten berichtete die *Hildesheimer Zeitung*, dass in Belgien bei einem Angriff im Frontabschnitt eines Reserveregiments aus der Stadt 600 Engländer getötet und 1 800 weitere gefangengenommen worden seien, während es auf deutscher Seite keine nennenswerten Verlustmeldungen mitzuteilen gegeben habe. Das sorgte für besonders gute Weihnachtsstimmung, und deutlich irritiert stellte Annie Dröege fest, mit welchem Eifer am verkaufsoffenen vierten Advent die Geschäfte leer gekauft wurden. Anfang Januar 1915 notierte sie dann frustriert: »Es ist nichts außer Kummer um mich herum.«[286]

Längst galt Großbritannien in der deutschen Bevölkerung als der eigentliche Kriegstreiber und damit als hauptschuldig an den enormen Verlusten. Zum Jahresende 1914 zählte das deutsche Heer nach inoffiziellen, aber zutreffenden Zahlen bereits 120 000 Gefallene, ebenso viele Vermisste, die wenigstens zur Hälfte ebenfalls tot waren, sowie rund 800 000 oft Schwerstversehrte – das bedeutete das Drei- bis Fünffache der deutschen Gesamtverluste im Krieg 1870/71, der zehn Monate gedauert hatte. Doch außer im zwei Mal von den Russen eroberten und wieder aufgegebenen, zuletzt massiv verwüsteten Ostpreußen und bis auf die ersten Luftangriffe gegen Freiburg waren in der Heimat bis jetzt vor allem indirekte Folgen des

Kampfes zu spüren: gestiegene Preise und gesunkene Löhne, volle Lazarette, Invaliden auf den Straßen und Kriegsgefangene, die anstelle der einheimischen jungen Männer arbeiteten. Doch zu Beginn 1915 zeichnete sich ab, dass der Krieg in Kürze auch die Heimat mit voller Wucht treffen würde.

Der Grund war die britische Seeblockade im Ärmelkanal bei Dover und weit im Norden der Nordsee, zwischen den Shetlandinseln und Südnorwegen. Mitteleuropa wurde so weitgehend abgeschnitten von Lieferungen aus neutralen Ländern; jeder Durchbruch der Blockade wurde zum lebensgefährlichen Abenteuer, das immer weniger Kapitäne der Handelsmarine auf sich nahmen. Schlimmer noch: Für Deutschland bestimmte Waren, die in der Nordsee aufgebracht wurden, beschlagnahmte die Royal Navy ab November 1914 entschädigungslos. In den Kommunalverwaltungen, die für die Versorgung mit genügend Nahrung verantwortlich waren, zeichnete sich um den Jahreswechsel 1914/15 herum ein Mangel hinsichtlich der meisten Lebensmittel ab. Vorausschauende Honoratioren sprachen dieses Problem an. In Viersen erklärte Kaplan Ludewig, England sei klug genug, den Siegeswillen des deutschen Volkes nicht zu unterschätzen, weshalb es Deutschland auf andere Weise, auf dem Weg eines Wirtschaftskrieges, zum Frieden zwingen wolle. Diesen Kampf, so Ludewig, hätten zum größten Teil die Daheimgebliebenen auszufechten. Jeder müsse sich dessen bewusst sein und seinen Teil dazu beitragen. Viersens Oberbürgermeister Peter Stern nannte die Lebensmittelversorgung eine wesentliche neue Aufgabe seiner Verwaltung im neuen Jahr. Denn trotz und teilweise sogar wegen der im Herbst 1914 verordneten Preisgrenzen für Getreide und Kartoffeln nahmen die offiziell verfügbaren Reserven ab. Anfang 1915 war deutlich absehbar, dass die Vorräte in den Städten keinesfalls bis zur nächsten Ernte reichen würden. Zunächst erließen Kommunalbeamte wie der Bürgermeister von Dülken bei Viersen, Caspar Voß, noch Aufrufe an die Bürgerschaft, zum Beispiel »sparsam in Haushaltungen und Lebensführung zu sein, sparsam zu sein mit Brot und Kartoffeln«. Doch die einzige spürbare Folge solcher Bekanntmachungen war, dass Vorräte erwarb, wer immer das notwendige Geld hatte: Es kam zu Hamsterkäufen wie schon in den letzten Juli- und ersten Augusttagen 1914. Die *Viersener Zeitung* kommentierte, gerade dieses Verhalten der Bevölkerung habe »der Regierung zu Bewusstsein gebracht, dass auf dem Gebiet der Versorgung mit schönen Ermahnungen schlechterdings nichts zu erreichen ist«.[287]

Am 15. Januar 1915 trat eine »Verordnung über die Bereitung von Backwaren« in Kraft: »Alle Arbeiten, die zur Bereitung von Backwaren dienen, sind in Bäckereien und Konditoreien, auch wenn diese nur einen Nebenbetrieb darstellen, in der Zeit von sieben Uhr abends bis sieben Uhr morgens verboten.«[288] Damit galt schlagartig und zum ersten Mal in Deutschland ein Nachtbackverbot; es sollte die Herstellung von Backwaren vermindern und damit die Getreidevorräte strecken helfen. Weiterhin legte die Verordnung den teilweisen Ersatz von Weizen- durch Roggen-, Hafer- und Reismehl sowie Kartoffelstärke und Gerstenschrot fest. Außerdem wurden feste Verkaufszeiten für hochwertiges Weißbrot festgelegt, das erst nachmittags angeboten werden durfte. Doch binnen weniger Tage war klar, dass diese Regelung fast wirkungslos blieb: Die Bäcker vor Ort kannten ihre Kunden und machten so viele Ausnahmen vom angeordneten Prozedere, dass die Verordnung verpuffte. In Hildesheim, so klagte Oberbürgermeister Ernst Ehrlicher im Stadtrat, habe »die Kundschaft die Bäcker gezwungen, entgegen dem Innungsbeschluss zweimal täglich Brötchen zu backen«.[289]

Also erließ der Bundesrat, die höchste Vertretung der einzelnen Königreiche, Fürstentümer und Stadtstaaten im Deutschen Reich, schon zehn Tage später viel weitreichendere Maßnahmen: »Mit dem Beginn des 1. Februar 1915 sind die im Reiche vorhandenen Vorräte von Weizen, Roggen, allein oder mit anderer Frucht gemischt, auch ungedroschen, für die Kriegsgetreidegesellschaft m. b. H. in Berlin, die Vorräte von Weizen-, Roggen-, Hafer- und Gerstenmehl für den Kommunalverband beschlagnahmt, in dessen Bezirk sie sich befinden.« Jeder, der von diesem Zeitpunkt an solche Vorräte von mehr als 100 Kilo noch in Gewahrsam hatte, war verpflichtet, die zuständigen Behörden davon in Kenntnis zu setzen. Wer sich daran nicht hielt oder wissentlich falsche Angaben machte, sollte mit Gefängnis bis zu sechs Monaten oder einer Geldstrafe von bis zu 1 500 Mark bestraft werden. Zwar waren die Behörden verpflichtet, die beschlagnahmten Vorräte zu bezahlen; zugrunde gelegt wurden dafür jedoch die amtlich festgelegten Höchstpreise – wesentlich weniger, als auf dem Schwarzmarkt zu erzielen war. Die Dringlichkeit der Neureglung wurde im 52. und vorletzten Paragrafen sichtbar: »Gegen die Verfügung ist Beschwerde zulässig; sie hat keine aufschiebende Wirkung.« Den zuständigen Behörden war die Wirkung dieser Verordnung klar: »Dass die angeordnete Maßnahme weit tiefer in das wirtschaftliche Leben unseres Volkes eingreift als alle anderen bisher vom Bundesrat während des Krieges getroffenen wirtschaftlichen Anordnungen, unterliegt keinem Zweifel«, hieß es in der Einleitung: »Sie ist aber geboten, um eine ausreichende und gleichmäßige Ernährung unseres Volkes mit Brotgetreide bis zum Erdrutsch der neuen Ernte sicherzustellen, und ist damit eine staatliche und nationale Lebensnotwendigkeit.«[290]

Umzusetzen hatten die örtlichen Behörden diese Anordnung. Viersens Oberbürgermeister Peter Stern ließ gleich am ersten Geltungstag der Verordnung im Lokalblatt eine Erläuterung veröffentlichen: Innerhalb von vier Tagen sollten alle Bürger, die mehr als zwei Zentner Getreide gelagert hatten, die genaue Menge ihrer Vorräte mitteilen, und zwar schriftlich. Dazu sollten sie beim Hauptlehrer des jeweiligen Volksschulbezirks ein Formular abholen und in der gesetzten Frist einreichen – derer gab es zwölf. Obwohl Strafen bei Zuwiderhandlung angedroht wurden, blieben die Ergebnisse zunächst unbefriedigend. In der *Viersener Zeitung* wurde eine Woche nach Inkrafttreten ein Leserbrief abgedruckt, der die Umsetzung beschrieb: »›Bei mir ist noch keiner gewesen‹, sagt der eine. ›Ich habe keine Vorräte‹, sagt der andere. Ein dritter findet es unbegreiflich, dass die Stadt noch keine Formulare geschickt hat. Wieder ein anderer tut nichts, weil er nicht weiß, zu welchem Schulsystem er gehört. Mir ging's auch so, drum erkundigte ich mich auf dem Rathaus. Dort schien man es aber auch nicht zu wissen; es wurde mir aber der höfliche Bescheid erteilt, nach Belieben diejenige Schule auszusuchen, die mir am nächsten liege. Das tat ich denn auch, ob ich damit aber der Vorschrift genügt habe, ist zweifelhaft.«[291]

Andernorts gab es deutlich mehr Unruhe. In Berlin sah sich Polizeipräsident Traugott von Jagow gezwungen, die Reaktionen in seinen zweiwöchentlichen Stimmungsbericht aufzunehmen, wenn auch in schöngefärbten Formulierungen: »Die Beschlagnahme der Mehl- und Getreidevorräte ist fast überall gutgeheißen worden. Auch die hiesigen Bäcker, Müller und Getreidehändler fügen sich in das Unvermeidliche.« Die Lebensmittelpreise seien »nicht merkbar« gestiegen.[292] Dennoch sah sich die Reichsregierung gezwungen, eine Woche nach Inkrafttreten eine offizielle Stellungnahme über das *Wolff'sche Bureau* zu verbreiten: »Die Bundesratsverordnung über die Regelung des Verkehrs mit Brotgetreide und Mehl vom 25. Januar bezweckt nicht die Beschlagnahme der Getreidevorräte zugunsten des Staates, sondern lediglich die richtige Verteilung für den Privatgebrauch, ist also eine Maßnahme zugunsten des ›kleinen Mannes‹ gegen gewinnsüchtige Spekulationen.«[293]

Auf die Beschlagnahmung aller Getreidebestände folgte eine Woche später die Ausgabe von Brotkarten, also die Rationierung des neben Kartoffeln wichtigsten Grundnahrungsmittels. Die Höhe der Rationen wurde von den einzelnen Kommunen festgelegt, da die Vorräte von Ort zu Ort sehr unterschiedlich ausfielen. Ländliche Regionen wurden verpflichtet, Teile ihrer Vorräte an die Städte, vor allem die Großstädte, abzugeben. In Hildesheim betrug die erste Zweiwochenration für Erwachsene und Kinder über fünf Jahren vier Kilogramm Brot oder drei Kilogramm Mehl, für Kinder unter fünf Jahren die Hälfte.[294] Doch das neue Verfahren der Nahrungszuteilung musste verwaltet werden – die Kommunalbehörden hatten alle Anmeldungen zu kontrollieren, nummerierte Brotbücher sowie Brotkarten zu entwerfen, drucken zu lassen und zu verteilen. In Hildesheim kam die Stadtverwaltung auf insgesamt 12 830 Haushalte, die einzeln abgerechnet werden mussten. Für den Verkauf des rationierten Brotes wurden spezielle Stellen in öffentlichen Gebäuden eingerichtet, da man in den Rathäusern angesichts der Erfahrungen mit der »Verordnung über die Bereitung von Backwaren« den Bäckereien nicht vertraute. Eher Theorie blieb die Bitte des jeweiligen Magistrats, nicht verbrauchte Brotmarken wieder abzugeben, um sie Bedürftigen zu spenden – die wenigsten Familien kamen mit den offiziellen Rationen zurecht.

Der Brotmangel war sogar in wohlhabenden Kreisen zu spüren, die gewohnt waren, sich alles kaufen zu können. Harry Graf Kessler, gerade von der Ostfront heimgekehrt nach Berlin, musste sich an seinem ersten Abend in der Reichshauptstadt sogar von einem Kellner eine Brotkarte »pumpen«, weil er im teuren *Hotel Carlton* ansonsten keine Backwaren zum Abendessen bekommen hätte: »Vorgeschmack des Zukunftsstaates«, schrieb Kessler düster. Zwei Tage später hatte sich seine Stimmung deutlich gebessert: »Hier merkt man nichts vom Krieg. Wir aßen Kaviar, junge Maisspitzen, Frischlingsrücken mit Trüffeln; nur das Brot ist etwas knapp, das heißt, man bekommt es nur gegen Brotkarte.« Die Wochenration von zwei Kilogramm hielt Kessler für »genügend«, da er sich beliebig viele andere Lebensmittel leisten konnte; er empfand die Zuteilung per Karte als sinnvoll: »Ein kleines Kapital, mit dem man wirtschaften muss; man sieht dieses Kapital mit jeder Marke, die abgerissen wird, allmählich schrumpfen und wird dadurch zur Sparsamkeit ermahnt.«[295]

In Ostpreußen war die Versorgung mit Getreide gleichzeitig schlechter und besser als etwa in Berlin. In fast allen Städten gab es nach der vollzogenen oder drohenden Besetzung durch russische Truppen keine nennenswerten Vorräte mehr; in Königsberg brach früher als in allen anderen Großstädten Hunger aus. Vor allem aus Westpreußen und der Mark Brandenburg mussten Reserven dorthin geschafft werden. Dagegen war die Ernährungssituation in den ländlichen Gebieten Ostpreußens entspannt: Bauern als Selbstversorger hatten schon seit Generationen Erfahrung damit, ihre Erträge vor drohender Beschlagnahme zu verstecken. Außerdem hatten die örtlichen Behörden mit dem Wiederaufbau der während der zweiten russischen Besetzung geplünderten und verwüsteten Gemeinden viel Wichtigeres zu tun, als die neuen Regelungen umgehend bekannt zu machen, umzusetzen oder gar zu kontrollieren.

Bei der Rationierung von Mehl und Brot blieb es nicht – das folgte aus der Logik des einmal reglementierten Marktes. Nachdem die bevorstehende Beschlagnahmung von Getreideprodukten angekündigt worden war, sank blitzartig auch das Angebot der noch frei handelbaren Kartoffeln. Sowohl Bauern wie Groß- und Zwischenhändler schränkten die Lieferungen ein. Entweder horteten sie ihre Bestände und spekulierten auf steigende Höchstpreise, legten versteckte Vorräte an oder verfütterten, da Getreide dafür kaum mehr zur Verfügung stand, Kartoffeln an ihr Vieh: Für viele der rund 25 Millionen Schweine in Deutschland war der Jahreswechsel 1914/15 eine nahrhafte Zeit. Doch damit fehlte der Bevölkerung, vor allem aus den ärmeren Schichten, nun ein noch wichtigerer Teil ihrer Grundversorgung. Schon Mitte Februar waren erste Folgen spürbar: »Der ziemlich plötzlich eingetretene, stark fühlbare Mangel an Kartoffeln hat vielfach die Händler veranlasst, auch bei diesen Nahrungsmitteln im Preise aufzuschlagen, teilweise sogar unter recht fadenscheiniger Begründung über die zulässigen Höchstpreise hinaus«, berichtete Berlins Polizeipräsident. Der Magistrat der Reichshauptstadt entschied schnell, Teile seiner eigenen Vorräte in Sonderverkäufen anzubieten. Doch dabei entwickelten sich unschöne Szenen: »Zu dem am 16. Februar nachmittags fünf Uhr in der städtischen Markthalle in der Andreasstraße angesetzten städtischen Kartoffelverkauf hatten sich Tausende von Frauen und Kindern vorher angesammelt, um ein paar Pfund Kartoffeln zu erhalten«, berichtete ein Kriminalbeamter: »Als der Verkauf aber eröffnet wurde, stürmte alles mit Gewalt auf die Verkaufsstände los. Die Schutzleute, die den Verkehr an den Zugängen zu den Verkaufsständen regeln wollten, wurden einfach überrannt und waren gegen den Ansturm machtlos. An den Verkaufsstellen entstand infolgedessen ein lebensgefährliches Gedränge; jeder versuchte zuerst nach vorn zu kommen, wobei sich die Frauen das Zeug vom Leibe rissen und die Kinder rücksichtslos zu Boden getreten wurden, die dann jämmerlich um Hilfe schrien.« Nur mit großer Mühe konnten Polizisten und Händler gemeinsam verhindern, dass Menschen zu Tode getrampelt wurden. Wer Erfolg hatte, war mindestens erschöpft: »Frauen, die mit zehn Pfund Kartoffeln aus dem Gedränge zurückkamen, mussten sich erst, in Schweiß gebadet, halb ohnmächtig niedersetzen, um dann nach Hause gehen zu können.«[296] Zu ähnlichen Szenen kam es in Freiburg. Eine Menge erregter und verärgerter Käufer versammelte sich Anfang Februar 1915 täglich vor dem städtischen Kornhaus; endlose Schlangen bildeten sich, und wenn der streng reglementierte Verkauf begann, kam es zu tumultartigen Zuständen. Da es nur noch kümmerliche Reste oft minderwertiger Kartoffeln gab, blieben die meisten der Wartenden unversorgt – und kamen mit abermals verschlechterter Stimmung am folgenden Tag wieder. In Hildesheim bewilligte der Stadtrat einen höheren Kredit, um Nahrung für die städtische Verteilung einzukaufen – und musste dabei fast immer den offiziell festgelegten Höchstpreis bezahlen oder sogar mehr, um überhaupt an Ware zu gelangen.

Viele Zeitungen bemühten sich, den Hausfrauen praktische Tipps zu geben, wie sie der schlechten Versorgung zum Trotz schmack- und nahrhaft kochen konnten. Als im Herbst 1914 Höchstpreise für Getreide erlassen worden waren, hatten viele Blätter begonnen, Loblieder auf die Vielseitigkeit der Kartoffeln zu drucken. Im Hildesheimer Volksmund verbreitete sich daraufhin ein Knittelvers: »Kartoffel in der Früh / Kartoffel in der Brüh / Kartoffel in der Pelle / Kartoffel auf alle Fälle.« Doch Mitte Februar 1915 waren Kartoffeln so rar geworden, dass die *Hildesheimer Zeitung* als nächste Alternative die Steckrübe anpries: »Bei der Schmackhaftigkeit und Bekömmlichkeit der Steckrüben werden die hiesigen Hausfrauen das billige Gemüse gerne wählen.«[297] Angebaut wurden sie eigentlich als Vieh- und hier vor allem als Schweinefutter.

Womit aber sollten die Tiere ernährt werden, wenn das Getreide beschlagnahmt war, Kartoffelmangel herrschte und den Menschen sogar Steckrüben ans Herz gelegt wurden? Der Bundesrat beschloss deshalb eine Weisung, die scheinbar sowohl das Futterproblem lösen als auch die Versorgung mit Fleisch sicherstellen sollte: Alle Gemeinden über 5000 Einwohner wurden verpflichtet, haltbare Fleischwaren wie Dauerwurst, Räucherschinken oder Dosenfleisch im Wert von 15 Mark pro Kopf einzulagern. Hierzu sollten die Schweinebestände augenblicklich reduziert werden, was zur Entspannung bei Kartoffeln und Steckrüben führen würde. Doch auch diese Maßnahme zur Versorgungssicherung war wie die Getreidebeschlagnahmung und Brotrationierung so wenig durchdacht wie schlecht vorbereitet. Schließlich gab es nicht genug Schlachter, um so viele Tiere in kurzer Zeit zu verarbeiten, und vor allem zu wenig Kühlräume, Konservenbüchsen, Fässer und ähnliches Material, um haltbare Produkte im von den Kommunen geforderten Umfang zu produzieren.

Um diese Frage mit Theodor Wolff zu erörtern, kam am 26. Februar 1915 eigens der hervorragend vernetzte Publizist Herbert Ritter von Berger, inzwischen als Öffentlichkeitsarbeiter beim preußischen Ministerium des Inneren tätig, in die Redaktion des *Berliner Tageblatts*. Er wollte dem liberalen, als kritisch bekannten Chefredakteur Hintergrundinformationen über die Nahrungsversorgung zukommen lassen: »Die ganze Kartoffelfrage sei falsch behandelt worden, man habe vergessen, den Bedarf der Schweine mitzurechnen«, fasste Wolff die Botschaft seines Besuchers zusammen.[298] Man habe, um den Schweinebestand überhaupt reduzieren zu können, alle an der Front irgendwie verfügbaren Schlachter zurückholen müssen. Auch werde man unter den russischen Gefangenen geeignete Kräfte aussuchen. Viele Metzger seien aber auch schon gefallen oder lägen in Lazaretten.

Mit den begrenzten Kapazitäten wurde ein knappes Drittel der Schweine geschlachtet: In wenigen Wochen sank der Bestand von etwa 25 Millionen auf weniger als 17,5 Millionen Tiere. An die Verarbeitung weiterer Tiere war nicht zu denken, denn auch so schon wurde der unregulierte Fleischmarkt mit gewaltigen Mengen an frischem oder höchstens kurzfristig haltbarem Schweinefleisch überschwemmt – es fehlten schlichtweg die Kapazitäten zur Konservierung. In Freiburg etwa, wo gerade einmal 675 Schweine geschlachtet wurden, verkaufte die Stadtverwaltung allein in den ersten beiden Märzwochen zu stark sinkenden Preisen mehr als 20 Tonnen Fleisch. Innerhalb weniger Monate erwies sich der »Schweinemord« als folgenreicher Fehlgriff: Noch schneller als im März 1915 die Preise für Frischfleisch gefallen waren, stiegen sie im Sommer an, weil einfach Tiere im schlachtfähigen Alter fehlten. Viersens Oberbürgermeister Peter Stern musste feststellen, dass der Preis für frisches Schweinefleisch um rund 50 Prozent gestiegen war. Hilflos konstatierten die zuständigen Kommunen: »Durch die seinerzeit zur Sicherung der Kartoffelvorräte veranlassten Schlachtungen sind die heimischen Bestände an schlachtfähigen Schweinen so erheblich verringert worden, dass für längere Monate mit einem starken Mangel gerechnet werden muss.« Die *Viersener Zeitung* stellte fest, dieser Unterversorgung könne »vorläufig nur durch allmähliche Abgabe der von den Gemeinden sichergestellten Fleischdauerwaren in gewissem Maße abgeholfen werden«.[299] Da zu dieser Zeit eine gute Ernte an Frühkartoffeln den Mangel am wichtigsten Grundnahrungsmittel kurzfristig bereits wieder behoben hatte, zeigte sich der Fehler der Massenschlachtung umso deutlicher. Denn nun wurden Teile der eingelagerten Fleischwaren auf den Markt gegeben, um eine halbwegs ausgewogene Ernährung der Bevölkerung sicherzustellen. Da aber nur ein Teil des Schlachtguts hatte haltbar gemacht werden können, würde in absehbarer Kürze eine deutliche und dann nicht mehr zu behebende Unterversorgung mit Fleisch eintreten.

Der »Schweinemord« kostete wie jeder andere Eingriff in den Lebensmittelmarkt viel Geld. Zwar nicht annähernd so viel wie die Umstellung der Wirtschaft auf Rüstungsproduktion, die Soldzahlungen an die Millionen eingezogener Soldaten, die vielen anderen Ausgaben für ein kriegführendes Heer und die Unterstützung für die

Bedürftigen in der Heimat – aber doch erhebliche Summen. Die Anfang August vom Reichstag genehmigten Kriegskredite und die erste Kriegsanleihe vom September 1914 waren gegen Ende des Jahres so gut wie aufgebraucht. Die nach dem Vorbild der Befreiungskriege 1813 wiederaufgenommene Schmucksammelaktion »Gold gab ich für Eisen« spülte zwar Millionenwerte in die Staatskasse, allein aus Freiburg bis Ende 1914 Edelmetalle für mehr als 70000 Mark. In einer zweiten Sammelrunde im Frühjahr 1915 tauschten Ehefrauen dann ihre goldenen Eheringe gegen eiserne; Kinder bekamen schulfrei, um von Haus zu Haus zu ziehen und um Gold zu betteln, zu »schürfen«, wie sie es nannten.[300] Die Universität kämpfte um die güldene Zeremonialkette des Rektors und verlor. Allerdings wurden diese Einnahmen fast ebenso schnell, wie das Geld hereinkam, wieder ausgegeben. Anfang März 1915 brauchte das Reich zeitnah frisches Geld: Eine weitere, die zweite Kriegsanleihe wurde aufgelegt. Sie richtete sich vor allem an die Millionen Sparer, die ihre Rücklagen für schlechtere Zeiten als Guthaben auf privaten Konten angesammelt hatten.

Zum Beispiel Henriette Schneider. Sie hatte Ende Januar 1915, noch an ihrem Zufluchtsort bei Aschersleben, die beruhigende Nachricht bekommen, ihr Sparbuch mit einem Guthaben von 4270 Mark sei vorhanden und während der russischen Besatzung des Landkreises Lötzen nicht angetastet worden, »was mir sehr angenehm ist«. Kurz vor der Rückkehr zurück nach Ostpreußen entschied sie sich dann am 7. März 1915, mehr als neun Zehntel dieses Geldes zu investieren: »Der Ostpreußischen Bank in Allenstein machte ich die Mitteilung, von meinem Guthaben 4000 Mark Kriegsanleihe zu zeichnen. So trage auch ich etwas dazu bei, dass das Vaterland widerstandsfähig bleibt.« Für eine Haushälterin wie sie bedeutete dieser Betrag immerhin mehrere Jahresgehälter. Vier Tage später brach die Familie Homm, ihre Arbeitgeber, mit Kindern und ihr selbst auf, um nach Pammern heimzukehren. Angekommen, registrierte Henriette Schneider erleichtert: »Dort war alles, wie wir es verlassen hatten.«[301]

Die Anleihe erwies sich als außerordentlicher Erfolg: Sie mobilisierte 2,7 Millionen Deutsche, mehr als doppelt so viele wie in der ersten Runde im September 1914. Gut 450000 von ihnen gaben kleine Beträge bis 200 Mark, aber fast die Hälfte zahlte zwischen 200 und 2000 Mark. Mit ihren 4000 Mark gehörte Henriette Schneider schon zum oberen Drittel der Zeichner, an deren Spitze 325 Käufer von Anleihen im Wert von jeweils mindestens einer Million Mark oder mehr standen. Theodor Wolff registrierte am 21. März 1915 mit gewisser Überraschung: »Die neue Kriegsanleihe ergibt ungefähr doppelt so viel wie die erste. Ein gewaltiger Erfolg, der zum Mindesten beweist, dass die Bürgerkreise vom Pessimismus noch nicht erfasst sind.«[302]

Skeptischer sah Erich Mühsam das Ergebnis. »Zurzeit erfüllt wieder ungeheurer Stolz das Land, da die neue Kriegsanleihe ein Resultat von neun Milliarden Mark ergeben hat«, schrieb der notorisch klamme Schriftsteller als Reaktion auf die Zeitungsmeldungen am 22. März 1915 in sein Tagebuch. »Natürlich ist es lauterer Patriotismus, der die Zeichner zur Bereitstellung ihrer Kapitalien vermocht hat. Wollte jemand auch nur andeuten, dass das Resultat durch geschickte Bearbeitung der spekulativen Instinkte der Bevölkerung erzielt wurde, so wäre der ein elender Hochverräter, eine Bezeichnung, mit der die Deutschtümler im Lande jetzt sehr freigebig umspringen.« Mühsam, selbst alles andere als glücklich im Umgang sowohl mit eigenem wie mit geliehenem Geld, sorgte sich: »Ob das ganze Darlehnsgeschäft nationalökonomisch solide ist, das heißt, ob die gezeichneten Werte in der Tat als Deckung der dafür auszugebenden Reichszahlungsmittel anzusehen sind, ist mir übrigens sehr zweifelhaft.« Er hatte darüber mit seinem Bekannten, dem Schriftsteller Heinrich Mann, gesprochen, der behauptet hatte, dass »die für das erste Kriegsreichsdarlehen ausgegebenen staatlichen Sicherheitspapiere jetzt wieder als Leihkapital vom selben Reich angenommen wurden«. In Wirklichkeit war der Kreislauf von Schatzanweisungen, Reichskassen- und Darlehensscheinen zwar komplizierter, aber im Ergebnis traf Manns Überlegung zu, dass so »ad infinitum aus sich selbst heraus neue Werte« geschaffen werden konnten: »Das Verfahren bedeutet nichts anderes, als Quittungen für bereits bezahltes Geld als zinskräftiges Kapital in den Handel zu bringen«, bilanzierte Mühsam.[303]

Nicht nur der Münchner Bohemien machte sich im Frühjahr 1915 düstere Gedanken; flächendeckend breitete sich Skepsis aus. Zu ihrer Symbolfigur wurde der Reichstagsabgeordnete Karl Liebknecht. Zwar hatte Theodor Wolff noch Anfang Dezember 1914, als der relativ junge Rechtsanwalt und Anhänger des linken SPD-Flügels seine Zustimmung zur weiteren Kriegsfinanzierung demonstrativ verweigert hatte, durchaus zu Recht festgehalten: »Für die Rolle, die er spielen will, fehlt ihm die persönliche Bedeutung. Zu viel Reklamesucht und zu wenig ernste Haltung.«[304] In Teilen der Berliner Arbeiterschaft hingegen rief die kompromisslose Antikriegshaltung des Linksabweichlers Zustimmung hervor. »Obwohl Liebknecht den leitenden Genossen äußerst unbequem wird, so ist er doch der Masse selbst noch immer sehr sympathisch, und die Wähler seines Kreises wollen ihn auch nicht fallen lassen«, berichtete ein Spitzel. Fortan wies Polizeipräsident von Jagow in fast jedem seiner Stimmungsberichte auf die wachsende Bedeutung der »Radikalen« hin. Mal hieß es, »einige Kleinmütige« klagten bereits »über die Länge des Krieges«; mal befand er: »Die radikale Opposition hetzt noch immer.« Am 20. Februar 1915 warnte ein Bericht, »die Radikalen«, also Liebknechts Sympathisanten, bekämen »hauptsächlich in den großen Städten leichter als bisher Oberwasser«. Einer seiner Beamten meldete von Jagow am 5. März, zum ersten Mal mache sich tief greifende Verstimmung auch im Mittelstand bemerkbar, und tags darauf hieß es im 32. Stimmungsbericht, just am ersten Tag der neuen Kriegsanleihe: »Dieser Missmut, in Verbindung mit der Ungewissheit über die Dauer des Krieges, hat stellenweise eine gewisse Friedenssehnsucht geschaffen, die vielfach in Mitgliederversammlungen und anderen Veranstaltungen der sozialdemokratischen Wahlvereine zum Ausdruck gekommen ist.« Noch riskanter aber erschien, dass Besorgnis sich auch im Bürgertum breitzumachen begann. Traugott von Jagow, ganz preußischer Spitzenbeamter, hielt das für gefährlich: »Diese gedrückte Stimmung höherer Kreise wird sich allmählich auch den unteren Volksschichten mitteilen, falls sie nicht durch glückliche Tatsachen widerlegt wird.«[305]

Eine ähnliche Sichtweise vertrat Kurt Riezler, der Sekretär und politische Berater von Reichskanzler Theobald von Bethmann Hollweg. Am 26. März 1915 notierte er: »Volksstimmung. Wie seltsam jetzt, da in Ost und West nichts vorwärtsgeht. Die unbeschäftigten Leute in den Clubs drehen alles ins Schlechte. Müdigkeit allerorten.« Immerhin überwiege im Volk noch Zuversicht – anders als beim liberalen Bürgertum, für das bei Riezler die wohlhabenden Vorstädte der Reichshauptstadt wie Charlottenburg und Schöneberg standen: »Berlin West hat keine Nerven«, stellte er fest. Zugleich begrüßte er hämisch den Erfolg des linken, des Liebknecht-Flügels in der SPD: »Die Sozialdemokratie auf dem besten Wege, sich zu spalten.«[306]

Zu den bürgerlichen Skeptikern gehörte der scharfzüngige Publizist Maximilian Harden, Herausgeber und Hauptautor der Zeitschrift *Die Zukunft*. Er war seit einem Vierteljahrhundert ein persönlicher Gegner des Kaisers und seiner Regierung, hatte sich aber in den ersten Kriegswochen zunächst mit Verve für einen Siegfrieden eingesetzt. Als Harry Graf Kessler ihn im März 1915 aufsuchte, war diese Phase wieder vorüber: »Nachmittags bei Harden. Ich fand ihn ohne besondere Informationen; er schien müde und leer wie ein ausgebrannter Vulkan.« Seine Abneigung gegen Wilhelm II. hatte wieder die Oberhand gewonnen: »Er gönnt offenbar dem Kaiser und Bethmann nicht recht einen glänzenden Frieden; meinte, er würde nicht abgeneigt sein, schon jetzt Frieden zu schließen gegen Wiederherstellung des Status quo ante, wie er im Juli war.« Dann habe Deutschland seine Kraft gezeigt und werde dadurch vor Angriffen sicher sein – das genüge ihm. Kessler hielt dagegen: »Eine leere Phrase und ein katastrophaler Friede für uns, wenn wir ihn schließen müssen.« Wenige Tage später, Kessler war wieder auf dem Rückweg an die Ostfront, hielt er seine Eindrücke vom Aufenthalt in der Reichshauptstadt und der Stimmung in der Oberschicht fest: »Berlin erscheint klein in diesem Augenblick; kleine Vergnügungen, kleine Intrigen, kleiner Klatsch, inmitten der Völkerschlacht, der losgelassenen Elementargewalten.«[307]

Beunruhigt meldete ein Berliner Kriminalbeamter Anfang April 1915, »sowohl in sozialdemokratischen wie teilweise bürgerlichen Kreisen« mache sich »eine immer stärker werdende Stimmung für den Frieden bemerkbar«. Sie werde vielfach »durch die nicht aufhörenden Hetzereien und Wühlereien der Oppositionspartei, jener radikalen Parteiführer, durch ihre in Mitgliederversammlungen gehaltenen Reden künstlich hervorgerufen«. Mitglieder des SPD-Zentralvorstandes hätten sogar beschlossen, »jetzt auch die organisierten Frauen für Friedensaktionen mobil zu machen«. Sie sollten zu »Straßendemonstrationen mit der Parole ›Gebt uns unsere Männer wieder!‹« vorgeschickt werden. Derlei Umtriebe beschränkten sich nicht mehr nur auf Berlin: »Auch in anderen Städten Deutschlands gewinnt die Opposition langsam, aber stetig an Boden. Dies ist hauptsächlich darauf zurückzuführen, dass die Führer der Oppositionspartei, jener Gruppe der sozialdemokratischen Reichstagsabgeordneten, hier ihre Zusammenkünfte und Sitzungen abhalten und die in diesen gefassten Beschlüsse dann selbst oder durch ihre Vertrauensmänner in ihren Wahlkreisen an die arbeitende Bevölkerung weiterverbreiten.«[308]

Weder ausschließlich noch vorwiegend der Liebknecht-Flügel nährte die Kriegsmüdigkeit in der Provinz. Bis Ostern 1915 waren schon 18000 Mann über den Umschlagplatz Hildesheim in Richtung West- oder Ostfront abgerückt, weitere 11000 Mann in der Garnisonsstadt trugen Uniform – sei es als Rekruten in der Ausbildung, sei es als Militärbeamte. Doch selbst in dieser durch und durch militarisierten Gemeinde machte sich Unzufriedenheit breit. Dafür sorgten die ewig gleichen, ewig unbefriedigenden Nachrichten aus dem Großen Hauptquartier. »Keine Nachrichten von den Dardanellen oder aus Flandern«, vermerkte Annie Dröege am

28. März 1915 in ihrem Tagebuch, »aber eine kleine Notiz über die angeblich üblichen Fortschritte in Russland und Frankreich. Die Leute sind müde, es zu lesen.« Die Britin in Feindesland erlebte, wie ein Herr seinem Unmut Luft machte: »Ich bin es leid, immer die gleichen alten Neuigkeiten zu lesen! Es ist immer dasselbe.«[309]

Für zusätzliche Unruhe sorgten Gerüchte, Italien werde Österreich-Ungarn den Krieg erklären. Wenn es neben West- und Ostfront bald Kämpfe auch im Süden geben sollte, das war vielen Beobachtern in der Heimat klar, könnten die ohnehin schon extrem angespannten Ressourcen Deutschlands rasch überfordert werden. Die geballte Verunsicherung entlud sich zulasten von Italienern in Deutschland. »Die allgemeine Aufmerksamkeit ist von der Entscheidung Italiens über Krieg oder Frieden beansprucht«, schrieb Erich Mühsam am 7. Mai 1915 in sein Tagebuch, direkt nach Übergriffen auf einem Jahrmarkt in München: »Auf der Auer Dult hat man zur Vorsicht erst mal ein paar Verkaufsbuden armer Italiener demoliert, wie man denn, im Falle Italien Ernst macht, den *furor teutonicus* auf Maroniverkäufer und alle die Italiener entladen wird, die das abscheuliche Verbrechen verübt haben, in Deutschland zu arbeiten und Steuern zu zahlen.«[310]

Zufällig gleichzeitig traf die Nachricht über die Versenkung des britischen Passagierdampfers *Lusitania* durch ein U-Boot in der Irischen See ein. Deutsche Zeitungen feierten den erfolgreichen Torpedoangriff als »großes und geschicktes Stück Arbeit«, wie Annie Dröege bekümmert festhielt. Die meisten Menschen in Hildesheim glaubten offenbar, dass der Transatlantikliner tatsächlich zum Kriegsschiff umgebaut worden sei. »Einige der sensibleren Leute drücken ihre Bekümmerung über das aus, was geschehen ist. Aber auch für sie ist England verantwortlich für alles, was passiert.«[311] In vielen Städten des britischen Empires bis hin nach Südafrika kam es derweil zu Plünderungen in Läden mit deutsch klingenden Namen. Deutschlands Vizeaußenminister, Unterstaatssekretär Arthur Zimmermann, sah die Lage zynisch und zugleich pragmatisch; Theodor

Wolff gegenüber äußerte er: »Passen Sie mal auf, wie das wirken wird! Der Hass gegen uns kann schon nicht mehr größer werden. Hassen werden sie uns immer, wir können in der Situation, in der wir sind, nur ordentlich um uns schlagen. Rücksichten können wir nicht nehmen.«[312] Erich Mühsam dagegen erkannte in den Übergriffen eine »neue Orgie der Deutschfeindlichkeit« und beklagte: »Unsere Eiserne-Besen-Politiker kriegen dadurch erst recht Oberwasser.« Für die Kriegsgegner in seinen Kreisen in München und darüber hinaus sei das fatal: »Dass in Deutschland aber viele sind, die die Scheußlichkeit des U-Boot-Krieges ebenso beurteilen wie das ganze Ausland, erfährt dort niemand, weil der Zustand des Militärdespotismus uns das Maul zuhält. Es sieht unsäglich traurig aus in der Welt.«[313]

Einige Wochen lang schien der Eintritt der USA in den Krieg gegen Deutschland möglich zu sein – mit großen psychologischen Folgen: Bestätigte sich auf diese Weise nicht, dass feindliche Mächte das Reich einkreisen wollten? Mit diesem Argument hatten der Kaiser, der Reichskanzler und der Generalstabschef Anfang August 1914 den deutschen Angriff auf Belgien begründet. Die Stimmung großer Teile der Bevölkerung war inzwischen in Bitterkeit verhärtet. »Ein junger Offizier, der einige Tage auf Urlaub in Berlin weilt, vertraute mir heute an, er sehne sich förmlich nach der Front zurück, um Frieden und Ruhe zu haben«, hielt Evelyn Fürstin Blücher fest, gebürtige Engländerin und Ehefrau des preußischen Hochadligen Gebhard von Blücher: »Dort seien kein so giftiger Hass und solche Rachsucht, man spreche nicht unaufhörlich über Grausamkeiten, Wiedervergeltung und ähnliche Dinge.«[314] Auch Kurt Riezler fühlte sich abgestoßen von den aufgeputschten Emotionen, die sich Bahn brachen: »Ideeller Zusammenbruch, Taumel des Hasses. Die gemeine Gewalt der modernen Welt, die Unbildung des Pöbels in den Händen der Pressekonzerne.«[315]

Mitten hinein in diese angespannte Lage kam am späten Abend des 23. Mai 1915 die Meldung, dass Italien Österreich-Ungarn tatsächlich den Krieg erklärt hatte. Die Zeitungen druckten Extrablätter und trieben damit die Erregung fast überall im Land auf neue, ungekannte Höhen. Der »Verrat« des eigentlich verbündeten Staates löste wütende Übergriffe aus, obwohl schon seit Monaten genau darüber spekuliert worden war. »Dass die Wut ungeheuer groß ist, versteht sich«, stellte Erich Mühsam fest.[316] In Dülken fand unter dem Motto: »Italiens schmachvoller Verrat und Deutschlands heiliger Zorn« eine Veranstaltung in der Stadthalle statt. Es kamen so viele Interessierte, »dass Saal und die Balkone der Stadthalle diese Besucher kaum zu fassen vermochten«. Der Viersener Kaplan Ludewig, einer der Redner, schimpfte auf Italien, »das eine Judas-Tat, einen in der Weltgeschichte einzig dastehenden Treuebruch an uns begangen« habe.[317] Da die Italiener in Dülken mit Abstand die größte Gruppe ausländischer Bewohner stellten, mit immerhin 241 Menschen, und es sogar ein Mädchenwohnheim für italienische Gastarbeiterinnen in der örtlichen Flachsspinnerei sowie organisierten Deutschunterricht für italienische Kinder gab, hatten solche Parolen Folgen: In den kommenden Monaten verließen 110 Italiener Dülken, sicher nicht alle freiwillig.

Auch in Hildesheim, wo es kaum Italiener gab, war die Kriegserklärung das Thema der Stunde. Hier war man, wie Annie Dröege erlebte, gleichzeitig niedergeschlagen und entschlossen, den »dreckigen Stall« bald auszumisten: »Niemals wollen sie den Italienern ihre Falschheit vergeben.« Amüsieren konnte sie sich über ein Gerücht, das auch in der *Hildesheimer Zeitung* aufgegriffen wurde: Briten hätten dem Papst 10000 Pfund im Jahr angeboten, wenn er nach Großbritannien ziehe und nicht länger eingeschlossen im Vatikan lebe. »Das hat mich lachen lassen«, notierte Annie, die im Gegensatz zu ihrer vorwiegend protestantisch-deutschen Umgebung genau wusste, wie ihre anglikanischen Landsleute über das Oberhaupt der katholischen Kirche dachten.[318]

Die mit wenigen Ausnahmen allgemeine Wut über Italiens Kriegserklärung und eine Reihe von erfolgreichen Schlachten deutscher Truppen an der Ostfront sorgten im Frühsommer 1915 für einen

Stimmungsumschwung: Die sich bereits ausbreitende Kriegsmüdigkeit schlug vielerorts in Entschlossenheit um. Dazu trugen zunehmend geschickt organisierte Kundgebungen bei, die oft von patriotischen Verbänden bei Erfolgsmeldungen einberufen wurden. In Freiburg etablierte sich ein festes Ritual: Wenn das Große Hauptquartier einen echten oder vermeintlichen Sieg des Kaiserlichen Heeres bekannt gab, läuteten zunächst die Kirchenglocken in der Stadt, dann zogen Aktivisten patriotischer Vereine zur Feier des Tages Flaggen auf. Zeitgleich versammelte sich, wer gerade konnte, vor den Redaktionen der örtlichen Zeitungen und wartete auf Extrablätter oder wenigstens mündlich weitergegebene Nachrichten. Der Höhepunkt dieses Rituals kam am Abend, wenn oft Tausende Bürger sich am mit Fackeln erleuchteten Siegesdenkmal vor der Karlskaserne am Rande der Altstadt versammelten. Dort heizten Redner, Chöre und Militärkapellen die Stimmung weiter an, das Ritual steigerte sich zum Hochamt. Wie zur Selbstvergewisserung brachten die patriotischen Zeitungen am folgenden Morgen ausführliche Berichte. Anlässlich der Eroberung von Lemberg am 22. Juni 1915 berichtete die *Breisgauer Zeitung* über die Reaktionen in Freiburg: »Sofort erhoben die Glocken von den stolzen Türmen ihre eherne Stimme und rissen den Bürger aus dem Frieden seiner Wohnung, aus dem Sinnen über der Zeiten eisernen Ernst in die blendende Helle des Freudenlichts, das aus dem Osten strahlend über Deutschlands schlummernde Gaue strömte.« Zuständig für die Organisation solcher Feiern waren verschiedene Institutionen: Der Stab der Freiburger Garnison entschied, ob eine Nachricht von der Front gut genug war, um eine öffentliche Kundgebung zu rechtfertigen. Das Bezirksamt wies die Beflaggung und das Glockengeläut an, die Stadtverwaltung kümmerte sich um genügend Brennmaterial am Siegesdenkmal und bestellte die Gesangsvereine ein, meist auf 20:15 Uhr. Die Garnison wiederum stellte die Kapelle und legte fest, welche Lieder zu singen seien – und sogar, wann die Menge mitzusingen hatte: »beim ersten und letzten, vielleicht auch beim vorletzten Stück«.[319]

In der Metropole Berlin gab es ähnliche Veranstaltungen, aber meist auf lokale Initiative von Aktivisten hin. Besonders hervor tat sich Julius Koch, evangelischer Pfarrer im Arbeiterbezirk Friedrichshain. Mit »reichem Flaggenschmuck, in stolzer Freude und vor der Samariterkirche wieder durch eine erhebende vaterländische Massenkundgebung« sei die Eroberung von Lemberg gefeiert worden, vermeldete Polizeipräsident Traugott von Jagow im Stimmungsbericht Ende Juni 1915. Solche Kundgebungen seien »ständige Begleiterscheinung jedes deutschen Sieges geworden«.[320] Manchmal hatten es die vaterländischen Vereine sogar zu eilig. So wehte in München die Siegesbeflaggung versehentlich schon zwei Tage bevor Lemberg überhaupt fiel. Als die bedrängte Stadt dann tatsächlich von deutschen Truppen erobert wurde, erregte das »eine Begeisterung wie noch kaum eine Schlacht vorher«. Erich Mühsam wunderte sich darüber, war doch die österreich-ungarische Garnisons- und Regionalhauptstadt Lemberg bereits im August 1914 heiß umkämpft gewesen und dann an die russische Armee verloren gegangen. »Unzählige Leute« sahen seiner Beobachtung nach trotzdem in der Einnahme Lembergs die »Entscheidung des Krieges«.[321]

Diese Woge der Begeisterung machte aber auch die zunehmende Spaltung der deutschen Gesellschaft offensichtlich. Kurt Riezler beklagte »die tiefen Differenzen, die das Volk trennen«.[322] Anders als im Sommer 1914 zogen sich die Kriegsgegner nun nicht mehr einfach meistens zurück, vielmehr hatten sie jetzt prominente Politiker auf ihrer Seite – keineswegs nur den Hinterbänkler Karl Liebknecht. Am 19. Juni 1915 veröffentlichten einige der prominentesten Sozialdemokraten, darunter der Co-Parteivorsitzende Hugo Haase, ein Manifest unter dem Titel »Das Gebot der Stunde« mit unmissverständlichem Tenor: »Ungeheuer sind die Opfer, die dieser Krieg den in ihn hineingerissenen Völkern schon verursacht hat und die jeder Tag vermehrt.« Summen, die man sich gescheut habe, für die Kultur in einem Jahr auszugeben, würden nun in einer Woche für die Tötung von Menschen aufgewandt; allen kriegführenden Nationen stehe absehbar der Bankrott bevor. Dagegen setzten Haase sowie seine Mitunterzeichner Eduard Bernstein und Karl Kautsky: »In weiten Kreisen unseres Volkes und derjenigen Völker, mit denen das Deutsche Reich im Krieg liegt, macht sich denn auch immer stärkere Friedenssehnsucht geltend.« Tausende und Abertausende blickten auf die SPD, die Partei des Friedens, und »erwarten von ihr das erlösende Wort und das ihr entsprechende Verhalten«.[323]

Die Berliner Behörden reagierten unmittelbar. Ein Sonderbericht an Polizeipräsident von Jagow betonte, die Mehrheit der Sozialdemokratie halte zwar noch am »Burgfrieden« und an der Zustimmung zu weiteren Kriegskrediten fest, doch die radikale Opposition mache »sowohl in Genossen- wie in bürgerlichen Kreisen Propaganda für einen bald herbeizuführenden Frieden«. Allerdings hätten diese »Wühlereien« bisher »nicht den Erfolg gehabt, die großen Massen nach sich zu ziehen«. Über den Grund dafür zeigte sich die politische Abteilung des Polizeipräsidiums gut informiert: An die Ortsvereinsvorstände sei die Weisung ergangen, »die Genossen und hauptsächlich die weiblichen Mitglieder dringend zu warnen, an derartigen Treibereien teilzunehmen, und das Ansuchen solcher an sie herantretender Genossen abzuweisen«. Wer das nicht befolge, müsse mit Parteistrafen rechnen.[324]

Gleichzeitig bemühte sich der SPD-Vorstand, einen schier unmöglichen Spagat zu bestehen: Die innerparteilichen Gegner von Haase, Bernstein und Kautsky wollten keinesfalls unpatriotisch wirken. Also mussten sie die Autoren des Manifests, vor allem aber Liebknechts Radikale unter Kontrolle bringen, hatten jedoch zugleich vor, die Regierung zu einer ernst zu nehmenden Friedensinitiative zu drängen. Im Parteiblatt *Vorwärts* veröffentlichten daher unter anderem der Haase gleichberechtigte Co-Vorsitzende Friedrich Ebert sowie die Abgeordneten Eduard David, Philipp Scheidemann und andere ein eigenes Manifest über »Sozialdemokratie und Frieden«. Sie lehnten die Antikriegspolitik des linken Flügels ab, forderten aber den Verzicht auf alle Annexionen und forderten: »Im Namen der Menschlichkeit und der Kultur, gestützt auf die durch die Tapferkeit unserer Volksgenossen in Waffen geschaffene günstige Kriegslage, fordern wir die Regierung auf, ihre Bereitschaft kundzutun, in Friedensverhandlungen einzutreten, um dem blutigen Ringen ein Ende zu machen.«[325]

Davon allerdings wollten die Beamten in der Reichskanzlei nichts hören, wie Theodor Wolff nüchtern notierte: »Wegen des letzten Satzes Verbot des *Vorwärts*.«[326] In der offiziösen *Norddeutschen Allgemeinen Zeitung* wurde das Verbot begründet: »Das Manifest ist geeignet, die Hoffnung unserer Feinde neu zu beleben. Sobald der Fortgang der militärischen Ereignisse und die politische Lage die Aussicht bieten, erfolgreich in Friedenserwägungen einzutreten, wird die Regierung von selbst das ihrige tun. Bis dahin aber gibt es für das deutsche Volk nur die Parole: ›Durchhalten!‹«[327]

Voraussetzung für jedes Ausharren war allerdings, dass es wenigstens halbwegs genügend Nahrung gab, doch die Ernährungslage war ein Jahr nach dem Attentat von Sarajevo schlecht, wie die zuständigen Behörden bilanzierten. Hinzu kam eine bis auf Kartoffeln unterdurchschnittliche Frühernte im Sommer 1915. Für fast alle Lebensmittel stiegen deshalb die Preise stark – meist zwischen 50 und 150 Prozent, mit großen Unterschieden von Stadt zu Land und von Region zu Region, aber durchschnittlich um 80 Prozent. Ein Kilo Rindfleisch hatte sich in Berlin von 1,47 auf fast drei Mark verteuert, Speck von 1,59 auf 3,60 Mark. Bei Eiern hatte sich der Stückpreis von 8 auf 16 Pfennig glatt verdoppelt, bei Erbsen der Kilopreis sogar auf 1,20 Mark verdreifacht. Alle Getreideprodukte waren deutlich teurer, obwohl zugleich die Qualität herabgesetzt worden war: Hatte reines Weizenmehl im Juni 1914 noch 42 Pfennig pro Kilo gekostet, so musste man ein Jahr später für gemischtes Weizen- und Roggenmehl 70 Pfennig bezahlen. Brot wurde mit Kartoffeln gestreckt und kostete trotzdem 80 Prozent mehr. Besonders zugelegt hatte Grieß, von 50 auf 120 Pfennig – obwohl es sich jetzt um Mais- statt Weizengrieß handelte. Seit März 1915 mussten auch Kartoffelvorräte angemeldet werden – wie fast jedermann in Deutschland wusste, kam dieser Schritt vor einer bevorstehenden Beschlagnahme und Rationierung ähnlich wie bei Mehl und Brot. Der Zentnerpreis stieg umgehend deutlich an, von drei auf vier Mark etwa in Freiburg und von 3,50 auf 4,50 Mark in Berlin; Speisekartoffeln der besten Kategorie kosteten in Viersen bis zu acht Mark für 50 Kilogramm. Erst die ausnahmsweise gute Ernte bei Frühkartoffeln sorgte ab dem Sommer für eine langsame Entspannung. In Viersen etwa sank der Zentnerpreis auf vier Mark Mitte Oktober und lag damit immer noch ein Drittel höher als im langjährigen Durchschnitt.

Ungefähr gleich geblieben waren die Preise lediglich beim Luxusprodukt Bohnenkaffee und bei Obst, wobei auch das nur offiziell galt. Weil für die meisten Lebensmittel inzwischen amtlich festgelegte Höchstpreise galten, nahmen die zu diesen Preisen angebotenen Mengen kontinuierlich ab. Für Bauern und Zwischenhändler war es weit attraktiver, ihre Produkte über private Kontakte zu verkaufen, statt sie zu den oft kaum kostendeckenden offiziellen Preisen auf dem regulären Markt anzubieten. So folgte jeder Festlegung von Höchstpreisen eine weitere Verknappung des regulären Angebots. Der »Schleichhandel« war ein öffentliches Geheimnis: Jeder wusste, wo und bei wem man sich Lebensmittel zu inoffiziellen, oft wesentlich höheren Preisen besorgen konnte – und trotz des formellen Verbots beteiligte sich nahezu jeder daran. Ernsthafte Sanktionen musste niemand befürchten. Von wem die Expansion solcher »privaten Geschäfte« ausging, blieb unklar. Ein halbamtlicher Bericht über die Lage in der ländlichen Umgebung von Hildesheim hielt fest: »Den Landwirten wurden vielfach ohne Weiteres hohe Preise geboten, und es ist selbstverständlich, dass sie angenommen wurden.« Mit viel Verständnis für die Lage der Bauern hieß es weiter: »Übrigens ist es ganz falsch, die Rentabilität des landwirtschaftlichen Betriebes nach den Preisen eines Einzelprodukts zu beurteilen. Wenn zum Beispiel für Kartoffeln ein guter Preis erzielt wird, was zugegeben werden muss, so kann dieser Gewinn leicht wieder ausgeglichen werden durch Verluste, die zum Beispiel eine ungünstige Lage des Futtermittelmarktes mit sich bringt.« Bauern könnten aber nicht »zeitweilig einen unrentablen Betriebszweig einfach ausschalten, weil die einzelnen Produktionszweige des komplizierten landwirtschaftlichen Betriebes eng aufeinander angewiesen« seien.[328]

Die Behörden zögerten weitere Einschränkungen der Lebensmittelversorgung wie Kürzungen bei den Rationen stets möglichst lange hinaus – und verschärften so die Lage weiter. Denn die meisten Menschen schöpften die maximalen Mengen aus und kauften sogar, wenn ihre Ersparnisse das erlaubten, zusätzlich Vorräte ein, in der fast immer richtigen Annahme, dass die Preise durch die nächste Regulierungsrunde eher steigen denn sinken würden. Manche Maßnahme sorgte schon im Sommer 1915 für offenen Unmut. »Dass man in München den Bierverbrauch auf ein Drittel eingeschränkt hat, noch dazu unter Erhöhung des Verbrauchspreises, rüttelt hier sogar die stumpfesten Philister auf«, verzeichnete Erich Mühsam in seinem Tagebuch.[329] Dabei fiel die Erhöhung des Abgabepreises gar nicht so drastisch aus: Ein Liter Flaschenbier kostete statt 28 nun 32 Pfennig, also vergleichsweise moderate knapp 15 Prozent mehr.

Den stark gestiegenen Lebensmittelpreisen gegenüber stand eine sehr unterschiedliche Entwicklung bei den Löhnen. Die meisten Beschäftigten in Betrieben des Heeres, den Militärwerkstätten und in vielen für die Rüstungsproduktion im weiteren Sinne tätigen Fabriken hatten seit August 1914 stetige Lohnerhöhungen erhalten – teilweise freiwillig, weil ihre Arbeit offenkundig kriegsnotwendig war, teilweise nach entsprechendem Druck oder Drohungen mit wilden Streiks. Zwar waren die Angaben des Berliner Polizeipräsidenten zu hoch gegriffen, der von Lohnverbesserungen um 100 bis 250 Prozent berichtete, was bei solchen Arbeitern zu Monatseinkommen von durchschnittlich 400 Mark, manchmal sogar bis zu 1 000 Mark führe. Tatsächlich allerdings stand den insgesamt knapp verdoppelten offiziellen Preisen für Lebensmittel ungefähr eine gleich hohe Lohnsteigerung gegenüber. Dass deshalb »in diesen Arbeiterkreisen die Lebenshaltung eine weit bessere geworden« sei als früher, dass gar »viele von ihnen erhebliche Ersparnisse zurückgelegt« hätten, wie Traugott von Jagow meinte, konnte kaum mit der Lebenswirklichkeit in der Reichshauptstadt in Deckung gebracht werden. Eher schon traf zu, dass Kleinunternehmer, die sich geschickt Heeresaufträge hatten sichern können, zu den Nutznießern zählten: »Mancher von ihnen ist durch sie zum vermögenden Manne geworden. Es ist Tatsache, dass Einzelne derselben zurzeit geradezu Luxus treiben.« Bedeutend schlechter standen aber alle anderen Bewohner Berlins da: »All diejenigen Erwerbstätigen aber, die an den Segen der Militärlieferungen weder mittelbar noch unmittelbar beteiligt sind, insbesondere die großen Scharen der mittleren und vor allem der unteren Beamten, haben eine Aufbesserung ihrer Einnahmen nicht erfahren.« In vielen Branchen, etwa dem Braugewerbe, der Buchproduktion, dem Bauwesen und der Holzverarbeitung, galten dieselben Tariflöhne wie vor dem Krieg, die, anders als im September und Oktober 1914, auch gezahlt wurden, aber natürlich viel zu niedrig waren für die gestiegenen Lebenshaltungskosten. Noch schlechter erging es den Beschäftigten, deren Löhne wegen mangelnder Nachfrage gesenkt worden waren: »In der Konfektions-, der Luxuswaren- und der Schuhbranche sind Löhne und Gehälter auf zwei Drittel der alten Bezüge abgesetzt. Die in einzelnen Geschäften gezahlten Kriegszulagen sind unerheblich.« Mit überraschend viel Einsicht stellte der Polizeipräsident fest: »Jedenfalls ist allen denen, deren Einnahmen nicht gestiegen sind, die Fortführung einer angemessenen Lebenshaltung sehr schwer gemacht.«[330]

Immerhin war das Problem der Arbeitslosigkeit weitgehend erledigt: Durch weitere Einberufungen und den Aufschwung der Rüstungsproduktion herrschte inzwischen sogar in vielen Städten ein Mangel an Arbeitskräften. Im zweiten Halbjahr 1915 stellten auch Industriebetriebe immer mehr Frauen ein, zu freilich deutlich niedrigeren Löhnen als ihre männlichen Kollegen, was mit geringerer Leistungsfähigkeit begründet wurde. Außerdem galten Frauen in der Produktion fast ausnahmslos als ungelernte oder bestenfalls angelernte Beschäftigte, nicht aber als Facharbeiter. Während Viersens Oberbürgermeister Peter Stern das für »naturgemäß« hielt, kommentierte sein Dülkener Kollege Caspar Voß den Einsatz vieler Frauen in den Betrieben positiv: »Die Einstellung weiblicher Hilfskräfte in den verschiedensten, für sie bisher fremden Gewerbezweigen hat sich als eine erfolgreiche, für die Leistungsfähigkeit unserer Industrie in der Kriegszeit hoch bedeutsame Neuerscheinung bewährt.« Der Gemeindevorsteher war seiner Zeit weit voraus: Die Einstellung von weiblichen Beschäftigten habe gezeigt, »dass dem Tätigkeitsgebiet der Frau im Falle der Not keine Schranken gesetzt sind und dass die Frau zu Arbeiten verwandt werden kann, die man ihr früher im Hinblick auf ihre körperliche Leistungsfähigkeit nicht glaubte zutrauen zu dürfen«.[331]

Noch größer als im übrigen Deutschen Reich war der Arbeitskräftemangel in Ostpreußen, wo neben der Bewirtschaftung der Felder und der Produktion in Rüstungsbetrieben in den größeren Städten vor allem der Wiederaufbau der zwischen September 1914 und Anfang 1915 in der zweiten »Russenzeit« verwüsteten Landstriche zu stemmen war. An Geld dafür mangelte es nicht, denn Preußens Finanzministerium hatte jetzt zusätzlich zu privaten Spenden die enorme Summe von 400 Millionen Mark zur Verfügung gestellt. Ab Mitte 1915 lief ein Wiederaufbauprogramm, das Vorbildcharakter haben sollte. Es entstanden große Wohnsiedlungen mit modernen sanitären Anlagen und Elektrizität, vor allem für kinderreiche Familien, Kriegsinvaliden und Kriegerwitwen. Das hatte es gerade in kleineren Städten Ostpreußens bis dahin fast nicht gegeben. Für dieses patriotisch wichtige Bauprogramm verpflichtete die staatliche Kriegshilfekommission viele jüngere, an modernen Vorstellungen orientierte Architekten, die oft von den Behörden dienstverpflichtet wurden, ihre Arbeit also anstelle des Kriegsdienstes an der Front taten; zu ihnen zählte der 22-jährige Hans Scharoun. Er hatte zwar im August 1914 sein Architekturstudium an der Technischen Hochschule Charlottenburg bei Berlin abgebrochen, um sich freiwillig zum Kriegsdienst zu melden, ließ sich aber im folgenden Jahr bereitwillig nach Ostpreußen abkommandieren, um hier seiner Leidenschaft nachzugehen: dem Planen und Bauen.

Während für hoch qualifizierte Tätigkeiten in Ostpreußen durchaus jüngere deutsche Soldaten von den Fronttruppen abgezogen wurden, herrschte großer Mangel an Personal für einfache Aufgaben. Gleichzeitig gab es jedoch ein riesiges Potenzial: Allein bis zum Frühjahr 1915 waren eine Viertelmillion russische Soldaten in die Hände deutscher Truppen geraten. Obwohl schon relativ bald zunächst wenige, kurz darauf aber viele dieser Kriegsgefangenen im Westen eingesetzt wurden, auch in Viersen und in Freiburg, dominierte in den am schwersten geschädigten Gebieten im Osten Ostpreußens Zurückhaltung. Anfangs wurden nur sehr zögerlich Russen als Hilfskräfte angefordert, denn noch wirkten die Ängste der Besatzungszeit fort. »Doch als sich dann herausstellte, dass diese Gefangenen größtenteils gutmütige und willige Arbeiter waren, konnte man sie überall antreffen«, hielt der Ortschronist von Preußisch-Eylau fest.[332] Zwar mussten die Gefangenen in besonderen Lagern leben, in Baracken mit vergitterten Fenstern, in die sie abends von einem Wachposten eingeschlossen wurden. Trotzdem erkannten die Behörden die Arbeit an: Es wurde ein Taschengeld von einer Mark pro Tag gezahlt, also ein Fünftel des Durchschnittslohns deutscher Hilfsarbeiter. An Maschinen in Rüstungsfabriken sollten Kriegsgefangene nicht eingesetzt werden, weil sie als sabotageanfällig galten. Für andere anspruchsvollere Aufgaben kamen festgehaltene gegnerische Soldaten nur infrage, sofern der Bedarf nicht durch dienstverpflichtete ausländische Zivilisten gedeckt werden konnte.

Arthur Dröege gehörte nicht zu denen, die für solche Aufgaben geeignet schienen. Als Mann im wehrfähigen Alter blieb er in Ruhleben interniert. Im Sommer 1915 erfuhr seine Frau Annie in Hildesheim, dass britische Zeitungen noch mit einer Kriegsdauer von zwei Jahren rechneten: »Armer Arthur! Muss er vielleicht noch zwei Jahre an diesem grauenhaften Ort verbringen«, notierte sie. Allerdings war sie auch durchaus froh, dass er sich nicht wie andere Insassen von Ruhleben für ein Angebot der deutschen Behörden entschieden hatte: »Ich hatte Besuch von einer Dame, die erwartet, dass ihr Bruder demnächst frei kommt. Er wird direkt in die Armee gehen, sobald er eingebürgert ist. Er ist 34 Jahre alt. Sie wünscht, er würde in Ruhleben bleiben. Ich bin nicht traurig, dass Arthur derzeit dort ist.«[333] Das Internierungslager westlich von Berlin war in der Tat ein Ort, an dem man von der Einziehung an die Front recht sicher war.

Annie Dröege sorgte sich nur darum, ihr Mann könnte irgendwie in die mörderischen Kämpfe geraten. Viele andere Frauen mussten dagegen ganz konkret um das Leben ihrer Gatten, Söhne, Brüder oder Väter fürchten, die bereits im Einsatz waren; oft hatten sie auch schon Verwandte verloren oder mussten sich auf die Rückkehr von Versehrten und Invaliden einstellen. Neben den radikalen Kriegsgegnern aus der Anhängerschaft des linken SPD-Flügels nahm gerade bei weiblichen Deutschen die Kriegsmüdigkeit zu: »Allenthalben macht sich aber, namentlich unter den Frauen, eine große Sehnsucht nach Frieden bemerkbar, der jedoch vorläufig noch aussichtslos erscheint«, meldete ein Polizeispitzel aus Berlin: »Mit banger Sorge sehen sie deshalb dem zweiten Winterfeldzug entgegen.« Die Einziehung der meisten »noch vorhandenen waffenfähigen Männer« im Hochsommer 1915 sorgte für eine Verbreitung dieser »gewissen Kriegsmüdigkeit« auch in bürgerlichen Kreisen. Vielfach höre man »die Angst vor einem zweiten Winterfeldzug heraus«. Allerdings, so hielt Kriminalschutzmann Wilhelm Dittmann ausdrücklich fest, gebe es dieses Problem nicht nur in Deutschland: »Genauso wie hier von einem kleinen Kreise der Opposition die Friedensbestrebungen betrieben werden, genauso haben sich auch in den kriegführenden feindlichen Ländern und neutralen Staaten solche Elemente zusammengefunden, die dasselbe Ziel verfolgen und fortgesetzt hauptsächlich durch die Presse nach Frieden schreien.«[334] Da jedoch die sozialistische Internationale 1914 völlig versagt habe und deshalb längst rettungslos zerrüttet sei, sah der Beamte keine Gefahr einer Verbrüderung.

Das Leben in der Heimat ging trotz des Krieges, der Angst um die eigenen Verwandten an der Front wie des täglichen Kampfes um halbwegs bezahlbare und nahrhafte Lebensmittel natürlich weiter. Fast überall in Deutschland herrschte Mangel an jüngeren Männern, denn mehr als zwei Millionen 18- bis 25-Jährige waren eingezogen; die Ausnahmen bildeten Verkehrsknotenpunkte, in denen zahlreiche Züge mit Mannschaften Station machten und Soldaten oft einige Stunden oder wenige Tage Aufenthalt hatten, und frontnahe Städte. Manch besonders sittenstrenger Moralapostel erregte sich über die Folgen des Männermangels. Der Pfarrer einer katholischen Gemeinde in einem Dorf bei Viersen hielt mit großer Empörung fest, was er über das angebliche Verhalten von Frauen gehört hatte: »Die Weiber, ja die Weiber und nochmals die Weiber, diese langhaarigen, aber kurz verständigen Wesen. Wenn die Hälfte wahr ist, was diese treulosen, ehebrecherischen Geschöpfe in den Städten treiben sollen, fürwahr da hat der Krieg noch wenig genützt.« Der Geistliche hatte unter anderem von »schweren sittlichen Verfehlungen« in Lazaretten gehört, die seinen Zorn erregten: »Nun ja, wenn man diese modernen Blaustrümpfe sieht, wie sie mit den ›Herrn Verwundeten‹ poussieren und liebäugeln, diese Affen, dann sollte man einen Brechreiz bekommen. Zu harter Arbeit sind diese modernen Darwinistinnen nicht zu haben, die überlassen sie unseren Krankenschwestern.« Erleichtert fügte der Pfarrer hinzu: »Gott sei Dank habe ich an meiner Gemeinde noch gesund denkende Mädchen.«[335]

Berichte über Ausschweifungen in der Heimat, während Ehemänner und Väter an der Front weilten, waren über fast jeden größeren Ort in Deutschland im Umlauf. Die Schulen in Freiburg wurden angewiesen, verstärkt für »Zucht und Ordnung« unter Jugendlichen zu sorgen. Müßiggang und »Herumstreunern« von Mädchen nehme überhand; in Kneipen seien sie viel zu oft zu sehen.[336] Das liege auch an der Überforderung der Mütter, die noch weitaus mehr Zeit als vor dem Krieg in den Lebensunterhalt stecken müssten und entsprechend ihren Erziehungsaufgaben nicht mehr nachkommen könnten. Das preußische Kriegsministerium verbreitete Propagandabroschüren, mit denen Frauen offensichtlich ein schlechtes Gewissen eingeredet werden sollte: »Es gibt Kriegerfrauen, die Liebe und Treue, Zucht und Sitte vergessen und sich fremden Männern an den Hals werfen, während die Männer draußen darben und bluten; Kriegerfrauen, die zum Tanz und ins Vergnügen laufen, die mit dem Geld, das die Männer schicken, sich wie Dirnen putzen oder beim Essen schlemmern, während sich die Kinder in zerrissenen Strümpfen und Kleidern verwildert auf der Straße herumtreiben.«[337]

Neben solchen eher vagen Vor- und Fehlurteilen gab es ganz konkrete Anhaltspunkte für eine massive Aufweichung der Sexualmoral. Die Zahl der wegen Geschlechtskrankheiten behandelten Frauen in Freiburgs Krankenhäusern verdoppelte sich gegenüber der Vorkriegszeit, denn wegen der Frontnähe der Stadt florierte die käufliche Liebe: 1915 wurden rund 400 nicht registrierte Prostituierte aufgegriffen. Viele von ihnen kamen aus dem 1871 von Deutschland annektierten Elsass, das unter den französischen Vorstößen zu Kriegsbeginn zu leiden gehabt hatte, aber ohnehin weniger entwickelt war als die badischen Gebiete rechts des Rheins. Rasch etablierte sich der Begriff »Elsässerin« als Synonym für Nutte. Die Polizei griff hart durch, was wiederum Kritik hervorrief. Eine Gruppe von 200 Soldatengattinnen, darunter auch Witwen, wandte sich mit einer Petition an Oberbürgermeister Emil Thoma und zeigte überraschend viel Verständnis für »gefallene« Mädchen: »Auch wissen wir ja, dass wir unter manchem leiden müssen, weil manche Frau kein rechtes Leben geführt hat. Und warum hat es vielleicht auch manche getan? Aus Not!«[338]

In der ländlichen Umgebung Münchens, wo wie oft in der Provinz viele russische und französische Kriegsgefangene auf Feldern und Höfen arbeiteten, führte der Männermangel zu unerwünschten Beziehungen: »Bezüglich des unerlaubten Verkehrs zwischen Frauenspersonen und Gefangenen muss leider gesagt werden, dass derselbe eher zu- als abnimmt, obwohl hierwegen schon viele Frauenspersonen bestraft worden sind und dieses auch in der Bevölkerung auf dem Lande bekannt ist. Fast allwöchentlich werden eine oder zwei Personen (Dienstmägde, Bauerstöchter, auch Bauersfrauen) wegen unerlaubten Geschlechtsverkehrs mit Gefangenen zur Anzeige gebracht.« Verdrossen hielt der Berichterstatter zusätzlich fest: »Es handelt sich hier aber meistens um Fälle, in welchen der Verkehr nicht ohne Folgen geblieben ist. Die übrigen Fälle werden vielfach nicht bekannt.«[339]

Zu den Gründen für die zahlreichen Beziehungen von einheimischen Frauen mit gegnerischen Kriegsgefangenen gehörte, dass es nur noch wenige andere Freizeitbeschäftigungen gab. Zwar hatte auch die freie Zeit stark abgenommen, denn im Zuge der umfassenden Mobilisierung der Gesellschaft im Jahre 1915 war die Arbeitsbelastung der meisten Deutschen in der Heimat deutlich gestiegen; zusätzlich erwies sich die Beschaffung von Lebensmitteln nicht nur als sehr viel teurer, sondern auch zeitaufwendiger. Überdies gab es für die wenige tatsächlich verbliebene Freizeit kaum mehr Möglichkeiten, sich abzulenken. Viele der zu Friedenszeiten üblichen Vergnügungsveranstaltungen waren aus politischen Gründen gestrichen worden. Das Oktoberfest in München war schon 1914 ausgefallen und fand bis 1918 nicht mehr statt. In Viersen hatte der Stadtrat im Frühjahr 1915 die zweimal jährlich gefeierte Kirmes abgesagt, allerdings mit unerwartetem Ergebnis: »Am Sonntag hatten sich, wohl infolge der Macht der Gewohnheit, an unserer sonst immer doch recht zugkräftigen Kirmes teilzunehmen, ziemlich viele Besucher von auswärts eingefunden, die natürlich etwas enttäuscht wurden. Aber der Ernst der Zeit und rauschender Kirmestrubel hätten doch zu schlecht zusammengepasst.« Im Herbst 1915 beantragten Viersener Geschäftsleute dann, die Kirmes trotz Krieges wieder abzuhalten. Ausführlich debattierten die Stadtverordneten über diesen Antrag; Oberbürgermeister Peter Stern plädierte dagegen, da es sich für »die Daheimgebliebenen in keiner Weise zieme, Zerstreuung in solchen Vergnügungen zu suchen. Das Geld, das die Daheimgebliebenen erübrigten, dürfe nicht nutzlos ausgegeben, sondern müsse für Zwecke verwandt werden, die unmittelbar unserem Heere, unseren Soldaten zugute kämen«.[340] Dagegen argumentierten Vertreter der Viersener Wirte, die auf auswärtige Besucher dringend angewiesen waren. Man einigte sich auf einen Kompromiss: Zum üblichen Zeitpunkt, dem zweiten Oktoberwochenende, durften auf dem Festplatz Verkaufsstände aufgestellt werden, aber keine Karussells oder Schaubuden.

Anders als in Viersen entschied die Stadt Hildesheim, den nicht an die Front abkommandierten Bürgern wieder mehr Möglichkeiten der Zerstreuung zu bieten: Das seit Kriegsbeginn geschlossene Theater wurde wieder eröffnet. Der neue Spielplan umfasste vor allem Klassiker, etwa Goethes Trauerspiel *Egmont* – eine eher ernsthafte denn vergnügliche Ablenkung. Die Preise betrugen 45 Pfennig für den billigsten Steh- bis zu zwei Mark für den teuersten Sitzplatz im Parkett. Obwohl viele Einwohner zu den offiziellen Rationen zu festgesetzten Höchstpreisen zusätzliche Lebensmittel für viel Geld auf dem Schwarzmarkt kaufen mussten, erwies sich die Theatereröffnung als Erfolg: »Die Hildesheimer sind ein theaterfreudiges Publikum.«[341]

In der Reichshauptstadt hatte der Theaterbetrieb kaum unter dem Krieg gelitten. Natürlich änderten sich die Spielpläne; Stücke französischer oder gar britischer Autoren waren gestrichen und durch deutsche Klassiker ersetzt worden. Doch die meisten Häuser waren Abend für Abend gut besucht bis ausverkauft; es gab genügend Berliner, die sich die Eintrittspreise leisten konnten. Wenn Harry Graf Kessler bei seinen Inspektionsreisen Station machte in der Metropole, ließ er sich gern unterhalten. Der Kulturbürger kannte einige der wichtigsten Bühnenkünstler persönlich und traf sich mit ihnen. Doch da er die Kämpfe mit eigenen Augen gesehen hatte, beschlichen ihn in Berlins Bühnen seltsame Gefühle: »Das Theater schien ausverkauft, sogar die Stehplätze; schwer vorzustellen, dieses volle, aufmerksame Haus zwischen zwei Schützengräben, zwischen den beiden langen, gewaltigen Landstrichen im Osten und Westen, die mit Gräbern, Leichen, blutbeflecktem Schnee bedeckt dem Feinde wehren, damit hier das Publikum durch nichts in seinem Theatergenuss gestört wird.« Mit dem Regisseur Max Reinhardt diskutierte Kessler über Theater im Krieg: Eine Zeit, in der der

Tod zu etwas Alltäglichem geworden sei, sei keine gute Zeit für die Kunst, denn alle Werte seien umgestürzt, etwa die Tragödie: »Wie könne man ergriffen sein, wenn einer einen ganzen Abend lang sterbe, wo 1000 jede Minute draußen in Schützengräben dem Tode preisgegeben seien?«, hielt Kessler Reinhardts Zweifel fest, der seine Theater eigentlich hatte schließen wollen, »aber durch die öffentliche Meinung und den Zulauf gewissermaßen gezwungen worden« sei, weiterzuspielen. »Irgendeine Wichtigkeit könne man in einer solchen Zeit dem Theater nicht beimessen.« Wenige Tage später beschlichen den Reserveoffizier auf Heimatbesuch Kessler in der Oper erneut düstere Gedanken: »Das Theater war wieder gut besetzt; viele Uniformen, auch Feldgrau. Wieder das sonderbare Gefühl, dass viele sterben müssen, damit heute Abend hier in Ruhe ein andächtiges Publikum Salome genießen könne.«[342] Doch mit solchen Überlegungen war Harry Graf Kessler eine Ausnahme: Das Berliner Bürgertum fand großen Gefallen am Kriegstheater, und die Bühnen verdienten prächtig. Gerhart Hauptmann, bis Juli 1914 ein Lieblingsfeind des Kaiserhauses, war zum überzeugten Kriegsbefürworter geworden und erregte damit bei unabhängigen Köpfen wie Theodor Wolff Missvergnügen. Nach einem Abendessen im *Hotel Adlon* notierte der *Tageblatt*-Chefredakteur konsterniert: »Hauptmann erklärt sich pathetisch gegen jeden ›vorzeitigen‹ Frieden mit England. ›Lieber lasse ich mich und meine Söhne zerhacken.‹ Dabei trank er Champagner.«[343]

Vor dem zweiten Kriegswinter waren die Folgen der Kämpfe in der gesamten Heimat so massiv zu spüren wie noch nie zuvor in der deutschen Geschichte: Obwohl von wenigen elsässischen Dörfern zwischen Vogesen und Rhein abgesehen nirgendwo feindliche Soldaten auf deutschem Territorium standen, hielt der Krieg die gesamte Gesellschaft im Griff. Die Lebensmittelknappheit und zugleich ständig steigende Preise führten zu ersten Ausschreitungen. Mitte Oktober 1915 wurden mehrere Filialen Berliner Buttergeschäfte angegriffen und zum Teil geplündert. »Treibende Kraft bei diesen Ausschreitungen waren neben aufgeregten, schlecht gesinnten älteren Frauenspersonen im Wesentlichen junge Burschen mit jugendlichen Frauenzimmern«, hielt der Polizeibericht fest: »Wenn auch einerseits die Ausschreitungen auf radaulustige Burschen mit zurückgeführt werden müssen, so muss andererseits darauf hingewiesen werden, dass die stete so erhebliche Steigerung der Butter- und Fettpreise eine immer mehr um sich greifende Erregung und Erbitterung verursacht.« Tagelang kam es immer wieder zu kleineren Protesten, flogen Steine in Schaufenster. Doch die Schutzmacht griff hart durch, und der Bundesrat beschloss, Höchstpreise für Butter, Kartoffeln und Fleisch einzuführen. So konnte Polizeipräsident Traugott von Jagow am 30. Oktober 1915 melden: »Die Butterkrawalle sind vereinzelt geblieben.«[344]

Sehr viele Deutsche waren erbittert, aber doch so sehr mit der Organisation der noch möglichen Lebensmittelbeschaffung ausgelastet, dass es noch nicht zu größeren Ausschreitungen kam. Erich Mühsam vertraute seinem Tagebuch an: »Die Teuerung steigt unaufhörlich weiter, und zwar auch bei den Waren, die ebenso reichlich vorhanden sind wie in friedlichen Zeiten. Die Spekulation kennt keine falsche Scham. Alles Festsetzen von Höchstpreisen hilft nichts.« Immerhin fänden Bauern und Händler allen Verordnungen zum Trotz »immer noch hundert Wege, den Konsumenten über den Löffel zu barbieren«. Mühsam machte folgende Rechnung auf: »Mein eigner kleiner Haushalt zeigt mir, dass, wer ohne direkte Entbehrungen leben will, bei drei Personen nahezu zehn Mark täglich allein für Essen und Trinken anlegen muss. Für ein Ei wurden mir kürzlich 19 Pfennige abgenommen. Butter ist häufig gar nicht zu kriegen.« Zehn Mark allein für Lebensmittel pro Tag – bei Löhnen von meist 50 Pfennig bis einer Mark pro Stunde und vielen alleinverdienenden Müttern in einer Familie führte das trotz gedeckelter Mietpreise direkt in materielle Not. »Wie es arme Leute machen, ist nicht ausdenkbar«, hielt Mühsam fest: »Die Arbeiter sind natürlich am ärgsten dran – aber erst recht die Künstler! Da gibt es eine schreckliche Not.« Im Herbst 1915 war auch im Bewusstsein der Bevölkerung angekommen, »wie bodenlos dumm seinerzeit die Massenabschlachtung der Schweine war«. Zynisch bemerkte der Anarchist: »Die hochgerühmte deutsche Organisation funktioniert halt auch nicht immer erstklassig.«[345]

Da die Verluste an den Fronten unverändert gewaltig waren, benötigten die Militärbehörden immer mehr Soldaten. Anfang November 1915 wurden allgemein die 18-jährigen Jugendlichen einberufen. Außerdem drängten die Ersatzabteilungen die Lazarette, Verwundete schneller als bisher diensttauglich zu schreiben. Hatten in den Lazaretten Freiburgs zu dieser Zeit noch 3637 Soldaten gelegen, darunter 120 Offiziere, waren es wenige Monate später nur noch 3173 Mannschaftsdienstgrade und 94 Offiziere – mit weiter sinkender Tendenz trotz ungefähr gleichbleibend hoher Verlustzahlen und Neueinlieferungen. War die direkte körperliche Verwundung nach Meinung der Ärzte ausreichend behandelt, wurden die Soldaten oft zunächst in die Genesungskompanie ihrer Regimenter in die Heimat versetzt, dann aber bald zurück an die Front geschickt. Doch bis es so weit war, verbrachten die Rekonvaleszenten, sofern sie sich bewegen konnten, möglichst viel Zeit außerhalb der Lazarette. In Freiburg wie in vielen anderen Städten änderte sich deshalb das Straßenbild stark: Bald gehörte es zum Alltag der Einwohner, dass sie auf Gehwegen und in den Straßenbahnen, in Geschäften, den Kirchen und auch den Theatern Soldaten begegneten, deren Körper gezeichnet waren vom industrialisierten Krieg, die oft schrecklich entstellt waren oder Prothesen tragen mussten, um ihr Leben überhaupt bewältigen zu können. Häufig war auch eine neue Kategorie von Kriegsopfern – junge Männer, erblindet im Gaskrieg, die »von einer neuen, privilegierten Klasse von Haustieren begleitet wurden: Blindenhunden, die teilweise eine Schule absolviert hatten, die Freiburg zu ihrer Ausbildung« gegründet hatte.[346]

Bald gab es keine Familien mehr in Deutschland, die nicht wenigstens im weiteren Verwandten- oder Freundeskreis mit Kriegsversehrten in Berührung kamen und dem Druck ausgesetzt waren, an die Front zurückkehren zu sollen. Erich Mühsam etwa, der gerade seine Geliebte Zenzl geheiratet hatte, lernte in München ihren Bruder Joseph Elfinger kennen: »Am Samstag war mein neuer Schwager Seppi bei uns. Ein Hüne, bayerisches Bauernblut, primitiv, klobig, aber temperamentvoll und wütend in der Beurteilung des Kriegs.« Von Anfang an hatte der Reservist im Frontdienst gestanden, war am 25. August 1914 getroffen und mit einem schwer beschädigten rechten Arm zum Krüppel geschossen worden. Doch kurz vor Weihnachten 1915 bekam Seppi die Ankündigung, demnächst wieder tauglich geschrieben zu werden. Mühsam bedauerte ihn: »Eine Verwundung des rechten Arms, den er kaum mehr zur halben Höhe heben kann, hat die Ersatzkommission, die offenbar allmählich den Boden ihres Gefäßes sieht, nicht gehindert, ihn von Neuem als felddienstfähig zu bezeichnen, sodass er demnächst wieder als Richtkanonier hinaus wird müssen.«[347]

Ähnliches fiel Annie Dröege in der Garnisonsstadt Hildesheim auf: »Man trifft so viele Soldaten in den Straßen. Aber sie sind nicht mehr die gut aussehenden Männer wie zu Beginn. Viele von ihnen sind ein-, zwei- oder dreimal verwundet worden; manche gehen zum fünften Mal ins Feld.« Angesichts der Rückkehr vieler Versehrter an die Front oder zumindest in frontnahe Verwendungen änderten die Behörden auch ihre Einziehungspraktiken gegenüber zunächst ausgemusterten Männern: »Unser Klempner ist einberufen worden«, hielt Annie Dröege fest: »Er hat ein Glasauge und hätte niemals gedacht, dass ihm das passieren könnte.«[348]

Trotzdem neigten sich die Ressourcen Deutschlands neben dem Mangel an Rekruten und Soldaten auch auf fast allen anderen Gebieten absehbar dem Ende entgegen. Zwar hatte die dritte Kriegsanleihe im Herbst 1915 noch einen neuen Rekordbetrag erbracht, doch die allgemein deutlich steigenden Preise entwerteten diesen Mobilisierungserfolg. Die Lebensmittelversorgung war schlecht, die Rüstungsindustrie klagte über mangelnde Rohstoffversorgung, nicht einmal genügend Leder für neue Soldatenstiefel gab es – für Schuhe von Frauen, Kindern und Alten in der Heimat erst recht nicht. Rückblickend beschrieb Erich Ludendorff, Ende 1915 noch Generalstabschef an der Ostfront, die neue Lage folgendermaßen: »Das Wesen des totalen Krieges beansprucht buchstäblich die gesamte Kraft eines Volkes, wie er sich gegen sie richtet.« Dem habe sich, so der General, auch die Politik unterzuordnen, indem sie »totalen Charakter« gewinne. »Sie muss, im Hinblick auf die Höchstleistung eines Volkes im totalen Kriege, ausgesprochen die Lehre von der auf sie zugeschnittenen Lebenserhaltung eines Volkes sein und genau beachten, was das Volk auf allen Gebieten des Lebens, nicht zuletzt auf dem seelischen Gebiete, zu seiner Lebenserhaltung bedarf.«[349]

Reichskanzler Theobald von Bethmann Hollweg sah das anders und bemühte sich im Dezember 1915 um Frieden – allerdings mit einer missverständlichen Rede, die bei den Kriegsgegnern Frankreich und Großbritannien gleichzeitig als Eingeständnis der Schwäche und als anmaßende Forderung empfunden wurde. In einem langen Vier-Augen-Gespräch mit Theodor Wolff versuchte der Regierungschef, Sympathie für seine Initiative zu wecken. Doch der *Tageblatt*-Chef spürte, dass der Vorstoß aussichtslos war, weil von Bethmann Hollweg sich nicht offen lossagen wollte von den Verfechtern eines Siegfriedens mit großen territorialen Gewinnen für Deutschland: »In meinen Augen sind diese Hyperannexionisten verbrecherisch und gewissenlos. Sie spielen mit dem Blut des armen Volkes da draußen«, schleuderte Wolff ihm entgegen.[350]

Zu Silvester 1915 tobten die Kämpfe an West-, Ost- und Südfront ohne Aussicht auf ein Ende weiter. Daheim waren die Folgen zu spüren: »Ein zweites Mal im großen Weltkriege stehen wir an einer Jahreswende, aber das Werden und Vollziehen der großen Ereignisse ist immer noch nicht abgeschlossen«, kommentierte die *Niederrheinische Volkszeitung* am letzten Tag des Jahres und stimmte die Leser auf eine weitere Zuspitzung ein: »Eines muss vor allem immer wieder betont werden, wenn wir von Opfermut sprachen. Es genügt nicht, dass man das Letzte hergibt, um die Bedürfnisse anderer zu befriedigen; jeder muss auch selbst seine Ansprüche auf das Mindestmaß beschränken. Luxus sollen und dürfen sich bloß die leisten, die Geld zum Fenster hinauswerfen können. Wer seinen Lebensunterhalt verdienen muss, der muss zur Einfachheit unserer Väter zurückkehren in Speise und Trank. Putz- und Vergnügungssucht müssen ganz gewaltig eingeschränkt werden, sollen wir zu den großen Opfern stark genug sein, die das Vaterland von uns fordern wird und muss.«[351] Jetzt herrschte auch an der Heimatfront der totale Krieg.

RÜBENWINTER

HILFLOS IST, WER EINE KATASTROPHE KOMMEN SIEHT UND NICHTS TUN KANN. Die Lebensmittelversorgung eines Landes ist normalerweise gut planbar: Man kennt ungefähr den Bedarf der Bevölkerung und weiß, welche Ernte die Bauern gewöhnlich einbringen. Natürlich gibt es immer Abweichungen, etwa wegen schlechten Wetters. Aber im Prinzip können Regierungen abschätzen, ob die voraussichtliche Produktion genügen wird oder ob zugekauft werden muss. Anfang 1916 war in Deutschland jedoch nur eines klar: Es würde das gesamte Jahr hindurch auf keinen Fall genügend Nahrung geben. Obwohl große Teile der schlechten Ernte des Vorjahres beschlagnahmt worden waren, leerten sich die Getreide- und Kartoffellager bereits im Frühjahr bedenklich; zusätzliche Reserven aber gab es nicht, und die britische Seeblockade unterband jeden nennenswerten Import nach Mitteleuropa. In Berlin und anderen Großstädten hatte es bereits Hungerkrawalle gegeben und Plünderungen in Geschäften, die wegen Preistreiberei verschrien waren.

»Das Scheingebäude ausreichender, wenn auch knapper Nahrungsmittel, das man namentlich mit Rücksicht auf die Stimmung des feindlichen Auslandes errichtet hatte, stand vor dem Zusammenbruch«, hielt die Weltkriegschronik der Berliner Stadtverwaltung rückblickend für Anfang 1916 fest: »Ja, noch viel schlimmer, die Ernährung der Bevölkerung selbst war aufs Ernsthafteste gefährdet.«[352] Daran änderten auch die zahlreichen neuen Institutionen nichts, die in der Hauptstadt und andernorts eingerichtet worden waren, um die Nahrungsverteilung zu organisieren. So gab es die Zentral-Einkaufsgesellschaft mit zahlreichen spezialisierten Unterorganisationen; der Kriegsausschuss der deutschen Obstverarbeitungsindustrie etwa sollte dafür sorgen, einen größeren Teil der Obsternte über Monate haltbar zu machen. Die Reichsfleischstelle, angesiedelt beim Reichskanzler, verantwortete nicht nur die Fleischversorgung von Heer und Marine, sondern beaufsichtigte auch die Fleischpolitik der Kommunen, die sich untereinander keine Konkurrenz machen sollten. Die Reichsgetreidestelle lenkte zentral den Aufkauf von Brotgetreide und subventionierte die Endkundenpreise; die Reichskartoffelstelle übernahm die allerdings nicht allzu großen Kartoffelimporte und verteilte sie an die Kommunen, die regional nicht genügend Nachschub hatten aufkaufen können. Der Kriegsausschuss für Öle und Fette musste die bis August 1914 überwiegend importierten Pflanzenfette durch Produkte der einheimischen Landwirtschaft ersetzen, etwa durch Kerne aller Art, aber auch durch Bucheckern, die gepresst wurden. Die Reichszuckerstelle hatte das Monopol im offiziellen Zuckerhandel, die Reichsfuttermittelstelle organisierte die Versorgung der Viehhalter mit Hafer, Gerste und Kraftfutter aus Küchenabfällen, für die spezielle Sammelwagen durch die Straßen fuhren. Auch Tabak, Kaffee und Tee, oft freilich nur Ersatzstoffe dieser, wurden von speziellen Ausschüssen und Einkaufsgesellschaften bewirtschaftet. Im Februar 1916 kam eine Zentralstelle für den Gemüseanbau in Kleingärten hinzu – ein weiteres Feld, das dringend der Regelung bedurfte. Koordiniert wurden alle Versorgungsausschüsse und Einkaufsgesellschaften von einer Abteilung im Reichsamt des Innern, doch viel mehr, als den Mangel zu verwalten, konnten die Beamten nicht tun.

Angesichts dieser Fülle von neuen administrativen Institutionen konnte es nicht erstaunen, dass die Verteilung der Mangelware Nahrung nicht besser, sondern immer schlechter wurde. Theodor Wolff machte sich einmal das Vergnügen, alle bestehenden Kriegsgesellschaften und »Durcheinanderwirtschaftsämter« im *Berliner Tageblatt* aufzuzählen, die für die Beschaffung und Verteilung von Stroh, Hafer und Gerste bis zu Saft, Sauerkohl und Gemüse zuständig waren. Der liberale Chefredakteur kam zu dem ironischen Schluss: »Man wird dann, vor diesem grandiosen Bilde, begreifen, warum uns die Marmelade fehlt.«[353]

Zuständig für die Nahrungsbeschaffung der Bevölkerung waren in allen Gesellschaftsschichten in der Regel Frauen, mitunter auch Kinder, aber nur ausnahmsweise Männer. Deshalb war ungewöhnlich, was sich der 57-jährige Berliner Autor Fedor von Zobeltitz vornahm: »Ich wollte mich persönlich davon überzeugen, ob es denn wirklich so schwer sei, sich mit den Nahrungskarten bewaffnet das Wesentlichste für des Leibes Notdurft zu verschaffen. So erklärte ich meiner Frau eines Morgens, dass ich einkaufen würde, denn ich wollte den Krieg um ein Viertelpfund Fleisch und den mir zukommenden Fettgehalt selbst aufnehmen wie Hunderttausende andere.« Der erfolgreiche und wohlhabende Schriftsteller war überrascht von dem, was er sah. Vor dem Butterladen hatten schon mehr als hundert Menschen Aufstellung genommen. Zwei Polizisten sorgten dafür, dass die Menge sich ordnungsgemäß verhielt, die aus einer bunt gemischten Gesellschaft bestand: »Köchinnen, Kleinbürgerinnen und Damen der Gesellschaft, junge Männer im Arbeitsanzug und alte Herren in Zylinderhüten, Kinder und Greisinnen.« Zobeltitz fiel auf, wie gut vorbereitet manche seiner Mitwartenden waren: Eine alte Dame hatte einen Klappstuhl mitgebracht, den sie von Zeit zu Zeit weiterschob, ein Dienstmann las einen mitgebrachten Kriminalroman, und ein Herr in Jägerskluft benutzte einen groben Spazierstock mit angeschraubter Sitzfläche: »Dieses neue Gerät zur Butterjagd wurde viel bewundert.« Rasch füllte sich der Bürgersteig hinter ihm mit weiteren Wartenden. Nach einer Dreiviertelstunde begann sich Zobeltitz zu langweilen und bat seine Nachbarn, ihm seinen Platz freizuhalten, während er sich eine Zeitung kaufte. Doch als er zurückkam, erhob sich Widerspruch: »Das gebe es nicht, riefen einige, und der Dienstmann mit dem Detektivroman behauptete sogar, da könne ja jeder kommen. Auch einer der Schutzleute mischte sich ein, ernst und mit betonter Energie wies er mich wieder an das Ende des Zuges und erklärte mir, dies sei eine geschlossene Kolonne und kein Freibad. Ich musste wieder hinten hin.« Weitere anderthalb Stunden des Wartens später, Zobeltitz konnte inzwischen immerhin durch die Fensterscheiben der Verkaufsstelle schauen, »geschah etwas Entsetzliches: Die beiden Schutzleute traten plötzlich vor die Spitze des Zuges, erhoben ihre vier in weißes Waschleder gekleideten Hände mit einer Gebärde der Abwehr. Zugleich klirrte die Pforte des Butterpalastes zu, und am Türfenster erschien ein Plakat mit der Inschrift ›Geschlossen‹. Die Polizisten riefen ›Auseinandergehen!‹, und die Menge zerteilte sich friedlich wie unter dem Banne einer großen und schönen Gewohnheit. Nur ich blieb stehen und schaute einen der Schutzleute fragend an. ›Butter‹, sagte ich zaghaft und wies auf das anscheinende Recht meiner Karte. ›Ist alle‹, antwortete der Mann, und so war es auch.«[354]

Ähnliche Erfahrungen machten die Menschen in fast allen deutschen Städten. Da die Lebensmittelkarten von den Kommunen den jeweiligen Lieferungen entsprechend ausgegeben wurden, unterschieden sich die offiziellen Zuteilungen von Ort zu Ort. Zu knapp waren sie allerdings fast immer. In München sank die theoretische Wochenration an Butter, die oft aus minderwertigem Fett bestand, auf 125 Gramm, in Berlin auf 80 Gramm. Und wenn die Vorräte einer Verkaufsstelle aufgebraucht waren, hatten die anderen Wartenden genau wie Fedor von Zobeltitz Pech. Da Lebensmittelkarten nur für einen begrenzten Zeitraum galten, mussten sie beim nächsten Geschäft anstehen und hoffen, dort etwas abzubekommen – oder ihre Marken verfallen lassen. Wegen des akuten Mangels an Fleisch produzierte die Stadt München »Kriegswurst«, die nicht nur mit Kartoffelschalen, sondern oft auch mit Küchenabfällen gestreckt und einigermaßen ungenießbar war. Sogar geschlachtete Rentiere wurden auf Fleischkarten abgegeben. Ab Ende Januar 1916 galt auch Fleischbrühe, ganz gleich wie dünn, als Fleischmahlzeit, für die ein ganzer Abschnitt auf der entsprechenden Lebensmittelmarke zu entwerten war. Der Dienstag und der Freitag wurden offiziell zu »fleischfreien Tagen« ausgerufen – dann blieben Fleisch- und Buttergeschäfte geschlossen. In den Gaststätten, die noch geöffnet hatten, durften sogar dreimal pro Woche, nämlich montags, donnerstags und sonnabends, keine Fleischgerichte angeboten werden.

Die Behörden hatten gegen die Nahrungsmittelknappheit im vorangegangenen Jahr auf staatlich verordnete Höchstpreise gesetzt, auf den zwangsweisen Aufkauf von ganzen Ernten und die begrenzte Abgabe gegen Lebensmittelkarten, also auf Rationierung. Jedoch erwies sich dieses Konzept nicht nur als unzureichend, es verschärfte die Nahrungsknappheit in den Städten sogar stark, denn viele Produzenten auf dem Land gingen bewusst das überschaubare Risiko ein, Teile ihrer Erträge dem offiziellen Zugriff vorzuenthalten und auf dem Schwarzmarkt zu verkaufen. Hier regelten Angebot und Nachfrage die Preise. Da den kommunalen Aufkäufern einfach nicht genügend Grundnahrungsmittel zur Verfügung standen, mussten die offiziellen Ankaufpreise regelmäßig erhöht werden – was die verfügbaren Vorräte abermals schrumpfen ließ, denn kein Bauer wollte seine Ernte vor Erhöhung der Preise abgeben. »Man vermutet, dass Kartoffeln in Erwartung der Festsetzung eines höheren Preises absichtlich zurückgehalten werden«, berichtete die Berliner Polizei ratlos.[355] Ähnlich verhielten sich die Kunden: Wann immer zu einigermaßen tragbaren Preisen Lebensmittel erhältlich waren, kauften sie weit über den absehbaren Bedarf hinaus und hamsterten alles, was haltbar war oder haltbar gemacht werden konnte.

Anfang 1916 schimpfte fast jeder Deutsche auf den »Schleichhandel« zu »Wucherpreisen« und die »Hamsterei« – doch praktisch genauso viele Menschen beteiligten sich daran, je nach ihren Möglichkeiten. Es gab zwar Sanktionen, doch fielen die moderat aus: Eine Freiburgerin, die des Verkaufs von Milch ohne die notwendigen Lebensmittelkarten an mehrere Bekannte angeklagt wurde, bekam eine Strafe von 15 Mark oder ersatzweise drei Tage Haft; ihre Kundinnen mussten drei Mark Geldstrafe bezahlen oder einen Tag im kommunalen Gefängnis verbringen. Da der Liter Milch in Freiburg im dritten Kriegsjahr offiziell durchschnittlich 27 Pfennig kostete, auf dem Schwarzmarkt aber eine Mark, und nur sehr wenige illegale Geschäfte überhaupt aufgedeckt wurden, entwickelten solche Konsequenzen praktisch keine abschreckende Wirkung. Das galt für Hamsterer umso mehr: Ein Lehrer, der von seinem unzufriedenen Dienstmädchen angezeigt worden war, hatte zwar nicht weniger als 62 Pfund Kaffee, einen Zentner Zucker, mehr als 40 Stück Seife, 30 Büchsen Kondensmilch und fast 30 Pfund Speck eingelagert – das Verfahren gegen ihn wurde indessen niedergeschlagen. Ein anderer Mann hatte sogar kiloweise verderbliche Waren wie Butterschmalz und Eier gehortet, musste aber lediglich moderate 20 Mark Strafe zahlen; auch wurden seine Vorräte nicht beschlagnahmt, sondern lediglich auf seine nächsten Lebensmittelkarten angerechnet: Beamte entwerteten Abschnitte für Fett und Eier von Amts wegen. Doch sogar solche Konsequenzen konnten die Behörden oft nicht durchsetzen, denn sie sahen sich Widersprüchen gegenüber. So beklagte sich eine Frau beim Freiburger Stadtrat bitter: »Es wurden mir in der letzten Periode schon in der Lebensmittelkarte die Zuckerabschnitte entfernt. Nunmehr sollten sie wieder entnommen werden, und zwar drei Monate lang. Daraufhin habe ich die Karten zurückgegeben, weil ich sie ohne Zuckerabschnitte nicht will.« Die Frau sollte keinen Zucker kaufen dürfen, weil sie angeblich oder tatsächlich ihrer Pflicht nicht nachgekommen war, Eier ihres privat gehaltenen Federviehs abzuliefern: »Nun habe ich wohl drei Hühner und einen Hahn. Infolge der schlechten Fütterung – man kann ja keine Körnerfrucht geben – legen die Hühner aber fast gar nichts.« Die Frau führte Honoratioren an, die bestätigen könnten, »dass ich fast keine Eier von den Hühnern erhielt«.[356] Möglicherweise zählten die Entlastungszeugen zu ihren Kunden und hatten daher keine andere Möglichkeit, als die Version der Freiburgerin zu bestätigen.

Nur ungefähr die Hälfte des Nahrungsbedarfs in den Städten konnte im Frühjahr 1916 durch die offiziellen Verteilungsstellen gedeckt werden. Zwar versprachen die Lebensmittelkarten knapp ausreichende Rationen, die allerdings im Vergleich zum durchschnittlichen Verbrauch vor Kriegsbeginn schon stark reduziert waren: in Berlin etwa bei Kartoffeln auf zwei Drittel, bei Zucker, Fisch und Mehlprodukten auf die Hälfte, bei Fleisch auf 30 Prozent und bei Butter und Schmalz auf ein Fünftel.[357] Allerdings sahen sich die autorisierten Geschäfte immer öfter in der Lage, für die offiziell abzugebenden Mengen nicht genügend Nachschub geliefert zu bekommen. Für die Deckung ihres restlichen Bedarfes waren die Menschen auf regional je unterschiedliche Formen des Schwarzmarktes angewiesen. Am schwierigsten fiel die Selbstversorgung in unmittelbarer Umgebung von großen Städten: Die Bauerndörfer etwa rund um die Reichshauptstadt und um München standen unter besonders intensiver Beobachtung der Behörden. Trotzdem fielen auch hier sonntags scharenweise Städter ein, die den Landwirten hohe Preise für ihre zurückgehaltenen Vorräte anboten. Bloß sorgte die vergleichsweise leichte Erreichbarkeit für viele potenzielle Kunden dafür, dass die Dörfer um die Großstädte am schnellsten »leergekauft« waren. Etwas besser erging es den Bewohnern von Freiburg, das von intensiv genutzten Ackerflächen umgeben war. Ein amtlicher Bericht beschrieb die Auswirkungen: »Hiesige Privatleute wandern an Samstagen mit dem Rucksack auf dem Rücken gegen die umgebenden Ortschaften, halten die Bauersfrauen an, die zum Markt wollen, und wenn diese Butter oder Eier haben, nehmen sie ihnen diese zu jedem Preis ab, oft auch unter der Form des Trinkgeldes für die Überzahlung des Höchstpreises.«[358]

Vergleichsweise entspannt war dagegen die Versorgungssituation in der Provinz, in Ostpreußen etwa. Zwar gab es auch im Landkreis Lötzen auf den regulären Märkten zu offiziellen Höchstpreisen wenig zu kaufen und manches, wie etwa Eier, gar nicht mehr, aber dafür verfügten die meisten Menschen über versteckte Reserven, etwa privat gehaltene Tiere, kleine Gemüsegärten oder Kartoffelbunker. »Wir wohnen einfach herrlich«, konstatierte Henriette Schneider: »Unsere Kuh versorgt uns mit reichlich Milch, wir haben Butter und Käse, brauchen nicht zu hungern.«[359] Dazu trug bei, dass die mehr als hundert Kilometer bis zur einzigen Großstadt Ostpreußens, Königsberg, eine zu große Entfernung für Hamsterfahrten am Wochenende darstellten: Der Schwarzmarkt in der Provinz wurde von einigen wenigen Schleichhändlern und vom Tauschgeschäft der Einheimischen dominiert.

Während allen Kontrollen zum Trotz nicht mehr Lebensmittel beschafft werden konnten, nahm die Propaganda zu: »In ein deutsches Haus gehört zu dieser Zeit kein Kuchen!«, lautete eine nach anderthalb Jahren Krieg oft verbreitete Botschaft – die vielfach als purer Hohn empfunden wurde: Die meisten Hausfrauen hatten nicht mehr genug Mehl zum Backen von Brot, geschweige denn von Kuchen. »Auch das Brot ist unser Rüstzeug. Geht sparsam damit um«, riefen andere Plakate auf. In den Städten längst nicht mehr aktuell war eine Warnung, die immer noch kursierte: »Wer Brotgetreide verfüttert, versündigt sich am Vaterland und macht sich strafbar!«[360]

Am 26. Januar 1916 mussten die Behörden den Offenbarungseid leisten: Der Höchstpreis für den kommunalen Ankauf von Kartoffeln bei den Produzenten wurde von 2,75 auf vier Mark pro Zentner heraufgesetzt. Da für diese Erhöhung keine ausreichende Gegenfinanzierung zur Verfügung stand, musste die Erhöhung um 45 Prozent fast vollständig an die Endverbraucher weitergegeben werden. Ende Januar 1916 wurde das Land von einer Welle der Empörung erfasst: »Ernährungsschwierigkeiten. Wut wegen der Kartoffelpreiserhöhung«, notierte Kurt Riezler, der politische Berater von Reichskanzler Theobald von Bethmann Hollweg. Die Reichsregierung sah sich wegen der Unfähigkeit, die Heimat mit genügend Nahrung zu bezahlbaren Preisen zu versorgen, schweren Vorwürfen ausgesetzt: »Militärdiktatur verlangt«, fasste Riezler die Forderungen des preußischen Kriegsministeriums und der Obersten Heeresleitung zusammen.[361] Die zivilen Behörden, so die Generäle, seien nicht in der Lage, der Wirtschaft und vor allem der Landwirtschaft gegenüber genügend Druck aufzubauen, um die Ernährung zu sichern. In Regierungskreisen machten Andeutungen über einen möglicherweise bevorstehenden Staatsstreich die Runde: Generalstabschef Erich von Falkenhayn wolle »entweder Reichskanzler werden oder nach dem Krieg Generalstab und Kriegsministerium in sich vereinigen und durch den Kanzler unter seiner Aufsicht die auswärtige Politik machen lassen«.[362] Unter anderem um solchen Ansprüchen entgegenzutreten, ließ von Bethmann Hollweg die Überwachung der Lebensmittelversorgung aus dem Reichsamt des Innern ausgliedern und unterstellte sie als eigenständiges Reichsernährungsamt direkt seiner eigenen Verantwortung.

Von solchen machtpolitischen Gedankenspielen und ihren indirekten Folgen drang nichts über die inneren Zirkel der Macht und ihr direktes Umfeld hinaus; es hätten sich auch wenige dafür interessiert. Auf den Straßen Berlins herrschte eine explosive Stimmung, die mit Änderungen von Zuständigkeiten kaum entschärft werden konnte: »Die Zahl der Hausfrauen, die ihrem Unmut offen Ausdruck geben, wächst stetig, und in den unteren Schichten des Volkes herrscht teilweise eine überaus bedenkliche Gereiztheit«, meldete Polizeipräsident Traugott von Jagow: »Der Mangel an Schweinefleisch und Fetten macht sich nach wie vor unangenehm bemerkbar. Die in den letzten Tagen eingerichteten städtischen Verkaufsstellen hierfür haben sich bisher nicht als ausreichend erwiesen. Der Zudrang zu ihnen ist stellenweise geradezu lebensgefährlich.« Die Spitzel des Präsidiums berichteten von zunehmend grundsätzlicher Kritik. »Man hört oft den Ausspruch: ›Unsere Männer sind gut genug, sich totschießen zu lassen, uns aber lässt man hier hungern.‹«[363]

Besonders brisant erschien der Ordnungsmacht, dass die mangelnde Versorgung der Reichshauptstadt durch Fehlentscheidungen bei der Verteilung verstärkt worden war: »Der großen Masse des Volkes scheint noch unbekannt geblieben zu sein, dass die örtliche Butternot Berlins nicht unwesentlich durch Sperrmaßnahmen in einzelnen militärischen Verwaltungsbezirken herbeigeführt wird«, informierte der 59. Stimmungsbericht: »Soweit dies aber bekannt ist, herrscht darüber die denkbar größte Missstimmung.« Wer etwa aus Bayern nach Berlin komme, empfinde den Unterschied beim Fettangebot »binnen weniger Stunden als eine mindestens subjektiv unbegreifliche, unliebsame Tatsache«. Fronturlauber aus Belgien brächten ihren Angehörigen Butter nach Berlin mit. Polizeipräsident von Jagow warnte: »Wird der großen Masse klar, dass die Butternot nicht voll gemeinsam getragen wird, dass insbesondere sogar erobertes Land darin besser steht als die Reichshauptstadt, so muss eine Missstimmung, ja eine Empörung sich ergeben, welche nicht nur örtlich, sondern gesamtpolitisch dem Reich Schaden bringt.«[364]

Da die Ernährungslage weder kurz- noch mittelfristig zu verbessern war, konnten nur Erfolgsnachrichten von der Front die Stimmung aufhellen. Ungewöhnlich früh im Jahr, für Mitte Februar 1916, war die erste deutsche Großoffensive geplant, bei der Festungsstadt Verdun in Lothringen. Generalstabschef von Falkenhayn verfolgte ein neues Ziel: Er setzte nicht mehr auf einen Durchbruch um jeden Preis, sondern wollte die französische Armee in eine Abnutzungsschlacht verwickeln: »Massendurchbruchsversuche gegen einen moralisch intakten, gut bewaffneten und zahlenmäßig nicht wesentlich unterlegenen Feind können auch bei größter Menschen- und Materialanhäufung nicht als aussichtsvoll betrachtet werden. Dem Verteidiger wird es in den meisten Fällen gelingen, die eingedrückten Stellen abzuriegeln. Die Einbuchtungen, flankierender Feuerwirkungen in hohem Maße ausgesetzt, drohen dann zum Massengrab zu werden«, hatte er in seiner »Weihnachtsdenkschrift« 1915 ausgeführt. Daher setzte er darauf, die Moral an der französischen Heimatfront zu zerrütten: »Es wurde bereits betont, dass Frankreich in seinen Leistungen bis nahe an die Grenze des noch Erträglichen gelangt ist – übrigens in bewundernswerter Aufopferung.« Hier müsse man ansetzen, durch den Angriff auf ein Ziel, das Frankreich ohne Verlust der eigenen Selbstachtung nicht aufgeben könne: »Hinter dem französischen Abschnitt der Westfront gibt es in Reichweite Ziele, für deren Behauptung die französische Führung gezwungen ist, den letzten Mann einzusetzen. Tut sie es, so werden sich Frankreichs Kräfte verbluten, da es ein Ausweichen nicht gibt, gleichgültig, ob wir das Ziel selbst erreichen oder nicht. Tut sie es nicht und fällt das Ziel in unsere Hände, dann wird die moralische Wirkung in Frankreich ungeheuer sein.«[365] Von Falkenhayn hielt das Konzept für aussichtsreich – der Angriff auf das massiv befestigte Verdun begann am 21. Februar 1916.

»Der Erfolg sei absolut sicher«, gab Theodor Wolff die Meinung eines Bekannten mit guten Verbindungen zum Kriegsministerium wieder: »Alles sei mathematisch genau vorbereitet, ein Misslingen ganz ausgeschlossen.« Wolff blieb skeptisch, doch zunächst erbrachte die Offensive tatsächlich, trotz schwerer Verluste, binnen weniger Tage erste Erfolge, etwa die Eroberung des vorgelagerten Forts Douaumont. Die nationalistische Presse feierte die Mitteilungen aus der Obersten Heeresleitung, die liberalen Blätter berichteten distanziert. In München kam es zu Gefühlsausbrüchen: »Der Sieg bei Verdun! 3000 Gefangene! Zehn Kilometer breit, drei Kilometer tief durchgestoßen! Hurra! Die deutsche Offensive im Westen ist da! Nun kann's nimmer fehlen! Jetzt kriegen wir Verdun, Calais, Paris, Frankreich, England und den Endsieg – spätestens im Frühjahr!«, fasste Erich Mühsam die vorherrschende Stimmung in München zusammen. Er selbst sah es ganz anders: »Dieses hirnteppige naive Volk ist wirklich wieder beim Himmelhochjauchzen. Sagt man den Kindern heute, dass dieses Erfölgchen für den Ausgang des Krieges so viel und so wenig bedeutet, wie seine scheußlichen Blutkosten die Erschöpfung näher führen, dann ist man ein miserabler Kerl, der nur alles für Deutschland Ungünstige sieht.«[366]

Die Begeisterung über den vermeintlichen Sieg hielt nicht lange vor, denn die Lebensmittel blieben knapp und teuer: »Die Ernährungsfrage ist zurzeit brennender als je und die Stimmung in den Massen teilweise derartig gereizt, dass, wenn jetzige Teuerung andauert und die Knappheit der Nahrungsmittel nicht behoben wird, mit dem Ausbruch von Unruhen gerechnet werden muss.«[367] In Hildesheim erlebte Annie Dröege das am 25. Februar 1916, dem Tag der Eroberung von Fort Douaumont: »Der Lebensmittelmangel ist bedrängend. Man kann durch die ganze Stadt gehen und bekommt nichts. Und das, obwohl man Geld und Lebensmittelkarten dabei hat.« Nur minderwertige Kartoffeln waren im Angebot, und die meisten Bäcker hatten gar nicht erst geöffnet. »Kinder kommen an die Türen und betteln um eine Marke, um etwas Brot zu kaufen. Geld haben sie, aber keine Brotkarte.« Am gleichen Tag wurde die Kartoffelration für die kommenden zwei Wochen um ein Viertel gekürzt, auf jetzt nur noch 375 Gramm pro Tag einschließlich Schalen; die Vorräte der Stadtverwaltung waren erschöpft, einzig für die kommende Aussaat sollte ein Rest aufgespart werden. »Manchmal frage ich mich, wie das alles enden wird«, notierte Annie und fuhr verwundert fort: »Aber die meisten Leute sind sehr geduldig und sagen nur: ›Wir müssen aushalten bis zuletzt.‹« [368]

Die Nachrichten von der »Nahrungsfront« waren gerade im Frühjahr 1916 noch schlechter als die freilich geschönten offiziellen Heeresberichte. So setzten patriotische Kreise auf moralischen Druck: »Wer die Volksernährung in der Kriegszeit erschwert, lädt ungeheure Verantwortung auf sich. Es ist kein Heldentum, immer der Erste sein zu wollen, bei jeder Siegesnachricht die Fahne herauszustecken, bei der Siegesfeier auf dem Marktplatz am lautesten Hurra zu schreien – und dabei maßlos einzuhamstern, keine fett- und fleischlosen Tage zu halten, nicht mit Butter und Fett zu sparen, weil man es sich leisten kann, nicht danach zu fragen, ob für andere auch noch etwas übrig bleibt«, schrieb der katholische Journalist Wilhelm Karl Gerst, Chefredakteur der *Hildesheimischen Zeitung*: »Verrucht ist, wer in dieser Zeit der Teuerung und Knappheit wuchert und sich an der Not des Volkes mästet – die Armee der Gefallenen, die Kriegsbeschädigten, die weinenden Witwen und Waisen, sie werden sich vereinigen zu einem Riesenchor furchtbarer Ankläger.« Gerst lobte das »stille Heldentum der Entsagung, der Entbehrung« und forderte: »Nicht kleinmütig werden, wenn im letzten Teil des Krieges noch größere Opfer von uns verlangt werden sollten.«[369]

Nicht nur fast alle Arten von Lebensmitteln waren knapp: Gleiches galt auch für Brennstoffe. Sowohl die Vorräte an Kohlen als auch an Ölen und Wachs schrumpften beängstigend, zumal das Militär für seine Bedürfnisse stets bevorzugten Zugriff auf die Reserven gewährt bekam. Um das Tageslicht besser auszunutzen und damit den

Verbrauch an künstlichem Licht zu senken, führte die Reichsregierung zum ersten Mal die Sommerzeit in Deutschland ein: Die Uhren wurden eine Stunde vorgestellt. »Der 1. Mai 1916 beginnt am 30. April 1916 nachmittags elf Uhr nach der gegenwärtigen Zeitrechnung. Der 30. September 1916 endet eine Stunde nach Mitternacht im Sinne dieser Verordnung«, hieß es am 6. April 1916 im Reichsgesetzblatt.[370] Die Umstellung führte zu teilweise chaotischen Verhältnissen, obwohl fast alle Zeitungen mehrfach auf die Veränderung hingewiesen hatten. Da der 1. Mai 1916 ein Freitag und damit ein ganz normaler Arbeitstag war, kamen die Arbeiter der Frühschicht in vielen Betrieben zu früh, auch im Berufs- und Lieferverkehr klappte an diesem Tag wenig reibungslos. Die Behörden zogen daraus Konsequenzen und verlegten die Zeitumstellung im kommenden Jahr auf die Nacht zum dritten Montag im April, und zwar auf zwei Uhr morgens.

Größere Kümmernisse als die Zeitumstellung hatte Käthe Kollwitz. Ihr älterer Sohn Hans hatte per Feldpostbrief einen kurzfristig gewährten Heimatbesuch in Berlin angekündigt: »Schreck und Freude«, notierte die Bildhauerin: »Am Tage alles für ihn vorbereitet. Merkwürdig, wie sein Kommen bei aller Freude auch immer so heftig den Schmerz um das Nichtkommen des anderen erregt. Alles ist dann wieder so aufgewühlt.« Der jüngere Bruder von Hans, Peter Kollwitz, war im Oktober 1914 in Flandern gefallen. Seine Mutter hielt ihren ersten Eindruck vom heimgekehrten Sohn fest: »Der Hans ist da. Gestern Nacht um zwölf Uhr kam er auf dem Friedrichstraßenbahnhof an. Feldmarschmäßig. Er sieht gesund und frisch aus, sein Wesen ist ruhig und gut.« Zuerst fiel Käthe Kollwitz wenig Veränderung an ihrem Älteren auf, der seines Medizinstudiums wegen in Feldlazaretten eingesetzt gewesen war: »Still ist er immer, aber man muss sich daran gewöhnen. Er war ja auch früher still. Nur damals war der Peter dabei und dadurch war alles ganz anders. Der sprach und es war immer Bewegung und Lustigkeit.« Schon wenige Tage später bemerkte die Künstlerin, dass Hans sich im Militärdienst doch stärker verändert hatte: »Der Junge. Wie ist er? Mitunter scheint es mir, dass er geistig etwas Totes hat. Er denkt wohl nicht viel und nicht gern. Sein Leben dort bestand in Erfüllung praktischer Pflichten. Die hat er tüchtig erfüllt. War es damit zu Ende?« Sie machte sich düstere Gedanken: »Es ist mir alles so dunkel bei ihm. Im Winter und Sommer vor dem Kriege war er geistig belebt. Hat er jetzt überhaupt noch die Absicht, mit seinesgleichen geistig zu arbeiten? Mir scheint Nein.«

Vermutlich spürte Hans, dass seine Mutter mit ihm fremdelte. Bei einem Ausflug nach Potsdam versuchte er jedenfalls, seine Probleme anzusprechen: »Er habe vor allem mit sich zu tun, um den Druck loszuwerden, der auf ihm laste. Der seit Peters Tod auf ihm laste«, hielt Käthe Kollwitz seine Klage fest, doch beruhigte sie das keineswegs: »Wie schwer, unnatürlich schwer Hans das Reden fällt. Kann er nicht oder will er nur nicht? Oder ist er nur so stumm, wenn ein anderer wie ich dabei ist? Wie kommt es denn, dass er früher, vor dem Kriege, in der Fichte-Gruppe viel sprach?« Als seine Versetzung zurück in ein Feldlazarett angekündigt wurde, entschied Hans Kollwitz, sich um eine Feldverwendung in den Tropen zu bewerben. Es folgte die nächste Enttäuschung: »Wird heute untersucht und seiner Augen wegen abgelehnt«, berichtete seine Mutter: »Zugleich ein Brief von Alexander hier. Der schreibt, dass nach neuer Verfügung die Medizinstudenten nur noch in Kriegslazaretten Verwendung finden. Die liegen ganz hinter der Front. Sind, sagt Hans, so langweilig, dass er dann schon lieber versuchen möchte, überhaupt hier zu bleiben und hier zu arbeiten.« Nach sechs Wochen Heimaturlaub kam der Marschbefehl, und Käthe Kollwitz musste ihren Sohn ziehen lassen. Immerhin hatte er Glück. Just am Tag der Silberhochzeit seiner Eltern traf eine Nachricht von ihm ein: »Beim Frühstück kommt Telegramm von Hans: gutes Kommando bei Luftschiffern.«[371]

Die zunehmende staatliche Bewirtschaftung der Mangelware Lebensmittel hatte die Krise bisher lediglich stetig verschärft. Die zentralen Einkaufsgesellschaften mit ihren festgesetzten Maximalpreisen ließen immer mehr Nahrung auf dem Schwarzmarkt versickern und trieben so indirekt die Teuerung an. Obwohl sich für den kommenden Winter ein gefährlicher Notstand, ja eine Hungersnot in Deutschlands Städten klar abzeichnete, lenkten die Behörden nicht um, sondern setzten ihren Kurs noch entschiedener fort. Auch dort im Deutschen Reich, wo es bis dahin noch legale Ausweichmöglichkeiten gegeben hatte, griff die Bürokratie jetzt zu. Bis zum Frühjahr 1916 hatte die Stadt Viersen noch jenseits der Grenze in den neutralen Niederlanden Gemüse eingekauft und zum Selbstkostenpreis über eine kommunale Verkaufsstelle an die Bevölkerung abgegeben. Bürgersfrauen des Vaterländischen Liebesdienstes unter Leitung von Agnes van Brakel waren, mit Genehmigung des Bürgermeisteramtes, zweimal wöchentlich über die Grenze ins benachbarte Venlo gefahren, um bei den dortigen Obst- und Gemüseauktionen mitzubieten. Meist ergatterten sie einen oder sogar zwei Eisenbahnwaggons voll Nahrung, die dann mit Genehmigung der Kommune nach Deutschland eingeführt werden konnte.

Anfang 1916 wurde dieses Vorgehen von der Reichsstelle für Obst und Gemüse in Berlin plötzlich untersagt. Jeder »private« Einkauf im Ausland sei verboten; die Reichsstelle werde ab sofort zentral einkaufen, die Kommunen müssten Lieferverträge aushandeln. Augenblicklich brach das wenigstens für Viersen und Umgebung funktionierende System von Agnes van Brakel zusammen – ohne dass die Versorgungslage andernorts deshalb besser geworden wäre. Nachdem einige Zeit ohne Besserung verstrichen war, wollten die Damen des Vaterländischen Liebesdienstes ihre Sicht der Dinge in Berlin vortragen, in der Hoffnung, das unsinnige Verbot aufheben lassen zu können. Viersens Oberbürgermeister Peter Stern kündigte die Reise bei der Einkaufsgesellschaft an: »Ich gestatte mir mitzuteilen, dass in der nächsten Woche die Damen, die bisher den Einkauf und Gemüsebetrieb für Viersen besorgt haben, sich erlauben werden, persönlich die Verhältnisse aufgrund ihrer bisherigen Erfahrung darzulegen.« Doch damit wollten sich die Bürokraten in

Berlin nicht auseinandersetzen: »Vorerst bitten wir Sie, von einem Besuch Abstand zu nehmen, da die Arbeit sich derart häuft, dass unsere Herren nur ganz kurze Zeit für jeden einzelnen Besuch zur Verfügung haben«, hieß es in ihrer Antwort.

Mit der Hartnäckigkeit der Viersenerinnen hatte die Reichsstelle für Obst und Gemüse aber nicht gerechnet, denn die Damen fuhren trotzdem und wirkten wohl sehr überzeugend. Jedenfalls kam wenig später ein Schreiben am Niederrhein an: »Hiermit konzessionieren wir widerruflich für den dortigen Platz Frau Hans van Brakel, in Viersen, für Einkäufe von frischem Gemüse und Obst in Venlo in Holland.« Aber die Bürokratie hatte ihren Preis: »Jeder konzessionierte Einkäufer ist beim Einkauf der Kontrolle durch die Vertretung der Reichsstelle für Gemüse und Obst in Den Haag unterworfen.« Agnes van Brakel musste einen »Verpflichtungsschein« unterschreiben: »Ich unterwerfe mich ausdrücklich beim Einkauf von frischem Gemüse und Obst der Vertretung der Reichsstelle für Gemüse und Obst in Den Haag und verpflichte mich, jeden durch mich bewirkten Einkauf nach Art, Menge, Preis und Lieferzeit unverzüglich telegrafisch dem Vertreter der Reichsstelle zu melden.«[372] Bis dahin hatte Agnes van Brakel die Einkäufe ehrenamtlich organisiert, nun bekam sie von der Reichsstelle fünf Prozent des Bruttoverkaufserlöses zugesprochen, über den sie freilich genau Rechenschaft abzulegen hatte. Außerdem musste sie davon wiederum ein Fünftel als Gebühr für die Konzession nach Berlin überweisen. Die Bürokratie hatte ihre Interessen durchgesetzt, wenn auch um den Preis, dass der funktionierende privat organisierte Einkauf in Holland teurer und komplizierter geworden war, gleichzeitig die Kosten für die Endverbraucher stiegen und damit der Zuschuss der Stadt.

Geflügel gab es offiziell praktisch gar nicht mehr. Doch die Not machte erfinderisch, und so erging durch Preußens Minister für Landwirtschaft, Domänen und Forsten Clemens von Schorlemer am 19. April 1916 ein Erlass mit der Überschrift »Saatkrähen für die Volksernährung« an die Regierungs- und Polizeipräsidenten: »Bei der gegenwärtigen Lage des Fleischmarktes ist es geboten, ihm auch sonst weniger beachtete Nahrungsmittel zuzuführen. Zu diesen gehören die durchaus wohlschmeckenden jungen Saatkrähen. Wenn auch die Saatkrähe vorwiegend nützlich ist, so ist sie doch in vielen Gegenden so zahlreich vertreten, dass sie auch zuweilen erheblichen Schaden anrichtet und die Verminderung ihres Bestandes in einem Jahr keinen Bedenken unterliegt.« Der Minister hatte seinen Vorschlag vorab prüfen lassen und festgestellt, dass laut Vogelschutzgesetz von 1908 rabenartige Vögel wie Rabenkrähen, Nebelkrähen, Saatkrähen, Elstern und Eichelhäher frei gejagt werden durften. Es empfehle sich aber, die Saatkrähen auch »planmäßig der Volksernährung nutzbar zu machen«. Dafür sollten die Verwaltungsspitzen ihre Beamten anweisen, »die Eigentümer von Gehölzen, in denen sich Krähenkolonien befinden, zu veranlassen, den Abschuss entweder selbst für eigene Rechnung ausüben zu lassen oder zuverlässigen Personen zu gestatten«.

Schorlemer ließ sogar noch ganz praktische Empfehlungen folgen: »Wenn es an Schützen fehlt, bleibt nur das Erklettern der Bäume, auf denen Krähennester sind, – am besten wohl mit Steigeisen – und das Herabscheuchen der noch nicht flügge gewordenen jungen Krähen übrig. Dabei ist auf die Verhütung von Unfällen sorgfältig zu achten.« Die Landräte und die Polizeiverwaltungen in den Städten sollten die Wildbrethändler auf die mögliche Jagd von Saatkrähen hinweisen und ihnen vorschlagen, Anzeigen in Zeitungen zu veröffentlichen. »Damit die erbeuteten Krähen bei Versendung nicht verderben, müssen sie zuvor gehörig abgekühlt sein.« Allerdings eigneten sich dem preußischen Landwirtschaftsministerium zufolge durchaus nicht alle Vögel zur Ergänzung des Nahrungsangebots: »Der von verschiedenen Seiten gegebenen Anregung, auch die Stare in größerem Umfange für die Volksernährung nutzbar zu machen, vermag ich keine Folge zu leisten«, hieß es in Schorlemers Erlass, »da der Gewinn an Fleisch nicht im angemessenen Verhältnisse zu dem bedeutenden Wert steht, den diese Vögel für die Landwirtschaft haben. Doch bin ich damit einverstanden, dass Anträge auf Gestattung des Abschusses besonders entgegenkommend geprüft werden. Dabei bemerke ich, dass Stare wie auch Sperlinge eine vorzügliche Brühe geben.«[373] Bald nach dieser Empfehlung ergänzten denn auch Krähen das Angebot auf den Märkten überall in Deutschland. Anfangs lag der Preis bei einer Mark pro Stück, doch schon nach wenigen Monaten wurden 2,30 bis 2,90 Mark je Vogel verlangt: »Das sind ganz unerhörte Preise. Und das für Tiere, deren Geschmack doch in keinem Verhältnis steht zu dem der jungen Saatkrähen, die der Landwirt früher abschoss und auf den Düngerhaufen warf! Gegen solche Preise muss die Behörde einen Riegel vorschieben, und zwar sofort.«[374]

Am schlimmsten war die Versorgungslage in der größten Metropole. Erich Mühsam, der zu einem Treffen linker und pazifistischer Kräfte im April 1916 aus Oberbayern in die Reichshauptstadt gereist war, erkannte: »Die Ernährungsverhältnisse in Berlin sind geradezu grotesk. Keine Butter, kein Zucker – und im Volk dumpfe Erbitterung.« Er machte sich keine Illusionen über die Aussichten, den Krieg siegreich zu beenden: »Die Aushungerung Deutschlands, die, was ich in Berlin noch viel stärker merke als in München, schon einen traumhaften Grad erreicht hat, muss vollenden, was Gift- und Sprengwaffen nicht vermögen.« Der Publizist traf in verschiedenen Cafés befreundete Aktivisten und Redakteure etwa des *Vorwärts*, deren Aufträgen er einen erheblichen Beitrag zu seinen Lebenshaltungskosten verdankte und denen er weitere Artikel anbot. Gleichzeitig beobachtete er die Zustände. Verärgert registrierte Mühsam, dass die Berliner die verheerende Lage einfach hinzunehmen schienen: »Tatsächlich kann einen die engelhafte Geduld, mit der die Leute zu vielen Hunderten vor den Butter-, Zucker-, Kaffeeläden stehen und sich nicht einmal durch Polizistenpöbeleien aus ihrer Ergebung schrecken lassen, zur Verzweiflung treiben.« Er verstand nicht, dass es nicht schon längst große Proteste gegen die Fortsetzung der Kriegspolitik gab: »Ob sich eigentlich die Leute in der Wilhelmstraße niemals fragen, wie sie angesichts der täglich bedrohlicher werdenden Lebensmittelknappheit im Lande noch mit Eroberungsprogrammen aufprunken können?« Mühsam merkte sich einige Preise: Für eine Hammelkeule wurden 30 Mark verlangt und gezahlt, das Kilo Gans schlug mit sieben Mark zu Buche, ein Ei kostete je nach Anbieter 25 bis 27 Pfennige; auf dem Schwarzmarkt wurden diese Preise sogar um ein Mehrfaches übertroffen. Dieser Zuspitzung standen die Behörden hilflos gegenüber: »Für Fleisch und andre Bedarfsmittel des Volks setzt man die Höchstpreise bald hinauf, bald herunter, aber das, was tatsächlich fehlt, schafft man durch alle Streck- und Organisationsexperimente nicht herbei.«[375]

Noch nicht allzu oft, aber doch nicht länger nurmehr vereinzelt wie noch Ende 1915 kam es zu Übergriffen, etwa gegen Fleischereien, die nachts attackiert und geplündert wurden; die Gendarmen waren dagegen machtlos. In beinahe jedem seiner zweiwöchentlichen Stimmungsberichte warnte das Polizeipräsidium vor den Folgen der schlecht funktionierenden Lebensmittelbewirtschaftung. So seien zwar die amtlichen Höchstpreise für Fleisch und Talg gesenkt worden, um die Hälfte oder sogar mehr, aber dadurch verbreitete sich nur »allgemein die Ansicht, dass dann genau wie bei anderen Lebensmitteln überhaupt nichts zu bekommen sein« werde. Das trat nicht ein, als probehalber die Höchstpreise für Gemüse aufgehoben wurden. Stattdessen gab es auf einmal ein reichliches Angebot, jedoch zu marktgerechten, also höheren Preisen. Viele Anbieter nutzten die Gelegenheit, ihre Vorräte möglichst teuer und dennoch legal abzusetzen. Man ahnte, dass die nächste Kehrtwende in der Versorgungspolitik rasch kommen würde. Gefährlich erschien der Ordnungsmacht, dass sich nach dem Scheitern sowohl der Höchstpreispolitik mit Rationierung und Lebensmittelkarten als auch ihrer teilweisen Aufhebung immer mehr Unmut über die Verwaltung aufstaute, in deren ungeschicktem Verhalten viele Berliner einen Grund für die steil steigenden Preise sahen. Allerdings waren die Wege, die auf den Straßen und an den Stammtischen zur Lösung des Problems allgemein vorgeschlagen wurden, wenig aussichtsreich: niedrigere Höchstpreise, ein staatlicher Verkaufszwang für Anbieter und vor allem eine Verschärfung der Strafbestimmungen.

»Unter dem gewaltigen Druck der Lebensmittelfrage leidet auch die bisherige gute Hoffnung in militärischer Hinsicht«, meldete ein Kriminalbeamter an den Polizeipräsidenten: »So hört man oft die Ansicht, dass Deutschland trotz der großen Siege schließlich doch der englischen Blockade unterliegen wird.« Anfang Mai 1916 eskalierte die Situation dann: Zum ersten Mal kam es zu größeren, nicht mehr auf einzelne Geschäfte beschränkten Tumulten. Sie gingen von Berlinern aus, die unzufrieden vor Fleischgeschäften warteten. Angesichts der angespannten Versorgungslage bedürfe es nur »des geringsten Anlasses«, um »Straßenunruhen, nur aus reiner Veranlassung der Lebensmittelknappheit und Teuerung, hervorzurufen«, hieß es in einem Sonderbericht der Polizei: »Die Knappheit der Lebensmittel nimmt aber auch fortgesetzt zu.«[376]

Auch jenseits des unübersehbaren Nahrungsmangels fielen dem Berlin-Besucher Erich Mühsam im Frühjahr 1916 große Unterschiede zu München auf: »Die Frauen haben hier schon ungleich mehr Männerdienste übernommen als im Süden«, bemerkte er, als er in einem Café am Halleschen Tor die Wartezeit bis zu seiner nächsten Verabredung totschlug: »Nicht nur Briefträger, Postbeamte, Trambahnschaffner et cetera sind hier durch ihre Frauen ersetzt, hier sind auch die Trambahnfahrer weiblich, man sieht weibliche Autochauffeure, die großen gelben Postwagen werden von Frauen kutschiert, und selbst die Straßenreinigung großenteils von Frauen besorgt.« Diese starke Belastung der Mütter bei gleichzeitiger Abwesenheit sehr vieler Männer hatte weitere Folgen: »Die kleinen Kinder werden zwar in Massen beaufsichtigt und gefüttert, aber die größeren, deren Väter im Felde liegen oder schon gefallen sind und deren Mütter tagsüber Männerarbeit verrichten, sind ganz auf sich selbst angewiesen, verwahrlosen und verrohen, und werden dann, da die Justiz nicht nach Ursachen straft und die Jugendgerichtshöfe sich als pädagogische Institute betrachten, die Exempel statuieren müssen, ins

Gefängnis gesteckt.« Angewidert berichtete er von einem Verbrechen, das Stadtgespräch war. Zwei halbwüchsige Mädchen hatten ihre Freundin »mit aller Routine des gewitztesten Schwerverbrechers abgeschlachtet, beraubt, verstümmelt und als Frachtgut nach Stettin gesandt«, wo die Leichenteile entdeckt wurden. Für Mühsam stand der Grund für diese Tat fest: Der Mord zeige, »was durch die Erziehung zum Bejubeln von blutigen Taten erreicht wird«.[377]

Trotz Militärzensur konnten die Zeitungen sehr wohl Kritik an den Verhältnissen üben – sofern Chefredaktion und Verlag bereit waren, den Redakteuren den nötigen Freiraum zu geben und gewisse Risiken, etwa Schreibverbote für bestimmte Autoren, einzugehen. Das *Berliner Tageblatt* unter Theodor Wolff verstieß zwar möglichst nicht allzu direkt gegen die Regeln der Behörden, reizte aber die bestehenden Spielräume oft und vielfach sehr geschickt aus. So erschien am 5. Mai 1916 unter dem Titel »Die Schaffnerin« ein längerer Text über Frauen in einem klassischen Männerberuf. Der Artikel attackierte recht deutlich die Nahrungskrise: »Wenn ich nach Hause komme, bin ich müde und bringe mir gewöhnlich etwas mit, was ich auf dem Wege zu meiner Wohnung erhalten kann. Das ist meist nur Brot, auch etwas Wurst. Butter kriege ich in 14 Tagen höchstens ein Mal. Ich bin aber auch schon vier Wochen ohne Butter gewesen«, zitierte der Text eine namentlich nicht genannte Schaffnerin: »In letzter Zeit wurde es mir auch schwer, Wurst zu kaufen, da sie zu teuer ist. Gekocht habe ich seit Wochen nichts, nur etwas Suppe warm gemacht, und darum habe ich den ganzen Tag Hunger. Kartoffeln bekomme ich in der Nähe meiner Wohnung nicht, und ich bin zu müde, weiter zu gehen.«[378]

Mehrfach pro Woche ließ Wolff nun ähnliche Berichte über die Versorgungslage in die Spalten seiner Zeitung rücken, und in sein privates Tagebuch schrieb er: »Die Lebensmittelschwierigkeiten werden immer ärger; am empfindlichsten ist der Fleischmangel. Die Familien, auch wohlhabende, sehen kaum ein- oder zweimal wöchentlich Fleisch auf dem Tisch, manche noch weniger. Reis,

Makkaroni und so weiter fehlen ganz. Dazu unerhörte Preise.« Unter seinen großbürgerlichen Bekannten, für die Geld eine kleinere Sorge war und die ihr Personal auf den Schwarzmarkt zum Einkaufen schicken konnten, sah man die Situation nicht ganz so düster. »Die Meinung herrscht vor, dass jetzt der schlimmste Moment sei und dass es in zwei Monaten infolge der guten Ernte und der dann wirksam werdenden jetzigen Viehaufzucht und des Verbots der Hausschlachtungen besser werden würde.« Zwar ließ Wolff sein *Tageblatt* auch über solche Ansichten berichten, doch er selbst sah die Lage anders und scheute sich nicht, seine Auffassung gegenüber der Regierung deutlich zu vertreten. Über eine Einladung zum Tee bei Reichskanzler Theobald von Bethmann Hollweg vermerkte der Chefredakteur: »Dann spricht er noch davon, dass man nicht zu viel über die Szenen vor den Schlächterläden schreiben solle. Ich erwidere, dass man die Debatte über die Lebensmittelnot unmöglich einschränken könne – das Ausland wisse das alles auch ohne uns.«[379]

Tatsächlich brachten internationale Zeitungen im Sommer 1916 zunehmend Berichte über die Versorgungsschwierigkeiten in Deutschland, wozu nicht unbedingt deutsche Presseberichte vonnöten waren. Der *Manchester Guardian* stützte sich auf Feldpostbriefe, die bei toten oder gefangen genommenen deutschen Soldaten gefunden worden waren. Zum Beispiel schrieb eine Berlinerin an ihren Mann an der Front: »Das Leben hier ist nicht länger wert zu leben. Nahrung ist sehr knapp; oft können wir gar nichts kaufen und wissen nicht, was aus uns werden soll.«[380] Die *New York Times* erhielt weiterhin exklusive Berichte ihrer Korrespondenten in Berlin; sie sahen die Zustände auf den Straßen der Reichshauptstadt mit eigenen Augen und waren daher ebenso wenig auf Zeitungsberichte angewiesen. Beliebt waren gruselige Anekdoten aus der deutschen Nahrungsbewirtschaftung. Genüsslich fasste die Zeitung ein Telegramm zusammen, das die Probleme bei der Strafverfolgung beschrieb. Eine hungrige Frau hatte in einer Bäckerei zwei Brote gestohlen, war aber ertappt und angezeigt worden. Sie revanchierte sich mit einer Gegenanzeige, weil die gestohlenen beiden Laibe frisch gebacken waren. Nach der Backverordnung durfte solches Brot jedoch nicht verkauft werden, sondern musste mehrere Tage lagern. Weil die Täterin aus Hunger gestohlen hatte, also im Notstand, durfte ihre Tat »nur mit der mildesten Strafe« geahndet werden, mit einer kurzen Haft. Das genügte dem Staatsanwalt nicht: Er klagte die Frau zusätzlich an, weil sie sich Brot verschafft hatte, ohne dafür Lebensmittelmarken abgegeben zu haben. Das ging dem Richter dann doch zu weit: »Das Gericht entschied, dass die Verordnung über die Lebensmittelmarken nur für legale Geschäfte gelte und ein Brotdieb davon nicht erfasst werde. Daher könne die Frau nicht bestraft werden für ihre Weigerung, Lebensmittelmarken abzugeben, als sie das Brot stahl.«[381]

Aber natürlich verbreiteten britische und französische Zeitungen auch gern, was regierungskritische Blätter in Deutschland über die Versorgungsschwierigkeiten berichteten. Der *Manchester Guardian* etwa übersetzte einen Artikel, den die Pariser Zeitung *Le Temps* aus Berichten des SPD-Blatts *Münchner Post* zusammengestellt hatte. Seit Wochen nahm diesem Bericht zufolge die Unruhe unter der Stadtbevölkerung zu: »Nicht Stunden, sondern Tage muss man warten, um ein Stück Fleisch zu kaufen. Würste gibt es überhaupt nicht mehr. Die Schlangen vor den Schlachtereien sind unübersehbar.« Immer freitags und samstags gebe es einen Ansturm auf die Büros der Stadtverwaltung, um Brotkarten zu ergattern: »Am Samstag beginnt dann die allwöchentliche Jagd nach Lebensmitteln wieder. Eine Menge Frauen und Kinder stellen sich auf dem Marienplatz auf und betteln Passanten um Brot an, weil sie keine Lebensmittelkarten haben. Der Polizeichef ordnet den Verkauf von Brot ohne Marken an.« Die Erregung der hungrigen Menschen dämpfte dies hingegen kaum. Als ein Polizist mit preußischem Tonfall zur immer ärgerlicheren Menge sprechen wollte, um sie zu beruhigen, wurde er niedergeschrien und beworfen, bis er in ein benachbartes Geschäft flüchtete. Auch mundartlich erkennbar bayerische Uniformierte konnten die Situation nicht mehr beruhigen: »Die Menge attackierte ein großes Café und warf alle seine Scheiben ein.« Die kriegskritische SPD-Zeitung hatte die möglichen politischen Folgen betont: »In den Straßen und vor den Geschäften stehen Gruppen von Männern und Frauen, darunter viele Uniformierte, die heftig diskutieren.«[382]

Zur selben Zeit zeigte sich, dass alle Hoffnungen auf eine Entspannung der Versorgungslage durch eine gute Kartoffelernte reines Wunschdenken waren. Schon bei Einbringung der Frühkartoffeln im Juni 1916 zeigte sich, dass die Erträge weit hinter der guten Ernte vom Vorjahr, aber auch hinter dem Durchschnittsertrag der letzten Jahre vor Kriegsbeginn zurückblieben. Die Lage verschlimmerte sich im September mit den später reifenden Kartoffeln weiter. Insgesamt konnten laut Statistischem Reichsamt statt der 54 Millionen Tonnen 1915 oder dem Mittel der Jahre seit 1905 von 46,3 Millionen Tonnen nur insgesamt 25,1 Millionen Tonnen geerntet werden. Das entsprach in etwa den Erträgen der frühen 1890er-Jahre, bei einer seitdem allerdings um rund ein Viertel gewachsenen Bevölkerung.[383] Sicher entsprach diese gemeldete Kartoffelmenge nicht den tatsächlichen Erträgen; mehrere Millionen Tonnen dürften von den Bauern erfolgreich abgezweigt und dem Schwarzmarkt zugeführt worden sein. Doch die Ernte war tatsächlich unterdurchschnittlich, was einerseits an schlechtem Saatgut, andererseits am fehlenden Dünger lag – das Vieh war aufgrund des Futtermangels stark reduziert worden, und weil künstlicher Dünger aus denselben Rohstoffen bestand wie Pulver und Sprengstoff, stand nicht genügend für die Landwirtschaft zur Verfügung. Ein dritter Grund war der Mangel an landwirtschaftlich erfahrenem Personal: Die zur Armee eingezogenen Bauern und Knechte waren nur unzureichend durch Frauen, Jugendliche und Kriegsgefangene ersetzt worden. Viertens kam der Mangel an Nutztieren hinzu; die meisten Agrarpferde waren 1914/15 beschlagnahmt worden, sodass der Boden vor der Aussaat nicht ausreichend hatte gepflügt und aufgelockert werden können. Ein verregneter Herbst führte schließlich dazu, dass noch nicht geerntete und provisorisch eingelagerte Kartoffeln von der Knollenfäule befallen und damit ungenießbar wurden.

Die Reichskartoffelstelle mühte sich, Kompensation für den Ernteausfall zu beschaffen. Im besetzten Polen und Galizien wurden Kartoffeln requiriert, doch so sehr die Bauern in Ost- und Mitteleuropa auch unter Druck gesetzt wurden: Sie lieferten nicht die verlangten Mengen, obwohl in Warschau und anderen Städten Polens längst der nackte Hunger grassierte. Die einzige andere Möglichkeit, für Kartoffelnachschub zu sorgen, führte in die neutralen Niederlande. Hier gab es zwar Überschüsse, doch stiegen durch die drängende Nachfrage der deutschen Behörden die Preise auch für schlechte Kartoffeln – und gleichzeitig beschafften sich deutsche Schwarzhändler und Schmuggler bei holländischen Bauern Teile ihres Angebots, meist für mehr Geld als die Reichskartoffelstelle bot.

Die meisten deutschen Kommunen hatten nach den Erfahrungen der beiden vorangegangenen Kriegswinter besondere Lagerplätze für ihre eigenen Reserven angelegt, die sich im Frühherbst 1916 füllen sollten, um dann bei zu rasant ansteigenden Marktpreisen dosiert abgegeben zu werden. Die Reichskartoffelstelle hatte für ihre Empfehlung eine Menge von 750 Gramm Rohkartoffeln pro Kopf und Tag angesetzt, was den klammen Kommunen jedoch zu viel erschien. Berlin berechnete seinen Bedarf deshalb mit 625 Gramm pro Tag und Einwohner. Zwei große Lagerplätze wurden angelegt, je einer im Nordosten und im Nordwesten der Stadt, mit einer Kapazität für zusammen 18 500 Tonnen Kartoffeln. Bei etwa anderthalb Millionen Menschen, die zu dieser Zeit Lebensmittelkarten in der Reichshauptstadt bezogen, betrugen diese kommunalen Reserven also gerade zwölf Kilo pro Kopf – bei einer offiziellen Sieben-Tages-Ration von 4,375 Kilogramm nicht einmal genug für drei Wochen. Für das Halbjahr von November 1916 bis Mai 1917 aber war eine Gesamtkartoffelmenge von 113 Kilogramm pro Person vorgesehen. Die beiden neuen städtischen Lager konnten und sollten nur vorhersehbare Lieferengpässe überbrücken helfen, doch selbst das scheiterte: »Trotz aller Bemühungen gelang es während des ganzen Monats Oktober nicht, so viel Zufuhren nach Berlin zu lenken, um mit der Schaffung des Wintervorrates beginnen zu können«, bilanzierte die Stadtverwaltung: »Außerordentlich schwach gerüstet ging Berlin in den Winter 1916/17.« Deshalb musste die Kartoffelration noch einmal gesenkt werden: »In Aussicht gestellt worden waren den Berlinern sieben Pfund Kartoffeln in der Woche, und der Kleinhandelspreis war gegenüber dem Erzeugerpreis von vier Mark für den Zentner sehr niedrig auf 5,5 Pfennig für das Pfund festgesetzt worden.« Die Endverbraucher sollten also nur gut ein Drittel mehr bezahlen, als der Einkaufspreis betragen hatte – das war allein durch massive Subventionierung möglich: »Den dadurch der Stadt entstehenden Verlust wollten Staat und Reich zu zwei Dritteln tragen.« Diese Unterstützung sorgte in der Stadtverordnetenversammlung für ungewöhnlich harschen Protest: »Man sah darin eine Liebesgabe der Steuerzahler an die Landwirte.«[384]

Die Berliner Bevölkerung bekam die Schwankungen beim Nachschub des wichtigsten Grundnahrungsmittels unmittelbar zu spüren und reagierte darauf: »Die Kartoffelversorgung stockt auf der ganzen Linie, sodass sich wiederum vor Kartoffelhandlungen lange Reihen von Käufern bilden und Kartoffelwagen von Kauflustigen geradezu gestürmt werden«, meldete der neue Polizeipräsident der Reichshauptstadt, Heinrich von Oppen, im Oktober 1916; sein Vorgänger Traugott von Jagow war zum Regierungspräsidenten von Breslau befördert worden, was eher einer Degradierung im Vergleich zu seiner Berliner Stellung gleichkam. Allgemein verbreitete sich Angst vor dem, was im Winter wohl kommen mochte.

Die Kartoffelnot traf nicht nur Berlin, sondern alle Städte im Reich, wenn auch unterschiedlich stark. »Allmählich spüren sie aber die Wirkungen der Blockade schon recht empfindlich«, schimpfte Erich Mühsam am 9. Oktober 1916 über die »Idioten im Lande«, die in der Hoffnung auf einen Sieg noch immer Kriegsanleihen zeichneten und die Ergebnisse bejubelten. Dabei erlebten sie tagtäglich ähnliche Enttäuschungen wie Mühsams Ehefrau: »Wir haben zwar Karten für alle toten Teufel, aber man bekommt auch darauf nichts.

Heute wollte Zenzl einkaufen. Mit Kartoffel- und Zucker-, Grieß- und was weiß ich für Karten zog sie aus, kam aber ohne Kartoffeln, Grieß, Zucker, ohne Haferflocken und ohne alles, was sie haben wollte, wieder heim.« Der entschiedene Kriegsgegner machte sich dennoch keine Illusionen, dass seine Mitbürger Konsequenzen ziehen würden: »Wäre nur Hoffnung, dass es dem Volk endlich mal zu dumm würde! Aber leider ist die Hoffnung sehr gering.«[385]

Auch eine reiche Unternehmergattin wie Charlotte Herder bekam jetzt den Mangel zu spüren, und zwar sogar in ihrem Landhaus nahe dem Schwarzwalddorf Himmelreich: »Schon wie wir herauskamen, gab es ja kaum mehr Milch, kaum etwas Butter, kaum ein paar Eier, es war alles so knapp und schien wie ein Wunder, dass doch immer noch etwas auf den Tisch kam«, notierte sie. Doch irgendwann konnte selbst ihr findiges und mit reichlich Haushaltsgeld ausgestattetes Personal nicht mehr einkaufen: »Einmal war unsere letzte Milch geronnen, und Elise sagte mir, für den Abend habe sie überhaupt nichts mehr, nicht mal genug Brot, was sie denn tun solle? ›Ach‹, sagte ich, ›dann hungern wir halt mal ein bisschen. Kommt Zeit, kommt Rat.‹« Lange warten mussten Charlotte und ihre Tochter Elisabeth nicht: »Als wir nach Tisch in der glühendsten Hitze schön oben in den kühlen Zimmern saßen und lasen, tönte das Rattern eines Motors an unser Ohr. Dr. Schottelius erschien mit einem großen Rucksack und packte feierlich aus: eine große Flasche Milch, Brot, Butter, Fleisch, Gemüse, Obst!« Schwester Lisa vom Lazarett im Verlagshaus der Herders hatte den Arzt mit ausreichend Vorräten hinaufgeschickt, weil sie fürchtete, ihre Gönnerin könnte nicht mehr genügend Lebensmittel haben – der Proviant war wohl bei der Versorgung der Patienten abgezweigt worden. »Zwar hatte sie sich gewaltig geniert, weil sie nicht recht wusste, wie ich es aufnehmen würde, unser Doktor genierte sich auch etwas, und ich genierte mich erst recht, weil ich noch nicht so recht wusste, wie man sich anzustellen hat, wenn man am Hungertuch nagt und plötzlich die Hülle und Fülle Vorräte bekommt. Ich konnte immer nur die Hände zusammenschlagen und ängstlich fragen, was das Rote Kreuz und der Kommunalverband und die Polizei und die Feuerwehr dazu sagen würden – im Grunde meines Herzens war ich aber selig.«[386]

In der Altstadt Freiburgs kam es im Herbst 1916 zu bis dato unvorstellbaren Szenen. Nachdem Hunderte Menschen stundenlang erfolglos nach Eiern, Butter, Käse und vor allem Kartoffeln angestanden hatten, machte sich ihre Empörung in Protesten Luft. Diese schwere Störung der öffentlichen Ordnung alarmierte das Bezirksamt Südbaden, das den Stadtrat scharf kritisierte. Die Vertreter der Kommune rechtfertigten sich, ihre Verkaufsstellen hätten zu wenig Nahrungsnachschub aus Karlsruhe bekommen, doch kam der offizielle Prüfbericht des badischen Innenministeriums zu einem anderen Ergebnis. Das Verteilungssystem sei »höchst mangelhaft«; der Stadtrat müsse tätig werden, mehr Verkaufsstellen einrichten und gleichmäßig über das gesamte Stadtgebiet verteilen.[387] Hintergedanke war, größere Ansammlungen von unzufriedenen Menschen in der Innenstadt auf diese Weise zu vermeiden, die Gefahr von unkontrollierbaren Zusammenrottungen also sinken zu lassen. Die Freiburger Honoratioren fügten sich, dabei hatten sie eigentlich recht: Die Lebensmittelversorgung krankte sowohl am mangelnden Nachschub wie an der immer aufwendigeren Verteilungsbürokratie, die einen zunehmenden Teil der ohnehin zu knappen Lieferungen versickern ließ.

Gleich 100 000 Zentner weniger Kartoffeln als vorgesehen erreichten bis zu Beginn des Winters 1916/17 Hildesheim, »und es war auch keine Hoffnung vorhanden, dass die Belieferung vorläufig den vollen Bedarf erreichen würde«, stellte der Stadtchronist Adolf Vogeler fest: »Deshalb wurde von Neuem die äußerste Sparsamkeit und das sorgfältigste Abwiegen des Tagesquantums empfohlen, da weitere Zuwendungen durchaus unmöglich waren.«[388] Als sich die Stadtverwaltung bei den zuständigen Reichsstellen über die zu geringen Lieferungen beschwerte, bekamen sie eine klare Antwort: Großstädte und Industriegebiete gingen bei der Lebensmittelversorgung vor, zudem liege Hildesheim in einer »Überschussprovinz« und habe deshalb zurückzustehen.[389] Tatsächlich erging es der Stadt vergleichsweise gut, denn die Rationen hatten hier weniger stark zusammengestrichen werden müssen als in Städten der Nachbarschaft, wie die SPD-Zeitung *Volkswille* dokumentierte: Von den 23 hannoverschen Städten von Alfeld bis Zellerfeld gab es nur in dreien im Durchschnitt der Monate Dezember 1916 und Januar 1917 höhere Wochenrationen an Brot (zwei Kilogramm), nirgendwo mehr Fleisch (250 Gramm), Zucker (375 Gramm) und Kartoffeln (2,5 Kilogramm). Mehr Fett war nur den Einwohnern Zellerfelds zugeteilt, unter denen viele Bergleute waren, also Schwerstarbeiter – ansonsten lag Hildesheim mit 90 Gramm pro Woche an der Spitze.[390] Solche Analysen änderten allerdings nichts am Hunger, der schnell ausbrach, wenn einmal eine eingeplante Lebensmittellieferung ausblieb, was ganz kurzfristig geschehen konnte: Im Bahnhof von Fallingbostel 90 Kilometer nördlich von Hildesheim stand schon ein Zug mit zehn Waggons Kartoffeln für die Stadt bereit, als eine höhere staatliche Stelle die Zuteilung änderte und mehrere Tausend Zentner ins Ruhrgebiet umdirigierte. Da zudem die gelieferten Knollen meist von minderer Qualität waren, sowohl gemessen am Nährwert als auch hinsichtlich des Geschmacks, empfahl die Verwaltung der Garnisonsstadt ihren Bürgern, den Satz des Kriegskaffees aus Malz oder Gerste wiederzuverwerten und zum Würzen zu benutzen. »Die Kartoffeln sind immer knapper«, registrierte Annie Dröege: »Es gibt jetzt nur sieben Pfund für sechs Tage. Wenn man ein paar schlechte Kartoffeln erwischt, ist die Portion zu klein.«[391]

Auch Viersen, in Friedenszeiten gut versorgt von der umliegenden Landwirtschaft, musste nun Kartoffeln zukaufen. Man wandte sich an die ostdeutschen Provinzen, an Ost- und Westpreußen sowie Posen, indessen waren die Lieferungen von dort nicht befriedigend. Oberbürgermeister Peter Stern stellte verärgert fest: »Der Wagen Kartoffeln, der gestern angekommen, enthielt wiederum so viele faule und schlechte Kartoffeln, dass nach vorgenommener Auslese nur die Hälfte als Speisekartoffeln brauchbar ist.« Doch damit nicht genug: »Auch die gesunden Kartoffeln waren schlecht; schon nach 24 Stunden faulen sie nach, sodass unter den verlesenen sich dann wieder bis zu einem Viertel faule vorfinden.« Damit konnte man dann nur noch eines anfangen: »Schon jetzt liegen 300 Zentner auf dem städtischen Düngerhaufen.« Stern warnte den Landrat vor den kalkulierbaren Folgen: »Bei den hohen Preisen der Kartoffeln murrt die Bevölkerung mit Recht über die schlechte Beschaffenheit, die sich zum Teil noch nicht einmal mehr zu Viehfutter, geschweige denn zu menschlicher Nahrung eignet.«[392] Vorausschauend hatte der Bürgermeister vorgesorgt: »Die Stadt hatte sich teils durch Kauf, teils durch Pachtung in den Besitz von Ackerflächen gesetzt. Im Ganzen hatte sie schließlich 50 Morgen in Bewirtschaftung, die sie unter Überwachung und Leitung eines Stadtverordneten mit Gemüse und Kartoffeln bestellen ließ.« Dazu hatten Stern und seine Beamten einen Ochsen und vier Pferde organisiert, eines davon sogar leihweise bei der Heeresverwaltung. Der Ertrag dieser städtischen Anbauflächen kam ausschließlich der Gemeinschaft zugute, also den kommunalen Verkaufsläden. Allen Hoffnungen zuwider blieb er im Herbst 1916 »weit hinter den Erwartungen zurück und entsprach nicht der aufgewendeten Mühe und Arbeit«.[393]

Besser als in den Städten zeigte sich die Versorgungslage in Ostpreußen. Henriette Schneider schrieb Ende November 1916: »Abends hörte ich in einer großen Versammlung, wo Landrat, Superintendent und Dr. Franz sprachen, wie ernst die Lage wirtschaftlich sei, dass die Kartoffelnot im Westen groß wäre und wie wir sparen und uns einrichten sollen, damit wir durchhalten!«[394] Viele Bauern im Landkreis Lötzen, fern jeder größeren Stadt, hielten sich nur formal an die Vorschriften: Sie lieferten lediglich die schlechtesten Früchte ab, um der Beschlagnahmeverordnung zu genügen, behielten die besseren aber für sich und ihre Angehörigen. Da gleichzeitig immer noch das Aufbauprogramm zur Linderung der Kriegsschäden lief, zögerten die Beamten vor Ort, hart durchzugreifen.

Ende des Jahres versiegte der Kartoffelnachschub in den Städten weitgehend, jedenfalls offiziell. »Am 3. Dezember 1916 musste die Wochenration auf sechs Pfund, am 18. Dezember auf fünf Pfund, am

15. Januar auf vier Pfund, am 20. Januar auf drei Pfund Kartoffeln herabgesetzt werden«, hielt Berlins Stadtarchivar Ernst Kaeber fest: »Von der zweiten Februarwoche an konnten überhaupt keine Kartoffeln mehr verteilt werden.«[395] Die Berichte der Berliner Polizei konnten die Dramatik der Zustände nicht mehr kaschieren: »Die Versorgung mit Lebensmitteln hat sich seit dem letzten Bericht noch verschlechtert. Durch den anhaltenden Frost war die Anfuhr von Kartoffeln in den letzten Wochen unmöglich. Der dafür gewährte Ersatz von Mehl kam zu spät zur Verteilung. Gemüse fehlt gänzlich. Die Herstellung von Wurst für die Allgemeinheit ist ebenfalls eingestellt, sodass viele Hausfrauen tatsächlich nicht wissen, wie sie ihre Familien ernähren sollen«, meldete das zweite Kommissariat am 15. Februar 1917 an den Polizeipräsidenten. In einem Bericht des dritten Kommissariats vom selben Tag hieß es: »Durch den Wegfall der Kartoffelrationen ist in vielen Familien die bitterste Not eingetreten, da das hierfür gelieferte Mehl beziehungsweise die Teigwaren bei Weitem nicht ausreichen und das Erstere teilweise zu spät geliefert wurde, sodass es dem Publikum erst Ende der Woche zugänglich gemacht werden konnte.«[396]

Einzig verfügbar war die Steckrübe, eine Kohlart, die eigentlich als Futter für Schweine angebaut wurde. Zunächst gab die Stadtverwaltung drei, dann vier Pfund pro Woche aus. Weil der Nährwert trotzdem viel zu niedrig war, griff man auf eiserne Reserven an Mehl und Brot zurück, beides allerdings gestreckt, bestenfalls mit Maismehl, schlimmstenfalls mit Holzspänen. Schnell lernten die Menschen, die Kohlrübe zu hassen: »Weit mehr als sich im Herbst ahnen ließ, musste die dicke wässerige Frucht dem Berliner aufgenötigt werden, bis sie ihm und noch mehr der Stadtverwaltung zu Hass und Abscheu wurde«, erinnerte sich Berlins Oberbürgermeister Adolf Wermuth: »Monatelang, vom Februar 1917 bis in den April hinein, suchte ich jeden Morgen vergeblich einen Eisenbahnwagen Kartoffeln auf meiner Liste.«[397] Der übliche Speisezettel einer Berliner Familie aus der Unter- und der unteren Mittelschicht, also von mindestens zwei Dritteln der Bevölkerung, bestand in diesem Winter zum Beispiel aus Kohlrübensuppe, gebratenen Kohlrübenschnitten und gesüßtem Kohlrübenkuchen. Brot, Marmelade, Kaffee bestanden aus Kohlrüben, die Morgen-, Mittags- und Abendsuppe aus Kohlrübenresten in heißem Wasser, ohne Mehl und Fett. Es gab kaum etwas, das sich nicht aus Kohlrüben zusammenmixen ließ, selbst Bier- und Puddingersatz wurden aus Steckrüben hergestellt.

Überhaupt war »Ersatz« zu einem der wichtigsten Wörter des Alltags geworden. Kaffee und Tee als reine Importprodukte waren schon lange zum größten Teil durch geröstetes Getreidemalz und getrocknete Gräser ersetzt worden. Anstelle des ebenfalls ausschließlich aus Übersee eingeführten Pfeffers wurde gesiebte Asche verkauft. »Salatöl-Ersatz« konnte zu mehr als 99 Prozent aus Wasser bestehen: »Der Gebrauchswert ist gleich null.«[398] Findige Händler pressten auch aus dafür ungeeigneten Obstkernen Extrakte, die sie verdünnt anstelle von Öl anboten. Es gab Mixturen aus Soda und Stärke, die als Fett-Ersatz angepriesen wurden. Eine Creme aus roten Rüben, Mohrrüben, Kohlrüben und Gewürzen ergab einen Brotaufstrich, der als »ungarische Gemüsebutter« auf den Markt kam; ein weiterer Buttterersatz bestand aus gestrecktem Sauermilchquark mit etwas Zucker und Farbstoffen. Eine einzige chemische Fabrik bewarb ein Dutzend Ersatzprodukte, darunter Kunstschmalz und -honig, Seifenpulverersatz, Eiersatzpulver und Ersatz-Suppenwürze »nach Maggi-Art«.[399] Streunende Hunde und Katzen fristeten oft nur ein kurzes Leben, denn viele Berliner jagten sie, um wenigstens etwas Fleisch auf den Tisch zu bekommen. Sogar Ratten waren jetzt begehrt: In der Reichshauptstadt kursierte der Witz, »bald werde es keine Ratten mehr geben, sondern nur noch Rattenersatz«.[400]

Der Unterversorgung folgte in vielen Vierteln der Reichshauptstadt offene Verwahrlosung. Die Straßenreinigung funktionierte nicht mehr, vielerorts sammelten sich Müllberge, in denen die noch nicht erlegten und ebenfalls hungrigen Ratten nach Fressbarem wühlten. An vielen Mietskasernen bröckelte der Putz, weil sich niemand mehr um den Erhalt kümmerte. Handwerker gab es kaum noch, Fenster und Türen wurden nicht mehr repariert. Die Parkanlagen und sonstigen Grünflächen wurden mit Kartoffeln und Kohl bepflanzt. In vielen Blumenkästen wuchsen Tomaten, Bohnen und Erbsen. Auf unzähligen Balkons oder Hinterhöfen züchteten Mieter Kaninchen und Hühner. In manchem Keller wurde unerlaubtermaßen ein privates Schwein gehalten. Wer dabei ertappt wurde, riskierte die Kürzung der Fleischration um die Hälfte – was angesichts der durchweg schlechten Qualität und unsicheren Lieferung keine besondere Abschreckung war – und vor allem die Beschlagnahmung des Tieres, das oft über Monate mühsam gemästet worden war.

Kaum besser sah die Lage in München aus. Das erlebte sogar Constanze Hallgarten, Pazifistin und reich verheiratete Tochter aus großbürgerlichem Elternhaus: »Unsere Nahrungsmittelversorgung, besonders in großen Städten, wurde äußerst knapp, unsere Ernährung immer magerer. Auch in den wohlhabenden Familien wurde das rationierte Brot den Kindern, wenn sie morgens zur Schule gingen, auf der Briefwaage vorgewogen.« Zum Geburtstag ihres Mannes hatte Hallgarten ihre Köchin gebeten, einen Kuchen zu backen, was an fehlenden Zutaten scheiterte. Daraufhin bestellte sie eine Torte beim Konditor: »Er schickte etwas, was so aussah. Als wir es anschnitten, ließ sich das Ding kaum schneiden und dann schmeckte es wie Pappendeckel mit Gelatine belegt – ungenießbar.« Sie beriet sich mit Freundinnen, wie man der Unterversorgung der eigenen Kinder, aber auch der Hausangestellten abhelfen könne: »Wir sahen vorerst keinen Weg – was sollte werden? Von da ab lernten wir ›hamstern‹, d. h. Nahrungsmittel wie Butter, Mehl, Eier, Speck und Schinken, die in der Stadt streng rationiert waren, von den Bauern auf dem Land direkt zu kaufen oder durch ›Schleichhändler‹ kaufen zu lassen. Dies war natürlich ganz illegal und es stand Strafe darauf, aber es bürgerte sich allmählich ein.« Allerdings war sich Constanze Hallgarten, im Gegensatz zu anderen Angehörigen der Oberschicht, ihrer privilegierten Stellung bewusst: »Die Wohlhabenden konnten die oft fantastischen Preise, die gefordert wurden, zahlen. Aber die meisten Menschen in den großen Städten konnten das nicht. Sie hungerten und magerten ab.«[401]

Die Stadtverwaltung von Freiburg setzte auf Selbstversorgung. Neben den Schrebergärten, in denen ohnehin schon fast immer Gemüse angebaut worden war, richtete man auf brachliegendem städtischem Land »Kriegsgärten« ein, die jeweils für wenig Geld verpachtet wurden – an bedürftige Familien sogar ganz umsonst. Mütter mit vielen Kindern konnten auch mehrere solcher improvisierten Anbauflächen bewirtschaften; kostenlosen Dünger und billiges Saatgut gab es dazu. Im Frühjahr 1917 verfügte rund ein Drittel der Freiburger über einen eigenen Anbau und konnte nach dem Hungerwinter so einen Großteil des Gemüsebedarfes selbst decken. Um das Engagement zu fördern, wurden die Erträge des eigenen Gartens nicht auf die offiziellen Rationen angerechnet. Allerdings weckte die Selbsthilfe auch Begehrlichkeiten: Als die ersten Früchte reif wurden, mussten die Pächter vielfach ihre älteren Kinder als Wachen in den Kriegsgärten postieren, um einer Plünderung vorzubeugen.

Eine weitere Ressource wurde im Winter 1916/17 extrem knapp: Zeit. Um das Rationalisierungsprogramm der neuen Heeresleitung unter Paul von Hindenburg und Erich Ludendorff umzusetzen, brauchte man mehr Arbeitskräfte in den Rüstungsfabriken. Die beiden obersten Militärs hatten eingesehen, dass die Abnutzungsstrategie ihres Vorgängers Erich von Falkenhayn nicht durchzuhalten war – und setzten daher auf das Gegenteil: »Was uns an Menschen fehlt, muss durch Kriegsmaterial ersetzt werden.«[402] Dank mehr technischem Gerät und vor allem wesentlich größerer Waffenzahl sollten also Soldaten aus dem Dienst in den Schützengräben freigesetzt werden, die dann wiederum für offensive Operationen zur Verfügung stehen würden. Der preußische Kriegsminister Adolf Wild von Hohenborn beschrieb das Ziel des nach Hindenburg benannten neuen Rüstungsprogramms: »Je mehr wir mit unserem Menschenmaterial schließlich einmal in die Hinterhand kommen, desto mehr muss die Maschine, das Geschütz, das Maschinengewehr, die Granate und so weiter an die Stelle der Menschen treten. Und daraus folgt, dass wir nicht nur mit unseren Gegnern mindestens

Schritt halten müssen, sondern dass wir sie überflügeln müssen.«[403] Innerhalb eines halben Jahres sollten die Munitions- und Pulverproduktion verdoppelt, die Herstellung von Maschinengewehren und Geschützen sogar verdreifacht werden. Ebenfalls war eine massive Steigerung des Eisenerz- und des Kohlenabbaus vorgesehen.

Dafür war es aber nötig, zusätzliche Arbeitskräfte in der Heimat zu mobilisieren und sie dort einzusetzen, wo sie nach Ansicht der Behörden am dringendsten benötigt wurden. Also forderten Hindenburg und Ludendorff eine Ausdehnung der Wehrpflicht auf alle Männer von 16 Jahren bis zum Rentenalter; sie sollten notfalls zwangsweise in der Rüstungsproduktion eingesetzt werden. Zwar erkannte Hindenburgs Mitarbeiter Wilhelm Groener: »Mobilmachung der für Kriegsindustrie erforderlichen Arbeitskräfte grundsätzlich besser auf dem Wege der Freiwilligkeit als dem des Zwanges.« Zugleich aber wusste der Generalmajor: »Für Freiwilligkeit erforderliche Zeit nicht mehr verfügbar.« Die Industrie unterschätze die Zahl der notwendigen Arbeitskräfte, denn der Kriegsbedarf steige von Woche zu Woche: »Höchste Eile geboten.«[404] Ursprünglich hatten auch Frauen einer allgemeinen Verpflichtung zur Arbeit in kriegswichtigen Bereichen unterworfen und alle kriegsunwichtigen Betriebe und Ausbildungsstätten geschlossen werden sollen, doch diese geplanten Verschärfungen stießen in der Öffentlichkeit und bei den Gewerkschaften auf erheblichen Widerstand, weshalb die Regierung nicht darauf bestand und die Generalität verzichtete, ihre Vorstellung per Verordnung nach Belagerungsrecht durchzusetzen. Das Gesetz über den vaterländischen Hilfsdienst, das schließlich am 5. Dezember 1916 in Kraft trat, enthielt eine Vielzahl von Kompromissen. Grundsätzlich sollte zwar jeder Mann zwischen 17 und 60 Jahren, der nicht zum Kriegsdienst eingezogen war, der Dienstpflicht unterliegen.[405] Angesichts der extremen Versorgungsprobleme waren davon freilich nicht nur alle Arbeitskräfte in der Landwirtschaft ausgenommen, sondern wegen des Widerspruchs der Gewerkschaften und um die notwendige Mehrheit im Reichstag nicht zu gefährden, wurden erstmals geheim gewählte Arbeiterausschüsse in allen Betrieben mit mehr als 50 Mitarbeitern zugestanden. Paritätisch besetzte Schlichtungsgremien erhielten weitgehende Mitspracherechte – indirekt wurden die Gewerkschaften somit erstmals zu staatlich anerkannten Partnern der Unternehmer.

Die komplizierten Vorschriften des Gesetzes führten dazu, dass die Bevölkerung in der Beurteilung der neuen Regeln stark schwankte. Während der öffentlichen Debatten berichtete der Berliner Polizeipräsident Ende November 1916: »Der vaterländischen Dienstpflicht wird als einer notwendigen Folge des langen Kriegszustandes trotz aller Ungewissheit über Einzelheiten in voller Ruhe entgegengesehen.« Drei Wochen später meldete die Polizei dann das Gegenteil: »Allgemein herrscht die Ansicht, dass das Hilfsdienstgesetz nur ein Ausnahmegesetz gegen die breite Volksmasse sei und nur ein Machtmittel für den Kapitalismus darstelle.«[406]

Rasch erwies sich jedoch, dass die Hilfsdienstpflicht die hohen Erwartungen nicht erfüllte: Weder konnten bislang in der Rüstungsindustrie unabkömmliche Facharbeiter in größerer Zahl durch dienstverpflichte angelernte Kräfte ersetzt und für den Einsatz an der Front frei gemacht noch die Fluktuation zwischen verschiedenen kriegswichtigen Fabriken nennenswert gesenkt werden. Im Gegenteil warben Unternehmer einander weiterhin leistungsfähige und leistungswillige Facharbeiter mit Locklöhnen ab. Die angestrebte Steuerung der Arbeitskraft hatte vor allem eine praktische Auswirkung: Der zusätzliche Verwaltungsaufwand kostete viele männliche wie weibliche Arbeiter in der Heimat noch mehr ihrer ohnehin bereits äußerst knapp bemessenen Freizeit.

Die Versorgungsmisere war jeden Tag spürbar, doch wer trug die Verantwortung dafür? Darum kreisten die Gedanken vieler Deutscher in der Heimat. Entscheidend war natürlich die effiziente Seeblockade der Royal Navy, die jeden Überseeimport praktisch unmöglich machte, weshalb antibritische Propaganda auf offene Ohren stieß. Regelmäßig waren in konservativen Zeitungen, in Broschüren und auf »patriotischen« Abendversammlungen Tiraden zu hören. Immer wieder registrierte Erich Mühsam in seinem Tagebuch besondere Beispiele solcher Hetze, etwa »wilde Ausbrüche gegen das ›perfide Albion‹«, die vermeintlich hinterhältige britische Außen- und Machtpolitik, die Deutschland »zur Abwehr gezwungen« habe. Treffend analysierte er, dass die auf beiden Seiten aufgeheizte öffentliche Meinung jeden Kompromissfrieden verhindere: »Eine Verständigung ist unmöglich, weil man hierzulande alles formale Kriegsrecht, ohne sich selbst dran zu halten, als anständig annimmt, anderwärts den Baby-Mord unabhängig vom Haager Übereinkommen beurteilt.« Manchmal karikierte der Pazifist die Begeisterungsstürme über vermeintliche deutsche Erfolge gegen Großbritannien: »Gott hat das perfide Albion wieder mal gestraft. London wurde in der Nacht von vorgestern auf gestern ausgiebig mit Brand- und Sprengbomben ›belegt‹.« Der amtliche Bericht zählte auf, was Zeppeline überall angegriffen hatten: Docks, Hafenanlagen und Ähnliches, an erster Stelle aber: »die Stadt London«, wo große Brände zu sehen waren. Voller Abscheu schrieb Mühsam: »Das Krämervolk – so nennt man die Engländer in dem Lande, wo jedes Bestreben darauf gerichtet ist, den lieben Landsmann zu bewuchern und zu übervorteilen –, das Krämervolk ist also wieder an der Wurzel getroffen worden, indem man seine Kinder und Frauen zu nachtschlafender Zeit mit Granaten hingemacht hat. Wenn daraufhin wieder mal ein paar französische Flieger in Freiburg, Stuttgart oder Karlsruhe eine Kaserne oder ein Fürstenschloss bombardieren, dann wird bei uns der Empörung kein Ende sein, dass ›unbefestigte, außerhalb des Operationsgebiets gelegene‹ Orte völkerrechtswidrigerweise angegriffen seien.« Die »Fontänen von Giftschleim«, die »über das perfide Albion« abgespritzt wurden, kamen ohne Zweifel an in Deutschland.[407]

Doch allein konnten die Briten nicht verantwortlich sein für die Verhältnisse, denn mit dem Schleichhandel im Land hatten sie nichts zu tun. In die allgemeine Empörung über windige Geschäftsleute, Kriegsgewinnler und auf ihren persönlichen Vorteil bedachte Landwirte mischten sich daher rasch andere Vorurteile. Unter Arbeitern wurden zunehmend hartnäckig »die Kapitalisten« verantwortlich gemacht für die schlechte Versorgung der unteren Schichten, was insofern berechtigt war, als natürlich für Schwarzmarktgeschäfte erhebliches Startkapital notwendig war. Verschärft wurde diese Sicht durch den Neid auf wohlhabendere Bürger, die – zu enormen Preisen – weiterhin fast alle Lebensmittel bekommen konnten und oft ausgiebig in Lokalen in Berlin, München oder anderen größeren Städten tafelten.

Konservative Kleinbürger, die durch eingefrorene oder gar gesenkte Löhne bei gleichzeitig stark steigenden Lebenshaltungskosten besonders unter Druck standen, machten dagegen oft »die Juden« verantwortlich. Zwar waren die letzten rechtlichen Beschränkungen im Deutschen Reich seit Jahrzehnten außer Kraft gesetzt, hatte der Kaiser sogar manche Synagoge mit seinem Besuch beehrt, aber der Antisemitismus war stets präsent geblieben, hatte sogar wiederholt kleinere Parteien in den Reichstag gespült. Im Krieg hatte der Judenhass stark zugenommen. Kriegsminister Wild von Hohenborn setzte eine »Judenzählung« an, um festzustellen, ob sich Juden tatsächlich vor dem Dienst an der Front drückten. Das Ergebnis widersprach dem Vorurteil diametral, denn gut drei Viertel der eingezogenen jüdischen Soldaten waren in Schützengräben im Einsatz, und es wurde nicht veröffentlicht. Jedoch war die Stimmung nun einmal vergiftet, und die »Judenzählung« befeuerte den ohnehin zunehmenden Antisemitismus. Die Münchner Satirezeitschrift *Simplicissimus*, einst ein oppositionelles Blatt, war mit Kriegsbeginn umgeschwenkt und stützte die Regierungspolitik – war ihr teilweise auch voraus: Monate vor der »Judenzählung« erschien die Zeitschrift am 4. Juli 1916 mit einer scharf antisemitischen Karikatur von Thomas Theodor Heine auf der Titelseite. Unter der Überschrift »Der Zwischenhandel« waren zwei vermeintlich typische Juden zu sehen, vollgefressen und selbstzufrieden, die einem Bauern verweigerten, seine Kühe über die deutsche Grenze zum Verkauf zu bringen, »bevor wir sie gemolken haben«.[408] Feindbilder dieser Art hielten sich und stiegen zahlenmäßig sogar an; im März 1917 meldete die Berliner Polizei, die vielfältigen Kriegsgesellschaften, deren Aufgabe die Bewirtschaftung der knappen Lebensmittelreserven war, genössen »wenig Vertrauen. Sie gelten vielen nur als ›Versorgungsstellen für Juden‹«.[409]

Um wenigstens massenhaftes Verhungern der Stadtbevölkerung zu verhindern, wurden immer mehr öffentliche Küchen eingerichtet. Armenspeisung hatte eine lange Tradition, doch inzwischen gab es allein in Berlin Hunderttausende Familien, die aufgrund Kohlenmangels nicht mehr kochen und ihrer Arbeit wegen nicht stundenlang anstehen konnten: Für sie waren Eintöpfe in öffentlichen Küchen die einzige Möglichkeit, eine warme Mahlzeit zu ergattern. Natürlich mussten dafür Lebensmittelmarken abgegeben werden. Allerdings reichte die Leistungsfähigkeit der provisorisch schon 1915 aufgestellten Gulaschkanonen, also von der Front abgezogener Feldküchen, nicht aus, um den Bedarf zu decken. Berlins Stadtverwaltung richtete deshalb zehn Hauptküchen ein, die bei täglichen Kapazitäten zwischen 7000 und 49000 Litern Eintopf pro Küche insgesamt eine Viertelmillion Mittagessen liefern konnten. Das fertig gekochte Essen wurde an zunächst 62, später 77 Ausgabestellen gebracht und dort warmgehalten. Zwischen 11:30 und 13:30 Uhr gab es ein Mittagessen; um 14:30 Uhr schlossen die Ausgabestellen und der nicht verbrauchte Rest der meist eintönigen und dünnen Suppen wurde dann in die Kriegsgefangenenlager der Stadt gebracht.

»Die Küchen wurden mit allen modernen Einrichtungen ausgestattet, die sich in großen Hotels und Restaurants bewährt hatten, wie elektrisch betriebene Wasch- und Spülmaschinen für Kartoffeln und Schneidemaschinen für Gemüse«, berichtete Ernst Kaeber: »Aus dem Abwasser der Kartoffelschälmaschinen gewannen die Küchen die in ihm enthaltene Stärke und verwandten sie wieder bei der Zubereitung der Speisen. Es war immerhin ein Hundertstel der verbrauchten Kartoffelmenge, das als Kartoffelstärke zurückgewonnen wurde. Die Kartoffelschalen wurden durchsiebt und ihre stärkehaltigen Bestandteile in besonderen Gefäßen aufgefangen und getrocknet, die Gemüseabfälle zu dickem Extrakt eingekocht.« Später dann musste diese intensive Verwertung von Küchenabfällen eingestellt werden, als wegen des Kohlenmangels nicht mehr genug Stadtgas zu Verfügung stand, um auch nachmittags auf den modernen Gasherden zu kochen. In den Ausgabestellen der kommunalen Volksküche, deren Personal weitgehend aus dienstverpflichteten Frauen bestand, aßen Berliner aus der gesamten Unter- und unteren Mittelschicht. »Ohne alle Rücksicht auf soziale Klassen und die Unterschiede des Einkommens wollte sie jedem ein Mittagessen bieten, das für die bescheidenen Ansprüche, wie sie der Krieg verlangte, ausreichte und schmackhaft, kräftig und billig war.« In allen Küchen wurde das gleiche Essen gekocht, was Einkauf und Vorratshaltung vereinfachte. »Wem das nicht behagte, der mochte sich an die Mittelstandsküchen halten, die von den Wohlfahrtsvereinen gegründet worden waren.«[410]

In Freiburgs Volksküche, einer Armenspeisung der kommunalen Wohlfahrt, waren 1913 täglich rund 1 100 warme Gerichte ausgegeben worden. Zwei Jahre später waren es schon mehr als 1 500 Portionen. Nun richtete der Stadtrat, da die Kapazität der in der Unterstadt gelegenen Einrichtung nicht mehr ausreichte, in anderen Außenbezirken der Stadt vier weitere öffentliche Kriegsküchen ein, und zwar möglichst in Gasthäusern und anderen großen Gebäuden. Die Zahl der montags bis samstags ausgegebenen Essen stieg auf durchschnittlich 3 400. Im Januar 1917 kamen täglich sogar mehr als 8 000 Menschen zu einer der fünf Einrichtungen. Jedes Essen kostete je nach Angebot zwischen 25 und 45 Pfennigen, also zwischen einem knappen Stundenlohn einer Hilfsarbeiterin und dem Drittel eines Facharbeiterstundenlohns, außerdem natürlich entsprechende Lebensmittelmarken. Zusätzlich gab es noch mobile Feldküchen und drei kleinere Einrichtungen, die kostenlos einfache, oft sehr dünne Kriegssuppe und einen Ranken Brot ausgaben. Weil sich dort aber zu viele Hungrige meldeten, mussten im April 1917 spezielle Suppenkarten eingeführt werden, die gegen Fleisch- und Brotkarten einzutauschen waren. Gerade Bedürftige hatten oft nicht das Geld, ihre Lebensmittelmarken auch zu nutzen. Außerdem gab es privat eingerichtete Mittelstandsküchen, in denen ein etwas besserer Eintopf etwa 80 Pfennige kostete. Die unterschiedliche Qualität der öffentlichen Speisungen sorgte für Dissens in Freiburg: Je schwieriger die Versorgungsverhältnisse wurden, desto lauter forderten Mitglieder der Unterschicht die Einführung einer verpflichtenden und einheitlichen Kriegsspeisung, »damit auch die besseren Herrschaften wissen, wie das Essen schmeckt«.[411]

Wesentlich mehr warme Essen als in Freiburg gaben die öffentlichen Speisesäle in Hildesheim während der ersten Monate des Jahres 1917 aus. Obwohl die Stadt nur etwas mehr als die Hälfte an Einwohnern zählte, registrierte die Stadtverwaltung je nach Versorgungslage der Lebensmittelgeschäfte zwischen 12 000 und sogar 17 000 Portionen am Tag. Außerdem bekam rund jedes zweite Schulkind entweder Frühstück oder Mittagessen, weil die Eltern, meist also die Mütter, selbst nicht dazu in der Lage waren. Insgesamt, so urteilte Stadtchronist Adolf Vogeler, erwiesen sich die »hiesigen Speiseanstalten« als »vorzügliches Mittel zur Ernährung der Bürgerschaft«,[412] obwohl es auch hier Engpässe gab: »Wir erfahren, dass die Speisesäle für die Armen (etwa so etwas wie unsere Suppenküchen) an zwei Tagen pro Woche keine Kartoffeln bereithalten«, schrieb Annie Dröege am 24. November 1916 in ihr Tagebuch: »Diese Küchen sind eine feine Einrichtung für arme Leute. Man kann dort essen (wofür man seinen eigenen Löffel mitbringen muss) oder das Essen in eine Dose füllen lassen und zu Hause essen. Viele Leute schicken ihre Diener hierher, um für 50 Pfennig pro Portion zu kaufen und die Familie isst daheim zusammen das Gleiche.«[413] Verkauft wurde eine Suppe aus Kartoffeln und Kohl, manchmal mit Steckrüben und Karotten, zweimal pro Woche mit etwas Fleisch und freitags mit Fisch. Praktischerweise brauchte man immer nur einen Löffel; Messer und Gabel waren unnötig.

In München existierten wie in Freiburg neben öffentlichen Volksküchen private Initiativen, oft von Frauen aus dem Großbürgertum organisiert, etwa von Constanze Hallgarten: »Um den Hunger zu stillen, steuerte ich mein Scherflein bei. Ich richtete in unserem Haus eine Suppenabgabe ein. Jeder, der wollte, konnte mittags eine gute warme Suppe essen oder abholen. Wir hatten viele Kunden.«[414] Allerdings musste gerade das mittlere Bürgertum, bestehend aus Angestellten und Beamten, deren Löhne weniger stark gestiegen waren als bei kriegswichtigen Industriearbeitern oder gar nicht, auf stille Reserven zurückgreifen, um wenigstens den Anschein ihres Lebensstils zu wahren. So eröffneten in München inzwischen bemerkenswert viele Antiquitätengeschäfte: Die finanziellen Reserven der gehobenen Mittelschicht waren vielfach aufgebraucht, und so mussten Sachwerte zu Geld gemacht werden, darunter viele Familienerbstücke.

Auf den Straßen der Großstädte kam es zu mitunter apokalyptischen Szenen: »Eines Tages sah ich ein klapperdürres Pferd auf der Straße tot umstürzen«, erinnerte sich die dänische Filmschauspielerin Asta Nielsen, die als Hauptdarstellerin zahlreiche Stummfilme in Berlin drehte: »Im Nu, als hätte man darauf gelauert, stürmten die Frauen, mit langen Küchenmessern bewaffnet, aus den umliegenden Häusern auf den Kadaver. Man schrie und schlug sich um die besten Stücke, das dampfende Blut spritzte ihnen über Gesicht und Kleider. Andere ausgehungerte Gestalten kaum vorüber und fingen in Näpfen und Tassen das warme Blut auf, von dem das Pflaster rot gefärbt war. Erst als das Pferd wie ein Skelett in der Wüste abgenagt dalag, verstreute sich die Menge rasch, die eroberten Fleischklumpen ängstlich an die platten Brüste gepresst.«[415]

Wer es sich irgendwie leisten konnte, verließ die Großstädte, denn auf dem Land waren die Versorgungsverhältnisse zwar ebenfalls angespannt, aber immer noch besser. Man floh in Gegenden, wo die Kartoffeln nicht ängstlich abgezählt wurden, wo noch Milch und »echte« Lebensmittel statt Ersatz zu bekommen waren. Selten war die Reiselust im gehobenen Bürgertum größer, die noch geöffneten Hotels in ländlichen Ferienorten so überfüllt wie 1916/17.

Wer ein Landgut hatte, zog dorthin. Doch änderte sich dadurch nichts prinzipiell an der Versorgungsmisere, wie Evelyn Fürstin Blücher erlebte. Zusammen mit ihrem Mann hatte sie sich in den Familiensitz Schloss Krieblowitz bei Breslau zurückgezogen. »Wir alle werden täglich dünner, und die rundlichen Formen der deutschen Nation sind zur Legende der Vergangenheit geworden«, schrieb die gebürtige Britin: »Wir sind jetzt alle hager und knochig und haben dunkle Schatten unter den Augen, während unsere Gedanken hauptsächlich darauf gerichtet sind, was wir zur nächsten Mahlzeit essen werden, und wir von all den schönen Dingen träumen, über die wir einst verfügen konnten.«

Als die Fürstenfamilie »dann und wann« eines ihrer Schweine schlachten ließ, kam darüber keine rechte Freude auf: »Ganz Schlesien beobachtet einen solchen Akt mit hungriger Miene und zählt uns jeden Bissen in den Mund, während Hindenburg ernst im Hintergrund steht und einen Teil davon für seine Krieger verlangt. Zur Strafe für die paar saftigen Stückchen, die wir glücklich erobert haben, wird uns auf Wochen hinaus die Fleischkarte entzogen.« Daraufhin kehrten die Blüchers in die Reichshauptstadt zurück, in ihr Appartment im Luxushotel *Esplanande*, und erlebten eine neue Form der Arbeitsverweigerung: Einige Hotelangestellte weigerten sich, ihre Betten zu verlassen. Die Rationen ihrer Lebensmittelkarten seien für die Gäste verwendet worden. »Sie wollten nun so lange schlafen, bis man sie ihnen zurückgegeben hatte.« Zusätzlich war das Hotel wegen eines weiteren Skandals in Aufruhr: »Einige der Direktoren waren festgenommen worden, weil sie Lebensmittel und Butter, die ihnen für verwundete Soldaten anvertraut worden waren, mit sehr großen Gewinnen an Hotelgäste verkauft hatten.« Erschüttert fasste die Fürstin das Klima in der Reichshauptstadt zusammen: »Im Ganzen sind seit ungefähr einem halben Jahre alle Skrupel und Bedenken, heimlich Nahrungsmittel aufzuspeichern, infolge des quälenden Hungers verschwunden, und das einzig vorherrschende Gefühl aller Klassen ist: ›Jeder für sich und der Teufel für uns alle!‹«[416]

Die schlechte Versorgung vieler Menschen führte zu Unterernährung, wodurch die Anfälligkeit für Infektionskrankheiten stieg. Der Schwäche schwangerer Frauen wegen schnellte die Zahl der Totgeburten in die Höhe, und zahlreiche Deutsche starben an Tuberkulose, was sicher auch am extremen Kohlenmangel lag. Verschärfend kam hinzu, dass die meisten Mediziner in Lazaretten eingesetzt waren, entweder hinter der Front oder in der Heimat. In Hildesheim sorgte ein besonderer Todesfall Anfang 1917 für Aufregung: In der Altstadt starb eine ältere Frau, auf ihrem Gesicht zeigten sich merkwürdige Pusteln. Der herbeigerufene Arzt diagnostizierte schwarze Pocken und sorgte sofort für eine Quarantäne des betroffenen Hauses samt aller Bewohner: »Glücklicherweise waren Vorkehrungen getroffen, dass sich die Seuche nicht verbreiten konnte, und in kürzester Zeit verschwand sie wieder. Die Erkrankung erstreckte sich im Ganzen auf sechs Personen in drei Häusern, es kam ein Todesfall vor«, berichtete der Stadtchronist Vogeler: »Die Stadt musste für die freiwilligen Impfungen, welche aus Anlass der Seuche vorgenommen wurden, eine Summe von mehr als 660 Mark bewilligen.«[417]

In der Reichshauptstadt gab es zwar keinen Ausbruch einer ansteckenden Seuche, aber dennoch fielen der katastrophalen Versorgungslage viele Berliner zum Opfer. Rückblickend schilderte Oberbürgermeister Adolf Wermuth die Verhältnisse: »Nun setzte eine Sterblichkeit ein, welche die Wochenstatistiken bis auf das Eineinhalbfache und höher unaufhaltsam anschwellen ließ, bis mit der neuen Ernte die Kartoffelzufuhr sich dauernd verbesserte. Der Tod hielt Ernte in den städtischen Krankenhäusern, ließ nicht ab, ehe alles Brüchige dahingesunken war; in den Irrenanstalten sank die Belegschaft bis auf die Hälfte.«[418] Insgesamt starben in Deutschland im Winter 1916/17 rund eine Viertelmillion Menschen mehr, als statistisch zu erwarten gewesen wären; die gefallenen Soldaten an den Fronten nicht eingerechnet. Vielfach meldeten Berliner nicht, wenn einer ihrer Verwandten an Hunger oder Auszehrung starb, sondern versteckten die Leiche irgendwo und bezogen weiter die Lebensmittelkarten für den längst Verstorbenen – was problemlos möglich war, sofern sie dessen Papiere vorweisen konnten.

Auch als es im März 1917 endlich wärmer wurde, ging das Sterben weiter, die Schwäche vieler Unterernährter war nicht mehr zu beheben – zumal die Lebensmittelversorgung noch nicht wieder in Gang kam, es gab sogar Unruhen. Bei einem Protestzug in Charlottenburg westlich von Berlin ereignete sich eine unerwartete Zuspitzung: »Gestern Vormittag begaben sich etwa 400 bis 500 Frauen zum Charlottenburger Rathaus. Sie verlangten nach Lebensmitteln und veranlassten den Magistrat durch lautes Schreien, die Aufbewahrungsstelle für Gemüse zu öffnen und von dieser Stelle aus, von der gewöhnlich die Kleinhändler versorgt werden, unmittelbar zu verkaufen«, berichtete die Berliner Polizei. Solche Proteste gab es gelegentlich, wenn auch meist kleiner, sie waren beinahe schon zur Routine geworden. Gar nicht gewöhnlich hingegen war, was dann geschah: »Als zur Mittagszeit die Verkaufsstelle geschlossen werden sollte, rückten Frauen von Neuem in langer Reihe hintereinander nach dem Rathaus mit dem Rufe: ›Hunger, Hunger, wir wollen Kohlrüben!‹«[419] Die Charlottenburger Stadtverwaltung gab nach und verkaufte weiter, für kleinere Familien je zwei, für größere je vier Kilogramm. Obwohl der Kartoffelersatz schlecht schmeckte und wenig Nährstoffe enthielt: Der Hunger in Deutschland war so groß, dass sogar die Aussicht auf Kohlrüben verlockend war. Die Monate von Herbst 1916 bis zum Frühjahr 1917 bekamen nicht umsonst den Namen Rübenwinter.

REVOLUTION

WER ZU SPÄT KOMMT, DEN BESTRAFT DAS LEBEN. Auch an sich richtige Maßnahmen können wirkungslos bleiben, wenn ihre Zeit vorüber ist. Der Architekt des Berliner Reichstagsgebäudes Paul Wallot hatte schon in seinen Ausstattungsplänen vorgeschlagen, über dem repräsentativen Westportal des Parlamentes die Inschrift »Dem deutschen Volke« anbringen zu lassen. Doch als der Bau 1894 vollendet und mit militärischem Prunk eingeweiht worden war, fehlten diese drei Wörter; stattdessen blickte man zwischen Säulen und Giebel des Portikus auf ein lang gestrecktes, irritierend nacktes Marmorfeld. Erst Mitte Dezember 1916 änderte sich das: Ohne größeres öffentliches Aufsehen montierten Handwerker die Inschrift. Unter dem Titel »Ein Weihnachtsgeschenk für das deutsche Volk« berichtete die *Spandauer Zeitung*: »An der Giebelfront des Reichstagsgebäudes wird gegenwärtig die seinerzeit vom Reichstag genehmigte Inschrift ›Dem deutschen Volke‹ angebracht, die in den kommenden Weihnachtsfeiertagen zum ersten Male in vollem Glanz prangen wird.« Sogar ein Foto druckte das Blatt dazu: »Das Bild zeigt Arbeiter bei der Befestigung der einzelnen mächtigen goldenen Buchstaben. Die Buchstaben haben eine Höhe von 60 Zentimetern. Der ganze Schriftzug ist 16 Meter lang. Bei dem Guss der Buchstaben ist Bronze aus erbeuteten Geschützen des Jahres 1813 verwendet worden.«[420]

Mehr als zwei Jahrzehnte lang hatte sich Kaiser Wilhelm II. gegen die geplante Inschrift gesperrt, wollte aber auch seinen Gegenvorschlag »Der Deutschen Einigkeit« nicht mit absolutistischer Macht durchsetzen. Bewegung war in den Inschriftenstreit erst gekommen, als das *Leipziger Tageblatt* im August 1915 die Anbringung der Inschrift vorschlug, um Deutschland mit dem Monarchen zu versöhnen. Dem Chef der Reichskanzlei, Arnold Wahnschaffe, hatte diese Idee eingeleuchtet. Am 21. August 1915 schrieb er an den Chef des Geheimen Zivilkabinetts des Kaisers, Rudolf von Valentini: »Vor einigen Tagen wurde in der Presse in einem sehr hübsch aufgeschriebenen Artikel des *Leipziger Tageblatts* die Hoffnung ausgedrückt, dass der Reichstag jetzt die Inschrift ›Dem deutschen Volke‹ erhalten solle. Wie Euer Exzellenz erinnerlich sein wird, ist ja schon früher einmal eine solche Inschrift angeregt worden. Seine Majestät hatte damals Bedenken, die Anbringung der Inschrift unterblieb, und ihre Ablehnung gab zu unliebsamen Erörterungen Anlass.« Wahnschaffe, zu dessen Aufgaben die Beeinflussung der SPD und der Liberalen im Sinne der Politik von Bethmann Hollwegs gehörte, argumentierte, eine abermalige Ablehnung sei »unter den heutigen Verhältnissen kaum denkbar«. Deshalb sollte man es wohl auch nicht zu einer Erörterung kommen lassen, sondern vorbauen: »Am wichtigsten wäre es, der Sache keine große Wichtigkeit beizulegen, sondern sie still zu erledigen, damit die alten unliebsamen Erinnerungen nicht wieder wach werden.« Tatsächlich gab es Streit nur noch darum, welche Art von Buchstabentypen verwendet werden sollte: ein moderner Entwurf, lateinische Schrift oder deutsche Frakturlettern. Die Entscheidung, die Inschrift anbringen zu lassen, habe »in weiten Kreisen der Bevölkerung lebhafte Befriedigung hervorgerufen«, meldete Staatssekretär Clemens von Delbrück, der Innenminister, an Reichskanzler von Bethmann Hollweg.[421] Doch als es mehr als ein Jahr später endlich so weit war und die Botschaft am Westportal des Reichstags hing, blieb die angestrebte Wirkung aus: Die Berliner und die meisten Deutschen hatten um den Jahreswechsel 1916/17, mitten in einer zunehmend schlimmeren Hungersnot und massiven Kohlenkrise, das Interesse an dem eher symbolischen Zugeständnis des Monarchen und seiner Regierung verloren.

Die Stimmung in der Reichshauptstadt war schlecht; das spürten Besucher deutlicher noch als Einheimische. Am 9. Oktober 1916 war ein verletzter Kriegsfreiwilliger namens Adolf Hitler ins Vereinslazarett des Roten Kreuzes in Beelitz bei Berlin eingeliefert worden.

Als der Rekonvaleszent halbwegs genesen war, durfte er Anfang November einen Ausflug in die kaum 40 Kilometer entfernte Reichshauptstadt unternehmen. Rückblickend schrieb er: »Als ich wieder richtig gehen konnte, erhielt ich Erlaubnis, nach Berlin fahren zu dürfen. Die Not war ersichtlich überall sehr herbe. Die Millionenstadt litt Hunger. Die Unzufriedenheit war groß.« Bei diesem seinem ersten Berlin-Besuch beeindruckte ihn die schlechte Stimmung. »In verschiedenen, von Soldaten besuchten Heimen war der Ton ähnlich dem des Lazaretts« in Beelitz, wo laut Hitler das »Rühmen der eigenen Feigheit« den Ton angab. Für den Meldegänger waren die Kameraden im Stab seines Regiments so etwas wie ein Familienersatz geworden. Umso schärfer kritisierte er die Verzweiflung vieler anderer Soldaten auf Erholungs- oder Heimaturlaub: »Es machte ganz den Eindruck, als ob mit Absicht diese Burschen gerade solche Stellen aufsuchen würden, um ihre Anschauungen weiterzuverbreiten.«[422]

Tatsächlich herrschte unter vielen der Mannschaftsdienstgrade, die sich 1916/17 zeitweise in Berlin aufhielten, große Unzufriedenheit. Ein Kriminalschutzmann berichtete dem Polizeipräsidenten darüber: »Die Stimmung ist im Allgemeinen sehr gedrückt. Jeder sehnt sich nach Beendigung des Krieges.« Das gelte ähnlich auch für die normale Bevölkerung. Die »Erbitterung gegen den Krieg und gegen die Reichen« nehme zu, »da die Lebenshaltungen unter den Minderbemittelten und kleinen Beamten auf unhaltbaren Zuständen angelangt sind«. Der Beamte warnte: »Alles deutet darauf hin, dass mit dem Ende des Krieges eine rege Agitation gegen den Kapitalismus und gegen die Regierung einsetzen wird. Man ist mit den Maßnahmen der Regierung nicht zufrieden, zumal gegen die Teuerung und gegen den Wucher nicht genügend eingeschritten« werde. »Mit dieser Erbitterung gehen die Soldaten ins Feld, und man hört allgemein, dass der Krieg nicht für das Vaterland, sondern nur für den Kapitalismus geführt werde, und dass, wenn die Soldaten aus dem Felde zurückkehren werden, sich diese ganz gehörig rächen werden.«[423]

Da während des Krieges der Belagerungszustand galt, oblagen Polizei und Militärverwaltung erweiterte Vollmachten: Sie konnten nach einem mehr als 60 Jahre alten Gesetz den zivilen Behörden bindende Befehle erteilen, Zeitungen zensieren und verschärfte Strafen durch Kriegsgerichte verhängen lassen, etwa wegen Brandstiftung die Todesstrafe oder wegen Übertretung eines beliebigen Verbots des örtlichen Kommandeurs bis zu einem Jahr Gefängnis. Auch die »Untersuchung und Aburteilung der Verbrechen des Hochverrats« fiel nun Kriegsgerichten zu. Besonders abschreckend allerdings wirkten diese möglichen Sanktionen nicht. Denn obwohl Polizeispitzel die Sozialdemokratie und besonders ihren linken, den radikalen Flügel ständig überwachten, bekamen die Behörden den Antikriegsprotest nicht in den Griff. Die schärfste Strafmaßnahme, die häufiger angewendet wurde, war die Einziehung von »Hetzrednern« in den Betrieben an die Front, wo sie ihre Tätigkeit oft fortsetzten. Eine Geheimpolizei, die Kriegsgegner hätte verfolgen und inhaftieren können, gab es nicht. Außer Kriegsgefangenenlagern existierten nur Internierungslager für feindliche Ausländer; nach Kriegsrecht verurteilte Deutsche wurden in die normalen Gefängnisse und Zuchthäuser der Justiz eingeliefert.

Das war auch Karl Liebknecht geschehen, dem linken Sozialdemokraten und Vertreter des Wahlkreises Potsdam-Spandau-Osthavelland im Reichstag. Er hatte sich von Sommer 1914 an als radikaler Gegner des Krieges positioniert und war dadurch vom Hinterbänkler zu einem bekannten Politiker geworden – sehr zum Missfallen der Mehrheit seiner Parteifreunde, die ihn aus der SPD entfernen lassen wollten. Doch Liebknecht überstand mehrere Versuche des Vorstandes, den radikalen Flügel zu disziplinieren. Geschickt verbreitete er über internationale Kontakte seine Botschaft: »Schon heute ist die Stimmung auch der deutschen Arbeiterschaft viel mehr, als zumeist bekannt, einer solchen Haltung geneigt« – der Ablehnung des Krieges nämlich. Hermann Molkenbuhr, pragmatischer Sozialdemokrat und Gegner der Radikalen, schrieb in sein Tagebuch: »Im Reichskanzleramt ist große Aufregung, weil Liebknecht nach England geschrieben hat, dass sein Anhang viel größer ist, als es scheint.«[424]

Lange fand die Polizei keine Möglichkeit, gegen den Abgeordneten vorzugehen. Man konstatierte zwar zutreffend: »Liebknechts Verhalten im Reichstage wird von der bürgerlichen Bevölkerung einstimmig verurteilt, und auch in den Arbeiterkreisen ist man größtenteils mit dieser zwecklosen Kundgebung fanatischer Verranntheit nicht einverstanden.« Ein knappes Jahr später meldete der Polizeipräsident hilflos: »In bürgerlichen Kreisen wundert man sich allgemein darüber, dass dem Genossen Liebknecht noch immer nicht die Möglichkeit politischer Betätigung genommen ist. ›Der Mann gehört ins Irrenhaus‹ ist weitverbreitete Ansicht.«[425] Die Behörden konnten sich aber nur durchringen, den 44-Jährigen zum Landsturm einzuziehen. Kurt Riezler, der Berater von Bethmann Hollwegs, notierte bösartig, Liebknecht habe »vor der Untersuchungskommission als Grund seiner Untauglichkeit starke nervöse Anfälle angegeben. Ich habe dem Kanzler geraten, das gelegentlich im Parlament zu sagen, dann ist der Mann erledigt.«[426] Der Abgeordnete wurde Armierungssoldat und hatte vor allem Stellungen hinter der Front zu bauen oder zu verstärken. Zu den Sitzungen des Reichstages und des preußischen Abgeordnetenhauses, dem er auch angehörte, durfte Liebknecht nach Berlin zurückkehren; jede politische Betätigung außerhalb der beiden Parlamente war ihm allerdings verboten. Der liberale Kriegsskeptiker Theodor Wolff fühlte sich vom aggressiven Verhalten des radikalen Abgeordneten abgestoßen, lehnte aber gleichwohl eine »›Lex Liebknecht‹ oder dergleichen« kategorisch ab.[427] Nachdem Ende 1915 fast zwei Dutzend SPD-Abgeordnete mit Liebknecht gegen weitere Kriegskredite gestimmt hatten, wurde er aus der Fraktion ausgeschlossen, blieb aber Abgeordneter mit allen Rechten – doch nur noch für einige Wochen.

Für den 1. Mai 1916 hatten seine Anhänger und er zu einer nicht genehmigten Demonstration aufgerufen. In ihrem Flugblatt hieß es: »Auf zur Maifeier! Lasst diesen zweiten Maifeiertag des Weltkrieges nicht vorübergehen, ohne ihn zur Kundgebung des internationalen Sozialismus, zum Protest gegen die imperialistische Metzelei zu gestalten.« Über Grenzsperren und Schlachtfelder hinweg sollten die Völker einander die Hände reichen. »Am 1. Mai rufen wir vieltausendstimmig: Fort mit dem ruchlosen Verbrechen des Völkermordens! Nieder mit seinen verantwortlichen Machern, Hetzern und Nutznießern! Unsere Feinde sind nicht das französische, russische oder englische Volk, sondern das sind deutsche Junker, deutsche Kapitalisten und ihr geschäftsführender Ausschuss: die deutsche Regierung! Auf zum Kampfe gegen diese Todfeinde jeglicher Freiheit, zum Kampfe um alles, was das Wohl und die Zukunft der Arbeitersache, der Menschheit und der Kultur bedeutet!« Einige Hundert radikale Kriegsgegner folgten dem Aufruf und versammelten sich am Potsdamer Platz, um Liebknechts Rede zu hören – doch dazu kam es nicht. Der Abgeordnete wollte mit dem Versuch, außerhalb eines der beiden Parlamente zu sprechen, deren Mitglied er war, gegen das Verbot öffentlicher politischer Äußerungen verstoßen. Daher wurde er festgenommen, ohne Rücksicht auf seine Immunität. Er rief noch: »Nieder mit dem Krieg! Nieder mit der Regierung!«, dann wurde er mit acht anderen Personen abgeführt.[428]

Die Öffentlichkeit erfuhr davon zunächst nichts. Erst als die SPD eine offizielle Anfrage stellte und die Freilassung des Abgeordneten verlangte, berichteten einige Blätter. In München reagierte Erich Mühsam skeptisch: »Liebknecht ist verhaftet, wie aus einem sozialdemokratischen Antrag an den Reichstag hervorgeht. Warum, dürfen die Zeitungen natürlich nicht sagen. Ob der Reichstag die Haftentlassung beschließen wird, ist mir sehr fraglich.« Der Anarchist machte sich keine Illusionen: »Das ganze ›Volk‹, besonders die ›Gebildeten‹ wären auch glücklich, diesen Mann in Gewahrsam zu wissen, der die ganze Pöbelwut auskosten muss, die die mutige Überzeugung des einzelnen Widerstrebenden zu erregen pflegt. Die Arbeiterschaft nimmt alles hin, billigt sogar alles.«[429] Der Reichstag diskutierte die Festnahme eines ihrer Mitglieder und stimmte, gegen die SPD, für die Aufhebung von Liebknechts Immunität. Theodor

Wolff, wiewohl kein politischer Freund des Sozialisten, geißelte das Zurückweichen des Parlaments »entschieden« und kassierte dafür in seinem Bekanntenkreis heftigen Widerspruch.[430]

Das Vorgehen der Staatsmacht gegen den Kritiker Liebknecht führte zu den ersten nennenswerten politischen Protesten in der Reichshauptstadt. Bis dahin hatte es lediglich kleinere Kundgebungen von Kriegsgegnern gegeben sowie spontane Demonstrationen aufgrund der schlechten Versorgungslage. Anlässlich des Militärgerichtsverfahrens gegen Liebknecht wegen Hochverrats kam es am 28. Juni 1916 erstmals zu ernsthaften Streiks: »Der Verband Berliner Metallindustrieller teilt telefonisch mit, dass die Arbeiter der großen dem Verbande angehörenden Fabriken soeben (9:30 Uhr vormittags) ihre Arbeitsstätten verlassen, um sich zu einer Liebknecht-Kundgebung zusammenzufinden«, meldete Polizeipräsident Heinrich von Oppen an seine Vorgesetzten im Oberkommando der Provinz Mark Brandenburg: »Der Ort der Zusammenkunft ist noch nicht festgestellt.«[431] Etwa 50000 Industriearbeiter legten aus Protest gegen den Prozess die Arbeit nieder. Die *New York Times* berichtete ausführlich: »Den ganzen Tag über gab es spontane Versuche, Demonstrationszüge zugunsten von Liebknecht zu bilden. Menschenmengen fielen wiederholt Unter den Linden ein oder sammelten sich in den Arbeitervierteln.« Allerdings geriet die Lage nie außer Kontrolle: »Die Polizei war auf dem Posten und hinderte die Menschenmengen am Weitergehen oder zerstreute sie. Es gab viele Festnahmen. Ernsthafte Probleme sind nirgendwo aus Deutschland gemeldet worden.«[432] Theodor Wolff, der gerade von einem kurzen Erholungsurlaub im Harz zurückgekehrt war, notierte spät in der Nacht: »In Berlin, wo Aenne und die Kinder mich vom Bahnhof abholen, höre ich, dass die Liebknecht-Manifestationen besonders auf dem Potsdamer Platz sehr bedeutend waren. In manchen Waffen- und Munitionsfabriken ist heute Sympathiestreik.«[433] Das Urteil im ersten Verfahren, 30 Monate Haft, war dem Oberkommando nicht abschreckend genug; es legte erfolgreich Berufung ein. Am 23. August 1916 verschärfte das Oberkriegsgericht die Strafe auf vier

Jahre und einen Monat, zudem wurden Liebknecht die bürgerlichen Ehrenrechte aberkannt – was zum Verlust seiner beiden Parlamentsmandate führte. Das angesichts des Streiks Ende Juni durchaus gewagte Kalkül der Behörden ging auf: Beim zweiten Verfahren gab es keine erneuten Massenproteste; Karl Liebknecht verschwand im Gefängnis.

Außerhalb Berlins waren die Auseinandersetzungen um Liebknecht kaum registriert worden, jedenfalls nicht jenseits der Kreise seiner politischen Freunde und Unterstützer wie Erich Mühsam. Das hatte verschiedene Gründe: Die zensierten Zeitungen berichteten wenn überhaupt, dann nur in dürren Worten über das Verfahren und den Aufruhr in Berlin. Außerdem hatten die meisten Deutschen auch im Hochsommer 1916 drängendere Sorgen als die relativ gut bezahlten und ihrer Kriegswichtigkeit wegen äußerst selbstbewussten Metallarbeiter: Sie litten an Unterversorgung und an der Angst, im kommenden Winter verhungern oder erfrieren zu müssen. In den kalten Monaten 1916/17 kam es vielfach zu kleineren Hungerprotesten, in größeren Städten auch zu spontanen Überfällen auf Restaurants, in denen zu oft enormen Preisen auf dem Schwarzmarkt erstandene Lebensmittel angeboten wurden und wo noch getafelt werden konnte. Im eigentlichen Sinne politisch waren diese Demonstrationen nicht. Außer bei einer relativ kleinen Gruppe von radikalen Kriegsgegnern, meist Industriearbeitern, machte sich trotz der katastrophalen Versorgungslage in den ersten Monaten 1917 keine revolutionäre Stimmung breit. Das zeigte die Nachwahl zum Reichstagswahlkreis Potsdam-Spandau-Osthavelland, die durch Liebknechts Mandatsverlust wegen Aberkennung seiner bürgerlichen Ehrenrechte notwendig geworden war: Der SPD-Kandidat Emil Stahl wurde gewählt, mit mehr als dreimal so vielen Stimmen wie der von Liebknecht empfohlene radikale Bewerber, der Marxist Franz Mehring.

Die von Liebknecht und seinen Anhängern herbeigesehnte offene Revolution brach in Deutschland auch nicht aus, als die Nachrichten vom Sturz des russischen Zaren nach Deutschland durchsickerten. Binnen einer Woche hatten sich ab dem 8. März 1917 Hungerkrawalle in St. Petersburg zu einer Massenbewegung gleichermaßen im unteren und mittleren Bürgertum wie in der Arbeiterschaft ausgewachsen, die das absolutistische Regime von Nikolaus II. hinwegfegte. Ursachen waren die extreme Hungersnot in den großen russischen Städten, andauernde Niederlagen der zaristischen Armee und ein ausgesprochen aggressives Vorgehen mancher Unternehmer, die ihre Arbeiter wie Sklaven behandelten. Die Situation in Deutschland stellte sich jedoch weitgehend anders dar. Zwar herrschte ebenfalls eine massive Unterversorgung mit Lebensmitteln, aber die militärische Lage war geprägt von Stillstand an der Westfront und Siegen im Osten. Außerdem hatten die statusbewussten und relativ gut verdienenden Fabrikarbeiter an der Heimatfront immerhin etwas weniger unter den Folgen des Rübenwinters zu leiden als das rapide verarmte Kleinbürgertum und vor allem die ungelernten Arbeitskräfte, Frauen, Kinder und Alte. Breite gesellschaftliche Solidarität kam nicht auf.

Die Staatsmacht war trotzdem auf der Hut. Berlins Polizeipräsident meldete am 17. März 1917: »Über die mutmaßliche Wirkung der Vorgänge in Russland hat sich kein Urteil bilden können.«[434] Die Stimmung war angespannt: »Anfang der Woche zunehmende Nervosität im Inneren, Unruhe auf der Linken«, registrierte der Kanzler-Berater Kurt Riezler am 18. März und versuchte gleich, etwas dagegen zu tun: »Riezler telefoniert mir aus der Reichskanzlei, ob ich nicht etwas gegen den heutigen Artikel im *Vorwärts* schreiben wolle«, schrieb Theodor Wolff in sein Tagebuch. Der Bethmann-Vertraute hatte sich über das SPD-Blatt geärgert, das am 69. Jahrestag der gescheiterten Berliner Revolution von 1848 »unverblümt« auf »unsere Zustände« hingewiesen hatte. Riezler zufolge würden die konservativen Gegner von Bethmann Hollwegs den Artikel ausnutzen, um gegen die vorsichtige Reformpolitik seines Chefs zu agitieren. »Gerade eine Gegenäußerung des *Berliner Tageblatts* wäre wertvoll«, fasste Wolff das Anliegen seines Gesprächspartners zusammen. Doch instrumentalisieren lassen mochte sich der Chefredakteur nicht. »Ich lehne höflich und entschieden ab.« Enttäuscht schrieb Riezler über diesen und ähnliche Versuche, Einfluss zu nehmen: »Alles Zureden umsonst.«[435]

Die deutschen Behörden wollten vorbereitet sein; deshalb wurde ein ganzes Bündel von Maßnahmen angeordnet: »Rechtzeitige und sorgsame Vorbereitung des Zusammenarbeitens zwischen Militär- und Zivilbehörden für den Fall etwa entstehender innerer Unruhen. Beigabe energischer Hilfskräfte, eventuell militärischer Art, für die dieser Aufgabe minder gewachsenen Oberbürgermeister in besonders exponierten Städten mit städtischer Polizei.« Entscheidend würde sein, eine Solidarisierung zwischen der radikalen Minderheit und der moderaten Mehrheit der Arbeiterschaft zu verhindern; ein weiterer Auftrag des preußischen Innenministers an Berlins Polizeichef lautete deshalb: »Möglichste Fühlung mit den Gewerkschaften, auch da, wo nur ein mäßiger Teil der Arbeiter organisiert ist. Die Wirtschaftsfriedlichen sind, wenn die Gewerkschaften die Zusammenarbeit verweigern, gesondert zu behandeln.«[436]

Als kurz vor Ostern 1917 ein weiteres Mal die offiziellen Kartoffel- und Brotrationen gekürzt werden mussten sowie die Kohlrüben knapp wurden, eskalierte die Lage. Sicher auch, weil gleichzeitig selbst auf dem Schwarzmarkt fast nichts mehr zu kaufen war, jedenfalls in Berlin. Mitte April traten zwischen 150 000 und 200 000 Berliner Arbeiter in einen wilden Streik, vor allem in der Metallindustrie, angetrieben von Liebknecht-Anhängern. Finster stellte Kurt Riezler fest: »Rapide Zuspitzungen im Innern, wird wohl schwerlich ohne Entladung abgehen. Bei den Streiks zeigt sich, dass die Hungernden und durch die Russische Revolution verwirrten Massen nicht mehr zu halten sind.«[437] Doch binnen Kurzem stellte sich heraus, dass die Proteste in Berlin eine ganz andere Qualität hatten als in St. Petersburg: Die Kundgebungen auf den Straßen zogen nur einen Teil der Streikenden an, die übrigen blieben einfach daheim. Der größte Demonstrationszug in Berlin zählte höchstens 5 000 Teilnehmer; er wurde wie alle anderen von Ordnungskräften ohne Gewalt zerstreut. Sogar der Polizeipräsident wunderte sich über den »harmlosen Verlauf« der Kundgebungen. Nach zwei Tagen wilder Streiks gewannen pragmatische Gewerkschaftsvertreter in den Betrieben wieder die Oberhand über die radikalen Agitatoren. Mit zusätzlichen Lebensmittellieferungen, darunter geheim gehaltenen Speckimporten, sorgten die Behörden für eine weitere Beruhigung. Bis auf einige wenige Betriebe arbeitete die Berliner Industrie am 23. April 1917 wieder. Durchaus treffend fasste die Polizei zwei Wochen später zusammen: »Bezüglich der Streiks, welche sich äußerlich durch Umzüge in der Stadt bemerkbar machten, hat man sich besonders in mittleren Bevölkerungsschichten entschieden dagegen ausgesprochen und hat dieselben verurteilt. In Arbeiterkreisen hat sich jedoch bald fühlbar gemacht, dass diese ganze Streikaktion nur ein Werk der radikalen Elemente ist, und so sind dieselben bald abgeflaut.«[438]

Außerhalb der Reichshauptstadt waren die Berliner Aprilstreiks zwar wahrgenommen worden, hatten aber nur vereinzelt zu Solidaritätskundgebungen geführt. Vergleichsweise entspannt gingen die Behörden auch gegen erklärte Kriegsgegner vor. Die Pazifistin Lida Gustava Heymann, gebürtige Hamburgerin, wurde Anfang März 1917 vom bayerischen Kriegsministerium aus ihrem Wohnort München ausgewiesen: »Die Zustellung lautete, dass ich binnen dreimal 24 Stunden Bayern zu verlassen hätte, da ich die öffentliche Sicherheit durch mein Verhalten gefährde.« Heymann, die durch viele Auseinandersetzungen um das Frauenstimmrecht erfahren war im Umgang mit der Staatsmacht, wusste: »Gesetzlich waren derartige Ausweisungen nicht zulässig, denn das bayerische Kriegszustandsgesetz, welches als Unterlage für diese Maßnahme dient, hatte keine Kraft, die Reichsverfassung aufzuheben, welche jedem Deutschen Niederlassung und Aufenthalt in jedem deutschen Bundesstaate gewährleistet.« Sie war daher keineswegs gewillt, sich der Anordnung des Ministeriums ohne Widerspruch zu fügen: »Die bayerische Gemütlichkeit kam zustatten. Nach Empfang des Schreibens setzte ich mich mit der maßgebenden Stelle des bayerischen Kriegsministeriums per Telefon in Verbindung, legte meine Auffassung der gesetzlichen Lage dar, erklärte energisch, dass von meiner Ausweisung aus Bayern innerhalb von dreimal 24 Stunden gar nicht die Rede sein könne, da ich vorher für mich wichtige Angelegenheiten zu ordnen hätte.« Offensichtlich war ihr Gesprächspartner beeindruckt, denn nun legte die Frauenrechtlerin noch einen drauf: »Am Schluss fügte ich weitspurig hinzu (ich konnte mich des Lachens kaum erwehren, blieb aber todernst), dass ich außerdem soeben vom Reisebüro erfahren hätte, dass die Betten in den Schlafwagen nach Hamburg auf Wochen hinaus vergeben wären und ich nur nachts zu reisen pflegte.«

Der Beamte im Kriegsministerium war offensichtlich überfordert und bat, Lida Gustava Heymann möge ihre Antwort schriftlich einreichen. Damit hatte sie Zeit gewonnen, um politische Freunde unter den Reichstags- und Landtagsabgeordneten zu mobilisieren. »Alles blieb zwar vergeblich – nach sechs Wochen sollte ich Bayern verlassen, d. h. ›offiziell‹.« Die Frauenrechtlerin scherte sich darum aber nicht, sondern setzte ihre Arbeit in München einfach illegal fort. Sie blieb in ihrer Wohnung, reiste wie bisher ungehindert in andere Städte und traf sich mit Unterstützern. »Alles war natürlich mit großen Schwierigkeiten verbunden, auch was die Ernährung betraf, da man nur dort Lebensmittelkarten erhielt, wo man sich offiziell aufhielt, aber gute Freunde halfen, wo sie konnten, und an Entbehrungen, bis zum tatsächlichen Hunger, war man gewöhnt.«[439]

In Viersen und Umgebung kam es weiter zu kleineren Hungerprotesten. Bürgermeister Caspar Voß berichtete Anfang Mai 1917 stichwortartig: »Dülken seit drei Wochen ohne Kartoffeln und Steckrüben. Spärlich ausgeholfen durch getrocknete Steckrüben und Bohnen. Kartoffelmangel führte wiederholt Trupps von Frauen zum Rathause, die unter drohenden Gebärden Kartoffeln oder Ersatz fordern. Situation sehr unangenehmer Art.« Zwar erwartete der Beamte eine »Besserung der Stimmung« durch die Eröffnung der kommunalen Kriegsküche; sie trat auch ein, doch einen Monat später musste er melden: »Nicht zu leugnen, dass lange Kriegszeit Stimmung allgemein sehr herabdrückt. Bevölkerung des Krieges überdrüssig. Wenn auch Wille zum Durchhalten noch besteht, so entmutigt Ungewissheit, wann Krieg zu Ende geht, doch die Bevölkerung und gibt ihr immer stärkeres Friedensbedürfnis.« Er warnte deutlich: »Wenn Friede in diesem Jahr nicht zustande kommt, ist kaum damit zu rechnen, dass Bevölkerung physische Kraft zum weiteren Ertragen und Entsagen behält.«[440]

Weiterhin drangen von den Fronten kaum glaubhafte gute Nachrichten in die Heimat. Zwar sorgten indirekt, unter anderem über spanische und amerikanische Zeitungen, Berichte über Streiks in Frankreich für einen Schimmer der Hoffnung. Doch zeigte sich bald, dass zwar viele Soldaten der französischen Armee geplante und absehbar sinnlose Großoffensiven gegen die deutschen Stellungen verweigerten, aber deshalb nicht weniger entschieden ihre eigenen Positionen gegen den Feind verteidigten, der weit auf französisches Territorium vorgedrungen war. Und obwohl der Zar gestürzt worden war, hatte die russische Armee neue Angriffe gestartet. »Im Westen und Osten tobt der Kampf fort«, schrieb Henriette Schneider in Ostpreußen in ihr Tagebuch: »Die Todesanzeigen füllen die Spalten der Zeitungen, es ist gar zu schrecklich. Und das Traurigste dabei, dass in diesem aufgeklärten Jahrhundert die Menschen, hochbegabt, niedergeschossen werden wie die Hasen.« Die Haushaltshilfe, sonst durchaus empfänglich für die Versprechungen von Kaiser und Militär, vermerkte pessimistisch: »Dagegen empört sich jedes menschliche Gefühl.«[441]

Doch die Grenze der Leidensfähigkeit in der Heimat war auch im zweiten Halbjahr 1917 noch nicht erreicht. Dank einer relativ guten Ernte entspannte sich die Versorgung mit Lebensmitteln ein wenig, und die siebte Kriegsanleihe erbrachte im September mehr als zwölf Milliarden Mark. Die Stadt Hildesheim hatte sich eigentlich mit anderthalb Millionen Mark beteiligen wollen. »Aber der patriotische Geist, der die städtischen Kollegien beherrschte, führte dazu, dass die Summe um eine Million über den Vorschlag hinaus erhöht wurde. Die Behörden gaben ihren Beamten durch Vorschüsse die Möglichkeit zu Zeichnungen, und ebenso war es vielfach in den Fabriken und Geschäften. Aufrufe angesehener Männer aus der Stadt trugen dazu bei, das Vertrauen in die Kriegsanleihe zu heben, und der Staat erleichterte durch allerlei finanzielle Maßnahmen die Möglichkeit jedes Einzelnen, der sich vielleicht schon bei den früheren Kriegsanleihen verausgabt hatte, sich wieder zu beteiligen.«[442] Viele Menschen gingen tatsächlich an ihre eisernen Reserven, etwa Henriette Schneider: »Meine letzten 100 Mark, die ich noch übrig habe, zeichnete ich Kriegsanleihe.« Um die Bereitwilligkeit zu steigern, wurden ungewöhnliche Belohnungen ausgelobt und bei Erreichen der Erwartungen eingelöst: »Da die Mädchenschule gut gezeichnet hat, bekommt sie morgen frei.«[443] Eine Propagandaflut brach los, viele Zeitungen formulierten im Wochenrhythmus hohe moralische Erwartungen: »Ein schlechtes Ergebnis der Kriegsanleihe verlängert den Krieg ins Unabsehbare, weil die Feinde dann neue Zuversicht schöpfen und neue Vernichtungspläne schmieden. Darum zeichne!«, hieß es in der *Süchtelner Zeitung* vom 22. September 1917. Ein Woche später lautete der Aufruf: »Die Kriegsanleihe ist die Saat – der Frieden die Ernte! Wie der Landmann das ersparte Saatgut zur rechten Zeit der Erde anvertraut, so musst Du jetzt jeden ersparten Groschen Deinem Vaterlande leihen. Darum zeichne!«[444]

Als das Ergebnis von 12,6 Milliarden Mark offiziell bekannt gegeben wurde, rollte Stolz wie eine Flutwelle durch ganz Deutschland. Allerdings erfuhr niemand, dass die gewaltige Summe nicht einmal ausreichte, die Hälfte der Kriegsausgaben im Herbst und Winter 1917/18 zu decken. Außerdem wurden längst ungedeckte Schatzanweisungen als Sicherheiten für neue Kriegsanleihen akzeptiert, das gleiche Geld also zwei-, drei- oder manchmal vierfach nacheinander ausgegeben. Nur eine überaus reiche Kriegsbeute durch Ausplünderung der Nachbarstaaten würde das Kaiserreich noch vor einer scharfen Inflation und damit Verarmung nach Kriegsende bewahren können.

Doch die politischen Ziele hatten sich verändert. Im Juli 1917 hatten die SPD, die Liberalen und das katholische Zentrum im Reichstag eine gemeinsame Friedensresolution verabschiedet, die ein Ende des Krieges auf Grundlage einer Verständigung aller kämpfenden Staaten forderte. Gegen diese Resolution stimmten einerseits die Sozialisten, die inzwischen ihre eigene Partei gegründet hatten, die Unabhängige Sozialdemokratische Partei (USPD). Sie verlangten ein sofortiges Kriegsende um jeden Preis, also eine bedingungslose Kapitulation Deutschlands, und den Umsturz der Verhältnisse. Anderseits lehnten die Konservativen und die Nationalliberalen den Vorstoß der Reichstagsmehrheit ab. Als Reaktion auf den vorgeschlagenen Kompromissfrieden schlossen sich in ganz Deutschland Befürworter eines »Siegfriedens« mit weitgehenden Annexionen zu einer neuen Gruppierung zusammen, der sie geschickt den Namen »Vaterlandspartei« gaben. Unter Konservativen fand sie rasch Anhänger, bei den Arbeitern und SPD-Anhängern entschiedene Gegner. Die Argumente der neuen Partei waren bekannt; Theodor Wolff kommentierte eine ihrer ersten Veranstaltungen in Berlin leicht angewidert: »Überfüllt, aber, wie alle, die von dort kommen, berichten, langweilig. Schlechte Reden.« Trotzdem erwartete der liberale Chefredakteur, dass die Gruppe ihn noch beschäftigen würde: »Es wird aber eine große Bewegung im ganzen Lande inszeniert.«[445]

In Hildesheim vollzog sich die Gründung der regionalen »Vaterlandspartei« in einer kontroversen Debatte im evangelischen Vereinshaus. Vom Versammlungspräsidium aus betrachtet saßen rechts »die Herren, die der Begründung einer Ortsgruppe geneigt waren«, und links »ein großer Teil der hiesigen Arbeiterschaft«. Nach der Einführung »nahm der Arbeitersekretär Braun in einer langen Rede, die oft durch Zurufe unterbrochen wurde, mit ungewöhnlicher Schärfe gegen die Gründung Stellung«. Einer der anwesenden Generäle versuchte, die Arbeiter in kameradschaftlichem Ton anzusprechen, erntete aber »nur erbitterten und höhnischen Widerspruch«. Zum ersten Mal seit 1914 standen sich Kriegsbefürworter und Kriegsgegner in organisierter Form gegenüber. Die Anhänger der neuen Partei beschlossen trotzdem eine Resolution an den Reichstag: »Viele Hundert Männer von Hildesheim und Umgebung vereinigen sich in dem dringenden Wunsche, dass dem deutschen Volke nach dem harten Kampfe ein Frieden gegeben werde, der unseren militärischen Erfolgen entspricht und der großen Opfer wert ist.«[446]

Solche Botschaften stießen überall im Reich auf Interesse. In Ostpreußen besuchte Henriette Schneider eine Versammlung der Partei, die Frauen sogar als »besondere Mitglieder« aufnahm. In Freiburg gewann die »Vaterlandspartei« bis zu 600 Anhänger und wurde von einem knappen Drittel der Professoren an der Universität unterstützt. Auch der bayerische Landesverband war stark von Akademikern geprägt. Zu den prominentesten Mitgliedern zählte der Schriftsteller Ludwig Thoma, der wegen seines radikal-nationalistischen Schwenks beim *Simplicissimus* ausgeschieden war. »Der Satiriker der Spießer und aller, die es werden wollten – er war eingezogen in die Walhalla der Hurrapatrioten«, spottete Constanze Hallgarten. Bei der Gründung der Münchner Vaterlandspartei kam es zu gewaltsamen Tumulten zwischen Gegnern und Anhängern der neuen Partei: »Die Gemüter bei dieser Veranstaltung erregten sich gewaltig pro und contra.« Irritiert verfolgte die Pazifistin und Frauenrechtlerin, wie es zu einer »regelrechten Schlägerei zwischen zwei Damen« kam – die Rangeleien unter Männern hielt sie offenbar für nicht weiter berichtenswert.[447] Obwohl sich die »Vaterlandspartei« dezidiert die Wiederherstellung der vermeintlichen Geschlossenheit des deutschen Volkes im »Augusterlebnis« 1914 als Aufgabe gestellt hatte, trat das Gegenteil ein: Die neue Gruppierung spaltete die Öffentlichkeit an der Kernfrage der Friedensbedingungen. Manche ihrer Gegner ließen sich gewitzte Aktionen einfallen. Als der Freiburger Ortsverband anlässlich des 47. Jahrestages der Reichsgründung zur Festveranstaltung einlud, verbreitete jemand das Gerücht, es stehe ein Bombenangriff unmittelbar bevor. »Während die Patrioten den Paulussaal verließen, eröffnete die Flugabwehr das Feuer auf die Alarmraketen, die sie für feindliche Bomben hielt.«[448]

Die zweite Revolution in Russland binnen eines Jahres, bei der die radikalen Bolschewiki um Wladimir Iljitsch Lenin der bürgerlich-pragmatischen Regierung in St. Petersburg Anfang November 1917 die Macht abrangen, wurde in Deutschland aufmerksam beobachtet. Das Verhandlungsangebot, das die russischen Revolutionäre umgehend gemacht hatten, hob die Stimmung in Berlin: »Die Verhältnisse in Russland geben wieder zu Friedenshoffnungen Anlass«, berichtete die Polizei: »Mindestens ist man davon überzeugt, dass vorläufig das russische Heer als ernster Gegner für uns nicht mehr infrage kommt.« Zwei Tage später schränkte ein anderer Berichterstatter, der vor allem die SPD und die USPD beobachtete, jedoch ein: »Wenn auch in bürgerlichen Kreisen die günstigen kriegerischen Ereignisse auf dem italienischen Kriegsschauplatz sowie die augenblickliche Lage in Russland einen Umschwung in der bisherigen schlechten Stimmung hervorgerufen haben, ist dieser in Arbeiterkreisen wenig zur Geltung gekommen, und stehen diese nach wie vor der Sache gleichgültig gegenüber.«[449] Vor allem die USPD, deren Vorsitzender der frühere SPD-Vorsitzende Hugo Haase war, wollte mit dem russischen Beispiel die Arbeiterschaft in Berlin und anderen großen Städten für einen politischen Streik mit anschließendem Aufstand mobilisieren.

Doch entgegen aller Unzufriedenheit sprang der Funke noch nicht über: Zu einer Solidaritätskundgebung mit den russischen Revolutionären am Totensonntag 1917 kamen gerade einmal anderthalbtausend Teilnehmer. Sie wollten zum Berliner Stadtschloss vordringen. Eine erste Polizeikette konnte sie nicht aufhalten, und eine zweite wurde zurückgedrängt; dann kam es zu Gewalt. Käthe Kollwitz nahm an der Kundgebung teil und notierte konsterniert: »Sie endete in Zusammenstößen in der Kaiser-Wilhelm-Straße mit der Polizei. Schutzleute zogen blank. Hass und Wut auf beiden Seiten. ›Bluthund‹. Ging mit ekligem Gefühl zurück. Demonstrationen, die so enden, haben wenig Wert. Man läuft vor den blanken Säbeln, schimpft und geht doch auseinander. Natürlich. Wer will sich da kaputthauen lassen?«[450] Im Polizeibericht hieß es im Wesentlichen zutreffend: »Da die Ruhestörer nunmehr mit Gewalt gegen die Beamten angingen und einen Durchbruch versuchten, mit Steinen und Asphaltstücken warfen, auch die Beamten mit Stöcken und Schirmen angriffen und beschimpften, forderte der inzwischen vom Alexanderplatz herbeigeeilte Truppenführer, Polizeimajor Hetschko, die Volksmenge mehr als dreimal zum Auseinandergehen auf und gab dann den Befehl zum Waffengebrauch.« Der Polizeipräsident zeigte sich zufrieden mit den Folgen: »Sicher sind infolge des Befehls zum Waffengebrauch eine größere Anzahl von Kundgebern durch die Säbelhiebe verletzt worden, und die Wirkung des Befehls ergab sich alsbald durch Flüchten der Menge in die leicht erreichbaren Nebenstraßen, sodass in kurzer Zeit der Platz geräumt und die Ruhe wiederhergestellt war. Dass aber auch bei dieser Anwendung der Waffengewalt nicht über das unbedingt notwendige Maß hinausgegangen ist, ergibt sich daraus, dass alle Verletzten ihr Heil in der Flucht suchen konnten.«[451]

Die Neigung zu revolutionären Experimenten war durch die leicht verbesserte Versorgung mit Nahrung gebremst worden. Die Kartoffelernte 1917 war deutlich reichlicher ausgefallen als im Jahr zuvor. Zwar mangelte es weiterhin an Fleisch, Fett, Milch, Brot und vielen weiteren, eigentlich unverzichtbaren Lebensmitteln, aber die Krise hatte sich anders als in Russland wenigstens nicht weiter verschärft. Außerdem machte das russische Friedensangebot Hoffnung: Wenn es an der Ostfront zum Ende der Kampfhandlungen käme, könnte das auch die Lage im Westen beeinflussen und die öffentliche Meinung in Frankreich, Großbritannien und den gerade erst mobilisierenden USA zugänglicher machen für einen akzeptablen Kompromiss. Doch als die Oberste Heeresleitung ihren russischen Gesprächspartnern im Januar 1918 radikale Bedingungen stellte, schwand diese Aussicht wieder. Schlagartig verbreitete sich die Überzeugung, dass alles Entgegenkommen der zivilen Regierung rein taktisch bedingt gewesen war und eigentlich das Militär die politischen Entscheidungen traf. Das spaltete die Gesellschaft tiefer als je zuvor. Kurt Riezler, nach dem Sturz von Bethmann Hollwegs

(14) *»Aus dem Arbeitsmangel im Sommer 1914 wird bald ein Mangel an Arbeitskräften«* Türkische Gastarbeiter in einer Rüstungsfabrik der AEG in Berlin 1917

(15) *»Nicht einmal genügend Leder für neue Soldatenstiefel gibt es, für Schuhe von Frauen, Kindern und Alten in der Heimat erst recht nicht«* Reparaturwerkstatt in Berlin 1917

(16) *»Die Ursache liegt wohl darin, dass das Geld zu leicht erworben, nicht regelrecht verdient wird«* Vorurteile über Frauen in Männerberufen, etwa als Fensterputzerinnen

(17) »›*Wir halten durch*‹, *spricht, von Feinden umstellt, der Krieger im Feld.* ›*Wir halten durch*‹, *spricht, von Sorgen beschwert, die Mutter am Herd*« Frauen beim Müllsortieren

(18) »*Ob wohl die Frauen in England ebenso wie die deutschen Frauen für ihre Soldaten arbeiten?*« Schülerinnen beim Schneeschippen in Berlin 1917

(19) *»Jede Frau hier strickt irgendetwas und jedes Kind ebenso. Die Zahl von Strümpfen, Schals, Jacken und Ohrenschützern ist gewaltig«* Kleidersammlung in Berlin 1915

(20) *»Das Wesen des totalen Krieges beansprucht buchstäblich die gesamte Kraft eines Volkes«* Kleiderkammer in Berlin 1917

Stadt München

Brotkarte A

Nicht übertragbar! | **Rückseite beachten!** | Unveräußerlich!

Die Karte berechtigt zum Einkauf

von 14 Pfund Brot
oder 10 Pfund Brot und 3 Pfund Mehl
ferner von ½ Pfund Reis

in der Zeit
vom 29. November bis 26. Dezember 1915
(4 Wochen).

Für verloren gegangene oder zu früh verbrauchte Karten werden neue Karten **nicht** abgegeben.

(21) *»Nur das Brot ist etwas knapp, das heißt, man bekommt es nur gegen Brotkarte«*
Sieben Kilogramm als Hauptmahlzeit für vier Wochen, München 1915

(22) *»Köchinnen, Kleinbürgerinnen und Damen der Gesellschaft, Kinder und Greisinnen«*
Vor einer Berliner Butterhandlung 1917

(23) »*Kriegswurst wird nicht nur mit Kartoffelschalen, sondern oft auch mit Küchenabfällen gestreckt*« Ein Metzger bei der Wurstherstellung in Berlin 1916

(24) »*Bei der Schmackhaftigkeit der Steckrüben werden die hiesigen Hausfrauen das billige Gemüse gerne wählen*« Frauen verarbeiten Kohl, Berlin 1916

(25) »*Hunger, Hunger, wir wollen Kohlrüben!*« Frauen und Kinder mit Kürbisabfällen in Berlin 1915

(26) »*Ein Drittel verfügt über einen eigenen Anbau und kann nach dem Hungerwinter so einen Großteil des Gemüsebedarfs selbst decken*« Schrebergarten in Berlin 1917

(27) *»Seit drei Tagen Streik der Munitionsarbeiter. ›Frieden – Freiheit – Brot‹«*
Der USPD-Politiker Adolph Hoffmann beim Berliner Januarstreik 1918

(28) *»Bis auf das Geschrei und die rote Fahne war alles auffallend ruhig und ordentlich – eine Demonstration, kein Aufstand«* Revolutionäre am Brandenburger Tor 1918

zurückgekehrt in den Auswärtigen Dienst und der deutschen Gesandtschaft in Stockholm zugeteilt, beklagte die »verhandlungsunfähige öffentliche Meinung« Deutschlands, womit er die »pazifistische Reaktion auf das unsinnige Getue der Vaterlandspartei« meinte.[452]

Aber nicht in Berlin, sondern im politisch weit instabileren Wien eskalierte die Lage zuerst. Anlass war wieder eine Senkung der Lebensmittelrationen, diesmal die Halbierung des Brots. Ab dem 14. Januar 1918 breiteten sich wilde Streiks rasch in den meisten Industriegebieten der österreichisch-ungarischen Monarchie aus. In Berlin erkannten die Behörden die potenziellen Gefahren sofort: »Ausbruch des Streiks in Österreich. Völlige Nachrichtensperre. Die Zensur verhindert jede Veröffentlichung«, hielt Theodor Wolff genervt fest.[453] Daran wollte er sich nicht halten und veröffentlichte einen telegrafierten Bericht seines Wiener Korrespondenten Leo Lederer. Seine spitzfindige Verteidigung, verboten worden sei doch nur der Druck von Nachrichten aus Wien, nicht aber der von Meinungsartikeln, nützte nichts: Das *Berliner Tageblatt* wurde verboten. Das Argument der Zensurbehörde war, mit Berichten über die Streiks in der Hauptstadt des einzigen nennenswerten deutschen Verbündeten »würden wir den Engländern das Agitationsmittel zur Erhebung der eigenen Stimmung unzweifelhaft in die Hand geben«.[454]

Doch mit Zensur und Zeitungsverboten konnte die Verbreitung der Nachrichten aus Österreich natürlich nicht unterbunden werden. Briefe und Telegramme mit Informationen über die Vorgänge in Wien vermochten die Behörden kaum zu kontrollieren. Die USPD erkannte ihre Chance: In allen Betrieben, in denen ihre Anhänger vertreten waren, begann die Agitation für einen sofortigen politischen Ausstand. »Alle Welt spricht, schon seit mehreren Tagen, von dem Streik, der am 28. in Deutschland ausbrechen soll«, stellte Theodor Wolff am 26. Januar 1918 fest. Tatsächlich hatte die SPD-Führung ihre bisherige Ablehnung aufgegeben, der Parteivorsitzende Friedrich Ebert sagte unmissverständlich: »Wir bringen zum Ausdruck, dass die deutsche Arbeiterschaft ebenso entschlossen ist, die letzte und äußerste Kraft einzusetzen, um die Forderung der Annexionisten zurückzuschlagen und einen Frieden der Verständigung und des Rechtes zu erringen.«[455]

Am Montagmorgen, dem 28. Januar 1918, begann der Streik dann tatsächlich – zuerst aber nur schleichend. Es war ein diesiger, unfreundlicher Tag: »Dicker Nebel in den Straßen Berlins, aus dem alle Dinge verändert und unförmig auf den Wandernden zutreten«, berichtete ein Reporter des SPD-Blattes *Vorwärts*: »Aus den Fabriken im Nordwesten, wo ich vorbeikomme, klirrt die Arbeit; nichts ist von der Möglichkeit zu spüren, die seit den letzten Tagen in der Luft liegt. Kurz vor neun Uhr habe ich mein Ziel, eine der größten Fabriken, erreicht. Zu sehen ist ja nichts, aber unermüdliche Tätigkeit lärmt durch den Nebel. Dann wird es stiller. Frühstückspause? Streik?« Der *Vorwärts*-Journalist, der die Fabrik natürlich nicht betreten durfte, wartete vor dem Eingang: »Da wird das Tor geöffnet. Drei Arbeiter treten heraus, gleichmütig, den Kaffeekrug unterm Arm. Einer gibt dem anderen Feuer für die Zigarette. Das Tor hat sich unwillig hinter ihnen wieder geschlossen, nicht lange, und es biegt sich wieder zurück. Jetzt kommt schon ein ganzer Trupp. Das Tor schließt sich nicht wieder.« Jetzt war klar, dass der Streik begonnen hatte: »Immer dichter wachsen die Scharen aus dem Nebel, gleichmütige, ernste Männer, Frauen, die zuweilen ein wenig lächeln. Ein Haufen bildet sich, lässt aber eine Gasse. Einer sagt: ›Es kommen alle.‹« Der Reporter schloss sich dem Zug der Streikenden an. Ihr erstes Ziel, der Festsaal einer Brauerei, war geschlossen. Da stieg einer der Streikenden auf eine Bank und verkündete: »Kollegen, ich spreche im Namen des Arbeiterausschusses. Ich brauche keinem zu sagen, warum wir die Arbeit niedergelegt haben, das weiß ein jeder selbst. Der Ausschuss wird mit den Vertretern aller ausständigen Betriebe Fühlung nehmen, um dann der Regierung unsere Forderungen mitzuteilen. Wir erwarten von Ihnen, dass Sie sich nicht provozieren lassen, sondern ruhig nach Hause gehen und den Gang der Dinge abwarten werden.«[456] Darauf löste sich die Versammlung am ersten Streiktag auf. Am folgenden Morgen sammelten sich mehrere

Zehntausend Arbeiter zu spontanen Kundgebungen in der Berliner Innenstadt, die aber überall rasch von Polizisten zerstreut wurden. Insgesamt hatten 150 000 bis 200 000 Männer und Frauen, vornehmlich aus Betrieben der Rüstungsindustrie, die Arbeit niedergelegt, vornehmlich aus den Munitionsfabriken.

Laut den wesentlich von der USPD formulierten Streikforderungen war das Ziel des Ausstandes die »schleunige Herbeiführung des Friedens ohne Annexion, ohne Kriegsentschädigung, aufgrund des Selbstbestimmungsrechts der Völker«. Man verlangte ferner die »Zuziehung von Arbeitervertretern aller Länder zu den Friedensverhandlungen«, die »ausgiebigere Nahrungsversorgung durch Erfassung der Lebensmittelbestände in den Produktionsbetrieben wie in den Handelslagern zwecks gleichmäßiger Zuführung an alle Bevölkerungskreise«. Unbedingt müsse der seit 1. August 1914 geltende Belagerungszustand aufgehoben werden: »Das Vereinsrecht tritt vollständig wieder in Kraft, ebenso das Recht der freien Meinungsäußerung in der Presse und in Versammlungen.« Schutzgesetze für Arbeiterinnen und Jugendliche sollten »schleunigst wieder in Kraft« gesetzt, »alle Eingriffe der Militärverwaltung in die gewerkschaftliche Tätigkeit« rückgängig gemacht werden. Die durch das Hilfsdienstgesetz eingeführte »Militarisierung der Betriebe ist gleichfalls aufzuheben«. Selbstverständlich forderten die Streikenden die Freilassung aller »wegen politischer Handlungen Verurteilten und Verhafteten«. Am weitesten ging die letzte Forderung: »Durchgreifende Demokratisierung der gesamten Staatseinrichtungen in Deutschland, und zwar zunächst die Einführung des allgemeinen, gleichen, direkten und geheimen Wahlrechts für alle Männer und Frauen im Alter von mehr als 20 Jahren für den preußischen Landtag.«[457] Diese Maximalforderungen waren eine direkte Provokation der Staatsmacht. In der Streikleitung, der neben den Köpfen der USPD wie Hugo Haase auch führende Sozialdemokraten wie Friedrich Ebert, Philipp Scheidemann und Otto Braun angehörten, gab es darüber Auseinandersetzungen. Die SPD wollte keine Revolution, die unweigerlich einen Bürgerkrieg zur Folge haben würde, sondern eine tief greifende politische Reform. Die Radikalen dagegen setzten auf eine notfalls gewaltsame Machtübernahme nach dem Beispiel der russischen Bolschewiki.

»Seit drei Tagen Streik der Munitionsarbeiter. ›Frieden – Freiheit – Brot‹. Heute ging ein großer Zug vom Bülowplatz aus, wo Schutzleute räumten, durch die Prenzlauer Allee«, schrieb Käthe Kollwitz. Sie telefonierte mit einer Freundin und erfuhr, dass es »bei Zusammenstößen mehrere Tote, zwei Schutzleute und einige Streikende« gegeben habe.[458] Insgesamt war Berlin erstaunlich ruhig. Da alle größeren Versammlungslokale polizeilich geschlossen waren, trafen sich die Streikenden in verkehrsgünstig gelegenen Parks am Rande der Innenstadt. Die Polizei löste die Ansammlungen mit sanftem Druck auf: »Von vereinzelten Ausschreitungen abgesehen, haben Ruhestörungen nicht stattgefunden«, meldete Polizeipräsident Heinrich von Oppen: »Das Straßenbild blieb unverändert.«[459]

Die Oberste Heeresleitung forderte telegrafisch die »Verhaftung der Berliner Streikrädelsführer und der hetzenden Abgeordneten«. Falls die Regierung jetzt nicht durchgreife, fürchtete Erich Ludendorff »Schlimmstes«. Der Reichskanzler, der bayerische Konservative Georg von Hertling, ließ umgehend antworten: »Regierung ist sich ihrer Pflicht und des Ernstes der Situation voll bewusst und handelt dementsprechend, wünscht andererseits aber dringend Vermeidung jeder entbehrlichen Schroffheit und insbesondere jeder gesetzlich nicht zu rechtfertigen Maßnahme, als welche Schutzhaft der Abgeordneten angesichts der Reichsverfassung sich darstellt. Die Verhaftung der Rädelsführer, eventuell auch von Abgeordneten, wird von deren Verhalten abhängen. Vorläufig verläuft alles ruhig.«[460]

Während sich Ludendorff bei der zivilen Verwaltung nicht durchsetzen konnte, hatte der militärische Oberbefehlshaber der Region um die Reichshauptstadt direkte Befehle auszuführen. Also verhängte Generaloberst Gustav von Kessel den »verschärften Belagerungszustand«, womit künftig alle Arten von Versammlungen untersagt waren. Außerdem wurden die wichtigsten Rüstungsfabriken militärischer Leitung unterstellt. Wer nicht spätestens am Morgen des 4. Februar 1918 wieder arbeitete, sollte nach Maßgabe des Belagerungszustands schwer bestraft werden. General von Kessel begründete diese Drohung mit den Auswirkungen des Streiks: »Die Ausstandsbewegung, in der ein Teil der Arbeiterschaft von Groß-Berlin noch verharrt, beeinträchtigt die Versorgung des Heeres und der Marine mit Waffen und Munition.«[461] Angesichts dieses Vorwurfes erklärten die Vertreter der SPD und der Gewerkschaften den Streik, den sie ohnehin eher unwillig unterstützt hatten, für beendet. Der Massenprotest hatte noch nicht genügend Durchschlagskraft und konnte nur einen Teil der Arbeiter mobilisieren. Bis zu 50 000 besonders aktive Streikende erhielten ihre Einberufung, verloren also die gut bezahlten und wenigstens vor der ständigen Lebensgefahr an der Front sicheren Stellungen in der Heimat.

Eine offene Konfrontation mit der Staatsmacht wie in Berlin wollte die SPD in München vermeiden. Die USPD, angeführt von Kurt Eisner, sah jedoch ihre Chance, die pragmatische Konkurrenz auszustechen. Schon im Herbst 1917, während der zweiten Revolution in Russland, hatte sie Handzettel mit einer klaren Botschaft verteilen lassen: »Steht auf! Geht auf die Straße! Lasst die Fabriken stehen! Es darf keinen vierten Winterfeldzug mehr geben, es darf kein Schuss mehr fallen. Es lebe der Frieden!«[462] Doch in München war es im Wesentlichen ruhig geblieben. Angesichts der Ereignisse im benachbarten Österreich suchten die Sozialisten die Entscheidung und setzten für den 27. Januar 1918 in einer der größten Bierhallen Münchens die Auftaktveranstaltung für einen geplanten, »zunächst« dreitägigen Streik an. Es kamen lediglich 250 Teilnehmer, eine blamabel geringe Zahl. Anders als die Berliner USPD hatte die Münchner Gruppe noch kaum Kontakte in die Arbeiterschaft der wichtigen Rüstungsbetriebe. Am folgenden Tag sprach Eisner dann vor einigen Hundert Mitarbeitern der Münchner Krupp-Werke. Eigentlich hatte die SPD die Versammlung einberufen, um den Ausbruch wilder Streiks zu verhindern, doch Eisner überzeugte genügend der Anwesenden, die für den 31. Januar 1918 die Niederlegung ihrer Arbeit beschlossen. So griff der Januarstreik auch auf München über, Arbeiter in einem halben Dutzend Betrieben traten in den Ausstand – allerdings insgesamt nicht einmal 10 000 Männer und Frauen. Der bayerischen Polizei bereitete es keine Schwierigkeiten, Kurt Eisner festzunehmen, den »geistigen Leiter und Organisator der Ausstandsbewegung in München«, wie der zuständige Staatsanwalt schrieb.[463] Ohne ihn brach der Streik rasch zusammen, denn die pragmatischen Sozialdemokraten und Gewerkschafter gewannen rasch die Oberhand über Eisners noch freie Anhänger. Die königlich-bayerische Regierung machte den moderaten Arbeitervertretern einige Zugeständnisse, vor allem Lohnzulagen und bessere Verpflegung, und am 3. Februar 1918 endete der Streik.

Zwar hatte es auch in anderen Industriestädten Arbeitsniederlegungen gegeben, die größten in Nürnberg, wo sogar fast jeder sechste Einwohner für Frieden und gegen die Fortsetzung des Krieges protestierte. Über Mannheim hinaus war die Botschaft der Streikenden jedoch nicht in den Südwesten vorgedrungen; in Freiburg blieb die Lage Ende Januar 1918 ruhig. Die Ausstände wurden als Folge der »fanatischen Agitation« von radikalen Sozialisten kritisiert, nicht zuletzt von prominenten Sozialdemokraten der Stadt.[464] In Viersen sowie den Nachbargemeinden Dülken und Süchteln blieb es ebenfalls ruhig, was damit zu tun hatte, dass die »ganze Industrie in ein Abhängigkeitsverhältnis von der Heeresverwaltung geraten« war, wie Oberbürgermeister Peter Stern rückblickend berichtete. Rund ein Achtel der in Viersen verbliebenen Bevölkerung war allein mit der Herstellung von Munition beschäftigt: »Die Aufträge waren so reichlich und dringend, dass meistens Tag und Nacht gearbeitet werden musste. Verschiedene Fabriken, die früher niemals Eisen verarbeitet hatten, richteten sich ganz darauf ein. Die Granatenherstellung beherrschte die Arbeitstätigkeit.«[465] Da es in Viersen weder Agitatoren der USPD noch radikale Arbeitervertreter gab, kam es nicht zu Arbeitsniederlegungen. In Hildesheim traten die Gewerkschaften gegen »aufrührerische Streiks« auf; die christlichen Arbeitervereinigungen formulierten ihr Ziel: »Wir wollen seit Kriegsbeginn die Brücke schlagen zwischen der bestehenden Gesellschaft und der noch abseits stehenden Arbeiterschaft und halten darin auch weiter fest.«[466] Jenseits der Städte, etwa in Ostpreußen, kam es mangels Fabriken mit nennenswerter mobilisierbarer Belegschaft gar nicht zu Unruhen.

»Berlin hat sich sehr zu seinen Ungunsten verändert«, schrieb Kurt Tucholsky am 29. April 1918 an seine neue Freundin Mary Gerold: »Es ist ja niemals eine mondäne Großstadt gewesen, aber jetzt ist es durch Materialknappheit aller Art, Aufeinanderplatzen der Gegensätze zwischen Knallprotzen und Hungerleidern widerlich.« Der Journalist, eingezogen als Soldat, war auf der Durchreise von einer Etappenverwendung in Lettland nach Rumänien, wohin er als Feldgendarm versetzt worden war. Bei vorherigen Kurzbesuchen in der Reichshauptstadt war ihm bereits aufgefallen, dass der Krieg Auswirkungen auf die Heimat hatte. Im November 1916 etwa zeigte er sich »ganz geknickt« von den Zuständen in Berlin, im Juni 1917 merkte er an, dass man »in der lieben Brotkartenheimat immer weniger« werde, also abnehme. Nun beschrieb er genauer, was ihn beschäftigte: »Früher waren doch selbst in Berlin gewisse Dinge selbstverständlich: dass man etwas zu essen hatte und dass man etwas anzuziehen hatte und dergleichen – jetzt sieht jeder dem andern in den Bauch, was drin ist und woher er das viele Mehl hat und ob er noch Stiefel hat.« Spöttisch fügte Tucholsky hinzu: »Es ist eine große Zeit.« Eine »scheußliche Schicht von Mitbürgern« komme hoch, merkte er an: »Das Geld regiert nicht, es rast und tyrannisiert.« Obwohl er selbst aus einer jüdischen Familie stammte, wenn er auch 1914 aus der Gemeinde ausgetreten war und sich auf seine protestantische Taufe vorbereitete, bediente er sich antisemitischer Klischees: »Auf dem Kurfürstendamm gehen die Judenmadams spazieren. Ihre Fettkinne sagen: ›O bitte, wir haben noch zu essen!‹ Sie haben ganz kurze Röckchen an, furchtbar breite Hüften und eine mondscheingroße Basis … Nein, diese Frauen mag man gar nicht.«[467]

Der linke Schriftsteller unterschied sich in dieser Bewertung gar nicht sehr von dem reaktionären Generalstabsoffizier Max Bauer: »Eine ganz ungeheure Wut herrscht endlich auf die Juden und auch da mit Recht. Wenn man in Berlin ist, durch die Wirtschaftsämter geht oder die Tauentzienstraße entlangkommt, kann man durchaus glauben, dass man in Jerusalem wäre. Vorne an der Front sieht man dagegen kaum einen Juden.« Die unzutreffende und hassgetriebene Schilderung Bauers gipfelte in der Behauptung: »Fast jeder denkende Mensch ist empört über diese geringe Heranziehung der Juden, aber gebessert wird nichts, denn an die Juden, das heißt das Kapital, das wieder Presse und Parlament in der Hand hat, heranzugehen ist ja unmöglich.«[468]

In der Reichshauptstadt herrschte im Frühjahr 1918 eine seltsame Stimmung. Die Versorgungsschwierigkeiten waren weiterhin drängend, die Rationen für verschiedene Lebensmittel mussten erneut gesenkt werden. Doch im März hatte sich das bolschewistische Russland einem harten Friedensdiktat unterworfen; der Kampf im Osten war mit einem Annexionsfrieden beendet worden. Wenig später begann eine Großoffensive im Westen, die schnell zu ersten Gebietsgewinnen führte. Die Stimmung verbesserte sich: »Wenn auch nach gewohnter Berliner Art an den Friedensschlüssen hier und da gemäkelt wird, hat man doch bei Beendigung des Krieges im Osten erleichtert aufgeatmet«, meldete der Berliner Polizeipräsident: »Und nachdem man nunmehr auch im Westen deutscherseits zum Erfolg verheißenden Angriff vorgegangen ist, an dessen Gelingen hier nirgends gezweifelt wird, hat sich trotz der Spannung, mit der die Vorgänge auf Frankreichs Boden verfolgt werden, mehr und mehr die beruhigende Überzeugung verbreitet, dass der Krieg jetzt in seine letzten Stunden getreten sei und noch dieser Sommer den Frieden bringen wird.« Sogar innenpolitisch schien die Lage beruhigter: »Selbst die USPD hat die Einsicht gewonnen, dass vorderhand keine Möglichkeit zu weiterem Putschen gegeben ist. Sie glaubt, dass ihr Weizen erst dann wieder blühen wird, wenn nach

Beendigung des Krieges durch den Rückstrom der Heeresangehörigen in die Heimat Arbeitsmangel und ein erhebliches Herabsinken der Löhne eintreten wird.«[469] Noch konnte sich niemand vorstellen, dass genau das passieren würde – allerdings noch vor Kriegsende.

Skepsis war wenig verbreitet in diesem Frühjahr. Zu den Ausnahmen zählte Kurt Riezler, der nach einer Dienstreise nach Berlin zurück in Stockholm düster notierte: »Das Volk von oben bis in den Kleinbürgerstand hinein läuft dem Erfolg nach. In rührender Zuversicht sieht es schon die Entente niedergerungen, eskomptiert genauso schnell wie in den ersten Kriegsmonaten, hat die bittersten Erfahrungen vergessen und ist trotz allem immer noch der gleichen Hybris.«[470] Obwohl von der Westfront per Feldpost Informationen über die totale Erschöpfung der deutschen Truppen in die Heimat drangen und von in Rekonvaleszenz befindlichen Verwundeten bestätigt wurden, breitete sich eine fast irreale Zuversicht aus. Noch einmal erbrachte eine Kriegsanleihe, inzwischen schon die achte, einen neuen Rekord von 15 Milliarden Mark. Das Ergebnis wurde gefeiert, die *Hildesheimer Zeitung* etwa blickte weit in die Zukunft: »Wenn nach 100 Jahren unsere Nachkommen in den Büchern der Geschichte lesen werden, was das deutsche Volk in dieser Zeit ohnegleichen geleistet und gelitten, ertragen und erstritten hat, dann werden sie sagen, dass es wohl Sage und Legende sei.«[471] Doch in Wirklichkeit deckten die Einnahmen dieser achten Kriegsanleihe nicht einmal nominell mehr als knapp die Hälfte der laufenden Kriegskosten.

Die überwiegend auf einen bevorstehenden Sieg fixierte Öffentlichkeit ignorierte alle Warnzeichen. Schon nach wenigen Wochen war die Frühjahrsoffensive stecken geblieben, und schlagartig begann an der Front die Autorität der militärischen Führung, aber auch der Truppenoffiziere zu bröckeln. Bis in den April oder Mai 1918 hinein hatten die meisten deutschen Soldaten zwar nicht bereitwillig, aber doch mit großem persönlichen Einsatz die Befehle ihrer Vorgesetzten befolgt. Nun, nach dem Misslingen des vermeintlich entscheidenden Durchbruchs, breitete sich rasend ein völlig neues

Phänomen aus: Die Männer traten in einen unerklärten, einen verdeckten Militärstreik. »Es kommt bei Offizieren und Leuten die große Enttäuschung zum Ausdruck, dass die große, lange erwartete Märzoffensive sich festgefahren hat«, hielt der Generalstabsoffizier Albrecht von Thaer fest: »Sie hatten zu sehr darauf gehofft, dass dieser große Schlag den Krieg im März beenden würde. Man hatte daraufhin noch einmal alle Energie zusammengerissen. Nun ist die Enttäuschung da, und sie ist groß.«[472] Soldaten befolgten ihre Weisungen nicht mehr, ihre direkten Vorgesetzten verloren rapide an Durchsetzungskraft, trauten sich aber oft nicht, das nach oben zu melden. Vielerorts in Deutschland tauchten plötzlich junge Männer in seit Jahren nicht mehr gesehener Zahl auf – Soldaten, die bei Transporten von der Ost- an die Westfront oder von Lazaretten zurück an die Front einfach ausgestiegen waren. Die Disziplin, auf die sich das deutsche Heer immer so viel eingebildet hatte, löste sich zunehmend auf. Als Soldaten der Kaserne in der Münchner Türkenstraße den Befehl zum Abrücken an die Front erhielten, weigerten sie sich offen; erst berittene Polizisten brachten die Unruhen unter Kontrolle.

Parallel damit erodierte der Durchhaltewille auch bei Zivilisten. Dazu trug eine Rede des deutschen Chefdiplomaten Richard von Kühlmann bei. Der Staatssekretär des Auswärtigen Amtes hatte im Reichstag in vorsichtigen Worten angedeutet, dass ein Ende des Krieges allein mit militärischen Mitteln, also ein Sieg an der Westfront, kaum mehr erwartet werden könne. Notwendig sei jetzt Diplomatie, also Verhandlungen. So deutlich wie er hatte noch nie ein hochgestellter Politiker gesagt, dass die deutsche Hoffnung auf einen Siegfrieden längst illusionär war. »Kühlmanns Rede hat wie eine Bombe eingeschlagen und wird von allen eifrig besprochen«, resümierte Evelin Fürstin Blücher: »Als politischer Akt ruft sie die Kritik wach und wäre, meiner Ansicht nach, bewundernswert, hätte er nicht, höherem Drucke folgend, am nächsten Tag seine Äußerungen widerrufen.« Die geborene Britin wunderte sich: »Jeder gibt zu, dass er die Wahrheit und nichts als sie gesprochen hat, doch war es eine Gotteslästerung, sie zu äußern.«[473] Tatsächlich erlag der Außenminister zwei Wochen später dem Kesseltreiben der Konservativen, der »Vaterlandspartei« und der Misstrauensbekundungen der Heeresleitung. Theodor Wolff kommentierte im *Berliner Tageblatt* ganz offen: »Herr von Kühlmann, mit all seinen Schwächen, Fehlern und Unklarheiten, galt als der Träger der Verständigungsidee. Die Meinung wird nicht auszurotten sein, dass der Träger fallen musste, weil die Idee missfiel.«[474] Noch ein letztes Mal setzten sich die bisherigen Eliten durch: »Die Hauptmasse der Bevölkerung hat immer noch unbegrenzten Glauben an Ludendorff und Hindenburg«, schrieb Evelyn Fürstin Blücher verzweifelt in ihr Tagebuch: »Es ist namenlos traurig, zusehen zu müssen, wie sich das Geschick allmählich an Deutschland erfüllt. Ich habe das Ringen des Volkes, seine unerhörten Opfer und seine stumme Ergebung gesehen und kann es nur aus tiefstem Herzen bedauern.«[475]

Außerhalb der Reichshauptstadt braute sich ebenfalls eine gefährliche Mischung zusammen. Im Frühsommer 1918 war absehbar, dass die kommende Ernte erneut miserabel ausfallen würde, weshalb die Schwarzmarktpreise bereits stark stiegen. Die direkte Konsequenz waren drei große Hungerdemonstrationen von Münchnerinnen auf dem Marienplatz vor dem Rathaus, gegen die einzuschreiten sich die Polizei nicht traute. Als Schutzleute versuchten, einige der Wortführerinnen festzunehmen, um so die Situation zu beruhigen, wurden sie von der erregten Menge daran gehindert. In Freiburg machte sich Charlotte Herder depressive Gedanken: »Wer weiß, was im nächsten Jahr aus uns geworden ist? Dass wir rettungslos dem Abgrund entgegentreiben, das kann sich niemand mehr verhehlen. Wir können nicht mehr weiter.« Obwohl es ihr immer noch gut ging im Vergleich zu anderen Freiburgern, war ihr Eindruck ein anderer: »Es herrscht eine bittere Armut bei uns, und wir sind auf dem Wege, einfach zu verkommen.« Hoffnungen machte sie sich nicht mehr: »Der Abgrund, der uns verschlingen soll, ist schon geöffnet.«[476]

Verschärft wurde diese Lage durch die rapide Ausbreitung einer hochansteckenden Infektionskrankheit. Irgendwann im Winter 1917/18 waren im Mittleren Westen der USA mutierte Viren von Schweinen auf Menschen übergesprungen. In den improvisierten Mobilisierungslagern der US-Armee in Kansas fand der Erreger ideale Bedingungen für die Verbreitung: schlechte Hygiene und Zehntausende vom ungewohnten Drill erschöpfte Menschen auf engem Raum. Anfang März 1918 gab es die ersten registrierten Krankheitsfälle, drei Wochen später war der Virus mit Truppentransporten in Frankreich eingetroffen, in der Bretagne. Von hier aus breitete er sich gleichzeitig in alle Himmelsrichtungen aus – nach Paris und weiter nach Südfrankreich, über den Kanal nach Großbritannien, und natürlich zu den Fronten in Westbelgien und Ostfrankreich. Nach Spanien drang die Seuche ebenfalls vor, und weil die Zeitungen des neutralen Landes vergleichsweise frei berichten konnten, drangen von hier aus die ersten Nachrichten über die rätselhafte Krankheit nach Deutschland, die bald als »spanische Grippe« bekannt war.[477] Parallel dazu hatten deutsche Truppen in ihrer Frühjahrsoffensive Geländegewinne an der Westfront gemacht. Dabei waren viele britische, französische und amerikanische Soldaten in Gefangenschaft geraten, die infiziert waren. Nun grassierte die Seuche auch unter deutschen Soldaten, die sich zu Zehn-, bald zu Hunderttausenden krankmelden mussten.

Im Juni 1918 erreichten die Erreger von Westen her die deutschen Städte. Das Lazarett im Freiburger Herder-Verlag sollte erweitert werden und in militärische Verwaltung übergehen, wogegen sich Charlotte Herder verwahrte: »Das waren schwere Kämpfe«, schrieb sie: »Denn wir wissen ja alle, dass wir gehen können, wenn das Militär zu herrschen beginnt.«[478] Mithilfe ihres Mannes setzte sich die engagierte Frau gegen die Ambitionen des Heeres durch – allerdings nur zum Teil: In den Sälen neben ihrem Krankenquartier wurde ein weiteres, organisatorisch unabhängiges Lazarett eingerichtet. Unter den neu Eingelieferten befanden sich viele schwer an der Grippe erkrankte Soldaten. Ein Münchner Chefarzt berichtete über den Ausbruch im Einzugsgebiet seines Krankenhauses in Schwabing: »Innerhalb von etwa zehn Tagen kamen 77 Grippekranke zur Beobachtung, und ihre Mortalität war erschreckend hoch. Sie betrug 24, und bemerkenswerterweise traf das traurige Schicksal zumeist jüngere, kräftige Individuen.« Verstehen konnte der Mediziner das nicht: »Warum die älteren Leute von dieser schweren Infektion größtenteils verschont blieben, ist nicht genau klar. Möglicherweise waren sie durch früher überstandene Grippeerkrankung bis zu einem gewissen Grade immunisiert.«[479] Von den Krankenhäusern aus verbreitete sich die Infektion weiter: »Ein paar Hundert Pflegerinnen fielen jeden Tag allein in den Münchner Lazaretten aus und sollten ersetzt werden«, erinnerte sich der nationalkonservative Historiker Karl Alexander von Müller: »Der Straßenbahnverkehr wurde eingeschränkt, in den großen Industriebetrieben waren bis zu einem Drittel der Belegschaften ausgeschaltet.« Düster dachte der selbst erkrankte Müller: »Es war der erste apokalyptische Reiter – wer wusste, ob nicht die anderen im fahlen Abendrot ihre Rosse zäumten?«[480]

In der Reichshauptstadt kam die Infektion Mitte Juni an und verbreitete sich schnell: »Die Grippe in Berlin«, konstatierte Käthe Kollwitz, deren Mann auf einmal viele zusätzliche Patienten zu behandeln hatte: »Am Dienstag hat Karl 100 Grippekranke. Er selbst wird krank am Mittwoch.«[481] Doch zu ihrer Erleichterung war der Verlauf bei ihm leicht, obwohl die Sterblichkeit unter den Infizierten mit Werten zwischen einem Zehntel und einem Drittel extrem hoch war. In der *Weltbühne* veröffentliche Kurt Tucholsky ein Gedicht über die »Spanische Krankheit«, das mit den Reimen schloss: »Das ist keine Grippe, kein Frost, keine Phtisis – das ist eine deutsche politische Krisis.«[482] Die Berliner Polizei, die sonst jede Stimmungsschwankung der Bevölkerung genau zu registrieren und mutmaßliche Gründe zu benennen versuchte, stand ratlos vor der Krankheit, für die weder die USPD noch andere Radikale verantwortlich gemacht werden konnten.

Am 8. August 1918 begannen an der Westfront französische, britische und amerikanische Truppen ihre Sommeroffensive. Innerhalb weniger Tage gingen die unter enormen Verlusten erkämpften Geländegewinne der deutschen Frühjahrsoffensive verloren. Scharenweise begannen Soldaten zu desertieren und schlugen sich nach Hause durch; so gelangten, den Zensurbemühungen zum Trotz, rasch ungeschminkte Berichte in die Heimat. Während die Oberste Heeresleitung sich noch immer weigerte, die Feinde um einen Waffenstillstand zu bitten, kippte vor allem in den Städten die Stimmung – doch noch fehlte der Mut, der eigenen Erkenntnis zu trauen. »Die Zeiten werden betrüblich interessant«, merkte der Münchner Gymnasiallehrer Josef Hofmiller am 19. August 1918 an: »Keiner glaubt mehr, dass wir den Krieg gewinnen. Alle wissen, dass wir ihn verloren haben, und doch rückt keiner mit der Sprache heraus. Wir sind gereizt, sogar wenn der andere dieselbe Meinung äußert, die wir im Stillen selbst hegen; als wären wir abergläubisch, dass sie nicht ausgesprochen werden dürfe.«[483] Einen Tag später berichtete die Berliner Polizei über verstärkte Aktivitäten der radikalen Linken: »Die USPD, in enger Verbindung mit den Spartakusleuten, ist eifrig am Werke, in den Betrieben der Rüstungsindustrie für einen Streik Stimmung zu machen und unter den Heeresangehörigen für Einstellung der Kampfhandlungen und Schürung revolutionärer Bestrebungen zu werben.« Im Spätherbst und Winter müsse mit »Arbeitseinstellungen und Unruhen für einen Frieden um jeden Preis gerechnet« werden.[484]

Doch noch fehlte ein Anstoß, der die Einsicht in die hoffnungslose Lage umschlagen ließ in Aktivität. Präzise analysierte Josef Hofmiller am 17. September 1918 die Lage in München: »Alles ist seelisch erschüttert. Erschüttert sind erstens der Arbeiter, zweitens die Bauern, drittens (eigentlich hätte ich sagen sollen erstens) das Militär, viertens die Frauen, fünftens alle Angestellten, sechstens alle Beamten, siebtens die Presse.« Die Demobilisierung habe »bei den Gemütern begonnen: Das ist schlimm, sehr schlimm. Die Stimmung ist früher da als die Ereignisse. Keine Hemmungen, keine Dämme, die Stimmung im Land ist furchtbar.« Niemand in Deutschland glaube noch an »einen guten Ausgang des Krieges«, die Oberste Heeresleitung »hat nicht mehr das geringste Vertrauen«, notierte Hofmiller und fügte hinzu: »Man hat damit Raubbau getrieben.«[485]

Trotzdem weilte Theodor Wolff im September auf einer dreiwöchigen Reise in Wien und Budapest, teilweise zusammen mit anderen führenden deutschen Journalisten. Offenbar hielt der politisch exzellent vernetzte Chefredakteur die Lage für nicht so dramatisch, dass er lieber in der Reichshauptstadt geblieben wäre. Zufällig just während seiner Anwesenheit in Budapest veröffentlichte die österreich-ungarische Regierung eine Friedensnote, die Wolff spontan als einen »sensationellen, aber gänzlich aussichtslosen und ziemlich angreifbaren Schritt« beurteilte.[486] In Berlin löste dieses Angebot freudige Erregung aus, meldete die Polizei, »obwohl man nicht verkannte, dass ein solcher Schritt beim siegreichen Vormarsch unserer Heere zweckmäßiger gewesen wäre als jetzt«. Zugleich warnte Heinrich von Oppen: »Bei der Unberechenbarkeit der Masse und dem leichten Umschlag ihrer Stimmungen muss deshalb nach wie vor mit der Möglichkeit von Unruhen gerechnet werden, insbesondere für den Fall, dass etwa die Wahlrechtsfrage oder eine weitere Verschärfung der Lebensmittelnöte oder endlich Kleider- und Kohlennot im Winter den Funken ins Pulverfass wirft.«[487]

Der Funke kam vier Tage später – allerdings von unerwarteter Seite. Am 28. September 1918, am frühen Abend gegen 18 Uhr, forderte ausgerechnet Erich Ludendorff, der eigentlich starke Mann der Obersten Heeresleitung, im kaiserlichen Hauptquartier im belgischen Spa die »sofortige Herausgabe eines Waffenstillstandsangebots«.[488] Dabei sollte es seiner späteren Darstellung zufolge zwar nicht um das Strecken der Waffen gehen; im Gegenteil müssten die Waffenstillstandsbedingungen eine Wiederaufnahme der Feindseligkeiten jederzeit zulassen. Doch das war eine reine Illusion, denn nun brannte die Lunte zum Pulverfass der öffentlichen Stimmung. Gefühlsstürme wie seit Ende Juli 1914 nicht mehr rasten durch Deutschland. Sogar eine erklärte Kriegsgegnerin wie Käthe Kollwitz verzweifelte: »Deutschland steht vor dem Ende. Widersprechendste Gefühle. Deutschland verliert den Krieg. Was kommt nun? Wird das patriotische Gefühl noch einmal so aufflammen, dass eine Verteidigung bis zum Letzten einsetzt?« Diese Aussicht machte ihr Angst – nicht nur, aber sicher auch, weil ihr Sohn Peter gefallen war: »Die Jugend, die noch lebt, muss Deutschland behalten, sonst verarmt es absolut. Darum nicht einen Tag weiter Krieg, wenn man erkennt, dass er verloren ist. Freilich, bis sich das wirklich entschieden hat, Kampf. Damit wenn möglich ein erträglicher Friede zustande kommt.«[489]

Der Kaiser ernannte einen neuen Reichskanzler, den liberalen Hochadligen und badischen Thronerben Prinz Max, der umgehend die beiden führenden Sozialdemokraten Philipp Scheidemann und Gustav Bauer in sein Kabinett berief – die von der SPD geforderte Parlamentarisierung lehnte der neue Kanzler hingegen ab. Selbstverständlich sei seine Amtsführung vom Vertrauen der Reichstagsmehrheit abhängig, doch in Verfassungsrecht gießen mochte er das nicht. Stattdessen versuchte er, über Kontakte zu US-Präsident Woodrow Wilson zu einem akzeptablen Waffenstillstand zu kommen. Um sein Entgegenkommen zu dokumentieren, brachte das neue Reichskabinett Gesetzentwürfe auf den Weg, die Reformforderungen erfüllen und damit ein Zugehen auf die USA signalisieren sollten. Als weiteres Signal wurden politische Gefangene freigelassen – Kurt Eisner in München etwa mit dem formalen Grund, er sei für eine für Mitte November 1918 geplante Reichstagsnachwahl als Kandidat aufgestellt worden und müsse daher Gelegenheit bekommen, Wahlkampf zu führen. Karl Liebknecht, im Gegensatz zu Eisner bereits rechtskräftig verurteilt, profitierte dagegen von einer Amnestie. Beide setzten ihre politische Agitation umgehend dort fort, wo sie durch die Verhaftung unterbrochen worden war.

Der Stimmungsumschwung war längst auch auf den Straßen sichtbar. Am 15. Oktober 1918, als Namenstag der bayerischen Königin Maria Theresia ein Feiertag, war die Lage in München zwar ruhig. »Aber es war nirgends geflaggt wie in früheren Jahren, nicht einmal die Staatsgebäude. Ist das der Anfang vom Ende?«, fragte sich Josef Hofmiller: »Man kann hundertmal sagen, in dieser Zeit ist es nicht angebracht, an einen Fürstennamenstag zu erinnern, bedeutet es nicht dennoch ein feiges Sichselbstaufgeben?«[490] Am selben Tag kam die Antwort von US-Präsident Wilson auf das Waffenstillstandsangebot: »Böse Enttäuschung. Die Stimmung für Verteidigungskrieg bis zum Ende wächst«, kommentierte Käthe Kollwitz: »Ich schreibe dagegen.«[491] Auch Theodor Wolff war enttäuscht: »Durch die neue Note Wilsons hat sich der Friedensgedanke nach rückwärts bewegt. Der Geist, der aus der Note spricht, ist schlimmer als die Forderungen, die darin verzeichnet stehen. Wilson ist der Prophet von Recht, Versöhnung und Völkerglück. Und der Geist seiner Note ist der Geist des Machtwillens und der Gewalt.«[492]

Überall im Reich versuchten Sozialdemokraten und Gewerkschafter, die Lage zu beruhigen. Auf keinen Fall sollten Streiks und Unruhen der neuen Regierung in den Rücken fallen, die von der Reichstagsmehrheit gestützt wurde. Dann könnte es, so die Sorge der SPD, doch noch zum Bürgerkrieg der alten, konservativen Eliten gegen die radikale Linke kommen – mit unabsehbaren Folgen. Doch immer öfter kam es zu kleineren Protestkundgebungen. Liebknecht-Anhänger zogen am 16. Oktober 1918 gröhlend durch das Brandenburger Tor zur russischen Botschaft Unter den Linden, aus deren Fenster zur Unterstützung rote Fahnen geschwenkt wurden. Als die Demonstranten weiterziehen wollten zum Stadtschloss, hielten Polizisten sie auf. Es kam zu Handgemengen, die Uniformierten griffen zu den Waffen: »Die blanken Säbel dämpften sofort den Kundgebungstaumel der Rotte. Nach einiger Zeit fingen einzelne Genossen an, sich seitwärts zu drücken.« Soldaten, die den Aufruhr zufällig miterlebt hatten, fühlten sich abgestoßen: »Die ganze Bande gehört in den Schützengraben!«[493] Sie halfen den Polizisten, die Demonstranten zu zerstreuen.

In München attackierte Kurt Eisner gleichermaßen die alten Eliten wie die Sozialdemokraten. Seine Anhängerschaft nahm zu; bei einer Versammlung am 23. Oktober 1918 im Schwabingerbräu hörten ihm schon rund 2000 Menschen zu. Einem Zeitungsbericht zufolge argumentierte Eisner wirkungsvoll: »Eine Volksregierung mit einem zukünftigen Großherzog an der Spitze sei ihm keine Volksregierung. Auch die jetzige Reichsregierung habe noch keinen Beweis dafür erbracht, dass sie das Volk weniger anlüge, als ihre Vorgängerin es getan habe.«[494] Als zunehmend aggressiv empfand der bürgerliche Gymnasiallehrer Josef Hofmiller die Münchner Unterschicht. »Neulich ein wenig gegen Trudering zu spazieren. Eine wahre Prozession armer Weiber und junger Burschen.« Sie hatten Holzreste gesammelt, um überhaupt etwas zu heizen zu haben – Kohlen waren offiziell vergriffen und nur noch auf dem Schwarzmarkt zu horrenden Preisen zu haben. »Ich versuchte, mit den Leuten zu plaudern, wie dies früher selbstverständlich gewesen wäre. Bekam äußerst bissige, bösartige Antworten. Dabei konnte man sich doch früher gerade mit unseren Vorstädtlern ausgezeichnet unterhalten.«[495]

Noch war die Situation nicht wirklich revolutionär. Harry Graf Kessler, seit einigen Tagen wieder in Berlin, stellte am 2. November 1918 sarkastisch fest, »dass die Arbeiter sich heute ruhig verhalten werden. Sie legen um ein Uhr die Arbeit nieder, wollen erst zu Muttern essen gehen und dann um drei Uhr auf die Straße steigen. Eine gemütliche Art, den Kaiser abzusetzen, denn darum geht es.«[496] Mit einer baldigen Eskalation war allerdings zu rechnen: »Alles spricht von kommenden Unruhen«, meinte Theodor Wolff: »Große Besorgnis!« Besonders aufgeheizt war die Stimmung in München. Hier kursierten Gerüchte, der Kaiser werde die Regierung Max von Badens mit dem Militär gewaltsam stürzen: »Wenn in München das Putschgerede weitergehe, werden heute die Pflastersteine fliegen.«[497]

In Berlin wollten Karl Liebknecht und seine Anhänger nicht mehr warten: Sie bereiteten für Montag, den 4. November 1918, den Beginn des allgemeinen Aufstandes vor. »Spätestens am Dienstag früh treten die Arbeiter in einen Massenstreik mit bewaffneten

Demonstrationen ein, und zwar unter den im Verlauf der Aktionen zu steigernden Parolen: 1. Sofortiger Frieden; 2. Aufhebung des Belagerungszustandes; 3. Deutschland eine sozialistische Republik; 4. Bildung einer Regierung der Arbeiter- und Soldatenräte.« Doch diesen Kurs wollten die meisten USPD-Vertreter und die Vertreter der Fabrikbelegschaften doch nicht mitgehen. Einer nach dem anderen von ihnen berichtete, »in seinem Betrieb sei nur ein ganz kleiner Teil der Arbeiter für diese Aktion zu haben. Die Bewaffnung dünkte ihnen noch unzulänglich, die Stimmung noch nicht gut genug.«[498] Die Versammlung lehnte den Aufstandsplan mit 35 zu fünf Stimmen klar ab.

Statt von der Reichshauptstadt ging das Signal zum allgemeinen Aufstand von Kiel aus. Die deutsche Hochseeflotte hatte am 24. Oktober 1918 Befehl bekommen, auszulaufen und sich der mehrfach überlegenen britischen Royal Navy zu einem letzten Gefecht im Ärmelkanal zu stellen. Angesichts von Protesten der Mannschaften auf einigen Schlachtschiffen, die nicht sinnlos in einem längst verlorenen Krieg geopfert werden wollten, gab die Marineleitung diesen Plan wieder auf und beorderte die Schiffe zurück nach Kiel. Doch hier weiteten sich die Proteste aus und ergriffen rasch fast die gesamte Flotte. Am 3. November 1918 zogen rund 5 000 Männer durch Kiel und trafen auf einen kleinen Trupp loyaler Marinesoldaten, die das Feuer eröffneten. Es gab sieben Tote – und von Kiel aus raste die Nachricht durch das ganze Land, dass die Revolution ausgebrochen sei. Theodor Wolff vermerkte spätabends in seinem Tagebuch: »Bei der Flotte sollen Unruhen ausgebrochen sein, die Situation soll dort sehr ernst sein.« Am nächsten Tag wusste er dann schon: »Matrosen in Kiel völlig Herren der Stadt und der Flotte. Die rote Fahne an allen Masten. Soldatenrat eingesetzt.« Berichten aber durfte das *Berliner Tageblatt* darüber nicht: »Zensur unterdrückt alle Nachrichten über Kiel.«[499]

Nach dem Erfolg in ihrem Heimathafen machten sich Tausende Matrosen und Marinesoldaten per Zug auf den Weg in ihre Heimatstädte, um die Flamme des Aufstandes weiterzuverbreiten. Zwar unterbrachen die preußischen Staatsbahnen am 6. November die meisten Fernverbindungen aus Norddeutschland, doch zu diesem Zeitpunkt waren bereits zu viele Revolutionäre unterwegs. Wohin sie nicht mehr gelangten, dort verbreitete sich dennoch durch Gerüchte und private Berichte die Nachricht vom erfolgreichen Umsturz ausgerechnet in Kiel, dem Hauptquartier der stets besonders kaisertreuen Flotte.

Den Matrosen wollte Kurt Eisner nicht das Heft des Handelns überlassen. Also bemühte er sich in München, die Revolution selbst auszulösen. Die Gewerkschaften und die SPD stimmten seinem Vorschlag zu einer Massenkundgebung auf der Theresienwiese zu, wo am 7. November 1918 bis zu 60 000 Menschen zusammenströmten. Eisners Konkurrenten wollten die Radikalen durch ihre schiere Zahl beeindrucken und in die Schranken weisen – aber sie bemerkten nicht, dass sie damit in die Falle tappten. Nach der Kundgebung begann zwar eine disziplinierte Friedensdemonstration, die größte in der Geschichte Münchens, währenddessen aber stürmte Eisner mit rund tausend Gefolgsleuten, vor allem Uniformierte, die großen Kasernen am Rande der Innenstadt und überredete die dort stationierten Soldaten, an seiner Seite die Macht zu übernehmen. Binnen weniger Stunden wurden strategisch wichtige Punkte der Innenstadt besetzt. »Die Revolution war offenbar von langer Hand geplant, nur die staatlichen und militärischen Behörden ließen sich allen Warnungen zum Trotz überrumpeln«, notierte Josef Hofmiller zwei Tage später: »Das Erste war, dass Bahnhof und Telegrafenamt besetzt wurden, sodann die Zeitungen. Die politische Umwälzung vollendete sich im Landtagsgebäude. Um zehn Uhr abends war es schon in der Gewalt der Revolutionäre; um Mitternacht tagte zum ersten Mal geschlossen der Arbeiter- und Soldatenrat im Sitzungssaal der Kammer, wählte Kurt Eisner zum Präsidenten und verkündete die Republik, die Absetzung der Dynastie und der gesamten Regierung.« Am Freitagmorgen, dem 8. November 1918, war der Umsturz vollzogen: »München war als Hauptstadt des Königreichs

Bayern zu Bett gegangen, um als Hauptstadt des bayerischen ›Volksstaates‹ zu erwachen. Telegraf, Telefon und Straßenbahn waren am Donnerstagabend stillgelegt worden. Am Freitag wurde der Betrieb wieder aufgenommen.«[500]

»In unserem Hause ging es hart auf hart«, erinnerte sich Constanze Hallgarten an diese Tage. Ihr Mann lehnte Eisner und seine Revolution ab, sie selbst näherte sich als Frauenrechtlerin und Pazifistin mehr und mehr dem Sozialismus an. Auch in der großbürgerlichen Nachbarschaft der Hallgartens waren ganz unterschiedliche Haltungen vertreten – von vorsichtig hoffnungsvoll bis zu entschiedener Gegnerschaft. Die Dame des Hauses griff zu einem nicht unbedingt eleganten, aber wirkungsvollen Mittel: »Bei den Unterhaltungen ging es erregt und lebhaft zu, sodass ich die Wogen zu glätten suchte, indem ich rund um den Kamin der großen Bibliothek ein breites Band anbrachte mit der gedruckten Aufschrift: ›Man bittet, politische Diskussionen nach Möglichkeit zu vermeiden.‹«[501] Gleichzeitig löste sich die Anspannung der vergangenen Wochen etwas, wie Josef Hofmiller am 9. November 1918 feststellte. Ein Bekannter hatte ihm erzählt, »alle Leute auf der Trambahn und auch auf der Straße seien viel freundlicher. Das glaubte ich nicht. Ich beschloss, heute darauf ein besonderes Augenmerk zu haben, und muss seine Wahrnehmung bestätigen. Während bisher noch jedem, der von auswärts kam, der mürrische, geradezu finstere Gesichtsausdruck der meisten Leute auf der Straße auffiel, sehen sie jetzt entspannt aus, beinahe vergnügt. Einen fidelen, beinahe kindlichen Eindruck machen die zum größten Teil ganz jungen, fast knabenhaften Soldaten, die mit geschultertem Gewehr vor Geschäften, Banken und so weiter Posten stehen; ungefähr, wie wenn es ein Spiel wäre, das sie recht freut.«[502]

Am frühen Nachmittag des 8. November 1918 erreichte ein Auto den Bahnhofsvorplatz von Hildesheim, in dem einige bewaffnete Mitglieder des in Hannover bereits gebildeten Arbeiter- und Soldatenrates saßen. Ihr Wortführer hielt vor Passanten eine kurze Ansprache. Nun müsse Ruhe und Ordnung bewahrt werden. Die Gefängnisse der Stadt wurden gestürmt, die Insassen ohne Rücksicht auf den Grund ihrer Haft befreit. Die Abordnung aus Hannover, inzwischen um einen örtlichen SPD-Vertreter und einen Gewerkschaftssekretär ergänzt, suchte die Kasernen auf und gewann die dort stationierten Soldaten für die Unterstützung der Revolution. Sogar der Militärkommandant fügte sich den neuen Machtverhältnissen. »Die Überraschung war natürlich allgemein, man stelle sich einmal vor: Wenige Bewaffnete fahren mit gespannten Karabinern in die Stadt ein, werfen die ganze Sicherheitswehr ohne Schwertstreich über den Haufen und machen sich zu Herren der Stadt«, schrieb der Stadtchronist Adolf Vogeler rückblickend: »Man weiß in der Tat nicht, worüber man sich mehr wundern soll, über die allgemeine Kopflosigkeit oder über den Mangel an Selbstbewusstsein und Mut, womit man sich bedingungslos den Revolutionären unterwarf – hier in Hildesheim und in ganz Deutschland, überall dasselbe Bild.«[503]

In Freiburg, wo die Stimmung Anfang des Monats »matt, fahl und sterbensmüde« war, meuterten die Soldaten des örtlichen Infanterieregiments am 8. November 1918 und strömten am folgenden Morgen auf die Straßen.[504] Gegen die ausdrücklichen Befehle ihrer Vorgesetzten versammelten sich mittags rund tausend Uniformierte vor der Karlskaserne. Als eine Patrouille der Feldpolizei die Menschenmenge zu zerstreuen versuchte, fielen Schüsse. »Nun geht es auch bei uns los«, schrieb Charlotte Herder: »Die Truppen verweigern den Gehorsam; ein Offizier, der feuern lassen wollte, wurde niedergeschlagen und blutüberströmt vom Platze getragen. Das Ende ist also da.«[505] Ansonsten aber blieb es, bis auf Demonstrationszüge unter roten Fahnen, ruhig. Der Umsturz hatte auch hier ohne größere Gewaltakte gesiegt.

An den Niederrhein kam die Revolution von Köln aus: »Am Morgen des 9. November erschienen Soldaten auf dem Bürgermeisteramt und erklärten, sie seien Mitglieder des Soldatenrates und berufen, für Ruhe und Ordnung zu sorgen«, berichtete Oberbürgermeister Peter Stern: »Ein Einschreiten war unmöglich, denn die Stadtverwaltung war machtlos. Nur wenige Polizeibeamte standen ihr zur Verfügung, ein Aufruf an die Bürgerschaft wäre zwecklos gewesen, da er nicht den geringsten Erfolg versprach. Dazu kam die bedrohliche Stimmung des größten Teils der Arbeiterschaft, die es nicht geraten erschienen ließ, wenn kein Bürgerblut fließen sollte, mit Gewalt der sich reißend fortschreitenden Entwicklung entgegenzustemmen.« Auch hier waren Ruhe und Ordnung die ersten Ziele der Revolutionäre.[506]

Während in Königsberg ebenfalls Soldaten die vollziehende Gewalt übernahmen und in der Stadt ab dem 9. November 1918 überall rote Fahnen wehten, änderte sich auf dem Land zunächst gar nichts. Henriette Schneider, die seit Kurzem in Mrossen im Kreis Lyck lebte, bekam von den Ereignissen in fast allen Städten des Reiches wenig mit. In ihr Tagebuch trug sie jedenfalls nichts darüber ein.

Über Berlin lag am 8. und erst recht am 9. November 1918 eine ungeheure Spannung. Zwar pulsierte in den Vorstädten das Leben wie in den vergangenen Kriegsjahren: Die Straßenbahnen ratterten wie an jedem anderen Tag ihren Zielen entgegen, und auch in den Vierteln der Innenstadt herrschte auf den ersten Blick ganz normales geschäftiges Treiben. Theodor Wolff fiel lediglich auf, dass rund um das Reichsmarineamt Wachposten mit Maschinengewehren aufgezogen waren. »Fahre zur Redaktion. Unterwegs alles ziemlich normal, nur an vielen Ecken Militärposten, am Eingang der Linkstraße eine größere Abteilung.« Alle »strategischen Punkte« seien besetzt, hörte er im Büro.[507] Um 11:45 Uhr kam dann die seit Tagen sehnlichst erwartete Meldung: Wilhelm II. hatte auf den Thron verzichtet. Wolff erfuhr zunächst nicht, dass diese Mitteilung gar nicht vom Kaiser selbst autorisiert, sondern von Reichskanzler Max von Baden eigenmächtig verkündet worden war. Keine halbe Stunde später waren die Extrablätter mit der Nachricht auf dem Markt.[508]

Schlagartig änderte sich das Leben in der Stadt. Harry Graf Kessler, eben noch dienstlich in Uniform unterwegs, eilte nach

Hause, um sich umzuziehen, »weil Offizieren die Achselstücke und Kokarden abgerissen wurden«. In der Wilhelmstraße auf dem Weg zu einem dienstlichen Mittagessen fiel Kessler das erste »rot beflaggte Auto« auf.[509] Die Kellner berichteten Kessler und seinen Gästen, dass immer größere Demonstrationszüge durch die Straßen wogten. Sie waren auf dem Weg zum Reichstag, wo sich um 14 Uhr eine gewaltige Menschenmenge versammelt hatte. Im Parlamentsgebäude berieten gerade Friedrich Ebert, Philipp Scheidemann und andere Sozialdemokraten das weitere Vorgehen nach dem Thronverzicht des Kaisers. »Die große Wandelhalle zeigte ein dramatisch bewegtes Bild«, erinnerte sich Scheidemann wenige Jahre später: »Gewehre waren wie Pyramiden zusammengestellt. Vom Hofe herauf hörte man Pferdegetrappel und Gewieher. In der Halle schienen tausend gleichzeitig zu reden und zu schreien.« Scheidemann erfuhr, dass Karl Liebknecht seine Anhänger zu einer Kundgebung vor dem Berliner Schloss aufgerufen hatte. Sein Bestreben war eindeutig: Er wollte die sozialistische Revolution ausrufen. »Nun sah ich die Situation klar vor Augen«, schilderte Scheidemann rückblickend: »Deutschland eine russische Provinz? Eine Sowjetfiliale? Nein! Tausendmal nein!« Er sah den russischen Wahnsinn vor sich, die Ablösung des zaristischen Regimes durch ein kommunistisches: »Nein, nein! Nur nicht auch das noch in Deutschland nach all dem anderen Elend. Schon stand ich im Fenster. Vieltausende von Armen reckten sich, um die Hüte und Mützen zu schwenken.«[510]

Als die ersten Demonstranten ihn erkannt hatten, wurde es still. Scheidemann ergriff das Wort: »Das deutsche Volk hat auf der ganzen Linie gesiegt. Das alte Morsche ist zusammengebrochen; der Militarismus ist erledigt! Die Hohenzollern haben abgedankt! Es lebe die deutsche Republik! Der Abgeordnete Ebert ist zum Reichskanzler ausgerufen worden. Ebert ist damit beauftragt worden, eine neue Regierung zusammenzustellen. Dieser Regierung werden alle sozialistischen Parteien angehören. Jetzt besteht unsere Aufgabe darin, diesen glänzenden Sieg, diesen vollen Sieg des deutschen Volkes nicht beschmutzen zu lassen, und deshalb bitte ich Sie, sorgen

Sie dafür, dass keine Störung der Sicherheit eintrete! Wir müssen stolz sein können in alle Zukunft auf diesen Tag! Nichts darf existieren, was man uns später wird vorwerfen können! Ruhe, Ordnung und Sicherheit ist das, was wir jetzt brauchen!« Nach einigen weiteren Sätzen wiederholte Scheidemann: »Sorgen Sie dafür, dass die neue deutsche Republik, die wir errichten werden, nicht durch irgendetwas gefährdet werde. Es lebe die deutsche Republik!«[511] Unter den Zuhörern befand sich auch Käthe Kollwitz, die eine Kurzfassung der Rede lieferte: »Von einem Fenster herab ruft Scheidemann die Republik aus.«[512]

Knapp zwei Stunden später fand auf dem Schlossplatz die Veranstaltung mit Karl Liebknecht statt. »Parteigenossen«, begann er, »der Tag der Freiheit ist angebrochen. Nie wieder wird ein Hohenzoller diesen Platz betreten. Vor 70 Jahren stand hier am selben Platz Friedrich Wilhelm IV. und musste vor dem Zug der auf die Barrikaden Berlins für die Sache der Freiheit Gefallenen vor den 50 blutüberströmten Leichnamen seine Mütze abnehmen. Ein anderer Zug bewegt sich heute hier vorüber. Es sind die Geister der Millionen, die für die heilige Sache des Proletariats ihr Leben gelassen haben. Mit zerspaltenem Schädel, in Blut gebadet wanken diese Opfer der Gewaltherrschaft vorüber, und ihnen folgen die Geister von Millionen von Frauen und Kindern, die für die Sache des Proletariats in Kummer und Elend verkommen sind. Und Abermillionen von Blutopfern dieses Weltkrieges ziehen ihnen nach. Heute steht eine unübersehbare Menge begeisterter Proletarier an demselben Ort, um der neuen Freiheit zu huldigen!« Liebknecht machte eine Pause und fuhr dann fort: »Parteigenossen, ich proklamiere die freie sozialistische Republik Deutschland!«[513]

Von den beiden Ansprachen hatte Harry Graf Kessler während seines Arbeitsessens nichts mitbekommen: »Erst gegen fünf Uhr gingen wir hinaus. Die Linden waren dunkel und ziemlich leer. Aber fortwährend fegten tutende, ratternde, rot beflaggte Lastautos dicht mit Bewaffneten besetzt vorüber; ziellos, wie es schien, aus bloßer Freude an der Bewegung hin und her rasend. Die Kerls darauf, Soldaten, auch bewaffnete Zivilisten und einzelne Frauen, schrien, und die Leute auf der Straße schrien wieder.« Er wollte sich ein Bild machen von den Vorgängen in der Stadt und ging dazu auf dem kürzesten Weg nach Hause: »Auf dem Potsdamer Platz wogten große Ansammlungen, durch die ebenfalls fortwährend Soldaten auf Lastautos mit Hurra sich einen Weg bahnten. Bis auf das Geschrei und das schreckhafte Aussehen und Rattern der Autos, die von Gewehren wie Borstentiere starrten und darüber flatternd die terroristische rote Fahne führten, war alles auffallend ruhig und ordentlich: eine Demonstration, kein Aufstand.«[514] Das Deutsche Kaiserreich bestand nicht länger, die Revolution hatte begonnen. Der Krieg an der Heimatfront war vorüber.

DOLCHSTOSS

SIEGER BLEIBT, WER RECHT BEHÄLT – NICHT, WER RECHT HAT. Schließlich kann auch eine augenscheinliche Lüge zur gefühlten Wahrheit werden, wenn nur ausreichend viele Menschen daran glauben. »Die Parteien haben den Widerstandswillen der Heimat erschüttert«, leierte der ehemalige Chef der Obersten Heeresleitung Paul von Hindenburg von einem mitgebrachten Blatt herunter: »Hinzugekommen ist die heimliche planmäßige Zersetzung von Flotte und Heer und die revolutionäre Zermürbung der Front. So mussten unsere Operationen misslingen, es musste der Zusammenbruch kommen. Die Revolution bildete nur den Schlussstein. Ein englischer General sagte mit Recht: ›Die deutsche Armee ist von hinten erdolcht worden.‹«[515] Formuliert hatten diese Sätze für Hindenburgs Anhörung vor dem Untersuchungsausschuss der Nationalversammlung sein früherer Stellvertreter Erich Ludendorff und der deutschnationale Politiker Karl Helfferich; der Oberbefehlshaber a. D. trug sie nur vor. »Der Feldmarschall war in Uniform, einer wuchtigen Bildsäule gleichend«, erinnerte sich der liberale Ökonom Moritz Julius Bonn, weltläufiges und international sehr erfahrenes Mitglied des Ausschusses: »Grau im Gesicht und an Gestalt, hätte er das in Stein gehauene, menschgewordene Götzenbild irgendeines heidnischen Preußenstamms sein können.« Der Auftritt am 18. November 1919 im Berliner Reichstagsgebäude war skurril: »Es klang so langweilig wie eine abgespielte Grammophonplatte – und war doch mit Dynamit geladen.«[516] Tatsächlich verkündete Hindenburg eine explosive Botschaft: Der Krieg sei durch Verrat verloren gegangen! Weder die politische noch die militärische Führung des Kaiserreichs seien verantwortlich, sondern die Politiker der demokratischen und linken Parteien, die in den letzten Wochen des Krieges Regierungsverantwortung übernommen hatten, und ganz allgemein die Heimatfront.

An diesem Dienstag widmete die *Vossische Zeitung* die Titelseite ihrer Abendausgabe vollständig dem Auftritt der »deutschen Heerführer« vor dem Ausschuss und kam zu einer klaren Bewertung: »Ein Versuch, Hindenburgs Vernehmung zu verhindern, wurde von keiner Seite unternommen, scheint auch gar nicht geplant gewesen zu sein. Vielmehr haben es die deutschnationalen Kreise offenbar jetzt darauf angelegt, die Aussagen der beiden Heerführer zu einer Propaganda für ihre Behauptung, dass die Heimat ›das Heer erdolcht‹ habe, zu benützen.«[517] Doch zunächst blieb die Reaktion der deutschen Öffentlichkeit verhalten. Konservative und reaktionäre Blätter griffen Hindenburgs Aussage zwar auf, stellten sie aber auch nicht in den Vordergrund ihrer Attacken auf die Übergangsregierung aus Sozialdemokraten, Liberalen und dem katholischen Zentrum. Die *Vossische Zeitung*, das führende nationalliberale Blatt der Reichshauptstadt, hatte denn auch nur eine eher beiläufige Widerlegung übrig: »Was manche deutschen Militärs und Politiker als ›Dolchstoß von hinten‹ ansehen, war eben nur ein Hautritz, der einem innerlich noch gesunden Volkskörper gar nicht geschadet hätte, das körperlich geschwächte, physisch vollkommen erkrankte deutsche Volk aber höchstens zu einem etwas beschleunigten Zusammenbruch führte.«[518]

Doch erledigt war die Behauptung vom »Dolchstoß« nicht, im Gegenteil: Knapp ein halbes Jahr nach Hindenburgs Auftritt nutzte ein Flugblatt von Helfferichs Deutschnationalen zur ersten Reichstagswahl am 6. Juni 1920 seine Aussage zu einem Generalangriff auf die politischen Gegner der Deutschnationalen Volkspartei (DNVP). »Die Demokraten und Sozialdemokraten haben die Front erdolcht. Sie haben damit über unser Volk den Erzbergerschen Schmach-, Hunger- und Mordfrieden gebracht. Unser Elend ist ihr Werk. Gebt die Quittung für den Dolchstoß bei den Wahlen.«[519] Anderthalb Jahre nach dem Zusammenbruch des Kaiserreichs kam die Behauptung bei vielen Wählern an: SPD, Liberale und Zentrum verloren gegenüber den Wahlen zur Nationalversammlung im Januar 1919 radikal: Zwischen zwei und drei Fünftel ihrer Wähler wandten sich anderen Parteien zu. Die Propaganda der DNVP war nicht der einzige, aber ein wichtiger Grund dafür. Fortan vergiftete die Lüge, die Heimat wäre dem angeblich »im Felde unbesiegten« deutschen Heer in den Rücken gefallen, die politische Auseinandersetzung in Deutschland.

Allerdings war das gleich mehrfach falsch. Schon die Herkunft des Begriffs, wie Hindenburg sie schilderte, stimmte nicht. Es handelte sich keineswegs um die Aussage eines britischen Generals, sondern um die falsch zugespitzte Deutung der angeblichen öffentlichen Meinung in Großbritannien durch einen Korrespondenten der *Neuen Zürcher Zeitung*. Am 17. Dezember 1918 war der Text unter der Überschrift »Ein englischer General über die Ursachen des deutschen Zusammenbruchs« erschienen. Der Zusammenfassung zweier Artikel von General Sir Frederick Maurice folgte ein wertender Absatz des Autors: »In anderer Form habe ich so ziemlich überall, in den verschiedensten Kreisen dieselben Ansichten gefunden, wie sie General Maurice aussprach.« Daran anknüpfend schloss der Korrespondent aus London: »Was die deutsche Armee betrifft, so kann die allgemeine Ansicht in das Wort zusammengefasst werden: Sie wurde von der Zivilbevölkerung von hinten erdolcht.«[520] Noch am selben Tag griff die *Deutsche Tageszeitung*, ein rechtskonservatives Blatt, unter der Überschrift »Die ›erdolchte‹ deutsche Armee« den Bericht auf: »Nach der *Neuen Zürcher Zeitung* erklärt General Maurice in den *Daily News*: ›Die deutsche Armee ist von der Zivilbevölkerung von hinten erdolcht worden.‹«[521] Maurice war nach einer öffentlichen Kritik am britischen Premierminister David Lloyd George im Frühjahr 1918 entlassen worden und schrieb fortan als Militärexperte für verschiedene Zeitungen. Als er erfuhr, dass er den Begriff »Dolchstoß« erfunden haben sollte, dementierte er entschieden: »Ich habe niemals an irgendeiner Stelle der Meinung Ausdruck verliehen, dass der Kriegsausgang, so wie er sich abgespielt hat, der Tatsache zu verdanken sei, dass das deutsche Heer vom deutschen Volk rückwärts ›erdolcht‹ worden sei.« Und um jedes Missverständnis auszuschließen, fügte der Ex-General hinzu: »Im Gegenteil habe ich immer die Meinung vertreten, dass die deutschen Heere an der Westfront am 11. November 1918 eines weiteren Kampfes nicht mehr fähig waren.«[522]

Angesichts dieses Dementis schoben die Verfechter der Lüge vom »Dolchstoß« eine andere Begründung nach. Nicht Maurice habe den Begriff geprägt, sondern der Chef der britischen Waffenstillstandskommission, General Neill Malcom. Er habe »bald nach dem Waffenstillstand« vom 11. November 1918 mit Ludendorff ein Gespräch geführt. Der abgesetzte Generalquartiermeister habe sich dabei beklagt, die Reichsregierung und die Zivilbevölkerung hätten die Front nicht ausreichend unterstützt. Malcom habe daraufhin gefragt: »Sie meinen, Sie erhielten einen Stich in den Rücken?« Mit leuchtenden Augen habe Ludendorff bestätigt: »Das trifft es exakt – wir wurden in den Rücken gestochen. Von hinten erdolcht.«[523] Selbst wenn diese Darstellung zutreffend gewesen sein sollte, so hatte doch keinesfalls der Brite den Gedanken formuliert, denn das Gespräch der beiden Generäle fand erst im Frühsommer 1919 statt, als der Begriff »Dolchstoß« längst geprägt war.

Genauso falsch wie die Herleitung des Begriffs war die damit verbundene Propagandabotschaft, denn es war gerade nicht die Heimatfront, an der 1918 der Weltkrieg verloren ging. Im Gegenteil war die Niederlage die Folge schwerwiegender politischer, taktischer und rüstungswirtschaftlicher Fehler. Doch genau diese wahre Verantwortung wollten Hindenburg, Ludendorff, Helfferich und ihre reaktionären Unterstützer verdecken. Politisch war der Weltkrieg spätestens verloren, als die USA im April 1917 an die Seite Großbritanniens und Frankreichs traten; Grund war die Ausrufung des unbegrenzten U-Boot-Krieges durch die Oberste Heeresleitung, vor allem auf Drängen Ludendorffs. Genau diesen Kriegseintritt der USA politisch zu verhindern wäre jedoch die einzige Chance der Reichsregierung und der Heeresleitung gewesen, zu einem Kompromissfrieden zu kommen. Immerhin war offensichtlich, dass die schier unbegrenzten Ressourcen der größten Industrienation der Welt einen militärischen Sieg Deutschlands fortan vollkommen unmöglich machen würden.

Taktisch grundfalsch war, im Frühjahr 1918 mit einer Großoffensive die Entscheidung an der Westfront erzwingen zu wollen, bevor Hunderttausende US-Soldaten die britischen und französischen Truppen verstärken konnten, denn dabei opferte das deutsche Heer seine letzten Kräfte und sämtliche Reserven für ein äußerst schlichtes, zudem mehrfach umgeplantes Vorhaben, den Frontalangriff auf die gegnerischen Stellungen. Ludendorff selbst räumte dem Oberbefehlshaber der wichtigsten Armee für diese Offensive gegenüber ein: »Das Wort Operation verbitte ich mir. Wir hauen ein Loch hinein. Das Weitere findet sich. So haben wir es in Russland auch gemacht.«[524]

Rüstungswirtschaftlich schließlich war es falsch, dass die Heeresleitung nicht mit größtem Nachdruck ein wirksames Mittel gegen die neuartigen Panzer des Feindes entwickelt hatte. Diese Waffen, allgemein als Tanks bekannt, waren schon seit Herbst 1916 im Einsatz. Anfangs zwar hatten die deutschen Verteidiger noch einige Erfolge gegen die Panzer erreichen können, doch ab dem Frühsommer 1918 überrollten die inzwischen mit ihren Kettenfahrzeugen vertrauten Besatzungen die deutschen Stellungen einfach. Daraufhin desertierten Hunderttausende deutsche Soldaten demoralisiert oder befolgten ihre Befehle zumindest stillschweigend nicht mehr. Die Westfront war nicht länger eine ausgelaugte, aber doch noch halbwegs stabile Verteidigungslinie, sondern höchstens noch ein Spinnengewebe von unterbesetzten Stellungen.

Ludendorff war im Herbst 1918 natürlich klar, dass die Hauptschuld für die bevorstehende Niederlage bei ihm lag. Gerade deshalb inszenierte er seinen Rückzug aus der Verantwortung sehr bewusst und säte bereits die Zweifel, aus denen die Legende vom »Dolchstoß« erwachsen sollte. Am späten Nachmittag des 28. September 1918 hatte er im Kaiserlichen Hauptquartier im belgischen Heilbad

Spa seinen nominellen Vorgesetzten Paul von Hindenburg aufgesucht und ihm mitgeteilt, dass er die Reichsregierung auffordern wolle, den Gegnern einen sofortigen Waffenstillstand anzubieten. Nach Ludendorffs rückblickender Darstellung antwortete der Generalfeldmarschall, »er habe mir am Abend das Gleiche sagen wollen, auch er hätte sich die Sache dauernd durch den Kopf gehen lassen und hielte den Schritt für notwendig«. Hindenburg selbst schilderte das Gespräch mit Ludendorff ähnlich: »Ich sehe ihm an, was ihn zu mir führt. Wie so oft seit dem 23. August 1914 fanden sich unsere Gedanken auch heute, bevor sie zu Worten geworden sind. Unser schwerster Entschluss wird aus gleicher Überzeugung gefasst.«[525] Bei der für den folgenden Morgen angesetzten Besprechung mit Außenminister Paul von Hintze redete der General Klartext: »Ludendorff legte die militärische Lage dar; er ließ die Darlegung in der Erklärung gipfeln: Die Lage der Armee bedinge sofortigen Waffenstillstand, um einer Katastrophe vorzubeugen.«[526] Als Hindenburg schwachen Widerspruch erhob, wischte sein Stellvertreter alle Einwände kurzerhand beiseite: »Jede Stunde Verzug bedeutet Gefahr.«[527] Nun gingen der General und der Außenminister zum Kaiser, um ihn zu informieren. Wilhelm II. nahm die Mitteilung gefasst entgegen: »Ludendorff und Hintze haben mir gesagt, dass die Armee verbraucht sei und Frieden geschlossen werden müsse. Ich habe den Krieg verloren. Mein Volk hat sich vortrefflich geschlagen«, fasste der Marinestabsoffizier Ernst von Weizsäcker die Reaktion des Monarchen zusammen.[528] Gegenüber den Militärbevollmächtigten der Verbündeten sprach Ludendorff am 30. September 1918 Klartext: »Die Kriegsführung auf der Westfront hat jetzt in erster Linie wegen der Wirkung der Tanks den Charakter des Glücksspiels angenommen. Die Oberste Heeresleitung kann nicht mehr mit sicheren Faktoren rechnen.« Dabei wirkte der General »bestimmt und klar«, hielt ein Augenzeuge unmittelbar nach der Besprechung fest: »Seine Ruhe fiel mir besonders auf.«[529]

Am folgenden Morgen, dem 1. Oktober 1918, gab sich Ludendorff vor seinen Untergebenen völlig anders und löste damit Bestürzung aus. »Als wir versammelt waren, trat Ludendorff in unsere Mitte, sein Gesicht von tiefstem Kummer erfüllt, bleich, aber mit hoch erhobenem Haupt«, notierte der Generalstabsoffizier Albrecht von Thaer. »Er sagte ungefähr Folgendes: Er sei verpflichtet, uns zu sagen, dass unsere militärische Lage furchtbar ernst sein. Täglich könne unsere Westfront durchbrochen werden. Er habe darüber in den letzten Tagen Seiner Majestät zu berichten gehabt. Zum ersten Mal sei der Obersten Heeresleitung von Seiner Majestät beziehungsweise vom Reichskanzler die Frage vorgelegt worden, was sie und das Heer noch zu leisten imstande seien.« Ludendorff wiederholte seine Aussage vor den Vertretern der Verbündeten: »Die Oberste Heeresleitung und das deutsche Heer seien am Ende; der Krieg sei nicht nur nicht mehr zu gewinnen, vielmehr steht die endgültige Niederlage wohl unvermeidbar bevor.« Doch dabei beließ Ludendorff es nicht. Offenbar hatte er seit der Besprechung am Vortage eine Taktik entwickelt, um die Schuld an der Niederlage von sich abzuwälzen. Thaers Zusammenfassung zufolge fuhr er fort: »Unsere eigene Armee sei leider schon schwer verseucht durch das Gift spartakistisch-sozialistischer Ideen. Auf die Truppen sei kein Verlass mehr.« Und dann schob der General einen Satz nach, den sein Mitarbeiter wörtlich wiedergab: »Ich habe aber Seine Majestät gebeten, jetzt auch diejenigen Kreise an die Regierung zu bringen, denen wir es in der Hauptsache zu verdanken haben, dass wir so weit gekommen sind. Wir werden also diese Herren jetzt in die Ministerien einziehen sehen. Die sollen nun den Frieden schließen, der jetzt geschlossen werden muss. Sie sollen die Suppe jetzt essen, die sie uns eingebrockt haben.«[530]

Wollte Ludendorff an seinen engsten Mitarbeitern ausprobieren, ob seine Taktik der Schuldabwälzung gelang oder ob seine Darstellung als unglaubwürdig durchschaut wurde? Falls das sein Kalkül gewesen sein sollte, ging es auf: Obwohl die deutschen Generalstabsoffiziere seit Monaten die Probleme genauestens kannten und wissen mussten, dass die Schwierigkeiten an der Westfront wenig bis nichts mit der Heimat, aber sehr viel mit der falschen Strategie der Obersten Heeresleitung zu tun hatten, war die Wirkung der Worte Ludendorffs auf die Zuhörer immens: Viele stöhnten und schluchzten leise, einigen liefen unwillkürlich Tränen über die Wangen. Danach begannen sie ein Gelage mit schweren Weinen und allgemeinem Tanz, als ob es der letzte Tag ihres Lebens wäre. Wenn schon die gut informierten Militärs so reagierten, konnte man annehmen, dass sich die viel weniger unterrichtete deutsche Öffentlichkeit jedenfalls zu nennenswerten Teilen ähnlich verhalten würde.

Der General setzte nun sogar den Kaiser unter Druck, schnellstmöglich eine neue Regierung zu bilden, damit das Waffenstillstandsgesuch auf keinen Fall vom bisherigen Kabinett unter Reichskanzler von Hertling abgegeben werden würde: »Während der Unterredung betrat auf einmal Ludendorff unangemeldet das Zimmer und fragte sofort im Tone höchster Erregung: ›Ist die neue Regierung jetzt noch nicht gebildet?‹, worauf der Kaiser ziemlich barsch erwiderte: ›Ich kann noch nicht zaubern!‹ Daraufhin Ludendorff: ›Die Regierung muss aber sofort gebildet werden, denn das Friedensangebot muss noch heute heraus.‹«[531] Tatsächlich war es dann, drei Tage später, die neue Regierung unter Max von Baden, die am 4. Oktober 1918 bei US-Präsident Woodrow Wilson um Waffenstillstand nachsuchte. Ihr gehörten unter anderem die beiden Sozialdemokraten Philipp Scheidemann und Gustav Bauer, die Liberalen Friedrich von Payer und Wilhelm Solf sowie die reformorientierten Zentrumspolitiker Matthias Erzberger und Adolf Gröber an. Sie übernahmen nach außen und zugleich stellvertretend für die Heimatfront die Verantwortung für die Beendigung des Krieges, nicht der General, der Deutschland sehenden Auges in die Niederlage getrieben hatte. Die Lüge vom »Dolchstoß« war geboren.

Ihren bald schon enormen Erfolg entfaltete Ludendorffs Erfindung aus mehreren Gründen. Erstens kam seine Forderung nach einem Waffenstillstand für den größten Teil der deutschen Bevölkerung wie nahezu für den gesamten Regierungsapparat völlig überraschend: die Folge der gezielt irreführenden Informationspolitik der

Obersten Heeresleitung. Noch bis in den Sommer 1918 hinein hatte sie in der Öffentlichkeit den Eindruck erweckt, ein »Siegfrieden« sei noch erreichbar. Zweitens bot die Lüge vom »Dolchstoß« unzähligen Frontsoldaten eine bequeme Ausrede: Viele Hunderttausend von ihnen waren 1918 mindestens Zeugen, oft sogar Teilnehmer des »verdeckten Militärstreiks«. Die Erinnerung daran konnten sie bequem mit dem Hinweis auf den angeblichen »Dolchstoß« verdrängen. Drittens ließ sich auch die am 9. November 1918 eingesetzte neue, aus SPD und USPD gebildete Regierung, der »Rat der Volksbeauftragten«, unbewusst auf die Legende ein, indem ihre führenden Repräsentanten heimkehrenden Truppen mehrfach »bestätigten«, sie seien »im Felde unbesiegt« geblieben; Friedrich Ebert etwa mit den Worten: »Kein Feind hat Euch überwunden.«[532] Viertens erinnerte der Gehalt der Dolchstoßlegende an einen im damaligen Deutschland allgemein bekannten literarischen Mythos: die Ermordung Siegfrieds durch Hagen im Nibelungenlied. Fünftens schließlich brach in Deutschland Anfang November 1918, also unmittelbar vor dem Abschluss des Waffenstillstandes, tatsächlich die Revolution los. Sie war allerdings die Folge des Zusammenbruchs und nicht seine Ursache. Aber solche Unterschiede gingen im Kampf der alten Eliten und der großen Mehrheit der Bevölkerung gegen die »bolschewistischen Aufrührer« an der Heimatfront unter. Mehr als ein Vierteljahrhundert lang, bis zur Eroberung Nazi-Deutschlands durch die Sowjets, die Amerikaner, Briten und Franzosen im Frühjahr 1945, hielt sich die Legende vom »Dolchstoß«. Erich Ludendorff hatte doch noch gesiegt, wenn auch nur auf einem Nebenschauplatz.

ANHANG

ANMERKUNGEN

1 Tagespost (Linz) v. 28.6.1914 (Extrablatt); vgl. Sösemann: Bereitschaft zum Krieg, S. 300–307, u. Kellerhoff: Attentäter, S. 223–231.
2 Freiburger Zeitung v. 29.6.1914.
3 Ullstein: Das Haus Ullstein, S. 126f.
4 Berliner Tageblatt v. 28.6.1914 (Extrablatt); vgl. Vossische Zeitung v. 28.6.1914 (Extrablatt).
5 Heinemann: Für Kaiser und Vaterland, S. 14.
6 Schmitt: Tagebücher 1912–1915, S. 163 u. S. 165.
7 Meinecke: Straßburg, Freiburg, Berlin, S. 135.
8 Zit. n. Geinitz: Kriegsfurcht, S. 50.
9 Zit. n. Geinitz: Kriegsfurcht, S. 51, Anm. 20.
10 Marcuse: Mein 20. Jahrhundert, S. 29f.
11 Wierling: Eine Familie im Krieg, S. 42.
12 Viersener Volks-Zeitung v. 30.6.1914.
13 Schneider: Tagebuch v. 29.6.1914.
14 Vorwärts v. 29.6.1914.
15 Berliner Tageblatt v. 29.6.1914.
16 Geiss (Hrsg.): Juli 1914, S. 45.
17 Marcuse: Mein 20. Jahrhundert, S. 30.
18 Hildesheimer Allgemeine Zeitung v. 5.7.1914, zit. n. Vogeler: Kriegschronik, S. 2f.
19 Röhl: Wilhelm II., S. 1081.
20 Geiss (Hrsg.): Juli 1914, S. 52.
21 Vorwärts v. 16.7.1914.
22 Müller: Drei Wochen russischer Gouverneur, S. 3.
23 Vogeler: Kriegschronik, S. 4.
24 Vgl. Bürgin/Mayer: Die Briefe Thomas Manns, S. 183f.
25 Geinitz: Kriegsfurcht, S. 57.
26 Viersener Zeitung v. 9.7.1914.
27 Viersener Zeitung v. 13.7.1914.
28 Schneider: Tagebuch v. 9.7.1914
29 Zit. n. Feldman: Stinnes, S. 369.
30 Zit. n. Feldman: Stinnes, S. 350.
31 Geiss (Hrsg.): Juli 1914, S. 98.
32 Riezler: Tagebücher, S. 184–187; vgl. Keil/Kellerhoff: Deutsche Legenden, S. 13–32.
33 Münchner Neueste Nachrichten v. 22.7.1914.
34 Vossische Zeitung v. 22.7.1914.
35 Die Neue Zeitung (Wien) v. 22.7.1914; vgl. Tagespost (Linz) v. 22.7.1914.
36 Geiss (Hrsg.): Juli 1914, S. 100.
37 Kessler: Tagebücher 1906–1914, S. 914f.
38 Zit. n. Feldman: Stinnes, S. 372.
39 Stumm an Wolff, 20.7.1914, zit. n. Sösemann (Hrsg.): Wolff-Tagebücher, S. 61, Anm. 4.
40 Dröege: Diary, S. 1.
41 Wolff: Der Krieg, S. 328.
42 Riezler: Tagebücher, S. 192.
43 Zit. n. Verhey: Der »Geist von 1914«, S. 54.

44 Sösemann (Hrsg.): Wolff-Tagebücher, S. 65.
45 Vgl. Verhey: Der »Geist von 1914«, S. 70 f., u. Bauer/Piper: Kleine Geschichte Münchens, S. 244. Der Dichter Joachim Ringelnatz glaubte an eine andere Ursache: »Im Café *Fahrig* erhoben sich plötzlich die Gäste und zerschlugen die Fensterscheiben, weil eine serbische Kapelle spielte.« Ringelnatz: Mein Leben bis zum Kriege, S. 320.
46 Freiburger Zeitung v. 25.7.1914 (Extrablatt).
47 Herder: Kriegstagebuch, S. 3.
48 Freiburger Tageblatt v. 27.7.1914, zit. n. Geinitz: Kriegsfurcht, S. 63.
49 Meinecke: Autobiographische Schriften, S. 222; vgl. Geinitz: Kriegsfurcht, S. 75.
50 Freiburger Zeitung v. 27.7.1914.
51 Schneider: Tagebuch v. 26.7.1914.
52 Vogeler: Kriegschronik, S. 8 f.
53 Riezler: Tagebücher, S. 192.
54 Vorwärts v. 25.7.1914.
55 Riezler: Tagebücher, S. 193.
56 Sösemann (Hrsg.): Wolff-Tagebücher, S. 63 ff.; vgl. Wolff: Der Krieg, S. 323–326.
57 Sösemann (Hrsg.): Wolff-Tagebücher, S. 65 f.
58 Berliner Tageblatt v. 27.7.1914.
59 Wierling: Eine Familie im Krieg, S. 43.
60 Vorwärts v. 27.7.1914.
61 Berliner Lokalanzeiger u. Vorwärts v. 27.7.1914.
62 Berliner Morgenpost v. 26.7.1914.
63 Berliner Lokalanzeiger v. 27.7.1914.
64 Volkswacht (Freiburg) v. 27.7.1914, zit. n. Geinitz: Kriegsfurcht, S. 64.
65 Herder: Kriegstagebuch, S. 3.
66 Hildesheimer Allgemeine Zeitung, zit. n. Vogeler: Kriegschronik, S. 10.
67 Zit. n. Grau: Eisner, S. 299–301.
68 Zit. n. Pölking: Ostpreußen, S. 351.
69 Schneider: Tagebuch v. 27.7.1914.
70 Vossische Zeitung v. 27.7.1914.
71 Vogeler: Kriegschronik, S. 11.
72 Freiburger Bote v. 30.7.1914, zit. n. Geinitz: Kriegsfurcht, S. 88 f.
73 Freiburger Zeitung v. 28.7.1914.
74 Berliner Börsen-Courier v. 30.7.1914.
75 Vgl. Verhey: Der »Geist von 1914«, S. 88, Anm. 126.
76 Vogeler: Kriegschronik, S. 11.
77 Vgl. Verhey: Der »Geist von 1914«, S. 91, Anm. 138.
78 Vgl. Berliner Morgenpost v. 28.7.1914; Berliner Börsen-Courier v. 29.7.1914.
79 Tägliche Rundschau v. 29.7.1914.
80 Vgl. Vorwärts v. 30.7.1914.
81 Vgl. Berliner Tageblatt v. 29.7.1914.
82 Vossische Zeitung v. 29.7.1914.
83 Vorwärts v. 31.7.1914.
84 Müller: Drei Wochen russischer Gouverneur, S. 3 f.
85 Zit. n. Stoltenberg (Hrsg.): 100 Jahre Morgenpost, S. 19; vgl. Ullstein: Das Haus Ullstein, S. 135–138.
86 Dröege: Diary, S. 1 f.
87 Freiburger Bote v. 31.7.1914, zit. n. Geinitz: Kriegsfurcht, S. 77.
88 Schneider: Tagebuch v. 30.7.1914.
89 Sanden: Das gute Land, S. 210.
90 Müller: Tagebuch v. 30.7.1914, zit. n. Ewers/Glöckner: 1914, o. S.
91 Berliner Lokal-Anzeiger v. 30.7.1914 (Extrablatt).
92 Wolff: Der Krieg S. 347.
93 Wolff: Der Krieg, S. 345 u. S. 350 f.

94 Mann: Briefe II, S. 36 f.
95 Freiburger Zeitung v. 30.7.1914.
96 Vorwärts v. 1.8.1914.
97 Wolff: Der Krieg, S. 357.
98 Berliner Tageblatt v. 31.7.1914.
99 Vossische Zeitung v. 31.7.1914 u. Berliner Morgenpost v. 1.8.1914.
100 Wierling: Eine Familie im Krieg, S. 43.
101 Münchner Neueste Nachrichten v. 1.8.1914.
102 Freiburger Zeitung v. 1.8.1914.
103 Dröege: Diary, S. 1 f.
104 Zit. n. Vogeler: Kriegschronik, S. 12.
105 Ewers/Glöckner: 1914, o. S.
106 Schneider: Tagebuch v. 31.7.1914.
107 Sanden: Das gute Land, S. 211 ff.
108 Berliner Lokal-Anzeiger v. 31.7.1914 (Extrablatt).
109 Zit. n. Röhl: Wilhelm II., S. 1155.
110 Berliner Lokal-Anzeiger v. 1.8.1914.
111 Vogeler: Kriegschronik, S. 13.
112 Freiburger Zeitung v. 1.8.1914.
113 Wolff: Der Krieg, S. 359 f.
114 Vorwärts v. 1.8.1914.
115 Berliner Lokal-Anzeiger v. 1.8.1914.
116 Gerard: Memoiren, S. 123.
117 Vgl. Ehlert/Epkenhans/Groß: Der Schlieffen-Plan, S 160.
118 Wolff: Der Krieg, S. 362.
119 Königsberger Allgemeine Zeitung v. 2.8.1914, zit. n. Verhey: Der »Geist von 1914«, S. 117.
120 Matthias/Miller (Hrsg.): Kriegstagebuch Eduard David, S. 5.
121 Zit. n. Lange: Das wilhelminische Berlin, S. 627 f.
122 Röhl: Wilhelm II., S. 1159.
123 Wolff: Der Krieg, S. 362–365.
124 Mühsam: Tagebücher v. 3./4.8.1914.
125 Frankfurter Zeitung v. 2.8.1914.
126 Vogeler: Kriegschronik, S. 12.
127 Stern: Kriegszeit und Kriegswirtschaft, S. 4.
128 Freiburger Volkswacht v. 3.8.1914, Breisgauer Zeitung v. 2.8.1914 u. Paufler: Tagebuch v. 2.8.1914, zit. n. Geinitz: Kriegsfurcht, S. 140 f.
129 Frankfurter Zeitung v. 2.8.1914.
130 Vgl. Matthias/Miller (Hrsg.): Kriegstagebuch Eduard David, S. 5, Anm. 3.
131 Frankfurter Zeitung v. 2.8.1914.
132 Frankfurter Zeitung v. 2.8.1914 u. Röhl: Wilhelm II., S. 1178.
133 Matthias/Miller (Hrsg.): Kriegstagebuch Eduard David, S. 5.
134 Wolff: Der Krieg, S. 364.
135 Hitler: Mein Kampf, S. 177.
136 Münchner Neueste Nachrichten v. 3.8.1914, zit. n. Verhey: Geist von 1914, S. 127, Anm. 74.
137 Herder: Kriegstagebuch, S. 6 f.
138 Mühsam: Tagebücher v. 3./4.8.1914.
139 Zit. n. Volland/Bauer (Hrsg.): München – Stadt der Frauen, S. 102.
140 Grotjahn/Oberschelp: Stahl und Steckrüben, Bd. 1, S. 112.
141 Dröege: Diary, S. 2.
142 Grotjahn/Oberschelp: Stahl und Steckrüben, Bd. 1, S. 113.
143 Wierling: Eine Familie im Krieg, S. 43.
144 Zit. n. Geinitz: Kriegsfurcht, S. 144 f., u. Chickering: Freiburg, S. 68.
145 Ewers (Hrsg.): Viersen im Ersten Weltkrieg, S. 34.
146 Stern: Kriegszeit und Kriegswirtschaft, S. 4.
147 Frankfurter Zeitung v. 2.8.1914.

148 Matull: Erlebte Geschichte, S. 16.
149 Müller: Drei Wochen russischer Gouverneur, S. 4 f.
150 Vossische Zeitung v. 3.8.1914.
151 Wolff: Der Krieg, S. 367 f.
152 Zit. n. Ewers (Hrsg.): Viersen im Ersten Weltkrieg, S. 34.
153 Kessler: Tagebücher 1906–1914, S. 919.
154 Matthias/Miller (Hrsg.): Kriegstagebuch Eduard David, S. 13.
155 Gerard: Memoiren, S. 126 f.
156 Vossische Zeitung v. 5.8.1914.
157 Gerard: Memoiren, S. 127 ff.
158 Mühsam: Tagebücher v. 4./5.8.1914.
159 Schneider: Tagebuch v. 4. u. 5.8.1914.
160 Meinecke: Autobiographische Schriften, S. 223.
161 Zit. n. Ewers (Hrsg.): Viersen im Ersten Weltkrieg, S. 34.
162 Bethmann Hollweg: Betrachtungen, S. 180; vgl. Wolff: Der Krieg, S. 371.
163 Kessler: Tagebücher 1906–1914, S. 919, u. Tagebücher 1914–1916, S. 81 f.
164 Mühsam: Tagebücher v. 3./4.8.1914.
165 Herder: Kriegstagebuch, S. 13.
166 Freiburger Zeitung v. 3.8.1914.
167 Dröege: Diary, S. 9.
168 Vogeler: Kriegschronik, S. 26.
169 Frankfurter Zeitung v. 4.8.1914; vgl. Vossische Zeitung v. 4.8.1914, Berliner Lokal-Anzeiger u. Berliner Morgenpost v. 5.8.1914.
170 Freiburger Zeitung v. 5.8.1914.
171 Le Soir v. 8.8.1914, zit. n. Horne/Kramer: Deutsche Kriegsgreuel 1914, S. 175; vgl. Bavendamm: Spionage und Verrat, S. 55 f., u. Burgdorff/Wiegrefe (Hrsg.): Der Erste Weltkrieg, S. 163 ff.
172 Schneider: Tagebuch v. 5.8.1914.
173 Siegfried: Aus der Russenzeit Ostpreußens, S. 3 f.
174 Sanden: Das gute Land, S. 219 f.
175 Zit. n. Pölking: Ostpreußen, S. 374.
176 Zit. n. Deist (Hrsg.): Militär und Innenpolitik, Bd. 1, S. 64.
177 Sösemann (Hrsg.): Wolff-Tagebücher, S. 76.
178 Frankfurter Zeitung v. 12.8.1914.
179 Freiburger Zeitung v. 10.8.1914 u. Berliner Morgenpost v. 11.8.1914; vgl. Frankfurter Zeitung v. 11.8.1914.
180 Reichsgesetzblatt 1914, S. 371.
181 Frankfurter Zeitung v. 18.8.1914.
182 Schneider: Tagebuch v. 15.8.1914.
183 Frankfurter Zeitung v. 9.8.1914.
184 Ewers (Hrsg.): Viersen im Ersten Weltkrieg, S. 47.
185 Berliner Tageblatt v. 9.8.1914.
186 Mühsam: Tagebücher v. 27.8.1914.
187 Vossische Zeitung v. 10.8.1914.
188 Herder: Kriegstagebuch, S. 8 f.
189 Materna/Schreckenbach (Hrsg.): Dokumente, S. 3.
190 Wierling: Eine Familie im Krieg, S. 50.
191 Zit. n. Haußmann: Alltagsleben im Krieg, S. 7.
192 Zit. n. Chickering: Freiburg, S. 70.
193 Freiburger Zeitung v. 28.8.1914.
194 Herder: Kriegstagebuch, S. 17 ff.
195 Zit. n. Heinemann: Für Kaiser und Vaterland, S. 42.
196 Vogeler: Kriegschronik, S. 46 f., u. Heinemann: Für Kaiser und Vaterland, S. 41.
197 Vogeler: Kriegschronik, S. 47.
198 Blücher: Tagebuch, S. 28.

199 Flemming/Saul/Witt (Hrsg.): Lebenswelten, S. 94.
200 Sösemann (Hrsg.): Wolff-Tagebücher, S. 96.
201 Materna/Schreckenbach (Hrsg.): Dokumente, S. 6.
202 Matthias/Miller (Hrsg.): Kriegstagebuch Eduard David, S. 29.
203 Vogeler: Kriegschronik, S. 55.
204 Schneider: Tagebuch v. 29.8. u. 1.9.1914.
205 Sösemann (Hrsg.): Wolff-Tagebücher, S. 98.
206 Blücher: Tagebuch, S. 29.
207 Materna/Schreckenbach (Hrsg.): Dokumente, S. 6.
208 Vogeler: Kriegschronik, S. 58.
209 Freiburger Zeitung v. 2.9.1914.
210 Meyer (Hrsg.): Moltke, Bd. 1, S. 314.
211 Frankfurter Zeitung v. 8.9.1914; vgl. Vossische Zeitung u. Berliner Morgenpost v. 8.9.1914.
212 Berliner Tageblatt v. 8.9.1914; vgl. Sösemann (Hrsg.): Wolff-Tagebücher, S. 100.
213 Vogeler: Kriegschronik, S. 61.
214 Berliner Tageblatt v. 10.9. u. 14.9.1914.
215 Sösemann (Hrsg.): Wolff-Tagebücher, S. 100.
216 Mühsam: Tagebücher v. 12.9.1914.
217 Mann: Briefe II, S. 40.
218 Zit. n. Ewers (Hrsg.): Viersen im Ersten Weltkrieg, S. 46.
219 Wierling: Eine Familie im Krieg, S. 56.
220 Schneider: Tagebuch v. 15. u. 25.9.1914.
221 Sösemann (Hrsg.): Wolff-Tagebücher, Bd. 1, S. 102.
222 Materna/Schreckenbach (Hrsg.): Dokumente, S. 13.
223 Kollwitz: Tagebücher, S. 164.
224 Mühsam: Tagebücher v. 20.9.1914.
225 Mühsam: Tagebücher v. 29.9.1914.
226 Materna/Schreckenbach (Hrsg.): Dokumente, S. 14.
227 Frankfurter Zeitung u. Freiburger Zeitung v. 25.9.1914; vgl. Berliner Tageblatt u. Berliner Morgenpost v. 25.9.1914.
228 Freiburger Tageblatt v. 25.9.1914, zit. n. Chickering: Freiburg, S. 77.
229 Zit. n. Chickering: Freiburg, S. 113.
230 Piper: Mein Leben als Verleger, S. 390.
231 Mühsam: Tagebücher v. 6.8. u. 15.8.1914.
232 Stern: Kriegszeit und Kriegswirtschaft, S. 4.
233 Sösemann (Hrsg.): Wolff-Tagebücher, S. 80.
234 Berliner Tageblatt v. 17.8.1914.
235 Vogeler: Kriegschronik, S. 20.
236 Stern: Kriegszeit und Kriegswirtschaft, S. 4.
237 Kaeber: Berlin im Weltkriege, S. 339.
238 Berliner Börsen-Courier v. 16.8.1914.
239 Materna/Schreckenbach (Hrsg.): Dokumente, S. 3 ff.
240 Stern: Kriegszeit und Kriegswirtschaft, S. 11.
241 Vgl. Ewers (Hrsg.): Viersen im Ersten Weltkrieg, S. 37.
242 Grotjahn/Oberschelp: Stahl und Steckrüben, Bd. 2, S. 51 f.
243 Vgl. Daniel: Arbeiterfrauen, S. 29.
244 Mühsam: Tagebücher v. 24.8. u. 7.10.1914.
245 Kaeber: Berlin im Weltkriege, S. 340.
246 Kaeber: Berlin im Weltkriege, S. 339.

247 Piper: Mein Leben als Verleger, S. 387 f.
248 Rathenau: Gespräche, S. 707.
249 Ewers (Hrsg.): Viersen im Ersten Weltkrieg, S. 43 f.; vgl. Stern: Kriegszeit und Kriegswirtschaft, S. 16–24.
250 Zit. n. Cartarius (Hrsg.): Deutschland im Ersten Weltkrieg, S. 53.
251 Zit. n. Afflerbach: Falkenhayn, S. 198.
252 Materna/Schreckenbach (Hrsg.): Dokumente, S. 12–15.
253 Frankfurter Zeitung v. 15. 12. 1914; vgl. Bauer/Piper: Kleine Geschichte Münchens, S. 184.
254 Zit. n. Chickering: Freiburg, S. 120.
255 Vogeler: Kriegschronik, S. 138 f.
256 Plakat v. 11. 9. 1914 (Kopie im Archiv des Verf.).
257 Franke: Russische Verwüstungen, S. 13.
258 Sanden: Das gute Land, S. 221.
259 Müller: Drei Wochen russischer Gouverneur, S. 7 u. S. 30.
260 Schneider: Tagebuch v. 25. 9., 27. 9. u. 3. 10. 1914.
261 Sanden: Das gute Land, S. 242–245.
262 Schneider: Tagebuch v. 17. 11. 1914.
263 Sanden: Das gute Land, S. 249.
264 Ewers (Hrsg.): Viersen im Ersten Weltkrieg, S. 44 f.
265 Materna/Schreckenbach (Hrsg.): Dokumente, S. 26–29.
266 Mühsam: Tagebücher v. 22. 10. u. 23. 10. 1914.
267 Mehrere Exemplare solcher Postkarten im Archiv des Verf.
268 Vgl. Daniel: Arbeiterfrauen, S. 36 f.
269 Materna/Schreckenbach (Hrsg.): Dokumente, S. 28.
270 Zit. n. Daniel: Arbeiterfrauen, S. 31.
271 Schwarte (Hrsg.): Der Weltkrieg in seiner Einwirkung, S. 320–323.
272 Zit. n. Flemming/Saul/Witt (Hrsg.): Lebenswelten, S. 206.
273 Haußmann: Alltagsleben im Krieg, S. 41.
274 Zit. n. Cartarius (Hrsg.): Deutschland im Ersten Weltkrieg, S. 64 f.
275 Materna/Schreckenbach (Hrsg.): Dokumente, S. 36.
276 Mühsam: Tagebücher v. 31. 12. 1914.
277 Neuigkeits-Welt-Blatt v. 4. 8. 1914.
278 Freiburger Zeitung v. 5. 12. 1914.
279 Herder: Kriegstagebuch, S. 61.
280 Zit. n. Chickering: Freiburg, S. 98.
281 Herder: Kriegstagebuch, S. 66 f.
282 Haußmann: Alltagsleben im Krieg, S. 13.
283 Herder: Kriegstagebuch, S. 60.
284 Freiburger Bote v. 15. 12. 1914, zit. n. Chickering: Freiburg, S. 104 f.
285 Freiburger Zeitung v. 15. 12. 1914.
286 Dröege: Diary, S. 33, S. 37, S. 27, S. 40 u. S. 45.
287 Zit. n. Ewers (Hrsg.): Viersen im Ersten Weltkrieg, S. 70.
288 Verordnung v. 5. 1. 1915 über die Bereitung von Backwaren, S. 5 (Exemplar im Archiv des Verf.).
289 Vogeler: Kriegschronik, S. 127.
290 Verordnung v. 25. 1. 1915 über die Regelung des Verkehrs mit Brot Getreide und Mehl, S. 27, S. 42, S. 67 u. S. 5 f. (Exemplar im Archiv des Verf.).
291 Zit. n. Ewers (Hrsg.): Viersen im Ersten Weltkrieg, S. 71.
292 Materna/Schreckenbach (Hrsg.): Dokumente, S. 40.
293 Berliner Tageblatt v. 7. 2. 1915.
294 Vogeler: Kriegschronik, S. 127.

295 Kessler: Tagebücher 1914–1916, S. 245.
296 Materna/Schreckenbach (Hrsg.): Dokumente, S. 43 f.
297 Vogeler: Kriegschronik, S. 128 f.
298 Sösemann (Hrsg.): Wolff-Tagebücher, S. 171.
299 Zit. n. Ewers (Hrsg.): Viersen im Ersten Weltkrieg, S. 76.
300 Chickering: Freiburg, S. 185.
301 Schneider: Tagebuch v. 28. 1. 1915, 7. 3. 1915 u. 12.–14. 3. 1915.
302 Sösemann (Hrsg.): Wolff-Tagebücher, S. 138.
303 Mühsam: Tagebücher v. 22. 3. 1915.
304 Sösemann (Hrsg.): Wolff-Tagebücher, S. 126.
305 Materna/Schreckenbach (Hrsg.): Dokumente, S. 32 f., S. 40, S. 45, S. 48 f.
306 Riezler: Tagebücher, S. 262.
307 Kessler: Tagebücher 1914–1916, S. 248 f.
308 Materna/Schreckenbach (Hrsg.): Dokumente, S. 55.
309 Dröege: Diary, S. 94.
310 Mühsam: Tagebücher v. 7. 5. 1915.
311 Dröege: Diary, S. 113 f.
312 Sösemann (Hrsg.): Wolff-Tagebücher, S. 217.
313 Mühsam: Tagebücher v. 14. 5. 1915.
314 Blücher: Tagebuch, S. 63.
315 Riezler: Tagebücher, S. 273.
316 Mühsam: Tagebücher v. 24. 5. 1915.
317 Zit. n. Ewers (Hrsg.): Viersen im Ersten Weltkrieg, S. 57.
318 Dröege: Diary, S. 118 f.
319 Zit. n. Chickering: Freiburg, S. 411.
320 Materna/Schreckenbach (Hrsg.): Dokumente, S. 55.
321 Mühsam: Tagebücher v. 21., 23., 24. u. 26. 6. 1915.
322 Riezler: Tagebücher, S. 282.
323 Leipziger Volkszeitung v. 19. 6. 1915, zit. n. Friedemann (Hrsg.): Materialien, Bd. 2, S. 906 f.
324 Materna/Schreckenbach (Hrsg.): Dokumente, S. 65 f.
325 Vorwärts v. 26. 6. 1915.
326 Sösemann (Hrsg.): Wolff-Tagebücher, S. 242.
327 Norddeutsche Allgemeine Zeitung v. 25. 6. 1915.
328 Grotjahn/Oberschlep (Hrsg.): Stahl und Steckrüben, Bd. 1, S. 210.
329 Mühsam: Tagebücher v. 5. 7. 1915.
330 Materna/Schreckenbach (Hrsg.): Dokumente, S. 68.
331 Zit. n. Ewers (Hrsg.): Viersen im Ersten Weltkrieg, S. 82.
332 Zit. n. Pölking: Ostpreußen, S. 413.
333 Dröege: Diary, S. 128 u. S. 44.
334 Materna/Schreckenbach (Hrsg.): Dokumente, S. 70 u. S. 76.
335 Zit. n. Ewers (Hrsg.): Viersen im Ersten Weltkrieg, S. 96.
336 Haußmann: Alltagsleben im Krieg, S. 57.
337 Zit. n. Daniel: Arbeiterfrauen, S. 144.
338 Chickering: Freiburg, S. 341.
339 Zit. n. Daniel: Arbeiterfrauen, S. 145.
340 Zit. n. Ewers (Hrsg.): Viersen im Ersten Weltkrieg, S. 97.
341 Heinemann: Für Kaiser und Vaterland, S. 105.
342 Kessler: Tagebücher 1914–1916, S. 244 f. u. S. 247.
343 Sösemann (Hrsg.): Wolff-Tagebücher, S. 295.
344 Materna/Schreckenbach (Hrsg.): Dokumente, S. 89 f. u. S. 96.
345 Mühsam: Tagebücher v. 12. 10. 1915.
346 Chickering: Freiburg, S. 322.
347 Mühsam: Tagebücher v. 20. 12. 1915.

348 Dröege: Diary, S. 150.
349 Ludendorff: Der totale Krieg, S. 9 f.
350 Sösemann (Hrsg.): Wolff-Tagebücher, S. 323.
351 Zit. n. Ewers (Hrsg.): Viersen im Ersten Weltkrieg, S. 105.
352 Kaeber: Berlin im Weltkriege, S. 92.
353 Wolff: Vollendete Tatsachen, S. 147.
354 Zobeltitz: Ich hab so gern gelebt, S. 178 ff.
355 Materna/Schreckenbach (Hrsg.): Dokumente, S. 108.
356 Zit. n. Haußmann: Alltagsleben im Krieg, S. 29.
357 Zit. n. Zimmermann: Veränderungen der Einkommens- und Lebensverhältnisse, S. 451.
358 Zit. n. Haußmann: Alltagsleben im Krieg, S. 36.
359 Schneider: Tagebuch v. 8.6.1916.
360 Zit. n. Heinemann: Für Kaiser und Vaterland, S. 104.
361 Riezler: Tagebücher, S. 327.
362 Sösemann (Hrsg.): Wolff-Tagebücher, S. 340
363 Materna/Schreckenbach (Hrsg.): Dokumente, S. 108 f.
364 Materna/Schreckenbach (Hrsg.): Dokumente, S. 110.
365 Falkenhayn: Die Oberste Heeresleitung, S. 180 f.
366 Mühsam: Tagebücher v. 24.2.1916.
367 Materna/Schreckenbach (Hrsg.): Dokumente, S. 111.
368 Dröege: Diary, S. 178.
369 Zit. n. Vogeler: Kriegschronik, S. 215.
370 Reichsgesetzblatt 1916, S. 243.
371 Kollwitz: Tagebücher, S. 241, S. 243, S. 245 u. S. 249.
372 Zit. n. Ewers (Hrsg.): Viersen im Ersten Weltkrieg, S. 146 ff.
373 Saatkrähen für die Volksernährung. Erlass v. 19.4.1916 (Archiv des Verf.).
374 Vossische Zeitung v. 8.4.1917.
375 Mühsam: Tagebücher v. 11., 12., 14., 20. u. 25.4.1916.
376 Materna/Schreckenbach (Hrsg.): Dokumente, S. 120 u. S. 123.
377 Mühsam: Tagebücher v. 14.4.1916.
378 Berliner Tageblatt v. 5.5.1916.
379 Sösemann (Hrsg.): Wolff-Tagebücher, S. 381 f. u. S. 384.
380 Manchester Guardian v. 2.6.1916.
381 New York Times v. 26.8.1916.
382 Manchester Guardian v. 26.6.1916.
383 Statistisches Jahrbuch für das Deutsche Reich 1918, S. 15.
384 Kaeber: Berlin im Weltkriege, S. 209 f.
385 Mühsam: Tagebücher v. 9.10.1916.
386 Herder: Kriegstagebuch, S. 119 f.
387 Vgl. n. Chickering: Freiburg, S. 207.
388 Vogeler: Kriegschronik, S. 280 f.
389 Heinemann: Für Kaiser und Vaterland, S. 136.
390 Vgl. Grotjahn/Oberschelp (Hrsg.): Stahl und Steckrüben, Bd. 1, S. 319.
391 Dröege: Diary, S. 235.
392 Ewers (Hrsg.): Viersen im Ersten Weltkrieg, S. 150.
393 Stern: Kriegszeit und Kriegswirtschaft, S. 43.
394 Schneider: Tagebuch v. 25.11.1916.
395 Kaeber: Berlin im Weltkriege, S. 210.
396 Materna/Schreckenbach (Hrsg.): Dokumente, S. 172 f.
397 Wermuth: Ein Beamtenleben, S. 377.
398 Vorwärts v. 28.3.1916.
399 Berliner Tageblatt v. 9.5.1916.
400 Zit. n. Large: Berlin, S. 138.

401 Zit. n. Volland/Bauer (Hrsg.): München – Stadt der Frauen, S. 114.
402 Deist (Hrsg.): Militär und Innenpolitik, Bd. 1, S. 495.
403 Zit. n. Hirschfeld/Krumeich/Renz (Hrsg.): Enzyklopädie, S. 557.
404 Deist (Hrsg.): Militär und Innenpolitik, Bd. 1, S. 500 f.
405 Reichsgesetzblatt 1916, S. 1333.
406 Materna/Schreckenbach (Hrsg.): Dokumente, S. 165 f.
407 Mühsam: Tagebücher v. 4. 11. 1914, 22. 1. 1915, 11. 5. 1915, 15. 10. 1915 u. 4. 8. 1916.
408 Simplicissimus v. 4. 7. 1916.
409 Materna/Schreckenbach (Hrsg.): Dokumente, S. 181.
410 Kaeber: Berlin im Weltkriege, S. 146 f.
411 Zit. n. Haußmann: Alltagsleben im Krieg, S. 46.
412 Vogeler: Kriegschronik, S. 272.
413 Dröege: Diary, S. 241.
414 Zit. n. Volland/Bauer (Hrsg.): München – Stadt der Frauen, S. 114 f.
415 Nielsen: Die schweigende Muse, S. 222.
416 Blücher: Tagebuch, S. 174 u. S. 180.
417 Vogeler: Kriegschronik, S. 282.
418 Wermuth: Ein Beamtenleben, S. 377.
419 Zit. n. Cartarius (Hrsg.): Deutschland im Ersten Weltkrieg, S. 276.
420 Spandauer Zeitung v. 23. 12. 1916 (Privatarchiv Michael S. Cullen).
421 Leipziger Tageblatt v. 5. 8. 1915, Wahnschaffe an Valentini v. 21. 8. 1915 u. Delbrück an von Bethmann Hollweg v. 25. 9. 1915 (Privatarchiv Michael S. Cullen), vgl. Cullen: Der Reichstag, S. 187.
422 Hitler: Mein Kampf, S. 210 f.
423 Materna/Schreckenbach (Hrsg.): Dokumente, S. 156.
424 Zit. n. Matthias/Miller (Hrsg.): Kriegstagebuch Eduard David, S. 98, Anm. 1.
425 Materna/Schreckenbach (Hrsg.): Dokumente, S. 54 u. S. 103.
426 Riezler: Tagebücher, S. 245 f.
427 Sösemann (Hrsg.): Wolff-Tagebücher, S. 370.
428 Zit. n. Glatzer/Glatzer (Hrsg.): Berliner Leben, S. 254 ff.
429 Mühsam: Tagebücher v. 4. 5. 1916.
430 Sösemann (Hrsg.): Wolff-Tagebücher, S. 382 u. S. 384.
431 Materna/Schreckenbach (Hrsg.): Dokumente, S. 133.
432 New York Times v. 29. 6. 1916.
433 Sösemann (Hrsg.): Wolff-Tagebücher, S. 395.
434 Materna/Schreckenbach (Hrsg.): Dokumente, S. 180 ff.
435 Riezler: Tagebücher, S. 418 ff. u. Sösemann (Hrsg.): Wolff-Tagebücher, S. 492.
436 Materna/Schreckenbach (Hrsg.): Dokumente, S. 180 ff.
437 Riezler: Tagebücher, S. 428.
438 Materna/Schreckenbach (Hrsg.): Dokumente, S. 192 u. S. 203.
439 Zit. n. Volland/Bauer (Hrsg.): München – Stadt der Frauen, S. 117 f.
440 Ewers (Hrsg.): Viersen im Ersten Weltkrieg, S. 221 f.
441 Schneider: Tagebuch v. 3. 8. 1917.
442 Vogeler: Kriegschronik, S. 323.
443 Schneider: Tagebuch v. 18. 10. 1917.
444 Ewers (Hrsg.): Viersen im Ersten Weltkrieg, S. 197.
445 Sösemann (Hrsg.): Wolff-Tagebücher, S. 545.
446 Vogeler: Kriegschronik, S. 302.

447 Zit. n. Volland/Bauer (Hrsg.): München – Stadt der Frauen, S. 115 ff.
448 Chickering: Freiburg, S. 511.
449 Materna/Schreckenbach (Hrsg.): Dokumente, S. 226 f.
450 Kollwitz: Tagebücher, S. 343.
451 Materna/Schreckenbach (Hrsg.): Dokumente, S. 234 f.
452 Riezler: Tagebücher, S. 455.
453 Sösemann (Hrsg.): Wolff-Tagebücher, S. 579.
454 Deist (Hrsg.): Militär und Innenpolitik, Bd. 2, S. 1131.
455 Zit. n. Matthias/Miller (Hrsg.): Kriegstagebuch Eduard David, S. 266, 22. 1. 1918, Anm. 3.
456 Vorwärts v. 29. 1. 1918.
457 Zit. n. Boebel/Wentzel (Hrsg.): Streiken gegen den Krieg, S. 1.
458 Kollwitz: Tagebücher, S. 352 f.
459 Materna/Schreckenbach (Hrsg.): Dokumente, S. 245.
460 Deist (Hrsg.): Militär und Innenpolitik, Bd. 2, S. 1143.
461 Bekanntmachung v. 1. 2. 1918 (Privatarchiv des Verf.).
462 USPD-Handzettel, Herbst 1917 (Privatarchiv des Verf.).
463 Zit. n. Grau: Eisner, S. 339.
464 Zit. n. Chickering: Freiburg, S. 514.
465 Stern: Kriegszeit und Kriegswirtschaft, S. 56.
466 Vogeler: Kriegschronik, S. 350.
467 Tucholsky: Briefe v. 29. 4. 1918, 18. 11. 1916, 8. 6. 1917 u. 29. 4. 1918.
468 Deist (Hrsg.): Militär und Innenpolitik, Bd. 2, S. 1243.
469 Materna/Schreckenbach (Hrsg.): Dokumente, S. 271 f.
470 Riezler: Tagebücher, S. 460.
471 Zit. n. Vogeler: Kriegschronik, S. 324.
472 Thaer: Generalstabsdienst, S. 182.
473 Blücher: Tagebuch, S. 251.
474 Berliner Tageblatt v. 9. 7. 1918.
475 Blücher: Tagebuch, S. 258.
476 Herder: Kriegstagebuch, S. 195 f.
477 Berliner Tageblatt u. Berliner Morgenpost v. 29. 5. 1918.
478 Herder: Kriegstagebuch, S. 189.
479 Zit. n. Vasold: Spanische Grippe, S. 54.
480 Müller: Mars und Venus, S. 242.
481 Kollwitz: Tagebücher, S. 372.
482 Weltbühne v. 18. 7. 1918.
483 Hofmiller: Revolutionstagebuch, S. 11.
484 Materna/Schreckenbach (Hrsg.): Dokumente, S. 286 f.
485 Hofmiller: Revolutionstagebuch, S. 21.
486 Sösemann (Hrsg.): Wolff-Tagebücher, S. 623.
487 Materna/Schreckenbach (Hrsg.): Dokumente, S. 289 f.
488 Zit. n. Nebelin: Ludendorff, S. 462.
489 Kollwitz: Tagebücher, S. 373 f.
490 Hofmiller: Revolutionstagebuch, S. 23.
491 Kollwitz: Tagebücher, S. 376.
492 Berliner Tageblatt v. 16. 10. 1918.
493 Materna/Schreckenbach (Hrsg.): Dokumente, S. 292.
494 Zit. n. Grau: Eisner, S. 346.
495 Hofmiller: Revolutionstagebuch, S. 23.
496 Kessler: Tagebücher 1916–1918, S. 609.
497 Sösemann (Hrsg.): Wolff-Tagebücher, S. 640.
498 Zit. n. Glatzer/Glatzer (Hrsg.): Berliner Leben, S. 415.
499 Sösemann (Hrsg.): Wolff-Tagebücher, S. 643 f.
500 Hofmiller: Revolutionstagebuch, S. 33.

501 Zit. n. Volland/Bauer (Hrsg.): München – Stadt der Frauen, S. 122.
502 Hofmiller: Revolutionstagebuch, S. 34.
503 Vogeler: Kriegschronik, S. 385.
504 Zit. n. Chickering: Freiburg, S. 538 f.
505 Herder: Kriegstagebuch, S. 204.
506 Stern: Kriegszeit und Kriegswirtschaft, S. 64.
507 Sösemann (Hrsg.): Wolff-Tagebücher, S. 647.
508 Vorwärts, Berliner Tageblatt u. Berliner Morgenpost v. 9. 11. 1918.
509 Kessler: Tagebücher 1914–1918, S. 624.
510 Zit. n. http://www.dhm.de/medien/lemo/audios/scheide, zuletzt aufgerufen am 10. 2. 2014.
511 Zit. n. Jessen-Klingenberg: Die Ausrufung der Republik, S. 653 f.
512 Kollwitz: Tagebücher, S. 378.
513 Vossische Zeitung v. 10. 11. 1918.
514 Kessler: Tagebücher 1914–1918, S. 625.
515 Michaelis (Hrsg.): Ursachen und Folgen, Bd. 4, S. 7 f.
516 Bonn: So macht man Geschichte, S. 240.
517 Vossische Zeitung v. 18. 11. 1919.
518 Vossische Zeitung v. 22. 12. 1919.
519 Zit. n. Hiller von Gaertingen: »Dolchstoß«-Diskussion, S. 139.
520 Neue Zürcher Zeitung v. 17. 12. 1918.
521 Deutsche Tageszeitung v. 17. 12. 1918.
522 Zit. n. Herz: Geschichte, Sinn und Kritik des Schlagwortes vom »Dolchstoß«, S. 120.
523 Zit. n. Keil/Kellerhoff: Deutsche Legenden, S. 37.
524 Rupprecht: Mein Kriegstagebuch, Bd. 2, S. 372.
525 Zit. n. Nebelin: Ludendorff, S. 462 u. S. 681, Anm. 7.
526 Michaelis (Hrsg.): Ursachen und Folgen, Bd. 2, S. 319 f.
527 Zit. n. Nebelin: Ludendorff, S. 463.
528 Hill: Weizsäcker-Papiere, S. 290.
529 Zit. n. Nebelin: Ludendorff, S. 465.
530 Thaer: Generalstabsdienst, S. 234 f.
531 Zit. n. Nebelin: Ludendorff, S. 468.
532 Berliner Tageblatt v. 10. 12. 1918 u. Berliner Morgenpost v. 11. 12. 1918.

QUELLEN UND LITERATUR

1. IM INTERNET VERFÜGBARE QUELLEN

Alle hier aufgeführten Internet-Ressourcen wurden zuletzt am 10. Februar 2014 abgerufen.

Baur, Hans: Das kämpfende Deutschland daheim. Was ein Deutschschweizer sah. Zürich 1915 (http://handle.slv.vic.gov.au/10381/89754).

Belger, Erwin / Hebestreit, Bruno: Was erhoffen wir von dem großen Kriege? / Deutschland und der Weltkrieg / Wie kam es zum Kriege? Drei Reden aus ernster Zeit. Mühlhausen (i. Thür.) 1915 (http://handle.slv.vic.gov.au/10381/86460).

Bernstein, Eduard: Die Internationale der Arbeiterklasse und der europäische Krieg. Tübingen 1915 (http://handle.slv.vic.gov.au/10381/83799).

Bial, Arthur: Kriegsbeginn 1914 (http://www.dhm.de/lemo/forum/kollektives_gedaechtnis/088/index.html).

Braun, Hugo / Braun, Egon / Braun, Erich: Fotografien (http://www.europeana1914-1918.eu/de/contributions/2054).

Bryce, James: Report of the Committee on Alleged German Outrages (www.firstworldwar.com/source/brycereport.htm).

Buchner, Franz-Xaver: Erinnerungen 1894–1917 (http://www.europeana1914-1918.eu/de/contributions/419).

Dehmel, Richard: Zwischen Volk und Menschheit. Kriegstagebuch. Berlin 1919 (http://www.ub.uni-bielefeld.de/diglib/2007/dehmel_zwischenvolk/).

Eisner, Kurt: Unterdrücktes aus dem Weltkriege. München 1919 (http://handle.slv.vic.gov.au/10381/83446).

Franke, Robert: Russische Verwüstungen und Greuel. Meine Fahrt durch Ostpreußens Ruinen. Danzig 1917 (http://handle.slv.vic.gov.au/10381/83181).

Guggenberger, Alois: Erinnerungen eines bayerischen Soldaten aus dem Ersten Weltkrieg 1914/18 (http://www.europeana1914-1918.eu/de/contributions/2388).

Gumprecht, Ferdinand: Volksernährung im Kriege. Jena 1915 (http://handle.slv.vic.gov.au/10381/91923).

Harnack, Adolf von: An der Schwelle des dritten Kriegsjahrs. Berlin 1916 (http://handle.slv.vic.gov.au/10381/89803).

Heymann, Werner Richard: Einberufung 1914 (http://www.dhm.de/lemo/forum/kollektives_gedaechtnis/499/).

Jebens, Gustav: Postkarten (http://www.europeana1914-1918.eu/de/contributions/620).

Kleines Kriegslexikon. Gemeinverständliches militär-technisches und politisches Auskunftsbuch über den Krieg und alles, was mit ihm zusammenhängt. 3. Auflage Stuttgart 1914 (http://handle.slv.vic.gov.au/10381/83767).

Koch, Walter: Kohlrübenwinter (http://www.dhm.de/lemo/forum/kollektives_gedaechtnis/065/).

Ders.: Lebensmittelrationierung 1916 (http://www.dhm.de/lemo/forum/kollektives_gedaechtnis/066/).

Kronseder, Otto: Chronik des Weltkrieges 1914/15. Die wichtigsten Ereignisse des ersten Kriegsjahres. 2. Auflage. Leipzig u. a. 1915 (http://handle.slv.vic.gov.au/10381/82496).

Kunow, Otto: Unsere Invalidenversorgung. Leipzig o.J. [1915] (http://handle.slv.vic.gov.au/10381/89207).

Lamberger, Richard: Pferdefütterung in Kriegszeiten. Hannover 1915 (http://handle.slv.vic.gov.au/10381/88327).

Lensch, Paul: Die deutsche Sozialdemokratie und der Weltkrieg. Berlin 1915 (http://handle.slv.vic.gov.au/10381/88307).

Lewinsohn, Ludwig: Die Revolution an der Westfront. Berlin-Charlottenburg 1919 (http://handle.slv.vic.gov.au/10381/83334).

Loebell, Arthur von: Der Weltkrieg 1914/15. Leipzig 1915 (http://handle.slv.vic.gov.au/10381/89165).

Marhefka: Edmund: Krieg und Kapitalsanlage. Eine Antwort auf die Frage: »Inwieweit bedroht der Krieg die Früchte unserer Arbeit?« Hamburg 1915 (http://handle.slv.vic.gov.au/10381/88291).

Mayer, Rudolf: Feldpostkarten (http://www.europeana1914-1918.eu/de/contributions/2121).

Mühsam, Erich: Tagebücher 1910–1924. Hrsg. von Chris Hirte und Conrad Piens (http://www.muehsam-tagebuch.de).

Müller, Paula: Wir Frauen und der Krieg. Berlin 1915 (http://handle.slv.vic.gov.au/10381/91592).

Müller, Rudolf: Drei Wochen russischer Gouverneur. Erinnerungen an die Besetzung Gumbinnens durch die Russen August–September 1914. 4. Auflage. Gumbinnen 1915 (http://handle.slv.vic.gov.au/10381/91604).

Riemann, Ewald: Munitionsarbeiterstreik in Berlin im Januar 1918 (http://www.dhm.de/lemo/forum/kollektives_gedaechtnis/095/).

Ringelnatz, Joachim: Mein Leben bis zum Kriege. Berlin 1931 (http://www.zeno.org/Literatur/M/Ringelnatz,+Joachim/Autobiographisches/Mein+Leben+bis+zum+Kriege).

Schneider, Henriette: Ein ostpreußisches Tagebuch. Tagebuchaufzeichnungen 1913–1947 der Henriette Schneider. Hrsg. von Bernhard Pietrass (http://www.ostpreussen-tagebuch.de).

Siegfried, S. J.: Aus der Russenzeit Ostpreußens. Erlebnisse einer Gutsfrau. Berlin 1915 (http://handle.slv.vic.gov.au/10381/83734).

Sieglerschmidt, Reinhold: Tagebuch (http://www.europeana1914-1918.eu/de/contributions/209; http://www.europeana1914-1918.eu/de/contributions/210; http://www.europeana1914-1918.eu/de/

contributions/211; http://www.europeana1914-1918.eu/de/contributions/771; http://www.europeana1914-1918.eu/de/contributions/836).

Simon, Friedrich: Der Hunger, Englands letzter Bundesgenosse. Frankfurt/M. 1915 (http://handle.slv.vic.gov.au/10381/89845).

Stutterheim, Leopold von: Kriegsbegeisterung 1914 (http://www.dhm.de/lemo/forum/kollektives_gedaechtnis/042/).

Tramsen, Christian: Kriegsbriefe (http://www.europeana1914-1918.eu/de/contributions/169).

Verordnung vom 25. Januar 1915 über die Regelung des Verkehrs mit Brotgetreide und Mehl. Berlin 1915 (http://handle.slv.vic.gov.au/10381/79238).

Zenker, Nessie: Kriegstagebuch (http://www.zenker.se/History/nessi.shtml).

2. EDITIONEN, MEMOIREN UND ANDERE GEDRUCKTE QUELLEN

Abelshauser, Werner / Faust, Anselm / Petzina, Dietmar (Hrsg.): Deutsche Sozialgeschichte 1914 bis 1945. Ein historisches Lesebuch. München 1985.

Bethmann Hollweg, Theobald von: Betrachtungen zum Weltkriege. 2 Bde., Berlin 1919–1921.

Blücher von Wahlstatt, Evelyn Fürstin: Tagebuch. München 1924.

Bonn, Moritz Julius: So macht man Geschichte. Bilanz eines Lebens. München 1953.

Bürgin, Hans / Mayer, Hans-Otto (Hrsg.): Die Briefe Thomas Manns. Regesten und Register. Bd. 1: Die Briefe von 1889–1933. Frankfurt/M. 1976.

Cartarius, Ulrich (Hrsg.): Deutschland im Ersten Weltkrieg. Texte und Dokumente 1914–1918. München 1982.

Deist, Wilhelm (Hrsg.): Quellen zur Geschichte des Parlamentarismus und der politischen Parteien: Militär und Innenpolitik im Weltkrieg 1914–1918. 2 Bde. Düsseldorf 1970.

Delbrück, Clemens von: Die wirtschaftliche Mobilmachung in Deutschland 1914. Aus dem Nachlass hrsg. von Joachim von Delbrück. München 1924.

Dröege, Annie: Diary of Annie's War. The Diary of an Englishwoman in Germany during World War I. Hrsg. von Mark Drummond Rigg. Guildford 2012.

Ewers, Marcus (Hrsg.): Viersen im Ersten Weltkrieg. Kaisertreue, Hungersnot, Revolution. Ein regionaler Blick auf die »Urkatastrophe« des 20. Jahrhunderts. Viersen 2009.

Ders. / Glöckner, Caroline: 1914 – Aus dem Kriegstagebuch des Dülkener Lehrers Heinrich Franz Müller. Im Druck.

Falkenhayn, Erich von: Die oberste Heeresleitung 1914–1916 in ihren wichtigsten Entschließungen. Berlin 1920.

Flemming, Jens u. a. (Hrsg.): Lebenswelten im Ausnahmezustand. Die Deutschen, der Alltag und der Krieg 1914–1918. Frankfurt/M. 2011.

Friedemann, Peter (Hrsg.): Materialien zum politischen Richtungsstreit in der deutschen Sozialdemokratie 1890–1917. 2 Bde. Frankfurt/M. 1978.

Geiss, Imanuel (Hrsg.): Juli 1914. Die europäische Krise und der Ausbruch des Ersten Weltkriegs. München 1965.

Gerard, James W.: Memoiren des Botschafters Gerard. »Meine vier Jahre in Deutschland«. Lausanne 1919.

Glatzer, Dieter / Glatzer, Ruth (Hrsg.): Berliner Leben 1914–1918. Eine historische Reportage aus Erinnerungen und Berichten. Berlin (Ost) 1983.

Grotjahn, Karl-Heinz / Oberschelp, Reinhard (Hrsg.): Stahl und Steckrüben. Beiträge und Quellen zur Geschichte Niedersachsens im Ersten Weltkrieg (1914–1918). 2 Bde. Hameln 1993.

Herder, Charlotte: Mein Kriegstagebuch 1914–1918. Freiburg 1955.

Hesse, Heinz u. a. (Hrsg.): Die Viersener Gefallenen des Ersten Weltkriegs. Viersen 2009.

Herz, Ludwig: Geschichte, Sinn und Kritik des Schlagwortes vom »Dolchstoß«. In: Die Ursachen des Deutschen Zusammenbruchs im Jahre 1918. Berlin 1925–1929, Bd. 6, S. 99–248.

Heymann, Lida Gustava / Augspurg, Anita: Erlebtes, Erschautes. Deutsche Frauen kämpfen für Freiheit, Recht und Frieden; 1850–1940. Hrsg. von Margit Twellmann. Frankfurt/M. 1992.

Hill, Leonidas E. (Hrsg.): Die Weizsäcker-Papiere 1900–1932. Berlin 1982.

Hitler, Adolf: Mein Kampf. Volksausgabe 479.–483. Auflage. München 1939.

Hofmiller, Josef: Revolutionstagebuch 1918/19. Aus den Tagen der Münchner Revolution. Leipzig 1938.

Jünger, Ernst: Kriegstagebuch 1914–1918. Hrsg. von Helmuth Kiesel. Stuttgart 2010.

Kaeber, Ernst: Berlin im Weltkriege. Fünf Jahre städtischer Kriegsarbeit. Berlin 1921.

Kessler, Harry Graf: Das Tagebuch. Bd. 4: 1906–1914. Hrsg. von Jörg Schuster. Stuttgart 2005.

Ders.: Das Tagebuch. Bd. 5: 1914–1916. Hrsg. von Günter Riederer und Ulrich Ott. Stuttgart 2008.

Ders.: Das Tagebuch. Bd. 6: 1916–1918. Hrsg. von Günter Riederer. Stuttgart 2006.

Kollwitz, Käthe: Die Tagebücher 1908–1943. Hrsg. von Jutta Bohnke-Kollwitz. München 1999.

Ludendorff, Erich: Der totale Krieg. München 1935.

Mann, Thomas: Briefe II. 1914–1923. Hrsg. von Thomas Sprecher, Hans R. Vaget und Cornelia Bernini. Frankfurt/M. 2004.

Marcuse, Ludwig: Mein 20. Jahrhundert. Auf dem Weg zu einer Autobiografie. München 1960.

Materna, Ingo / Schreckenbach, Hans-Joachim / Holtz, Bärbel (Hrsg.): Dokumente aus geheimen Archiven 1914–1918. Bd. 4: Berichte des Berliner Polizeipräsidenten zur Stimmung und Lage der Bevölkerung in Berlin. Weimar 1987.

Matthias, Erich / Miller, Susanne: Das Kriegstagebuch des Reichstags-

abgeordneten Eduard David 1914 bis 1918. Düsseldorf 1966.
Meinecke, Friedrich: Straßburg, Freiburg, Berlin 1901–1919. Stuttgart 1949.
Ders.: Autobiographische Schriften. Hrsg. von Eberhard Kessel. Stuttgart 1969.
Meyer, Thomas / Bracher, Andreas (Hrsg.): Helmuth von Moltke 1848–1916. Dokumente zu seinem Leben und Wirken. 2 Bde. Basel 1993.
Michaelis, Herbert / Schraepler, Ernst (Hrsg.): Ursachen und Folgen. Vom deutschen Zusammenbruch 1918 und 1945 bis zur staatlichen Neuordnung Deutschlands in der Gegenwart. Eine Urkunden- u. Dokumentensammlung zur Zeitgeschichte. 28 Bde. Berlin 1958–1979.
Müller, Karl Alexander von: Mars und Venus. Erinnerungen 1914–1919. Stuttgart 1954.
Nielsen, Asta: Die schweigende Muse. Berlin 1992.
Piper, Reinhard: Mein Leben als Verleger. München 1964.
Rathenau, Walther: Hauptwerke und Gespräche. Hrsg. von Ernst Schulin. München 1977.
Riezler, Kurt: Tagebücher, Aufsätze, Dokumente. Hrsg. von Karl Dietrich Erdmann. Göttingen 1972.
Rupprecht, Kronprinz von Bayern: Mein Kriegstagebuch. Hrsg. von Eugen von Frauenholz. 3 Bde. Berlin 1929.
Sanden-Guja, Walter von: Das gute Land. Hannover o. J. [1969].
Schmitt, Carl: Tagebücher Oktober 1912 bis Februar 1915. Hrsg. von Ernst Hüsmert. Berlin 2003.
Ders.: Die Militärzeit. 1915 bis 1919. Hrsg. von Ernst Hüsmert und Gerd Giesler. Berlin 2005.
Schumacher, Martin (Hrsg.): Erinnerung und Dokumente von Joh. Victor Bredt 1914 bis 1933. Düsseldorf 1970.
Schwarte, Max (Hrsg.): Der Weltkrieg in seiner Einwirkung auf das deutsche Volk. Leipzig 1918.
Sösemann, Bernd (Hrsg.): Theodor Wolff. Tagebücher 1914 bis 1919. Der Erste Weltkrieg und die Entstehung der Weimarer Republik in Tagebüchern, Leitartikeln und Briefen des Chefredakteurs am »Berliner Tageblatt« und Mitbegründers der »Deutschen Demokratischen Partei«. 2 Bde. Boppard 1984.
Steiner, Hartwig-E. (Hrsg.): »Guten Gewissens zog man ins Feld …«. Vater und Sohn im Bann der Weltkriege. Jakob Friedrich und Fritz Ernst Steinle. Stuttgart 2009.
Stern, Peter: Kriegszeit und Kriegswirtschaft in Viersen. Viersen o. J. [1922].
Stoltenberg, Jochim (Hrsg.): 100 Jahre Berliner Morgenpost – das Buch. 1898 bis 1998: 100 Jahre Zeitgeschehen in der Zeitung. Berlin 1998.
Thaer, Albrecht von: Generalstabsdienst an der Front und in der OHL. Aus Briefen und Tagebuchaufzeichnungen. Hrsg. von Siegfried A. Kaehler. Göttingen 1958.
Therese, Josephine: With old Glory in Berlin. Boston 1918.
Tucholsky, Kurt: Werke, Briefe, Materialien. DVD-Edition. Berlin 2007.

Ullstein, Hermann: Das Haus Ullstein. Berlin 2013.
Vogeler, Adolf: Kriegschronik der Stadt Hildesheim. Hildesheim u. a. 1929.
Walther, Peter (Hrsg.): Endzeit Europa. Ein kollektives Tagebuch deutschsprachiger Schriftsteller, Künstler und Gelehrter im Ersten Weltkrieg. Göttingen 2008.
Wermuth, Adolf: Ein Beamtenleben. Berlin 1922.
Wolff, Theodor: Vollendete Tatsachen. 1914–1917. Berlin 1918.
Ders.: Der Krieg des Pontius Pilatus. Zürich 1934.
Zobeltitz, Fedor von: Ich hab so gern gelebt. Die Lebenserinnerungen. Berlin 1934.

3. ZEITUNGEN UND ZEITSCHRIFTEN

Adressbücher Berlin; Berlin in Zahlen; Berliner Börsen-Courier; Berliner Illustrirte; Berliner Lokalanzeiger; Berliner Morgenpost; Berliner Tageblatt; B.Z. am Mittag; Der große Krieg. Eine Chronik von Tag zu Tag; Deutsche Tageszeitung; Frankfurter Zeitung; Freiburger Zeitung; Leipziger Tageblatt; Manchester Guardian; Münchner Neueste Nachrichten; Neue Zürcher Zeitung; Neuigkeits-Welt-Blatt; New York Times; Norddeutsche Allgemeine; Reichsgesetzblatt; Simplicissimus; Spandauer Zeitung; Statistisches Jahrbuch für das Deutsche Reich; Tägliche Rundschau; The Times; Viersener Volks-Zeitung; Viersener Zeitung; Vorwärts; Vossische Zeitung.

(teilweise mittels Ausschnittssammlungen und Digitalarchiven ausgewertet)

4. LITERATUR

Afflerbach, Holger: Falkenhayn. Politisches Denken und Handeln im Kaiserreich. München 1994.
Ay, Karl-Ludwig: Die Entstehung einer Revolution. Die Volksstimmung in Bayern während des Ersten Weltkrieges. Berlin 1968.
Baudis, Dieter: Vom »Schweinemord« zum »Kohlrübenwinter«. Streiflichter zur Entwicklung der Lebensverhältnisse in Berlin im Ersten Weltkrieg. In: Jahrbuch für Wirtschaftsgeschichte. Sonderband: Zur Wirtschafts- und Sozialgeschichte Berlins vom 17. Jahrhundert bis zur Gegenwart. Berlin (Ost) 1986, S. 129–157.
Bauer, Reinhard / Piper, Ernst: Kleine Geschichte Münchens. München 2008.
Bavendamm, Gundula: Spionage und Verrat. Konspirative Kriegserzählungen und französische Innenpolitik 1914–1917. Essen 2004.
Beckett, Ian: Home Front 1914–1918. How Britain survived the Great War. London 2006.
Berliner Geschichtswerkstatt e. V. (Hrsg.): August 1914. Ein Volk zieht in den Krieg. Berlin 1989.
Boebel, Chaja / Wentzel, Lothar (Hrsg.): Streiken gegen den Krieg. Die Bedeutung der Massenstreiks in der Metallindustrie vom Januar 1918. Hamburg 2008.
Burgdorff, Stephan / Wiegrefe, Klaus (Hrsg.): Der Erste Weltkrieg. Die Ur-Katastrophe des 20. Jahrhunderts. München 2004.
Chickering, Roger: Freiburg im Ersten Weltkrieg. Totaler Krieg und

städtischer Alltag 1914–1918. Paderborn 2009.
Daniel, Ute: Arbeiterfrauen in der Kriegsgesellschaft. Beruf, Familie und Politik im Ersten Weltkrieg. Göttingen 1989.
Ehlert, Hans / Epkenhans, Michael / Groß, Gerhard P. (Hrsg.): Der Schlieffen-Plan. Analysen und Dokumente. Paderborn 2006.
Feldman, Gerald D.: Armee, Industrie und Arbeiterschaft in Deutschland 1914–1918. Berlin u. a. 1985.
Ders.: Hugo Stinnes. Biografie eines Industriellen 1870–1924. München 1998.
Frevert, Ute: Die kasernierte Nation. Militärdienst und Zivilgesellschaft in Deutschland. München 2001.
Geinitz, Christian: Kriegsfurcht und Kampfbereitschaft. Das Augusterlebnis in Freiburg. Eine Studie zum Kriegsbeginn 1914. Essen 1998.
Grau, Bernhard: Kurt Eisner 1867–1919. Eine Biographie. München 2001.
Gutsche, Willibald / Klein, Fritz / Petzold, Joachim: Von Sarajevo nach Versailles. Deutschland im Ersten Weltkrieg. Berlin (Ost) 1974.
Hamann, Olaf (Hrsg.): »Krieg 1914«. Eine Sondersammlung der Staatsbibliothek zu Berlin. Berlin 1999.
Haußmann, Andrea: Alltagsleben im Krieg. Freiburg 1914–1918. Freiburg 1994.
Heinemann, Erich: Für Kaiser und Vaterland. Hildesheim im Ersten Weltkrieg. Hildesheim 1989.
Hiller von Gaertingen, Friedrich Freiherr von: »Dolchstoß«-Diskussion und »Dolchstoßlegende« im Wandel von vier Jahrzehnten. In: Besson, Waldemar (Hrsg.): Geschichte und Gegenwartsbewusstsein in historischen Betrachtungen und Untersuchungen. Festschrift für Hans Rothfels. Göttingen 1963, S. 122–160.
Hirschfeld, Gerhard / Krumeich, Gerd / Renz, Irina (Hrsg.): Enzyklopädie Erster Weltkrieg. Paderborn 2003.
Horne, John / Kramer, Alan: Deutsche Kriegsgreuel 1914. Die umstrittene Wahrheit. Hamburg 2004.
Jessen-Klingenberg, Manfred: Die Ausrufung der Republik durch Philipp Scheidemann am 9. November 1918. In: Geschichte in Wissenschaft und Unterricht 19 (1968), S. 649–656.
Keil, Lars-Broder / Kellerhoff, Sven Felix: Deutsche Legenden. Vom »Dolchstoß« und anderen Mythen der Geschichte. Berlin 2003.
Dies.: Gerüchte machen Geschichte. Folgenreiche Falschmeldungen im 20. Jahrhundert. Berlin 2006.
Klein, Fritz, u. a.: Deutschland im Ersten Weltkrieg. 3 Bde. Leipzig 1968–1970.
Kellerhoff, Sven Felix: Attentäter. Mit einer Kugel die Welt verändern. Köln u. a. 2003.
Kielmannsegg, Peter Graf von: Deutschland und der Erste Weltkrieg. Stuttgart 1980.
Kocka, Jürgen: Klassengesellschaft im Krieg. Deutsche Sozialgeschichte 1914–1918. Göttingen 1973.
Lange, Annemarie: Das Wilhelminische Berlin. Zwischen Jahrhundertwende und Novemberrevolution. Berlin (Ost) 1967.
Large, David Clay: Hitlers München. Aufstieg und Fall der Hauptstadt der Bewegung. München 1998.

Matull, Wilhelm: Erlebte Geschichte zwischen Pregel und Rhein. Erinnerungen aus drei Generationen 1845–1980. Dortmund 1980.

Michalka, Wolfgang (Hrsg.): Der Erste Weltkrieg. Wirkung, Wahrnehmung, Analyse. München 1994.

Nebelin, Manfred: Ludendorff. Diktator im Ersten Weltkrieg. München 2010.

Neitzel, Sönke: Kriegsausbruch. Deutschlands Weg in die Katastrophe 1900–1914. München 2002.

Ders.: Weltkrieg und Revolution. 1914–1918/19. Berlin 2008.

Nipperdey, Thomas: Deutsche Geschichte 1866 bis 1918. Bd. 2: Machtstaat vor der Demokratie. München 1992.

Nübel, Christoph: Die Mobilisierung der Kriegsgesellschaft. Propaganda und Alltag im Ersten Weltkrieg in Münster. Münster u. a. 2008.

Pölking, Hermann: Ostpreußen. Biographie einer Provinz. Berlin 2011.

Röhl, John C. G.: Wilhelm II. Der Weg in den Abgrund 1900–1941. München 2008.

Sösemann, Bernd: Die Bereitschaft zum Krieg. Sarajevo 1914. In: Alexander Demandt (Hrsg.): Das Attentat in der Geschichte. Köln u. a. 1996, S. 295–320.

Thoß, Bruno / Volkmann, Hans-Erich (Hrsg.): Erster Weltkrieg – Zweiter Weltkrieg. Ein Vergleich. Krieg, Kriegserlebnis, Kriegserfahrung in Deutschland. Paderborn 2002.

Ullrich, Volker: Kriegsalltag. Hamburg im Ersten Weltkrieg. Köln 1982.

Vasold, Manfred: Die Spanische Grippe. Die Seuche und der Erste Weltkrieg. Darmstadt 2009.

Verhey, Jeffrey: Der »Geist von 1914« und die Erfindung der Volksgemeinschaft. Hamburg 2000.

Volland, Eva Maria / Bauer, Reinhard (Hrsg.): München – Stadt der Frauen. Kampf für Frieden und Gleichberechtigung 1800–1945. Ein Lesebuch. München u. a. 1991.

Weber, Thomas: Hitlers erster Krieg. Der Gefreite Hitler im Weltkrieg – Mythos und Wirklichkeit. Berlin 2011.

Wehler, Hans-Ulrich: Deutsche Gesellschaftsgeschichte. Bd. 4: Vom Beginn des Ersten Weltkriegs bis zur Gründung der beiden deutschen Staaten 1914–1949. München 2003.

Wette, Wolfram (Hrsg.): Der Krieg des kleinen Mannes. Eine Militärgeschichte von unten. München u. a. 1992.

Wierling, Dorothee: Eine Familie im Krieg. Leben, Sterben und Schreiben 1914–1918. Göttingen 2013.

Ziemann, Benjamin: Front und Heimat. Ländliche Kriegserfahrungen im südlichen Bayern 1914–1923. Essen 1997.

Zimmermann, Waldemar: Die Veränderungen der Einkommens- und Lebensverhältnisse der deutschen Arbeiter durch den Krieg. In: Ders. / Meerwarth, Rudolf / Günther, Adolf: Die Einwirkung des Krieges auf Bevölkerungsbewegung, Einkommen und Lebenshaltung in Deutschland. Stuttgart u. a. 1932.

BILDNACHWEIS

action press, Hamburg: Nr. 2
bpk, Berlin: Nr. 6, 13, 17
Getty Images, München: Nr. 7
KEYSTONE/Keystone, Hamburg: Nr. 12, 22
Scherl/Süddeutsche Zeitung Photo, München: Nr. 4, 5, 9, 10, 11, 14, 15, 18, 19, 20, 23, 24, 26
ullstein bild, Berlin: Nr. 3, 8, Vor- und Nachsatz
ullstein bild – ADN-Bildarchiv, Berlin: Nr. 27
ullstein bild – Archiv Gerstenberg, Berlin: Nr. 28
ullstein bild – Haeckel-Archiv, Berlin: Nr. 16, 25
ullstein bild – Süddeutsche Zeitung Photo/Scherl, Berlin: Nr. 1
ullstein bild – TopFoto, Berlin: Nr. 21

DANK

MANCHMAL SIEHT MAN EIN THEMA VOR LAUTER BÜCHERN NICHT. Schon seit dem Frühjahr 2012 stellten die Pressesprecher verschiedener renommierter deutscher wie internationaler Verlage in Hintergrundgesprächen ihre Pläne für das große Sachbuchthema im Herbstprogramm 2013 und vor allem im Frühjahr 2014 vor: 100 Jahre Erster Weltkrieg. Zeitgleich gaben Direktoren verschiedener historischer Museen Ausblicke auf ihre kommenden Ausstellungen. Innerhalb kurzer Zeit erfuhr ich von mehr als drei Dutzend Zugriffen auf die »Urkatastrophe des 20. Jahrhunderts«: mehrere Gesamtgeschichten, politikwissenschaftliche Deutungen, Untersuchungen zu Einzelaspekten wie Vorgeschichte und Kriegsausbruch, aber auch zur Kulturgeschichte des millionenfachen Sterbens. So war ich einigermaßen mutlos, als mich Moritz Kienast, seinerzeit Programmleiter des Quadriga Verlages, im Sommer 2012 fragte, was ich denn zum Jahr 2014 für ein Buch zum Ersten Weltkrieg schreiben würde. Es bedurfte aber nur einer abendlichen Diskussion, um die Lücke in der Flut angekündigter Neuerscheinungen auszumachen: das Erleben des Krieges in Deutschland. Zusammen mit Kienast und meinem Agenten Dr. Ernst Piper entwickelte ich das Konzept für das vorliegende Buch; ihnen beiden bin ich daher zu besonderem Dank verpflichtet.

Doch wie alle meine Bücher hat auch *Heimatfront* in besonderem Maße von Debatten mit meinen Freunden profitiert. Dr. Berthold Seewald und Lars-Broder Keil empfahlen mir unabhängig voneinander dieselbe Erweiterung des regionalen Rahmens; derartig gedoppelter Expertise konnte und wollte ich mich nicht entziehen. Frank Lehmann unterstützte mich durch intensive Fotorecherchen, denn Abbildungen sind, auch wenn sie längst nicht alle in einem Textband abgedruckt werden können, eine zentrale Quelle für die

Sozialgeschichte. Dr. Jens Schöne wies mich auf eine unendlich ertragreiche Quelle hin und lieh mir gleich für mehr als ein Jahr sein 112 Hefte umfassendes Exemplar zu treuen Händen. Dr. Tim Mennel und Andrea Wieshuber mussten gelegentlich genau wie Wieland Giebel Diskussionen über den Ersten Weltkrieg erdulden. Meine Kollegin Nicole Steiner machte mir einen privaten Rückblick zugänglich, der in diesem Buch zwar keinen Niederschlag gefunden hat, in der Konzeptionsphase aber wichtig war.

Profitiert hat *Heimatfront* auch von vielen Gesprächen mit ausgewiesenen Experten, auch wenn sie nicht immer erfuhren, woran ich gerade arbeitete. Stellvertretend danke ich Prof. em. Dr. Gerd Krumeich, Dr. Gundula Bavendamm, Prof. Dr. Christopher Clark, Michael S. Cullen, Prof. Dr. Michael Epkenhans, Dr. Gerhard P. Groß, Prof. Dr. Gerhard Hirschfeld, Prof. Dr. Sönke Neitzel, Dr. Irina Renz und Prof. Dr. Thomas Weber. Als besonders anregend erwies sich ein ausführliches Gespräch mit Avi Primor, dem früheren Botschafter Israels in Deutschland, der für seinen ersten Roman *Süß und ehrenvoll* den Ersten Weltkrieg mit einem ganz neuen Blick betrachtet hat.

Ohne Bibliotheken ist die Auseinandersetzung mit Geschichte unmöglich. Für *Heimatfront* habe ich insbesondere Bestände der Staatsbibliothek Berlin und der Bibliothek des Zentrums für Militärgeschichte und Sozialwissenschaft der Bundeswehr in Potsdam genutzt. Zum ersten Mal bei einem meiner Bücher profitierte ich in größerem Umfang von digitalisierten Beständen, in diesem Fall besonders der europaweiten Zeugnissammlung »Europeana 1914–1918« und der State Library Victoria in Australien, in der ich physisch noch nie war und vermutlich auch nie sein werde. Zu besonderem Dank verpflichtet bin ich überdies Dr. Marcus Ewers vom Stadtarchiv Viersen, der mir unkompliziert reichhaltiges Material zur Verfügung stellte. Meine Praktikanten Karis Alpcan und Jakob Sass haben mit belebenden, manchmal auch erfrischend naiven Fragen Denkprozesse provoziert. Andreas Lorenz hat kritisch gegengelesen und mitgedacht. Für die Betreuung des Buches danke ich meinem

Lektor Magnus Enxing, der sich schon zum dritten Mal der Mühe unterzogen hat, ein Manuskript von mir druckreif zu machen; Dr. Stefanie Heinen, Helmut R. Feller und Felix Rudloff von der Verlagsgruppe Lübbe haben die Produktion souverän abgewickelt.

Gewidmet ist dieses Buch dem Andenken an meine Eltern, die sein Erscheinen beide nicht mehr erleben können. Vielen Dank für alles.

Berlin, den 1. Januar 2014 Sven Felix Kellerhoff

Dieser Titel ist auch als E-Book erschienen

Das Leiden der Kinder kennt im Krieg keine nationalen Grenzen: So, wie auf dem Schutzumschlagfoto die Jungen 1917 in Wien ihr mageres Essen von der öffentlichen Suppenküche holen müssen, haben auch viele Kinder in Deutschland unter den Folgen des Krieges gelitten.

Die Orthografie der Zitate wurde angepasst an die Regeln der neuen deutschen Rechtschreibung.

FSC
www.fsc.org
MIX
Papier aus verantwortungsvollen Quellen
FSC® C006701

Originalausgabe

Textredaktion: Magnus Enxing, Münster
Umschlaggestaltung: fuxbux, Berlin
Umschlagmotiv: © INTERFOTO / IMAGNO / Sammlung Hubmann
Satz: fuxbux, Berlin
Gesetzt aus der Weiss
Druck und Einband: CPI – Ebner & Spiegel, Ulm

Printed in Germany
ISBN 978-3-86995-064-8

5 4 3 2 1

Sie finden uns im Internet unter www.quadrigaverlag.de
Bitte beachten Sie auch www.luebbe.de

WER
Kriegsanleihe
zeichnet
verkürzt
den Krieg
WER
Kriegsanleihe
zeichnet
verkürzt
den Krieg